本书系广东省教育科研“十二五”规划2015年度课题“岭南文化背景下初中生‘三雅’教育育人模式的研究与实践”（课题批准号：2015YQJK060）的研究成果

佛山市禅城区“特支计划”工程成果

变革与创生

——城市初中“三雅”教育的实践探索

谢先刚　等著

上海三联书店

红棉精神立校，白兰品质树人

（序言）

说起佛山，你首先想到的多半是闻名遐迩的“武术之乡”、如雷贯耳的一代宗师黄飞鸿、叶问以及他们开创的“无影腿”、“咏春拳”等等。当然，还有颇负盛名的侨乡、粤曲粤剧之乡、龙狮运动之乡，以及南风古灶、佛山木雕、木板年画……。佛山三中初中部所在的佛山禅城这片热土，既负载有源远流长的岭南文化共性，又有其独特的祖庙文化以及历时300多年的书院文化。如果说，“一方水土养一方人”，那么，充沛的地域文化也能成就一所好学校。然而，这只是一种应然式的推论，能否成就一所好学校的决定因素不在于“水土”自身，而在于建设学校文化的人。

广东佛山三中初中部曾经是完全中学，后来初中与高中分开独立，办学实力下降，从一所名校直接跌到了谷底。校长谢先刚临危受命，在充分调研的基础上，直面经济发达地区城市公办初中的生存状态和发展需要，从学校管理体制机制更新、教学质量改进和文化凝聚力提升等方面入手，使学校由“随波逐流”的被动“跟跑”转向主动建构式的“自主经营”，完成了一所历史名校在新形势下涅槃式的重生。

《变革与创生—城市初中“三雅”教育的实践探索》这本书的第一至三章，以学校办学理念的关键词为“题眼”，即“办典雅之校、行博雅之教、育儒雅之人”，结合丰富生动的实践案例，展开阐述了学校如何以教育价值引领和学校文化生成为主旨建设典雅之校，如何以校本化课程重构和互动式教学重建为载体营造博雅之教,还有如何以团队和谐共生和师生厚德乐学为目的培育儒雅之人。而在第四章,揭秘式地道出学校是如何以学校组织治理优化和师生发展动力内生为取向,在持续的实践进程中全心投入、用心感悟、悉心经营,逐渐形成有效的运筹之策。

最后两章分别以"红棉之卓"、"白兰之雅"为题讲述百年名校、文脉三中的成长故事,而学校的校训"卓如红棉、雅如白兰"诞生这件事本身,也是一个值得记住的故事。岭南这个地方最负盛名的红棉与白兰,一年一度盛开在三中校园,其本身就是富有人文价值的自然景观。红棉精神、白兰品质就代表了师生成长过程中值得追求的价值取向,所以在我们一起讨论学校校训的表述时,都赞成从中提炼出恰当的关键词。最后我们从"红棉"精神中提炼出了一个"卓"字,从"白兰"品质中提炼出一个"雅"字,合起来即为"卓如红棉,雅如白兰"。如果进一步阐释,红棉像一个君子,白兰像一位淑女;还可以说,刚柔相济,德才兼备,内外兼修。蓬勃向上、卓然而立的红棉精神和纯洁优雅、内敛婉约的白兰品质,生动地诠释了转型性变革实践带给学校的创生之道,为众多处于城市转型性困境中的公办初中的发展提供了可资借鉴的经验。

作为佛山三中初中部"洼地崛起"艰难历程的见证人,能贴近地观察、了解与体验到他们的困惑与探索、他们的变革与创新,也深深理解与感佩他们心怀梦想、脚踏实地,为城市公办初中的办学质量提升所付出的心血与智慧,所积累的丰富而有效的经验。下面略述一二。

任何时候都要把住学业质量关以守护学校发展的生命线。一个众所周知、毋庸讳言的事实就是,一所初中如果学业成就上不去,搞多少"花式改革"去博人眼球都无济于事。学校从扎扎实实的学业质量改进项目入手,以"学习导纲"与"小组合作"为抓手变革课堂教学,以大数据支撑科学建立学业质量评价反馈系统,学校树立了正确的质量管理理念,把教师从繁重的事务性的质量管理状态中解放出来,专心科研,锐意改革,精准教学。学校改变了孤立地割裂式地看待学业质量,而是树立了全面的质量观,从质量保障体系建设和制度机制建设角度，系统性地进行了质量改进工作，经过全校师生共同奋斗，艰苦努力，不仅迅速地实现了学业质量的整体提升，而且从根本上改变了教师教学的方式和学生学习的方式，从“低谷”走上了“高地”。

从传统管理转向现代治理是初中学校发展的转折点。佛山三中初中部变革管理的主要做法，在组织结构上从多层级的科层式转向低重心的扁平化结构，在组织运行上从各自为政走向和谐融通，通过“重心下移”（赋权）、职能转换及相关制度创新，形成网状交互的管理系统和互动生成的运行机制。这些重要的举措与改变，不仅激发了教师的工作热情、提高了教育活动效能，而且明显地提升了学校管理团队的领导力和执行力。

以地域文化资源提升学校文化品位方能实现学校的可持续发展。佛山三中初中部从校园环境到课程内容、从组织氛围到办学理念，都体现和积淀着岭南文化的深沉意蕴。如书院旧址的古韵、红棉白兰的辉映、粤剧粤曲的旋律、武术舞狮的激越、陶艺剪纸的点燃等等，都以有形和无形的方式形塑和绵延着学校独具一格的文化神韵，并以润物无声的方式滋养着师生的成长。可以说，只有文化的力量，才是促进学校更新发展的持续而内生的动力。

新时代的教育事业任重道远，公平而有质量的教育是全社会的殷殷诉求，每位教育人都会给出自己的答卷。也许这本书还不足以将学校艰辛而愉快的创业历史与成果经验尽数呈现，但我坚信学校在谢校长率领下，会在新的征程中越走越远、越走越好！

（复旦大学高教所徐冬青教授为这篇序言贡献了智慧和建议，在此致谢！）

杨小微

华东师大基础教育改革与发展研究所

探寻理想初中教育发展之“道”

(前言)

创办一所学生喜欢、教师热爱、社会认同、有自己办学特色的现代城市初中,一直是笔者追寻的教育理想。但是具体的办学实践告诉我,仅有对初中学校办学之“术”的准确操控,没有对初中教育发展之“道”的正确把握,理想的初中教育只能是“镜中花”“水中月”。探寻初中教育的发展之“道”,需要我们在认清时代发展需要、社会发展现状和既往教育改革实践之得失的基础上,从初中教育的原点出发,在具体学校的变革实践中创生。

一、现状检视:初中教育遭遇的发展之困

从整个基础教育的发展水平来看,初中教育依然是相对薄弱的环节,尤其在办学政策、文化建设、办学特色、师资队伍、教育研究等方面,依然受到来自社会、经济、文化、教育等多方面因素的局限。

其一,初中教育的“身份”不清,地位迷失。长期以来,在基础教育的话语体系中,初中意为“初级中学”,与“高级中学”一起组成“普通中等教育”,并从课程设置、教学管理、升学考试、师资配置等方面共同构成现行中学教育体系,共同承担学生中学时代的教育。在人们的观念中,“初中”与“高中”是由来已久的“至亲”。但是从政策层面来看,初中和小学又被捆绑在一起,同属九年义务教育,并在学制设计上得到强化,共同执行九年一贯的“国家义务教育课程标准”,承担公民教育的培养任务,这样就使得“初

中”和“小学”又从法律上成为“近亲”。因而也就出现了初中教育学制和课程设置的多维变迁,或九年一贯,或“六·三”“五·四”分段,或成为完全中学的一部分。这就使得初中教育的独特“身份”被模糊。或者作为小学教育的“帽子”,或者沦为高中教育的“附属”,导致其功能定位在实践中摇摆不定。

其二,初中教育发展的政策不公,机会不均。由于上述认识上的偏差,导致有关初中教育的公共政策有失公平,学校发展机会不均等。例如:在教育经费投入和教育资源配置上,初中教育享受的是义务教育的“兜底”标准,与中学生的素质发展需求和社会对初中教育的质量要求不够匹配。在办学行为方面,初中教育既要严格遵守义务教育“轻负担”与“优质均衡”的严要求,又要被迫承受中学教育“高质量”与“全面而有个性发展”的高需求。在招生考试方面,公办初中都要不可避免地以划片免试入学的一般生源,与“掐尖”招生的各类民办初中一起去应对高中招生的统一选拔考试。与此同时,一些教育行政部门还要以这种选拔考试的成绩来评价初中的办学水平。这种“宽进高出”的招生考试政策,让众多公办初中在“应试”教育占上风的教育生态里“被动挨打”。还有一些完全中学的初中部常常遭受“拆与合”的变奏。不协调的教育境遇,导致小学素质教育有“看头”,高中升学教育有“彩头”,公办初中教育则沦到“舅舅不亲、姥姥不爱”的境地,受到社会和教育主管部门的冷遇①。[有的地方社会民众甚至认为公办初中都不如民办初中]。

其三,初中学校办学的价值不明,功能缺失。面对当前公办初中遭遇的弱势和尴尬,有的地方和学校,还“剑走偏锋”地开启了义务教育的“市场经济模式”。一方面,迫于升学的社会压力和眼前利益,在低水平维持公办初中发展的同时,不惜抽调甚至牺牲部分公共教育资源,着力培植各种名义的“民办”初中,以脚踏“公”“民”两种体制的优势,冲击初中教育秩序,为初

① 杨孝如:初中教育的困境与突围[J]江苏教育研究,2010,(9C)

中阶段的“应试”教育推波助澜。另一方面,一些公办初中也因“中考”被绑上“应试教育”的战船,不惜戴着“脚镣手铐”“舞蹈”。为了少数升学有望或得奖有名的“学霸”“精英”,不惜牺牲众多学生的生命质量,片面追求升学率和竞赛获奖率,由此严重偏离促进每一位学生健康发展的价值取向,离“基础教育”的性质越走越远。

其四,初中教育研究的方向不明,指导不力。关于初中教育的研究,就整体而言,与高中教育比,“深度”不够;与小学教育比,“温度”不够;与初中教育实际发展的需要比,“精度”不够。这主要表现在以下两个方面。一是研究取向未能真正关注学校真实的发展需要和学生实际的成长需求。比如:课堂教学改革依然是以知识为主、分数至上、提高升学率为取向;学校管理改革,基本上是以提高办学竞争力为取向;学校文化建设也主要是为了满足学校和区域教育创“强”、创“优”、创“特”的需要……这种“外在价值”主导下的研究,一般都以点状、割裂、短期的方式推进,与提升初中办学的育人功能无关,于改变师生校园生活的“底色”无益①。二是研究的氛围不浓,专业指导不力。从全国范围来看,关于初中教育的研究相对“沉静”,主要表现为“三少”,即专门研究初中教育的专家学者少,初中阶段涌现出的名教师、名校长、名学校少,初中教育改革的教育科研成果少。这一方面表明教育科研领域对初中教育关注不够,另一方面也表明初中阶段的教育科研力量薄弱。从常态教学研究的层面看,基层教研机构和学校基本上聚焦于学科教学的“应试”需求,缺少学校自主自发的对学生成长需要以及学校课程教学、组织管理、队伍建设、文化建设等领域的整体变革研究。

二、实践反思:部分初中的突破之举

初中教育的发展虽然受内外多种因素的制约而步履蹒跚,但也给一些初中积蓄了奋起直追的动力。近二十年来,全国各地涌现了一些通过突破

① 叶澜.世纪之交中国学校教育文化使命之思考[J].教育研究.1996.(5)

性改革而崛起的初中。虽然其改革的主张、突破的方式、发展的路径各不相同，但对于推动初中教育的整体突破，也提供了一定的启示和借鉴①。归纳其改革主张和发展实践，基本可以概括为以下三种类型。

1. 厚积薄发式

这类初中一般都是由改革开放初期的“重点校”发展而来，以大中城市的实验学校为代表。它们凭借其特殊的出身、良好的办学基础、独特的政策优势和优越的地域人文资源，在历次教育改革大潮中，自然成为被着力推进的“项目实验校”，拥有了雄厚的资源积累和深厚的人脉积淀。这类学校的发展有以下三个特点：一是视野开阔，思想开放，发展方向与教育改革发展的步伐高度契合；二是乐于实验，勇于改革，善于组织开展各类点状、单项、线性的改革，有些改革也缺乏整体性和系统性；三是外推有余，内生不足，这些学校在本地甚至全国的影响力很大，但很多“实验”并未形成可借鉴、可辐射的经验成果，即使有经验，也难以在一般学校推广。

2. 资源集聚式

这类初中主要以进入新世纪以来，利用各种名义，依托优质教育资源发展起来的民办初中为代表。这类学校一般采取资源集聚的方式，以其响亮的学校招牌、充足的办学经费、优越的校舍环境和灵活的管理体制等先天优势，快速吸纳优质生源和优秀师资，超常规发展，一般三至五年就获得一般公办学校无法比拟的发展优势。有的还兼有公办和民办两种体制的优势，部分占有优质的公共教育资源，如优秀管理人才与教师、学校地域环境与优质培训资源等，办学规模快速扩张；有的还在招生方式、办学行为、教师发展等方面受到特别关照，迅速发展成当地的“强势学校”。这类学校一般有以下特点：一是办学追求十分明确，即以最短的办学时间，赢得最大的办学收益，实现名利双收的办学目标；二是办学旗号十分响亮，通常会冠以引人瞩目的名称，如 xxx 附属学校、xxx 实验学校、xxx 国际学校等；三是高度关注优

---

① 杨小微、刘良华. 学校转型性变革的方法论[M]. 北京：教育科学出版社. 2011

质生源和优秀教师的吸纳与培养。

3. 困境突围式

在“普九”和推进教育均衡发展的进程中,随着社会城市化脚步的加快,一些地处城乡结合部的薄弱公办学校往往面临被拆并的危机。其中有些学校在别无选择的困境下,由校长引领,“揭竿而起”,以破釜沉舟的气魄和“杀出一条活路”的精神,抓住课堂教学改革这个牛鼻子,背水一战,实施学校变革,实现了课堂改变学校改变的突围式发展,教学质量快速提升,并一举成为当地有影响的学校。伴随着新课程改革的推进,这类学校一般会乘势而为,获得更充裕的教育资源和更开阔的发展纵深,逐步进入主动发展、全面改革的上升通道,办学品质全面提升。这类初中的改革发展通常具有如下三个显著特点:一是改革的动力完全源自学校内部,由被迫突围到主动发展;二是改革的主体由校长统帅到群策群力,队伍逐步壮大;三是改革的关键是通过学校组织文化的改变推动学校的整体转型,实现了从文化救赎到文化领导①。

三、原点追寻:现代城市初中的创生之路

广东省佛山市第三中学(以下简称“佛山三中”)初中部是从一所人文底蕴深厚、深受社会欢迎的城市完全中学分离而来。在世纪初的教育变革中,学校经历初高中剥离以及与其他两所初中整合的阵痛,又遭遇各类民办初中在周边崛起、城市生活中心南扩的社会冲击,导致师资明显老化、优质生源流失、家长素质下降,学校陷入教育质量下滑的困境。面对危机,学校领导班子在充分调研的基础上,从学校历史人文底蕴、当代教育发展趋向、未来人才培养取向三方面分析入手,响亮地提出了“办典雅之校,行博雅之教,育儒雅之人”的办学理念,启动了以文化凝聚力提升、教学质量改进、学校管理机制更新为着力点的整体转型性变革,促使学校由“随波逐流”的被

① 杨孝如.困境突围型初中品质追求的嬗变及其启示[J].江苏教育研究.2015,(8)

动“跟跑”，转向基于自身实际的主动建构式“自主经营”，实现了一所历史名校在新形势下的涅槃式重生。

1. 办典雅之校：教育价值的重建与学校文化的重塑

变革初期，针对合并后的学校价值迷失和教师文化冲突等现状，学校确立了价值引领、以文化人、文化兴校的办学方针，致力于重建学校价值，重塑学校文化。

一是传承历史名校的文化基因，凝练学校核心价值。学校传承200余年的校园拥有独具魅力的人文资源，如古韵犹存的佛山书院旧址、英姿挺拔的百年校树“红棉”、厚重典雅的傅秀岩公祠、杰出校友梁启超先生等。它们都兴盛于百年前后，共同彰显出“雅”的人文品质，分别体现了“正”“美”“真”“卓”的精神风骨。为弘扬这一文化基因，学校确定将“雅”作为学校文化的核心价值，并从彰显“正”（正身、正气、正义）、崇尚“美”（美德、美境、美誉）、弘扬“真”（真知、真诚、本真）、追求“卓”（卓立、卓识、卓越）四个方面予以践行。

二是依据地域资源和初中学生的成长特点，重塑学校精神。校训是学校精神的集中体现。学校校训原为“卓如红棉”，其中“卓如”是校友梁启超先生的字，“红棉”是学校师生视为精神图腾的“校树”（近200年树龄）。学校从校园里最具岭南特质的两种树木—“红棉”（校树）和“白兰”（“白兰花”为校花）身上提取其人格品质，并针对初中学生男女个性心理品质日趋分化且快速发展的特点，将校训完善成“卓如红棉，雅如白兰”，以引导学生知行合一、刚柔相济、卓雅兼备，勉励男生像红棉树一样，蓬勃向上，卓然而立，具有君子之范、绅士之风；女生像白兰花一般，内外兼修，纯洁优雅，具有淑女之美、才女之秀。在传承中创新的新校训，很快得到全校师生的认同，并逐步内化为引领师生积极向上的强大动力。

三是挖掘岭南地区的人文传统，提升学校文化品位。学校育人价值重建以后，必须通过环境文化、制度文化、课程文化、行为文化等予以贯彻。于是，从校园环境到课程内容、从组织氛围到教学理念，都力求体现岭南文化的深沉意蕴和“卓”“雅”文化的丰富内涵。如学校标识的具象、书院旧址的古韵、粤剧粤曲的旋律、武术舞狮的激越、陶艺剪纸的创意、校园“三风”的塑造等，都以有形和无形的方式形塑和绵延着学校独具一格的文化神韵，并以润物无声的方式滋养着师生成长。

2. 行博雅之教：校本化课程的重设与互动式教学的重构

再好的理念，没有学业质量的提升，都只能是美丽的童话。居于顶层的文化价值一旦形成，变革的重心自然要聚焦到课程和课堂。为此，我们以实施学校“三雅”教育五年发展规划为抓手，扎实开始了基于课程、教学与评价改革的学业质量改进之路。

一是按照“以丰富多样的教育资源构建学生丰富多彩的当下与未来”的课程理念，开展课程资源的校本开发。为了改变教师教学目中无“人”、照搬教材、依赖教参、乱用教辅的行为习惯，学校自断后路，取消了全部教辅资料，以组织教师编写指导学生自主学习的“学习导纲”为抓手，以备课组为单位进行统编教材的二次开发和基于“学习导纲”的课前二次备课。通过将集体备课与个人备课结合，单元整体备课与分课时备课统一，前期预设性备课与课前针对性备课融通，把教师从繁重的事务性的质量管理状态中解放出来，让教师真正理解课程，走进教材，专心科研，锐意改革，精准教学，改变了孤立、割裂地看待课程教学和学业质量的思维方式，树立了全面的质量观、能动的课程观和面向学生需求的教学观。

二是按照“让师生在开放互动的探究、对话、体验中主动发展”的教学理念，实施基于小组合作的“探究/对话/体验”式教学。学校在全校普遍建立了问题引领、小组合作的课堂学习机制，引导教师把课堂学习的主动权、自主权还给学生，将教学与教研结合。变千篇一律地教为分课型有侧重地教；变一课一课平均用力地学为按单元整体结构性地学；变盲目的先讲后练为有针对性的先学后教，探究、对话与体验有机结合，课堂由呆板、单调、沉闷，变得掌声、笑声、辩论声兼备，学生也变得自信舒展。

三是按照“关注过程、注重发展、鼓励个性、自主多元”的评价理念，构建基于数据分析的质量管理体系。在我们推进转型变革的过程中,恰逢云计算等信息技术在教育领域的快速应用。针对传统评价中过程难以记录、数据难以积累、评价无法跟踪、反馈不够便捷的弊端,我们按照新的评价理念,及时引进相关信息技术平台,将学习过程纳入评价系统,引进学生自我诊断机制,从质量保障体系建设和制度机制建设的角度,进行学业水平评价的系统改革。数据从入学跟踪到毕业,过程从课内延伸到课外,诊断从自评发展到他评,既帮助学生自我改进,引导学生自主发展,又优化学业质量过程管理。经过近五年的努力,不断完善的学业质量管理体系,有效促进了学业质量的整体提升,而且从根本上改变了教师教的方式和学生学的方式,教学质量从“低谷”走上了“高地”。

3. 育儒雅之人:管理体制机制的更新与学校教育生态的优化

我们一直认为,初中教育是基础教育承上启下拔节的“腰杆”,必须服从和服务于学生成长的发展需要,切不可为了一时的“成功”或“成才”而误了“成人”之大事。为此,我们以“雅”为取向,以校训为引领,按照“让每一位学生成为学习与成长的主人;让每一位教师成为研究与创新的主体”的管理理念,实施了学校内部管理体制机制的更新。

一是组织结构上,淡化中层,强化基层,将副校长和中层干部下放到年级组,组成年级管理委员会,同时成立年级党支部、年级工会小组、年级家长委员会、年级团学联社,让各类管理力量向年级组聚焦,变宝塔式的层级管理为扁平化的网状治理,推动管理重心下沉。二是管理体制上,班子一般成员,横管一个面,纵导一条线,坐镇一个点;师生日常教育以年级组为管理单元,年级主管;课程教学教研以学科组为业务主体,科组主导,让发展动力内生。

三是运行机制上,中层职能部门由指挥、组织、管控,转向指导、服务、协调;由学术委员会统筹学校“红棉杯”先进个人和先进集体表彰、教育教学教研成果“白兰奖”评审、学校教育年会筹办等运行机制;完善教职员工岗位工作第一责任人制度,努力向业务主体赋权。

扁平化、低重心、快反馈的组织管理体制机制，有效营造了学校的“卓”“雅”文化。一支有情怀、爱学生，身正学高、勤于研修、善于合作、勇于创新的儒雅教师团队快速发展。一批又一批有自信、敢担当，举止文雅、情趣高雅、气质儒雅的现代中学生群体在这里快速成长，学校也开始获得各级各类的荣誉和社会的广泛赞誉……

变革还在继续，转型仍在路上。相信新时代公平而有质量的初中教育一定会在改革和探索中创生。

谢先刚

目　　录

第一章　典雅之校:价值凝练与文化生成

自上世纪八十年代以来,中国波澜壮阔的改革开放,给中国社会带来了急剧而深刻的变革,无论是表层的社会、经济、生活的日常形态,还是深层的人与社会组织的价值观念、思维方式、行为方式,这一变革正在推动着我们的社会由封闭僵化保守的"传统型"向开放互动创新的"现代型"转变。这一转型性的变革,对我们的"教育"以及实施教育的"学校",到底意味着什么?事实上,人民群众日益增加的教育诉求与责难,广大中小学发展所面临的日益严重的困惑与困境,其实已经昭示了解决这一问题的答案,即学校教育必须顺应社会的转型实施转型性的整体变革,在变革中创生新的学校教育。正如叶澜教授所说:"当前,中国社会真正进入到了社会繁荣发展且需要以更多个体富有时代性的充分发展作为条件的时代、社会发展和个体发展从来没有像今天这样具有直接的联系。这正是我国学校教育需要转型性变革的最重要和具有根本性与前瞻性的社会依据,也是对学校实现转型的社会意义和个体意义的揭示"。"革"什么?如何"变"?"生"什么?如何"创"?让我们一起从一所百年老校近十年的转型性创生中去追寻。

一、价值迷失与文化冲突

转型期间的中国社会,面对多元文化的冲击,曾经使得一些人因价值观念迷失,导致行为失范和道德沦丧。社会转型期的学校教育也是这样,面对快速发展的社会环境和多元化的办学体制改革,曾经优秀的学校,如果依然固步自封,默守成规,不能建立与这个时代发展要求相适应的新的学校文化,其办学也将陷入文化冲突的漩涡,使发展陷入徘徊和被边缘化的困境。

（一）优越条件滋生的固步自封

佛山市第三中学初中部是2004年由佛山市第三中学这所历史名校（完全中学）的初中部在原址与原佛山市第八中学、佛山市第十二中学整合而成。其前身可追溯至清嘉庆七年（公元1802年）兴办的佛山书院。200余年来，经节芳义学、经纬中学、联合中学、佛山市第三中学，到佛山市第三中学初中部，从民办到公办，从小学到中学，薪火传承，人才辈出。清光绪举人，中国近代思想家、政治家、教育家、史学家、文学家梁启超；清光绪进士，曾任中华民国北洋政府国务总理梁仕怡；前中华人民共和国驻蒙古国大使黄家骅等社会栋梁和国家一级粤剧演员梁玉嵘、曾慧，全国十佳法官黄学军，著名桥梁专家李兆祥等时代精英，都曾在这里求学，他们为这所学校树起了一座为中华之崛起而发奋读书的人文丰碑；根植于1858年的校树“红棉”（又称“英雄树”），虽历经沧桑，但至今依旧“卓然而立、炙热向上”，现已成为师生的精神图腾。佛山市第三中学在佛山人心中已是一所实然的优质名校。

顺应佛山优质高中建设的社会需要，2004年，学校初中部与高中部剥离，并在原址与佛山市第八中学、佛山市第十二中学这两所基础较好的学校合并，三校的“强强联合”，赋予了这所新的初中学校三大优势。一是历史名校的底蕴。校名和校址的延续，天然地承接了佛山市第三中学这所历史名校的传统和人脉，合并后的学校依然享有名校的美誉；二是办学资源的集聚。三所学校的设施设备积聚于一所学校，使这所学校在当时拥有了远远优于其他公办学校的校舍和办学资源，虽匹配不够科学，但也算设备完善；三是师资队伍的充实。原本师资力量就较强的三所学校，合并后成了佛山地区真正意义上的公办初中大校，管理干部、骨干教师和拥有高级职称的教师比例远远高于其他兄弟学校。仅共产党员就将近60%。

正是这样的本来优势，加上地处市中心的优越地理位置和政府的重视，使得学校自然进入了一种乐观自负、安于现状的生存状态。以至于对全国蓬勃展开的新课程改革视而不见,对中心城区人民群众对优质教育资源快速增长的教育需求不够关注,对三校整合带来的资源匹配矛盾与教师文化差异更是不予重视。合并七八年,学校办学逐步陷入困境,俨然是轰轰烈烈新课程教学改革大潮中的一座“世外桃源”。从领导到老师,对方兴未艾的新课程改革的新理念、新思想、新流派,关注较少;老师参与区级以上教育科研课题的人寥寥无几;特级教师、省市级名师几乎没有;与市外优质名校的横向交流也几乎为零。

就是这样与生俱来的办学优势,不仅没有及时转化成学校在新的教育改革形势下优势发展、快速发展、持续发展的强劲动力,反而因管理层的盲目乐观,在校园中滋生了一种安于现状的消极文化,学校发展陷入固步自封、不思进取的困境。正所谓“生于忧患死于安乐”。

(二) 三校合并引发的文化冲突

三校合并在给新学校带来设施设备和教师队伍集聚的同时,也带来了办学规模与校舍资源和设施设备不匹配、人员结构不合理的矛盾。虽然这些表层的矛盾在近十年行政力量干预下已基本消化,但原来三所学校深层的文化差异,并没有在合并的过程中扬长避短,融合共生,而是因学校文化领导力的不足,演变成了一种文化冲突,以至于成为制约新学校健康发展的致命软肋。在新的改革来临时,冲突愈演愈烈。

突出表现为三种现象:一是新学校的教师群体“群而不合”,同事之间在日常校园生活交往中依然坚守着原有的同伴关系和小圈子,无论是学校集体活动交往、节假日的业余聚会,还是校园教师的日常进餐与节日聚餐,都自然分成了原来学校的阵型。二是选人用人中明显存在的任人唯亲,互不买账。干部或明或暗地在自己的阵营中培植着自己的势力,群众或隐或现地在干部队伍中追随着自己的利益代言人。学校中层干部竞选中的候选人推荐和民意测评,明显地表现出小团体意志;三是评优表先依然是各推各的人,各举各的“贤”,真正的先进模范常常得不到高票,某些小团体中的

“老江湖”每次都能稳操胜券。

出现上述现象的原因我们认为主要是三个方面:一是合并后的新学校未能及时根据学校和社会发展的需要明确提出新学校的价值取向,在“举什么旗”、“走什么路”没有明确的情况下,大家自然会按照原有的惯性行事;二是新学校未能及时对原有三所学校的文化进行甄别、筛选、整合、凝练,对“到底延续何种文化”这一大是大非的问题没有明确,“习惯的力量”和利益的诱惑自然会在新学校演变成各吹各的号,各唱各的调;三是新学校缺乏思想坚定志同道合的领导核心,学校领导集体未能从新学校发展的大局出发,公正、公平地率先和垂范,狭隘的小团体思想滋生了新学校的小团体主义。

(三) 社会变革带来的生存挑战

学校整合后的前十年,正式佛山市中心城区社会转型进入快速发展的时期。中心城区单独设立行政区,市区交通网线快速拓展,互联网经济全面渗透,外来新市民人口急剧增加,各种体制外民办初中的快速崛起、社会教育培训机构快速发展,人民群众对优质教育的需求日益旺盛而且多样。这一系列的社会变化给城区公办初中的生存和发展带来了诸多的挑战。主要表现在以下三个方面:

1. 高规格民办初中的快速兴起给公办初中的办学带来严峻挑战。据统计,就在我校三校合并后的十来年,在距离我校30公里半径内,由区镇两级政府扶持,先后以各种抢眼的“品牌”和“旗号”命名兴建的规模型民办初中达10多所。这些体制外学校的先天优势给公办学校的办学带来的挑战。突出表现在以下三个方面。一是办学环境条件的资源优势,给公办学校原有的教育服务功能带来挑战。二是灵活自主的“掐尖”招生优势,让公办学校划片招生的“升学率”受到严峻挑战。三是高度自主的教师招聘自主权与收入分配政策优势,给公办学校“大锅饭式”的教师管理带来的挑战。

2. 城区南移给学校生存的社会人文环境带来的挑战。学校合并后的十年,正式佛山中心城区城市建设快速南扩的十年,城市建设南扩带来的是城市社会人文资源的南移。首先是图书馆、少年宫、科技馆及各大主流传媒等公共文化教育资源的南移;其次是房地产开发带来的受教育程度较高的新兴家庭的南移。两方面南移,留给老城区的是相对贫乏的公共文化资源和收入及受教育程度相对较低的中下层居民与外来流动人口。对学校教育产生的直接效应是学校生源数量、质量的下降,这无疑给先天不足的公办初中的生存发展带来极大的不利。

3. 多种教育服务形态和个性化的教育需求给义务教育公办学校传统的教育方式带来的挑战。一是出国留学的低龄化和中外合作办学对义务教育课程结构、课程内容、教学方式改革的呼唤;二是顺应素质教育发展要求,以培养学生体育、艺术、科技兴趣特长为主要目的的各类专业培训机构快速兴起,对学校传统的教育资源配置和个性特长教育提出了强烈需求;三是以追“名校”为取向的各类个性化学科课程补习市场的火爆,对传统学校“一刀切”、“齐步走”、“大一统”的教学方式提出了严峻的挑战。

二、价值凝练与顶层设计

面对学校遭遇的内外双重困境和人民群众对优质公办初中教育的迫切呼唤,2012 年 8 月,上级主管部门调整了学校主要领导。新的学校领导班子以编制学校未来五年发展规划这一总揽全局的办学行为为抓手,从学校生存现状调研入手,针对制约合并后学校发展的根本问题,从学校发展战略定位和办学思想重建两方面,开始了学校整体转型性变革的顶层设计。

(一) 办学现状的调查与分析

每一所学校在其发展过程中都会因自身和外界的变化,面临一些发展的瓶颈和困境。面对危机，新班子没有盲目的头痛医头，脚痛医脚，而是把分析影响学校发展的深层原因、寻找推动学校创新的动力引擎作为学校开启新的发展征程的转机。我们以学校顶层设计和研制学校未来五年发展规划为抓手，专门成立学校发展规划研制领导小组和起草小组，组织引导教职员工围绕“我们在哪里?”“要到哪里去?”“怎样到哪里去”这三个关系学校现状和未来的大问题开展大讨论，大调研，以此唤醒人心、凝心聚智，传达价值。

讨论分年级组教师和教代会代表两个层面展开。年级组教师由分管副校长和年级主任牵头组织；教代会代表由校长和工会主席牵头组织。讨论的发言记录统一交起草小组归类整理后报领导小组，供决策参考。

起草小组的调研也通过座谈会和问卷调查两个维度展开。

座谈会主要是面向已退休的书记校长、现任行政管理人员、基层干部、学校家长委员会代表。旨在广泛听取各方面意见，同时利用座谈会积极宣传学校改革的必要性和可行性。座谈的内容主要集中在以下四个方面：

1. 你认为学校在过去的发展中形成和传承了哪些好的传统和优势?

2. 你认为学校当前急需解决的主要问题是什么？未来五年要做的主要工作有哪些?

3. 你认为目前学校教师队伍建设和教师评价制度存在哪些不足？应该在哪些方面改进?

4. 你怎样看待学校现行的办学理念和管理机制？你认为制约学校发展的主要因素有哪些?

问卷调查在全校教职工中进行. 我们围绕“学校发展定位、学校内部管理、教师队伍建设、课程教学改革、学生教育管理”五大领域，设置了 22 个基本问题，每一个问题设计了四到八个选项供教师选择，单选和多选结合。问卷显示，教职员工对 22 个基本问题的主导意见如下表。

表1-1　教职员工问卷调查主导意见统计表

问题序号	问题内容	主导意见	勾选比例	备注
1	如何看待学校现行办学理念和办学宗旨	一般化,缺乏学校个性特色	38.38%	四选一
2	学校未来五年的发展目标定位	区内一流,市内有影响的优质初中	42.42%	四选一
3	校级领导班子的领导能力和管理水平	不够团结,凝聚教师的能力欠缺	49.48%	四选一
4	中层干部的执行力和表率作用	日常工作认真负责,但缺乏创新精神	35.79%	四选一
5	目前教师团队建设的重点	激发创新精神,增强团队活力;	67.35%	四选一
6	学校教师队伍专业发展的主要任务	通过校本教研,着力提高教师解读教材、设计教学、实施教学的能力	35.71%	四选一
7	对校内开展名师、名班主任系列评选工作的看法	评选是次要的,关键是如何让他们发挥引领的作用	59.18%	五选一
8	学校课堂教学存在的关键问题	学生缺乏自主学习的习惯和能力	39.8%	六选一
9	提高教学质量,最急需解决的问题	形成科学的教学常规管理体系	32.29%	五选一
10	如何评价教师教学工作	以质量为重点,综合考虑态度、能力、工作量和课堂教学水平等	41.67%	五选一
11	当前学校德育工作最需要解决的问题	着力培养学生良好的学习态度、学习习惯	59.18%	五选一

（续表）

问题序号	问题内容	主导意见	勾选比例	备注
12	哪些德育途径对学生的教育效果最好	主题性活动体验	34.83%	八选一
13	学生工作最需要加强的领域	日常行为习惯管理	42.22%	五选一
14	现有基础上可以打造成学校特色的项目	务实、合作、创新的教师团队	24.18%	八选一
15	影响近几年教学质量的主要原因	教学管理失策，教改指导无方	35.16%	六选一
16	目前学校环境文化的建设	一般化，缺乏明确的价值定位和学校个性	47.96%	六选一
17	学校内部扁平化管理的意义	有利于关注一线实际，及时解决问题，增强基层动力	33.33%	五选一
18	学校绩效工资制度存在的主要问题	指标太细，不便于团队合作，影响了工作积极性	62.11%	四选一
19	教师年度考核应遵循的主要原则	对教师“德能勤绩”实施多元多主体量化评价	42.27%	四选一
20	如何看待家长对学校教育中的作用	作为最忠实的教育合作伙伴，主动争取，积极引导	40.82%	四选一
21	课堂教学的直观要求	教师少讲、学生多学	42.42%	四选一
22	目前学校德育的主要工作	完善德育工作体系、激励学生主动发展	47.47%	四选一

从问卷调查结果看，教师对学校领导班子建设、教师队伍建设、名师培养、学校德育的主要问题及主要任务、校园环境文化建设、教师绩效工资制度等六方面现状的看法比较集中。综合座谈会意见，我们清楚地发现，在学校内部，现阶段制约学校发展的显性问题主要有三个：一是干部职工对学校发展的思想认识不统一，教师队伍缺乏凝聚力；二是学校管理的体制机制偏

于僵化,制约了基层组织和教职员工的创造性和积极性;三是学校实施课程教学改革的价值取向不明确。产生这些问题的主要原因虽然有外部因素影响,但主要是三校合并后的内部原因。归纳起来也主要是三个方面。一是学校对近百年以来积淀的文化传统缺乏总结传承,对三校合并后学校文化价值观念的甄别和定位缺乏及时的引导;二是领导班子对现代教育发展的走向、初中教育的本质和现代学校制度建设缺乏应有的理解和关注,办学思想传统;三是教师队伍对新课程改革缺乏应有的关注和理解,对传统教学的依赖现象严重。解决问题的关键都聚焦于干部队伍和教师队伍思想观念的保守、固化和狭隘。这里的"思想"既包括领导班子的办学思想,也包括教师群体的教学思想;这里的"观念"既包括教职员工的文化价值观念,也包含专任教师的课程教学观念。

针对这一现状,结合学校未来五年发展规划的研制,2013 年 1 月,经学校领导班子研究,作出了三项决定:一是学校未来五年的发展,一定要以问题为导向,对学校发展方向和目标有一个清晰的战略定位,这一定位必须具有前瞻性和可行性;二是要突破固步自封的办学思想和落后僵化的管理思维的束缚,启动"走出去、请进来"战略,拓展办学视野,转变办学思想,提前进行学校中层干部改选;三是聘请学校办学专家指导组,启动学校整体改革,推动学校从内在基质到外部形态的整体转型。

(二) 核心价值的凝练与阐释

一个组织,其成员之间思维方式、行为方式差异的背后,实质上是价值观念的差异。要在组织内部形成相对统一的思维方式和行为方式,必须建立共同的价值观念,这就是要告诉大家,在我们的组织里,应该怎样看事情、怎样想事情、怎样做事情。对于学校而言,就是要改变师生员工中已经习惯化了的与现代社会主流价值、教育改革的价值追求、学校自身发展的价值取向不相适应的生存方式,告诉他们不能这样生活,应该那样生活。

1. 关于学校核心价值的思考

石中英先生指出:"学校核心价值观是学校作为一种以培养人为己任的社会组织的核心价值观。它要激励、维系和约束的并不是学校中哪一个个体或哪一类个体的行为,而是学校中所有成员的行为,是对学校中所有成员行为的期待、要求和规范。学校核心价值观不同于社会的核心价值观,也不是学校目标或学校目标的一部分,而是实现诸多学校目标必须遵循的若干价值原则。"①

合并后的新学校虽然是地处中心城区的一所百年老校,深受开放、包容、务实、创新的现代岭南文化熏陶。但受相对封闭、保守、僵化的教育行业文化的直接影响,课改初期,学校文化的整体样态依然是以近代型特征为主。如办学的价值追求依然是分数至上,升学主导;教育的行为方式依旧是以统一的目标、统一的课程、统一的学校生活节律、批量性生产加工的模式来"塑造"学生;教育的基本思维依然是管控、说教与授受;师生日常教育的整体形态基本是被动地完成单一的学科知识教学。这一办学形态基本没有走出近代型学校的基本格局。这样,不仅阻碍了学校自身发展的步伐,而且也阻碍了学生社会性和个性的和谐发展。为此,必须依据全球化、信息化背景下社会转型的新特点和21世纪人才生存、发展的素质新要求,对学校发展的核心价值有一个新的定位。

叶澜教授指出:"学校文化个性的形成取决于学校领导对自己学校历史中形成的文化传统的把握和辨析,对当代社会变化和学校大文化使命的把握,以及对目前师生状态及其他们不同生活背景中形成的文化特质的把握,并在此基础上,提炼、形成体现和适应本校办学理念的文化追求②。"

基于这样的认识,2013年1月,学校领导班子和办学专家指导组,在关

① 石中英:《中小学管理》,2008年第10期。

② 叶澜.世纪之交中国学校教育文化使命之思考[J].教育研究.1996.

于学校未来发展战略定位和发展方式的研讨会上,一致认为:深处社会转型前沿和教育改革中心的学校变革,必须树立一个能够导引方向、凝聚人心、激活内力的核心价值,并使之以文化的形态影响和作用于校园中所有人的价值观念、思维方式、行为方式和生活方式。这一核心价值应该具有三方面的属性。一是体现当代中国社会的主流价值和教育改革的人才素质取向;二是传承学校自身发展业已形成的优良传统和文化特质;三是彰显现代城市初中教育的学校使命和初中学生的成长需要。

2. 对学校核心价值的凝练

学校的价值体系,内隐于学校的办学思想、培养目标和制度体系,外显于全校师生的思维方式和行为方式,并通过师生群体的校园日常生活得以传承和弘扬。居于核心地位的是学校文化的核心价值。一所历史名校要保持其基业长青,其学校价值观一定是既坚守了学校经岁月积淀下来的优秀文化传统,又与时俱进地切合了时代社会发展的主流价值、教育发展的时代要求和学校发展、学生成长实际需要。为此,我们从传统和现实两方面入手,在办学专家组的指导下,领导班子和全校行政人员以头脑风暴的形式,开始了学校核心价值观的凝练。

传统方面,我们清楚地看到,三校合并形成的佛山市第三中学初中部,虽然教师队伍来自三所不同的学校,但因其校舍、校名和一部分教职员工沿袭了百年老校佛山市第三中学的基质,且三所学校都具有岭南文化中求真务实、正直内敛的特质。因此,合并后的三中初中部,其文化底色原则上应该传承佛山市第三中学这所百年老校的人文传统和精神追求,这是学校价值观形成的内在基础。其主要表现有以下三个方面:

一是合并后的学校师生对校园的百年木棉树(校树)、茂盛的白玉兰(校花)、彰显佛山书院遗风的傅岩秀公祠、充满书香的春晖园等重要景观都怀有深厚的人文情怀。这些景观一方面承载了佛山三中历代历届的教育故事,寄托了历代三中校友对这所学校的教育理解和母校情结;另一方面也代表了这所学校的办学精神和风格品质。木棉树的卓立挺拔、白玉兰的纯洁优雅、傅公祠的厚重典雅、春晖园的宁静优雅，无不彰显出一种大气之美、高雅之美。

二是今天的学校师生都因这里曾经培养出一批又一批社会精英而感到无比的自豪，这种自豪源自于广大校友自身所表现出来的高雅人格和对社会的卓越贡献。如对梁启超（中国近代著名思想家、文学家）、梁士怡（民国政府财政大臣）、黄家魁（外交部驻蒙古人民共和国大使）、曾慧和梁玉嵘（国家一级粤剧演员）等一大批杰出校友所拥有的博学和儒雅发自内心的崇敬。这些校友匡扶正义、崇尚真知的人格品质和德才兼备、追求卓越的精神风范在一定程度上折射出这所学校人才培养的价值追求。

三是佛山三中初中部合并初期的十年办学，一直承传着其母体——佛山市第三中学的文化基因。“卓如红棉”的校训和“胸怀广、体魄健、基础实、能力强、自律严、品高尚”的培养目标在学校办学实践中留下了深深的烙印，历届毕业生表现出品行端正、兴趣广泛、阳光健美、气质文雅的精神风貌，以及学校合并初期十年大力推行儒雅德育所形成的文明守纪之校风、包容关爱学生之教风，都在一定程度上表现于师生的日常校园生活中。这一现象与当下国家大力推进素质教育的价值追求完全一致。

现实方面，我们也应清醒地发现，转型期间的中国社会正处在传统与现代、东方与西方各种价值观念相互交织、相互碰撞的转折阶段。正式在这一价值重建的关键时期，我们的国家及时且明确地提出了社会发展和教育改革的价值取向，学校发展和学生成长也必须顺应时代要求，作出自己的选择。

首先，社会主义社会发展的核心价值观十分鲜明。党的十八大向全党、全国、全社会明确提出了社会主义核心价值观，即富强、民主、文明、和谐，自由、平等、公正、法治，爱国、敬业、诚信、友善。其中，富强、民主、文明、和谐是国家层面的价值目标，自由、平等、公正、法治是社会层面的价值取向，爱国、敬业、诚信、友善是公民个人层面的价值准则。这 24 个字是社会主义核心价值观的基本内容,构成了我国社会主义核心价值体系的内核,是社会主义核心价值体系的高度凝练和集中表达,是国家对每一个社会成员提出的行为准则。初中学校作为国民教育的专门机构,必须贯彻这一核心价值观。

其次,教育改革和发展的战略取向十分明确。《国家中长期教育改革和发展规划纲要》(2010—2020)把坚持以人为本、全面实施素质教育作为教育改革发展的战略主题,指出教育改革和发展的核心是解决好培养什么人、怎样培养人的重大问题,重点是面向全体学生、促进学生全面发展,着力提高学生服务国家服务人民的社会责任感、勇于探索的创新精神和善于解决问题的实践能力。价值观教育是培养人的根本之所在。

第三,学校发展正处在亟待价值抉择的关键时期。学校发展既面临社会转型对学校改革提出的时代要求,即促进人的个性发展与社会化发展的和谐统一;又面临三校合并给学校发展带来的价值迷失与文化冲突的现实困境。在这一发展的关键时刻,及时明确学校办学的核心价值观,是一个总揽全局的办学行为。对于领导学校改革和发展方向,统一全校教职工思想意识,集聚校内外推动学校发展的力量,明确师生学校生活的价值观念和行为方式具有纲举目张的战略意义。

第四,初中学生的成长正处在价值观念初建的形成阶段。初中学生作为"从儿童走向成人"的过渡阶段教育对象,正处在价值观念的初建阶段,他们自以为有了成人的身材,希望周围的人视其为大人,但同时其心智发展却等同于儿童,强烈的独立意识使他们对生活中的新鲜事物充满浓厚兴趣,对成人社会的正义与公道、美好与善良、真实和虚伪认识并不清晰。关注和引导他们的身体、心理、个性、品格的快速发展,促进其社会化是初中教育的本质特征。而这个阶段的价值观培育正是影响其全面发展、终身发展的根基。

基于上述分析,我们认为,现阶段三中初中部学校教育和师生价值观的培育,应该弘扬以下四方面的价值追求,即"弘扬正"、"彰显美"、"追求真"、"崇尚卓",概括起来就是"雅"。"雅"作为名词,代表事物发展的一种格局和境界,表达了对事物发展性状的期待;作为动词,代表事物发展去粗取精、去伪存真、由本来走向未来的进化过程,之于人的成长,是自然人向社会人逐步转化,达到个性化与社会化和谐统一的过程。

3. 对学校核心价值的阐释

以“雅”为核心的学校价值观是学校办学价值体系的内核,包含以下四方面的要义。

一是“正”,一种符合标准的规范和严谨,“正”是“雅”的基础和前提;在学校价值体系中,“正”可以解读为三个关键词:正身、正气和正义,“正身”是对每个个体而言,要正心诚意、修身自律;“正气”是对学校这一社会组织而言,要弘扬正气,浩然刚正,形成良好的人际氛围;“正义”是指学校对社会精神文明的引领,通过公平地对待每一位学生、每一位教师,以维护教育公平,促进社会公正。

二是“美”,美有“好”、“善”的意思,高雅或典雅的事物,本身就是美好的、高尚的、不粗俗的。作为学校核心价值观的关键词,“美”是基于“真”和“善”的一种超越状态,也是融审美情感与道德情感为一体的一种人文境界;对个人,要修炼“美德”、对学校要营造“美境”、对社会,无论是个人,还是学校,都要创造“美誉”。

三是“真”,作为名词有“本性、本源、自然”的意思,作为形容词有“真实”的意思,作为副词有“实在”、“的确”的涵义。这里的“真”,是一种自然流露的高洁与庄重,是发于中而显于外的品质;它要求学生学习、教师发展,都要追求“真知”;处理人际关系要“真诚”,发自内心、付出真情;全体师生员工对教育本性的理解和认识,要追求“本真”。

四是“卓”,一种超出一般、超乎寻常,内外兼备的风格。在学校价值体系中,可以聚焦于三个关键词:卓立、卓识、卓越。“卓立”指的是师生要自觉发展自身的主体性、有独立自主的品性;“卓识”,是基于自主探究和同伴交流的认识格局,看问题、辨事物要有远见卓识,不盲从,不苟且;“卓越”的字面意思是“杰出,不平凡”或“超出一般”,但这里,作为学校价值观的关键词,要表达的是一种对卓越的追求,将卓越不是视为一个标准,而是一种境界。对卓越的追求,核心要义是将自身的优势、能力,以及所能使用的资源,发挥到极致的一种状态。

以上述四层要义为基本内核的学校“雅”文化,在学校日常生活中具体表现为儒雅教师文化、卓雅学生文化、典雅校园文化、博雅课程文化、文雅班级文化、和雅制度文化,他们共同构成学校的价值体系,其由内而外的逻辑关系可以通过下面的图示来揭示。

图1－1　学校文化核心价值

(三) 核心价值的内化与彰显

作为学校价值体系的核心价值观,既要内化于学校的观念文化、精神文化、制度文化,又要外显于师生的行为文化、校园的物质文化、学校的标识文化。只有真正转化成师生的价值观念、思维方式、行为方式和生活习惯,才能有效发挥引领思想、规范行为、净化心灵、集聚力量的作用。

1. 学校核心价值的内化

为了全面贯彻以“雅”为核心的学校价值观，我们在这一学校价值观的指导下，系统构建了学校的办学思想、办学理念、发展愿景以及师生发展的目标体系，并使之成为具有紧密内在联系的逻辑整体。

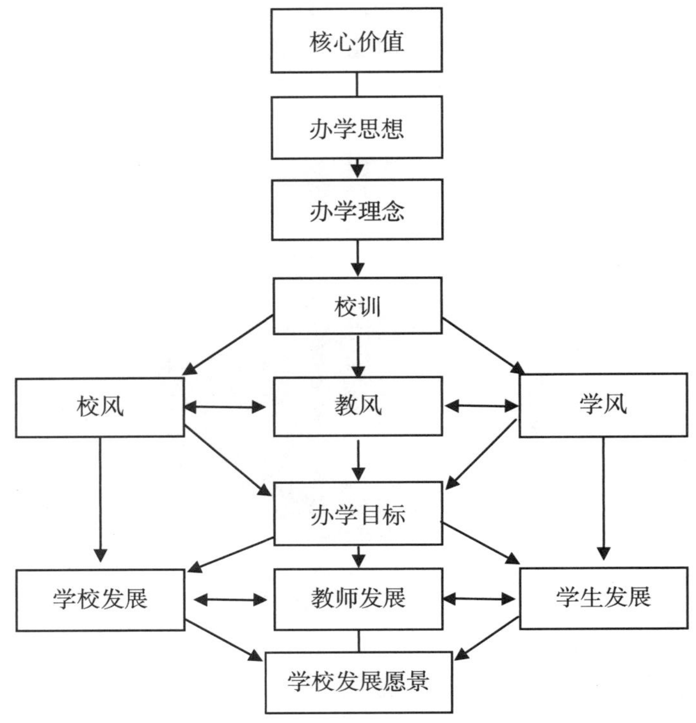

图 1－2　学校顶层设计逻辑结构图

学校的办学思想。作为一所有深厚的历史文化底蕴的现代城市初中，我们十分注重先进文化对人的感召力、感染力和持续作用力，明确提出了“育人为本，以文化人，文化兴校”的办学思想，强调通过价值引领、氛围营造、行为塑造，形成充分尊重不同生命个体的成长需求的思维方式，努力将典雅的学校文化、博雅的课程教学和儒雅的校园生活有机结合,为每一位学生卓异而立创设优质而适性的现代城市初中教育。所谓“优质而适性”,类似于农民尽可能为具有不同生命基因的种子营造最适合它生长的环境,给它充分的合适的条件,如水、阳光、空气、肥料等等,让它自己发芽生长,自己开花结果。言之于教育,就是尽可能为具有不同个性特点和成长需求的孩子提供适合的教育,让他做最好的自己。

关于学校的“一训三风”。校训是学校的办学精神,校风是学校的办学风貌,通过教风和学风得以彰显和传播。我们认为,一所学校的校训,体现的是学校的“校格”。

我校的校训从校园里两种与学校相生相伴、高大繁茂、极富岭南物候特征的树木“木棉”和“白兰”所彰显的人文精神中提炼形成。

“木棉”南方人又称“红棉”,树形高大,雄壮魁梧,枝干舒展;其花朵很大、每一朵几乎都如饭碗那么大,而且花红如血,盛开时一片叶都没有长出来,远观好似一团团在枝头尽情燃烧、欢快跳跃的火苗,极有气势。其花语是珍惜身边的人,珍惜眼前的幸福。红棉历来被人们视为英雄的象征,所以,又叫做英雄树。三中人奉“红棉”为学校的校树,校园里一共有五棵,其中最大的一棵差不多四层楼那么高,魏然耸立在图书楼前的广场中央,市园林局记载的树龄是 168 年,虽饱经岁月的风霜雪雨,却依然枝繁叶茂、卓然而立,浑身草木寄生,充满了浩然磊落的阳刚之气。

“白兰”也是南方一种高大的常绿乔木,高达 17 米,枝广展,呈阔伞形树冠;为著名的庭园观赏树种,多栽为行道树。目前校园里一共 16 棵,他们像卫士一样,列队耸立在校道两旁。其花洁白清香、夏秋间开放,花期长。花语是纯洁的爱、真挚、高贵出尘。白兰花被三中人奉为“校花”,纯洁优雅,温婉怡人,洋溢着内外兼修的阴柔之美。

针对初中阶段学生男女个性差异逐步分化突出的成长特点,我们从“红棉树”(校树)上提取了“卓”的格调,作为男生人格形象追求的表征;从“白兰花”(校花)中提取“雅”的品质,作为女生气质品格的意向。并从校树和校花的人格品质中凝练形成了“卓如红棉，雅如白兰”的校训。意在勉励师生像红棉树一样，卓然而立，蓬勃向上，具有君子之范，绅士之风；或如白兰花一般，纯洁优雅，内外兼修，具有淑女之美和才女之慧。而“卓如”正好是这所学校最杰出的校友，近代思想家、政治家、教育家、史学家、文学家梁启超先生的“字”。这一校训也表达了全校师生以梁启超先生为榜样，博学多识，奋发图强的精神品质。以树喻“君子”，以花喻“淑女”，刚柔相济，正好切合即将进入青春发育期的初中男女学生个性心理品质差异发展的价值需求。以“树”寓人正好符合“十年树木、百年树人”的教育哲学。

校风，代表的是一所学校的校品。我校作为一所肇基于1802年创办的“佛山书院”的延续，一直传承着弘扬温文尔雅、内外兼修、治学严谨、勤奋向上的文雅风范，这一风范与今天学校倡导的“雅”的价值取向一脉相承。考虑到学校现行校风“文明、诚实、严谨、勤奋”系佛山当地的名人所提，其价值取向与学校核心价值观基本一致，在此次学校价值体系重构中我们未作调整。而对其主要表征的“教风”与“学风”则作了明确界定。

关于“教风”——我们针对教师队伍中业已形成的朴实内敛、关爱学生的人文特征，吸收当代教师所弘扬的为师之德、为师之能、为师之道，提出了“厚德博学，乐育善养”的教风。意在要求教师既有高尚的道德、广博的学识，又有敬业爱生的职业情怀和养育兼备的实践智慧，彰显“儒雅”的师者风范。

关于“学风”，我们总结前几年学校开展儒雅德育的实践成果，传承《学记》的教育思想，以弘扬“雅”的学校核心价值为导向，结合未来学生核心素养的人格品质要求，从知行结合、律己待人的角度，提出了“敏行好学，正己达人”。意在激励学生勤于实践、善于学习，严于律己、乐于合作，有高尚人格、有社会责任感，凸显“卓雅”的气质形象。

2. 学校核心价值的彰显

为了使学校的核心价值作为一种校园文化在师生校园日常生活中得到彰显，发挥耳濡目染的教化作用，我们从“以文化人，文化兴校”的战略高度,根据“学校文化建设工作方案”,着力从学校标识文化、物质文化和行为文化三方面对学校核心价值进行了贯彻实施。

(1) 学校标识文化建设。首先是对校徽、校旗、校歌、校服、校报等的寓意及使用意义进行规范完善,按照新的学校价值观予以解读,对校徽、校旗、校歌、校服的使用提出了具体的操作规范,并制成标准的电子和纸质版进行宣传。其次是对楼宇和道路根据其功能价值进行了系统命名。我们把初三、初二、初一三个年级的教学楼分别命名为伯雅楼、仲雅楼、季雅楼,旨在通过明确伯仲季之间的长幼关系,强化校友之间的学长关系,传承以身示范、互帮互助的同学文化;把行政楼、实验楼、图书楼分别命名为和雅楼、致雅楼、荟雅楼,旨在强化不同楼宇、不同场景学习生活的人应该倡导的价值观念。把男女生宿舍楼分别命名为大雅楼、小雅楼,旨在营造文明向上、和谐高雅的生活风尚。同时将主校道命名为“红棉道”,将副校道命名为“白兰路”,进一步弘扬学校以“红棉”和“白兰”为表征的“雅”文化。

(2) 校园物质文化建设。一方面将建于1912年的傅公祠、植于1858年的红棉树(校树)以及植物园分别活化利用为校史陈列馆、心愿树和春晖园。另一方面,配合学校核心价值和办学思想、办学理念的贯彻,我们装修了“子规墙”(宣传学校核心价值观和梁启超“少年中国说”)、“养心阁”(心育中心)、“墨韵轩”(书刊服务社)、“心语堂”(流动书吧)等。此外,对校园雕塑、宣传橱窗、大小展牌、楼道指示以及学校网站、公众号、校报等宣传媒介从主题命名、内容布局、造形色调等方面进行了规范,使之共同彰显出“典雅”的风格品质和“雅”的核心价值。

(3) 校园行为文化塑造。学校文化只有转化为学校师生员工的日常行为方式,方才产生持久的感染力和教化作用。为此,我们着力从以下三个方面加强了师生行为文化的塑造。

首先,愿景激励,目标导向。我们根据学校核心价值,及时对学校办学愿景进行了规划,并围绕办学愿景明确了近五年的学校办学目标、教师发展目标、学生培养目标。

发展愿景——为每一位学生卓然而立创设优质而适性的教育环境。这一愿景蕴含三层要义:一是面向每一位学生,视每一位学生为人格独立的生命个体;二是学校发展就是营造适合不同学生成长需要的优质成长环境;三是尽可能促进每一位学生独立自主,使其做最好的自己。

办学目标——创办具有“三雅”教育(典雅之校、博雅之教、儒雅之人)特色的可持续发展优质品牌初中。这一目标也表达了三方面的追求。一是明确学校发展定位,说明我们要办的是一所承担初中阶段教育使命的学校;二是这里的教育具有“三雅”的品质和风格;三是这所学校及其所培养的学生一定是可持续发展的,具备终身发展的基本素养。

学生成长目标——让每一位学生成为有自信、敢担当,谈吐文雅、举止优雅、情趣高雅、气质儒雅的现代中学生。这一目标表达两方面的成长期待。一是根据初中国民教育的性质,明确学校教育的目标是让每一位学生成为合格的现代公民,而非仅仅是培养高一级学校的优秀生源;二是所培养的学生必须具有将个人需要与社会责任有机统一的人格品质和内外兼修、全面发展的“雅”性。

教师发展目标——让每一位教师成为有情怀、爱学生,身正学高、勤于研修、善于合作、勇于创新的新型教师。这一目标从三个方面明确了新时期教师发展的方向。一是敬业爱生的职业操守;二是修身好学的人格品质;三是合作创新的人文精神。

其次,活动塑造,训练成型。我们坚持以“典雅”的学校节庆文化建设为抓手,以提高各类活动的仪式感为重点,逐步规范和稳定了校园师生一天、一周、一月、一学期、一年、一届中循环进行的主要活动的基本流程和礼仪规范,力求严谨细致,形成传统。如一日的师生“早安”问候、上下课的起立问好和离校的师生道别;一周的升旗仪式、表彰分享、一周小结;一月的月度总结、阶段评比和文明班表彰;一学期的开学典礼、假期生活分享、新老师介绍、散学典礼;一年学生的体育节、艺术节、科技节、读书节、校庆月以及教师的教育年会、“红棉杯”表彰大会、白兰奖成果评选、教师职业生涯分享、最受学生喜爱的教师评选,家长代表大会;初一的新生迎新活动、少先队退队仪式,初二的入团仪式、班歌比赛,初三的青春礼、毕业典礼等。

第三,价值引领,日常修炼。为了帮助生活在不同工作场境中的师生明确各类场境活动的文化价值取向,我们通过制度规范、活动塑造、评价表彰等机制,强化了场境文化的培育与弘扬。如行政活动的"和雅"文化、课堂学习的"博雅"文化、班级活动的"文雅"文化、社团活动的"合雅"文化以及教师办公室的"儒雅"文化。

3. 办学章程的修订

学校办学的顶层设计基本确定以后,为了使学校文化核心价值、办学思想、办学目标、办学愿景等一系列关乎学校改革稳定和未来发展方向的宏观建构,真正成为办学的指导思想,发挥办学思想的领导力和凝聚力,持续指导学校未来五年的改革和发展,根据教代会建议,我们认真组织了《学校章程》修订工作。

考虑工作的连续性和专业性,结合即将启动的学校未来发展五年规划编制工作的需要,在校党总支的领导下,学校成立了"学校章程"修改和发展规划编制领导小组和工作专班。工作专班依据学校决策层的顶层设计,经过三个多月的调研和多次头脑风暴,基本形成了对学校办学思想转变、组织机制变革、教育教学改革、发展方式创新等关键事项改革的思想和思路。至此,学校发展规划的雏形已经建构。我们考虑应该将这些关系学校未来发展全局和方向的重要思想观念和宏观架构,写进学校的办学《章程》。一方面彰显依法治校的严肃性和科学性;另一方面保障学校改革发展的连续性和权威性。因为《章程》是学校的元制度,是学校内部管理的基本法。此次《章程》的修改主要集中在以下四个方面。

一是将新的办学愿景和"三雅"教育办学理念写入学校《章程》,作为学校办学的指导思想,统筹指导未来五年的学校改革与发展。

二是将扁平化管理作为学校内部组织建设的原则确定下来,明确了

“师生日常管理以年级组为管理单元,课程教育教学以学科组为业务主体,年级管委会党政工三位一体”的管理体制和运行机制。

三是确定以博雅教育理念为指导,启动基于小组合作和“学习导纲”的“探究/对话/体验”式教学改革,推动国家课程的校本化实施。

四是明确了教师岗位工作“第一责任人”和“合作者”的双重角色,承担教育教学和安全管理一岗双责;同时确立“让学生站到学校教育的最中央”,将学生成长需求作为学校教育关注焦点的学生立场。

三、理念创新与路径选择

学校发展明确了价值取向和发展定位,还必须有切合实际的工作理念、“施工蓝图”和坚定不移的改革实践,方能产生推动学校教育日常行为方式和师生学校生存方式的根本转变。如何变革?显然,局部的、线性的修修补补式的改革,恐难推动学校内在机制和外在形态的整体转型。正如杨小微教授所说:“学校在社会转型期内的发展,与社会常态下发展最大的不同,就是要发生结构性改变,而非修补、完善式的变化。一般情况下,最初是点状的或者条块式的变革,最终则是要走向结构性的转型或者整体性的生成。”因此,我们选择了走整体型转型性变革发展之路。

(一) 创新与预设:学校变革的整体规划

2013年2月至2013年8月,我们用半年的时间在做好学校文化核心价值凝练的基础上,着力进行了办学理念体系的创新和变革发展规划的编制,这两项工作完成了对学校变革的整体设计。

1. 学校变革的理念创新

(1) 关于理念、教育理念、办学理念的基本认识

理念是行动的先导。它是人们对某项工作经过长期的理性思考及实践

所形成的思想观念、精神向往、理想追求和哲学信仰的抽象概括。当前正处于社会转型的急剧变革时期,改革无处不在,无时不有,每一个领域的改革,无论是政治领域、经济领域,还是社会领域,文化领域,改革之前都必须对所要进行的改革“是什么”“为什么”“怎么样”等基本问题有一个清晰而明确的认识。也就是说必须有先进的理念作指导。

教育改革必须有先进的教育理念。教育理念是教育主体在教育实践及教育思维活动中形成的对“教育应然”的理性认识和主观要求。它是关于“教育的应然状态”的判断,是渗透了人们对教育的价值取向或价值倾向的“好教育”观念。一位教育工作者,必须有自己对教育的清晰理解,有自己对“教育应该怎样做”的明确判断,明确教育是什么?什么是好教育?只有这样,其所从事的教育才能符合教育的本质和规律。

作为领导和管理一所学校的校长更是如此,如果没有清晰的教育理念,其教育只能是缺乏见解的“跟风跑”或者被动地“按文件办”,很难办出有思想、有特色、有个性的教育。因此,校长不仅要有清晰的教育理念,还要有明确的办学理念。

办学理念是教育理念的下位概念,是校长基于“办怎么样的学校”和“怎样办好学校”的深层次思考的结晶。从某种意义上说,就是校长对学校生存理由、生存动力、生存期望的有机构成的哲学思考。从内容来说,一般包括学校发展理念、课程教学理念、学校治理理念、教师发展理念等;它是校长对为什么办学?办怎样的学校?怎样办学?这三个基本问题的理性回答。是校长在长期的办学实践基础上,经过深度的理性思考,逐步形成的。它基于校长对教育政策理论的学习、对学校教育实践的传承与创新、对优质学校办学经验的借鉴,以及对社会和教育发展时代精神的领悟。

(2)“三雅”教育办学理念体系的创生

面对学校发展的困境和社会的期待,新的领导班子思考的问题集中在三个方面,一是如何突破“文化冲突”的困境?二是我们要办什么样的初中教育?三是我们怎样办这样的初中学校?回答第一个问题的关键是要找到导致困局的问题所在,即合并后的学校文化价值缺失。通过广泛深入的调研,学校领导班子已经确定了大力培育和弘扬以"雅"为核心的文化价值,实施"育人为本、以文化人、文化兴校"发展战略的破题之策。而回答后两个问题,直接拷问着校长的办学思想,问题的关键聚焦于校长的价值引领与理念指导。

办学理念的凝练。根据学校厚重典雅的人文历史,以及以"雅"为核心的办学价值及其办学愿景的顶层设计,学校领导基于自身丰富的教育实践积淀,结合初中教育的功能性质以及教育改革和发展的时代要求,响亮提出了"办典雅之校,行博雅之教,育儒雅之人"的办学理念,简称"三雅"教育。这一理念旗帜鲜明地回答了"建设什么样的学校"、"实施什么样的教育"和"培养什么样的人才"的办学主张。

"办典雅之校"从文化传承与创新的角度,提出了学校文化环境建设的理念及其风格。这种风格就是"典雅",通过对学校优秀人文传统的传承和岭南地区优良地域文化的吸纳,将典雅的学校文化界定为"承书院墨香、显岭南文脉、扬红棉精神、蕴白兰品质",具体明确了建设典雅之校的途径和方法。书院、岭南、红棉、白兰四大元素是学校早已深入人心的文化符号,这一理念既传承了学校的人文传统,又弘扬了学校的办学精神,体现了育人为本、以文化人、文化兴校的办学思想,深刻而丰富。

"行博雅之教"从课程与教学实施的角度,明确了初中教育作为基础教育的性质、教育功能以及学校所应贯彻的课程教学理念。这种性质就是"博雅教育",并将"营自然舒展之境、引丰富多样之源、取探究对话之径、养高雅灵动之性"作为实施"博雅之教"的具体途径和要求。这一要求从教学环境营造、教学资源开发、教学方式转变、育人目标提升四个方面揭示了我们所追求的博雅之教的内涵和要义,实现了先进教育思想和时代发展要求的高度契合,全面而系统。

"育儒雅之人"从师生共同成长的角度,界定了学校的育人工作理念与人才品格要求。这种品格就是"儒雅",通过"修知行合一之道,练内外兼修之功、成德能兼备之品”来养育,这一追求是学校校训所弘扬的“卓雅”人格品质的集中体现,是师生人格品质修炼应该追求的境界,通过学校具体的管理体制、运行机制和治理文化来保障。“儒雅”在这里做形容词,揭示的是一种成长状态;作动词,描述的是一种不断自我修炼的境界。

为了便于具体办学实践中全面践行这一办学理念,我们还据此衍生了一脉相承的、一以贯之的不同工作领域的工作理念,包括学校管理理念、课程开发理念、教学改革理念、师生评价理念以及教师发展理念。

学校管理理念:让每一位学生成为学习与成长的主人;让每一位教师成为研究与创新的主体。

课程开发理念:以丰富多样的教育资源,构建学生丰富多彩的当下与未来。

教学改革理念:在开放互动的探究、对话和体验中实现师生的自主成长。

师生评价理念:关注过程、注重发展、鼓励个性、自主多元。

教师发展理念;让读书成为一种生活习惯,让研究成为一种工作方式,让创新成为一种专业自觉。

2. 对学校未来发展的战略规划

(1) 以战略眼光规划学校未来

随着依法治校的逐步推进和学校治理理念的完善,义务教育阶段学校如何运用好研制发展规划这一战略性的办学行为,使其发挥应有的办学价值,是学校管理者应该思考和关注的一个战略问题。我校在研制《办典雅之校　行博雅之教　育儒雅之人》(2013.9——2018.8)五年发展规划的过程中,关注了以下三方面的战略意义。

一是以正确的价值取向凝心聚智

我们认为,研制学校发展规划,是在学校发展进入一个新的历史时期,面临各种各样新的重大改革议题条件下,或者是在学校办学积累了丰富的经验，过去的发展模式不可持续的情况下，为转变办学方式，改革教育教学方式所实施的一项战略性的办学行为，是学校管理者带领全校教职工对学校未来发展思考、选择和策划的过程。其使命在于在深刻分析学校发展的历史和当前情况、科学预测未来发展趋势的基础上，预先处理学校未来发展的不确定性，探索学校有效发展的道路，促进师生主动发展和学校长期、稳定和持续发展。它既是学校办学过程中的一项重要工作，更是一项指导学校深化改革、持续发展的开放性的系统工程，一种整合各类资源、推动学校变革的办学行为，一个学校自主办学和师生主动发展的操作手段，一个实现办学思想转变、凝聚各方共识、诊断存在问题、探寻发展战略的有效平台。展开制定和实施规划的过程比完成规划文本本身重要得多。通过做规划和实施规划，促进学校中每一个人观念的转变、意志的统一和行为的改进，进而实现学校的整体发展，是规划的根本价值所在。

新的领导班子为了传承历史名校的优良文化，扬长补短，探索学校摆脱困境、突破发展的战略途径，及时启动了研制“未来五年学校改革和发展规划”这一战略性的办学行为，制定专门的工作方案，用历时半年的时间，围绕学校发展的优势与劣势、机遇与挑战、任务与对策等主要问题的研讨，通过在校内外相关人员中自上而下、自下而上的大调研、大讨论、大学习，以及对规划起草提纲及其草案的大宣讲，不仅有效地激发了全校教职工的紧迫感和使命感，而且统一了思想、激发了斗志、激活了智慧。大半年的时间过去了，规划草案还在讨论修改之中，但全校教职工的精神面貌就已经焕然一新，凝心聚智的战略效果得到彰显。

二是用先进的“顶层”设计定位导向

教育发展和人的成长有其自身的规律，时代和社会的快速发展对教育的发展不断提出的新要求，学校教育必须通过不断改革办学模式和人才培养方式，以适应未来社会对人才的要求。在这种情况下，对学校办学改革这项系统工程必须有一个具有前瞻性和先进性的“顶层”设计，使之作为一种战略指导思想贯穿于学校发展规划从研制到实施的全过程。学校的“顶层”设计是学校的主体结构和主要模式,主要包括办学核心价值统领下的教育思想、办学理念、发展定位、办学愿景、发展目标等,有了这个设计,才谈得上其他。先进的“顶层”设计基于对相关形势的科学研判和教育发展规律的深刻理解。首先是对学校过去发展优势、当下发展的性状和地区教育发展水平的清醒认识,明确优势和不足,回答“我在哪里”;其次是对时代发展、社会发展、教育发展内涵走向的准确把握,从时代和社会发展的大趋势看教育发展,从教育发展的大趋势看本阶段的学校教育,回答“要到哪里去”;第三是对学校未来发展可能具备的主客观条件和发展机遇的科学预测,依据教育发展的基本规律和本阶段教育的特点,回答“怎样到那里去”。

我校在研制学校改革发展规划的过程中,基于学校近200年办学的人文传统,从初中教育的基础性、初中生成长的转折性、当代教育发展的开放性,以及义务教育均衡优质、内涵发展的素质教育要求和终身教育的时代要求,对未来五年学校发展的“顶层”设计作了如上所述的界定,包括学校核心价值、发展愿景、办学思想、办学理念、办学目标。这一学校发展“顶层”设计的推出和宣讲,不仅及时指明了学校改革的发展方向和办学追求,而且极大地提振了全校教职工的精、气、神,带来了“举起一杆旗,就能带出一支队伍”的发展效应。

三是靠系统的总体规划推动实践

有了先进的“顶层”设计,总体规划就能“纲举目张”。任何一所学校的发展都是追求在自身基础上的持续提升,这种提升是在不断传承自身学校文化个性基础上的教育创新和质量提升,必须有整体的观念和系统的思想。

学校总体规划的系统性首先表现在规划内容的系统性,它一般应包括学校的基础分析、理念与目标、发展要素、发展过程和保障机制等五个基本部分;其次是学校宏观发展要素的系统性,如使命、愿景、目标、战略、实施等必须与学校办学的核心价值取向一致,适应时代和社会发展的大前提,符合国家教育宏观发展趋势对本阶段教育发展的新要求,以及当地教育发展的新要求,体现前瞻性与可操作性的统一;第三是学校发展目标的系统性,主要是体现办学目标、师生培养目标和各方面工作目标的层次性,各类目标都要体现挑战性与可能性的统一;第四是战略实施的系统性,要将总体规划的思想和要求转化成各部门工作的具体实施性规划,使各方面工作推进的时序、各个阶段学校工作的重点符合学校办学本身的逻辑。

我校依据学校“顶层”设计的战略思想和系统性原则,从以下四个方面着手进行了学校发展的总体规划。一是明确了与学校发展总体定位相一致的各项主要工作定位,如办学方向定位、办学规模定位、培养目标定位、学校文化定位等;二是对学校办学的总体目标从学校发展目标、教师成长目标和学生培养目标三个维度进行质性和量化的分解;三是对学校改革和发展的主要内容和任务进行总体部署,如组织管理变革、教育教学改革、教师队伍建设、学校文化建设、教育资源优化等;四是对总体规划的行文体例从历史与现状、理念与目标、内容与任务、过程与策略、措施与保障等五大板块进行梳理,最后经教师代表大会讨论,以学校正式文件发布。在这样的总体规划指导下,虽然历时五年的办学实践中、学校班子成员、行政管理干部以及学科骨干教师更换了近20人,但学校所实施的改革项目、办学行为和教育追求,始终保持了系统性、整体性、前瞻性、长效性和稳定性特点,有效预防了盲目、割裂、片面的办学行为,保证了学校改革行动的积淀与承续,始终推动学校沿着预定的航向前行。

我们在研制学校未来发展规划的过程中,始终将学校的发展置于《国家中长期教育改革和发展规划纲要》的思想背景下来思考问题和分析问题,使之与国家教育改革和发展宏观趋势下本阶段教育发展的内涵走向保持一致。这样就保证了学校发展规划在未来的办学实践中的战略指导意义。

(2) 以科学态度编制发展规划

我们把学校发展规划的编制作为一种重要的办学行为,力求让全体教职员工尽可能参与调研、征求意见、宣传解读的全过程,力求使规划的编制过程,成为传达价值观念、统一办学思想、寻求发展共识、集聚变革力量的重要抓手,而非单一的规划文本起草过程。整个规划的研制历时八个月,做到了过程100%公开、教职工100%参加、教代会86%的代表通过。

回顾学校发展规划的形成过程,在历时八个月的时间里,从组织领导和工作推进两方面大致经历了以下系列流程。

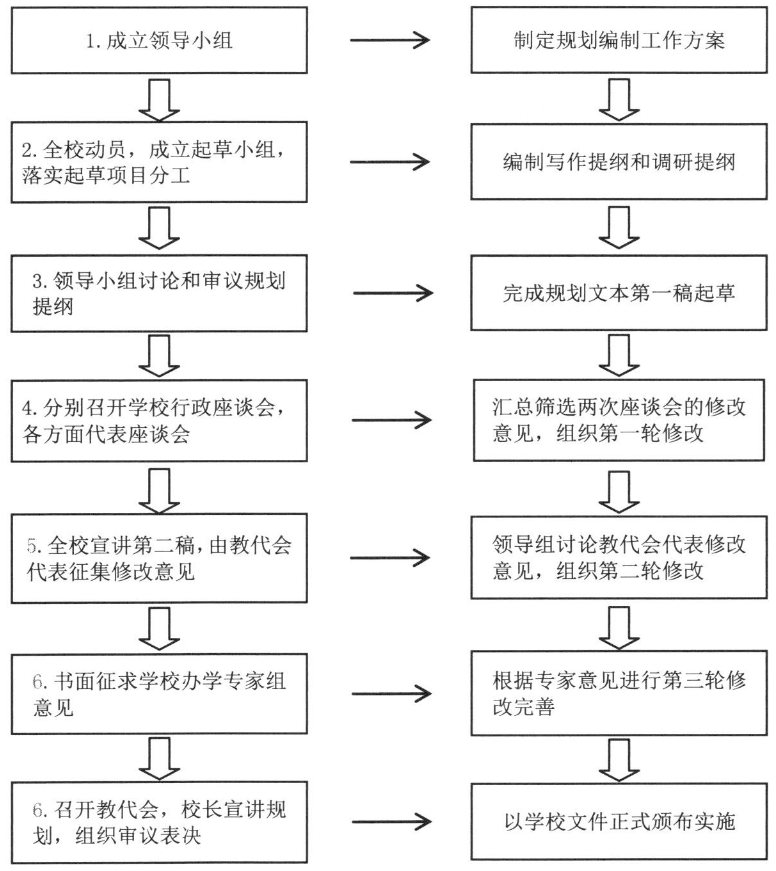

图1－3　编制规划的基本流程图

3. 厘清学校变革的内容结构

运用学校整体变革的整体性、系统性原理，根据以“雅”为核心的学校价值观，围绕“三雅”教育办学理念和办学目标，我们从学校文化建设、课程教学改革、师生发展创新三大领域构建了实施变革的六大工作要素和知行结合的逻辑结构。

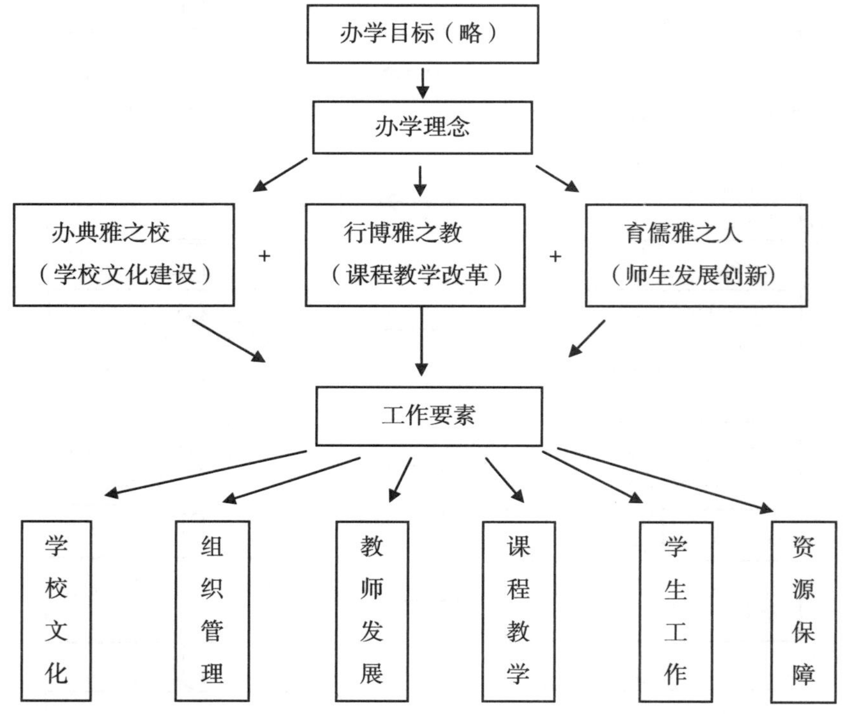

图 1－4　学校变革的结构要素

4. 设计变革的基本思路

在 2013 年 9 月学校发展规划正式颁布实施前夕，恰逢全区学校领导班子调整。在新的学校领导班子集体领导下,我们的改革实践基本上按照整体构建、协同推进、分步实施的思路,围绕上述三大领域六项要素,分五年历程一年一个台阶系统推进学校的整体变革。每一年的学校工作计划围绕总目标的任务分解,层层递进;每一个要素的改革都遵循理念先行、方案统筹、项目推进、过程跟进的工作思路展开,基本遵循下面的操作流程。

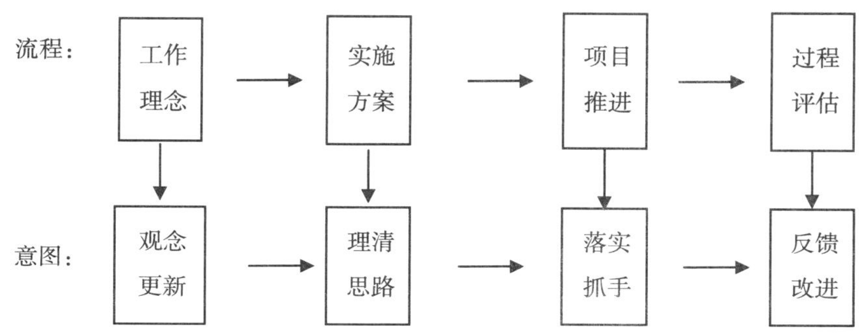

图 1－5　实施变革的基本思路

(二) 曲折与坚定:变革实施的简要历程

在历时五年的转型性变革过程中。虽然经历了教育局主要领导和学校班子成员的频繁更迭,学校行政和部分教师的被动调整(与兄弟学校被动交流近 20 人),以及各类检查评估的硬性冲击,但我们前行的方向一直没有改变,改革的脚步一直没有停止,整个改革大致经历了下面三个阶段。

第一阶段(2012. 9—2013. 8)顶层设计与整体规划阶段

这一阶段主要是现状调研、顶层设计和研制规划。工作的落脚点不在绘制改革蓝图,完成规划文本,而在于组织和发动全体教职员工积极参与,在参与中达到三个目的:一是认清形势,摸清现状,增强变革的紧迫感;二是统一价值,明确方向,增强改革的自觉性;三是理清思路,明确目标,增强改革的主创性。应该说,这一过程基本达到了"成人"与"成事"的双重目的。

“成人”即统一思想、明确目标、理清思路，激发斗志，凝心聚力，为改革奠定了良好的思想基础。“成事”即明确了改革和发展的价值取向、工作定位和推进思路，形成了一个能为全校教师基本接受的学校五年发展规划。

在这个基础上，为了强化变革实践的研究型、创新性，我们还将发展规划的实施申报了广东省2014年教育科学规划年度重点课题“岭南文化背景下初中生‘三雅’教育育人模式的研究与实践”，力求以教育研究的方式推动学校发展规划的实施。

第二阶段（2013.9—2016.8）实施变革与项目推进阶段

如果说顶层设计和规划研制是为学校的改革与发展定位和导向，那么，实施变革和项目推进则是学校变革的攻坚和克难。在这期间，学校被确定为佛山市学生素质综合评价改革试点学校、佛山市学生学业水平评价改革试点学校、禅城区课程改革实验学校。我们以此为契机，始终把价值引领放在首位，把改变学校组织文化作为推进各项工作转型的重要价值取向，以推行扁平化管理为抓手，进行了内部组织结构、管理体制及日常工作运行机制改革，营造了主动、合作、创新的管理文化；以国家课程的校本化实施和校本课程的自主开发为抓手，推行了“学校博雅课程实施纲要”，构建了“探究/对话/体验”式教学体系，营造了开放多元、互动生成的课程文化；以省级课题“基于小组合作的初中生班级生活重建”为抓手，推进了学生工作的创新，极大地弘扬了“敏行好学、正己达人”的学生文化；以实施教师个人“三年专业发展规划”为抓手，推进了校本的“三名”工程、“红棉杯”优秀教师表彰机制和教育教学成果“白兰奖”评选等教师发展机制，有效营造了“厚德博学、乐育善养”的教师文化。一系列改革项目的相继实施，逐步改善了学校的组织文化和教育生态。

第三阶段（2016.9—2018.8）全面深化与系统总结阶段

这一阶段的改革，学校工作的重心由以推动“变革”为主转向以引导“创生”为主，旨在催生校园生活新秩序、日常工作新机制、学校发展新样态，改革发展新成果。

学校“雅”文化逐渐彰显特色,综合治理体系日渐完善,博雅课程教学改革全面实施,班级生活和学生组织充满活力,一批中青年教师脱颖而出。特别是在课程教学领域,我们及时引进“教育 + 互联网”的发展理念,推进了信息技术与课程教学的深度融合,总结形成了基于“学习导纲”和移动互联网的“B-ice3.0”教学模式(该模式获2019年全国教育信息化应用典型案例)。在区人民政府组织的第三方学校办学水平综合评估中,学校率先评为首批优质学校,并作为优质学校样板在全区介绍经验,省内外一批又一批校长考察团、骨干教师研修班相继莅临学校参观或来校跟岗实习,学校在佛山初中教育领域的示范辐射作用日益彰显。

评估组在历时四天的评估过程中,通过查阅资料、问卷调查、访谈师生、课堂观摩、校长交流等多种方式,了解了学校的办学成绩和发展经验,高兴地看到在谢先刚校长的带领下,历经二百年沧桑的佛山市第三中学初中部,薪火相传,弦歌不断,继续焕发新的光彩。

学校传义学之风骨,承书院之文脉,扬经纬之博雅,纳名校之精华,先后培养了梁启超、梁士诒等杰出先贤和新中国外交参赞黄家睽、气象专家麦杜球、粤剧名家曾慧和梁玉嵘、书法名家冯锦卿等社会栋梁,积淀了深厚的书院文脉和儒雅文化,传承了卓异而立的红棉精神和求真尚雅的白兰品质。学校秉承“卓如红棉、雅如白兰”的校训,围绕“创办具有‘三雅’教育特色的可持续发展的现代城市示范初中”的办学目标,着力践行“办典雅之校、行博雅之教、育儒雅之人”的办学理念。教风儒雅、学风卓雅、校风文雅,环境典雅。学校已经成为禅城区首批名校、广东省校长培训基地、广东省心理健康教育示范学校。

1. 机制创新,打造优质教育团队。

学校领导团队是一个视野开阔、理念先进、务实创新、和谐奋进的团队。以谢校长为核心的领导班子思想活跃、理念先进、经验丰富、作风扎实;管理干部团结协作、勤奋务实、执行力和服务意识强。能够结合学校发展规划的研制，对学校历史背景和发展现状进行广泛调研，提出了“价值引领、文化兴校”的办学思想，明确以“雅”为学校文化的核心价值，践行“办典雅之校、行博雅之教、育儒雅之人”的办学理念，从课程教学、学生工作、教师发展、学校文化四各方面推进学校改革；善于用先进的办学理念和学校文化引领发展，创新管理机制，提高办学效益。

学校推行了扁平化管理机制，减少管理环节，提高工作效率。一是学校日常工作以年级组为管理单元。由分管副校长、有关中层、年级组长组成年级管委会，建立了以年级管理委员会为核心，年级支部、年级管委会、工会小组“三位一体”，备课组、学联会、家委会“三力合一”的年级教育管理体制；二是课程教学以学科组为业务主体。学校成立课程教学指导中心，将教务处的主要职能由指挥与管理转向指导与协调，把常规教学的管理和研究向学科组赋权。做到了任务具体化、责任明确化、管理精细化。

学校拥有一支乐育善教、甘于奉献、合作进取的教师团队。充分发挥“麦艳贤省名班主任工作室”的作用，建立了班主任每周教研制度，以“班级生活重建与初中学生成长”为课题，吸收部分中青年班主任到课题组组成核心小组，围绕系列主题班会设计等多种形式开展岗位研修，有效促进了班主任群体素质的提高。在连续四届的全市班主任素养大赛中，学校选手都能代表禅城区获得市一等奖或特等奖。区教育局在学校挂牌成立了“禅城区中小学德育指导中心”，以引领全区学校德育工作。

按照“让每一位教师成为研究和创新的主体”的管理理念，赋于每一位教职员工岗位工作“第一责任人”的主体地位，制定教师专业发展年度“六个一”目标，并通过实施“五项计划”予以推进，有效促进了学校教师的专业发展。两年来，学校教师参加国家级教改课题 2 项、省级 3 项、市级 7 项；26 人受到市区政府表彰；生物、地理教研组被评为区示范教研组。

2. 卓雅校训，营造学校儒风雅韵。

学校文化建设体系清晰，核心价值明确，较好地体现了办学理念和办学目标,对教师文化、学生文化、课堂文化、活动文化发挥较好的导向、引领、教育作用。

在长期的传承与创新中,学校逐步形成了以“雅”为核心价值,以典雅之校、博雅之教、儒雅之人为主要载体的学校文化体系。为进一步贯彻这一核心价值,学校制定了《学校文化建设方案》,并围绕“理念先进、雅为核心、环境典雅、课程博雅、师生儒雅、中华传统文化氛围浓厚”的文化建设总目标,从理念文化、形象文化、环境文化和行为文化四方面逐步实施。

学校“卓如红棉、雅如白兰”的校训,不仅凝聚了历代“三中人”奋斗精神,而且积淀了他们的教育智慧。红棉、白兰已成为“三中人”的精神图腾。它让“厚德博学、乐育善养”的儒雅教风内化成三中教师的职业操守和专业素养,外显为儒雅之风、师表之范。也让“敏行好学、正己达人”的卓雅学风成为全校学生的行动准则,他们自觉在校园生活、课程学习、社团活动和社会实践中修炼自己、成就别人、善于学习、勤于实践。

3. 课程引领,学生素质全面提升。

学校在博雅课程理念指导下,全面开设国家课程,建立了国家课程校本化实施的工作机制,学科课程、活动课程有机结合;并结合办学实际开设了以青春期心理辅导、校园安全教育、中国传统文化为基本内容的人文艺术类校本课程。着力开展了以“学习导纲”为主要研究载体、以“三分教学”为基本组织形式、以“探究/对话”式教学为基本教学方式的课堂教学改革,确立了先学后教、依学施教、合作互动、动态生成等教学原则,初步形成了尊重、信任、自主、合作的课堂文化,建立了常规检查与阶段诊断互补、过程与结果兼顾的质量监管机制,教学质量在全区处于领先地位。

“博雅之教”旨在营自然舒展之境、引丰富多样之源、取探究对话之径、养高雅灵动之性。学校重点在两大课程领域推进了这一理念的实施。一是国家课程的全面实施。在学科总教学时间不变的前提下实施每节课 40 分钟授课,增加了自主、多元学习的时间;在资源的选择上,学校取消了各学科的教辅资料，以校本的“学习导纲”研究为载体，引导教师以集体备课的方式，认真实施教材的二次开发；二是校本课程的研究与开发。依据初中学生成长的生理和心理规律，学校制定了《校本课程实施方案》，选取生命教育、传统文化教育、人文艺术教育领域的通识教育为主要内容，以选修课、专题教育、社团活动、经纬大讲堂的形式，整合教育资源，组织了一支由教师、家长和社会人士组成的校本课程多元教师队伍，并以主题文化节、成果展演、作品参赛的形式展示校本课程的成果。

在“为每一位学生卓然而立创设优质而适性的初中教育”的办学愿景指引下。学校针对生源结构不断变化的新形势，大胆进行了分组学习、分层教学、分类辅导的“三分”教学的试点探索。“三分”教学的组织管理策略，不仅建立了互帮互助、合作共进的新型同学关系，而且培养了沟通理解、合作包容的良好个性品质，受到了学生、老师和家长的欢迎。

学校坚持开放式办学，彰显教育现代化、国际化的理念，教育视野不断拓宽。学校与英国梅德韦市约瑟夫·威廉姆森爵士数学学校、香港伯裘书院、真道书院等姊妹学校进行教育与文化交流，先后选派优秀教师到国外访学、开展汉语教学等，逐步增强了对异域教育与文化的理解，在弘扬中国传统文化的过程中，也增强了对多元文化的认识，国际理解教育开始在学校课程和教育教学活动中自觉渗透。学校还加强了同国内教改名校江苏东庐中学、上海闸北中学、武汉二桥中学的交流与合作。

在“博雅”文化的引领下学生阳光活泼、品行端正，具有良好的行为习惯、积极的学习态度和较强的自我发展意识。在体育、艺术、科技、信息等竞赛活动中表现出良好的合作意识、探究能力和拼搏精神。佛山三中初中部学生良好的素质基础和发展潜能，受到高一级学校的普遍好评。

4. 环境优雅，提供优质教育保障。

学校教学区、运动区、生活区相对独立、布局合理。教学区普通教室48间，计算机室6间，音乐室2间、舞蹈室1间、美术室2间，物理实验室3间，化学、生物实验室各2间，理化生仪器室、准备室各一间，综合探究室1间。并按要求配齐了多媒体综合电教室、会议室、图书馆、广播室、电视台、心理辅导室、卫生室、综合档案室。所有教室均配备了多媒体教学平台，学校教育教学与管理基本实现了信息化，资源与管理的数字化程度较高，是禅城区信息化示范学校。运动区设有200米环形田径场一个，100米、130米直道各1条，标准篮球场6个，标准排球场2个。生活区有师生食堂和一栋标准的学生公寓。

学校环境优雅，闹中取静。参天古树、浓荫校道、文化长廊、春晖园、文化墙……处处沉淀历史的记忆。古朴典雅的傅公祠与庄重大气的图书馆遥相辉映，错落有致的教学楼、实验楼掩映在绿树丛中，让全校师生工作、学习、生活在舒适宜人的环境之中。

学校装备建设符合广东省义务教育标准化学校配置标准。学校按要求配备了专业的实验仪器管理员、网络管理员和体育器材管理员。教学仪器装备的管理制度、使用制度、维修与采购制度完善，管理、使用有记录。理化生演示实验、学生分组实验开出率均达100%，学生实验操作考试和信息技术水平测试居全区领先水平，有效促进了学生实验能力的提高。

学校的心理辅导中心——心灵驿站，面积超过400平方米。室内部分有个体咨询室、团体辅导室、室内宣泄室、心理阅览室、心理办公室。为让学生倍感亲切、温馨，上述功能室分别命名为“心语轩”、“畅心园”、“练心阁”、“品悦轩”等。功能室配置齐全，有放松椅、宣泄沙包、哈哈镜、心理挂画，心理图书、心理量表、音响设备等。每周一到周五有心理辅导老师开展心理辅导，还开通了“心有灵犀”信箱，设立了学生心理电子档案，开通了学校心理咨询网页。阳光心育，构筑了健康人格的绿洲。

第二章　博雅之教:课程重构与教学重建

博雅教育即 Liberal Arts。该词在我国常常被译为“素质教育”,台湾称为“通识教育”,香港则译得更显古典,叫“博雅教育”。“博雅”的拉丁文原意是“适合自由人”,在古希腊所谓的自由人指的是社会及政治上的精英。古希腊倡导博雅教育(Liberal Education),旨在培养具有广博知识和优雅气质的人,让学生摆脱庸俗、唤醒卓异。其所成就的,不是没有灵魂的专门家,而是成为一个有文化的人①。面向初中学生的博雅教育,是一个教育理念范畴。旨在促进受教育者对高尚优美人格的积极向往和情不自禁的自觉追寻。博雅教育不仅注重广泛深入的人文、社会和自然知识的跨学科教育,更着眼于对学生的人格教化与思想塑造,培养具有远大眼光,通融识见,和新时代优美情感与高尚精神的人。“博”,可以视为一种治学和修养的方法,超越单纯的学科知识,通过自觉的追求,融会贯通与举一反三,形成某一领域或若干领域的整合。“雅”,是一种人文境界,融审美情感与道德情感为一体,发于中而显于外。强调做人第一、修业第二。我们在初中学校倡导的博雅教育着重关注以下三个层面的内涵:一是价值观层面,为学生奠定以儒家文化为价值取向的气节操守,注重人伦关系的和谐与社会责任的承担,树立自己的人生信念;二是人格层面,引导学生始终保持积极进取的人生态度,拿得起放得下;三是气质层面,培育学生言行举止开放包容而不失主见,格调高雅而不失风趣,应对事物自然得体而恰如其分的行为风范。

① 参考《现代企业教育》,2008 年 10 月。

一、博雅课程的价值与定位

（一）初中阶段实施博雅教育的价值与可能性

1. 初中阶段实施博雅教育的价值

初中教育的对象是年龄在12－15岁之间的青少年,这一阶段的学生表现出三方面的成长特点。一是生理、心理、思维、情感等进入一个“骤变期”,既成熟又幼稚;二是学业能力发展进入承接小学与对接高中的“关键期”,存在着超越别人与被人超越的极大可能;三是与“半独立半依赖”的心理特征相伴随,其价值观、人生观、世界观进入一个“迷茫期”,其人格品质亟需培根塑魂。在这一阶段,对他们实施博雅教育,为他们的未来发展奠定一个广博的、宽厚的、坚实的发展基础,在理论和实践两方面都具有十分重要的价值。

（1）理论价值

从哲学和美学角度看,有以下四方面的意义。

一是依据对立统一规律,博雅教育有利于建立促进学生各方面素质全面发展与和谐发展的有机统一。博雅教育在影响学生发展的各种关系上,如德与才,情与知,手与脑,心与身,个人与社会、集体、自然等方面强调构建和谐统一的整体。学校通过德、智、体、美、劳等多种基本知识、技能的培养和道德、人格的教育,培养一种身心全面发展的理想人格,或者说发展一种丰富健康的人性。

二是依据辩证唯物主义的认识论,确认“博雅教育”命题的提出是中学教育实践发展的要求。这个模式必须在实践中不断加以充实、调整和完善。认识来自于实践,只有让学生主体得到德、智、体、美、劳诸方面大量实践机会,才能真正发展主体的认知水平。只有坚持全面发展的观点,才能实现“发展”这个概念的真正内涵,即发展乃是质而不是量的变化;只有这样,才能实现“教育”这个概念的真正内涵，即教育乃是养成学生健全的个性或人格。

三是依据系统论的“整体原理”，系统结构决定系统功能，博雅教育重视运行系统的合理结构及系统的完整性。依据系统论的“反馈原理”与“有序原理”，强调博雅教育运行系统的最佳管理功能，进而追求系统的协调运作，使学生把具体知识整合、内化为人的综合素质，从而造就具有高尚美德、丰富知识、美好情怀、文明行为、健美体格、健全人格的适合未来发展需要的人才。

四是依据美学原理，建立博雅教育的审美观。博雅教育旨在培养身心得到自然和谐的发展、既善且美的人。这一教育目标所涵盖的范围包括高尚的审美品位、格调与能力。因此，尽力培养学生真善美的人格，使学生真正求真、向善、达美，也是对我校“正、美、真、卓”的“雅”文化核心价值的有效实践。

从教育学、心理学角度看，有以下三方面意义：

一是依据教育学原理，建立博雅教育本质论。教育形态必须与社会生产方式相适应，教育进程必须与个体身心发展状态相适应。博雅教育体现了我国社会主义现代化建设的总体目标对人才的要求和学生个性成长的内在需求，对促进人的个性化与社会化的和谐统一具有重要意义，

二是依据教育经济学，建立博雅教育效率论。博雅教育倡导以丰富多样的教育资源构建学生丰富多彩的当下与未来，让受教育者在主动参与中，内外兼修，全面发展，以谋求教育的低投入、高“产出”，低消耗、高效益。

三是依据心理学，建立博雅教育的“同化论”。实施博雅教育有利于促进诸多学生个体心理能量扩散方向的一致，促进“心理场”形成，能使一定范围内的个体谐振共进，产生“同化”现象，以谋求博雅教育的群体效应，实现学生发展的整体优化。

（2）实践价值

耶鲁学院《1828 耶鲁报告》认为，博雅教育理念的核心内容是致力于学

生的全面发展,致力于为学生提供完整的教育,致力于奠定学生广博的知识结构,致力于训练和装备学生的心灵,也就是说用知识充实心灵并使之力量扩增。这部分知识主要来自包括古代语言和古典文学在内的古典学科知识,以及科学原理及数学。

在大力推进素质教育的时代背景下,初中学校实施博雅教育,其实践价值有以下几个方面:

一是博雅教育的目的不是简单完成学生多方面知识技能的教育,而是为了把学生培养成为一个和谐的人,成为一个完整的人,使学校办学的价值取向更高远。

苏霍姆林斯基提出,通过教育使受教育者在品德、智力、身体、劳动和美感等方面都具备一定条件,或达到一定要求,才可称得上实现了全面发展。苏霍姆林斯基曾反复强调这些条件和标准大致包括以下几个方面的内容:在道德上,要求"品德优美"、"情操高尚"、心灵健康"、"心地善良";在智力上,要求"智力丰富",具有"高深知识"、"清醒的理智"和"才智出众";在体力上,要求"身体健康、体质强壮",或"体质健全,身体匀称,体态端正,动作优美,体力强壮";在美感上,"能欣赏周围世界的美,并为他人创造美",能"感知美和领会美","珍惜和爱护美",还要"心灵美";在劳动上,要求"热爱劳动,坚毅顽强","聪明勤劳","心灵手巧"。一个受过教育的人只要在各个方面都得到完全的发展,具备这些条件,便被认为达到了全面发展的要求,成为一个和谐的人,成为一个完整的人。

二是全面提高学生的文化素养,使其获得一个较为合理的心智结构。初中生的特点是生理开始出现显著变化,身高和体重迅速增长,大脑发育日趋完善,个人的行为、习惯、兴趣、爱好、性格特点逐渐形成。探索"关注全人、唤醒卓异"的博雅课程体系,建设与初中生身心发展特点和成长需求相适应的课程文化,营造有利于每一位学生卓异而立的教育环境;深化国家课程的校本化实施,密切课程内容与现实生活、学生经验、信息技术的整合,形成学科课程、活动课程与学校生活融为一体的博雅课程体系;探索以"学习导纲”为载体,以“小组合作”为基本形式,以探究/对话/体验为主要方式的学科教学策略和评价体系,使初中生形成一个较为合理、全面的知识结构。

三是给予学生基本生存能力的训练,使其获得一个较为合理的能力结构。要培养学生的基本能力,除了学校的必修课学习以外,还要充分利用其他各种途径。在校内,课外活动是提高各种能力的重要途径;学生在课余时间里的健康、有益的活动可以锻炼和培养许多在学习必修课中无法培养的种种能力。初中生应获得合理的能力结构,其应具备的基本能力有:1. 学习能力:学而有法,习亦有道。2. 创新能力:好奇引航,问题导向。3. 思维能力:人贵有思,思而望远。4. 观察能力:观察入微,于细微处领略世界。5. 应变能力:变则通,通则胜。6. 自制能力:拒绝诱惑,战胜自己。7. 表现能力:展现自我,演绎自我。8. 沟通能力:与人沟通,合作共赢。

四是培养学生丰富高雅的情趣。博雅教育的价值还在于培养学生丰富高雅的情趣和高尚的人格魅力。高雅情趣是一种健康科学、文明向上的情趣,它符合社会主义道德和法律的要求。培养高雅情趣有助于人的身心健康;有助于开发智力激发创造力;能够丰富人的精神世界,提高人的生活品味,养成积极健康的人格特征,提高人的生命质量。对丰富人的生活也有重要的意义。情趣高雅的人,不会因清贫而停止精神前行的脚步,也不会因富足而沉湎于声色犬马,更不会因世事变幻而迷失前进的方向。高雅情趣的培养要求课程设置具备多样性、优质性、趣味性、广泛性等特点,培养高雅情趣要做到:1. 要有乐观的生活态度;2. 增强好奇心,培养广泛兴趣;3. 避免盲目从众,杜绝不良嗜好;4. 丰富文化生活,提高审美能力。同时,“博雅”有着突出的主体性意向,它是一种对高尚优美的人格的向往,也是受教育者的情不自禁的追寻;它是一种“自得”的方法,发自于中而非外铄。受教育者一旦有了此种意识之后,便会自觉地、选择性地接受高雅文化的熏陶。

2. 初中实施博雅教育的可能性

初中阶段实施博雅教育,除了具有促进初中学生健康发展、全面发展、和谐发展、终身发展的价值和功能之外,还符合我们的校情,符合我们的国情,也是我们当前教育的迫切需要。

（1）博雅教育是初中教育改革和发展的必然选择

根据《基础教育课程改革纲要》所确立的基础教育培养目标,全面实施素质教育,保证学生全面、均衡、富有个性地发展。面对新的社会发展需要,我们必须更新基础教育观,重新认识基础教育的地位、功能和作用。现代意义上的基础教育属于国民教育制度中的奠基性阶段,但它肇始于古希腊的博雅教育,从本质上分析,它就是素质教育。梳理现代基础教育与博雅教育和素质教育的内在关系,有助于我们进一步把握基础教育的内涵。那么,结合我校学生实际,必须着眼于学生的终生发展,使科学与人文并重,现代与传统兼顾,当下与未来结合,全面提高自身的综合素质,使之成为符合新世纪需要的、具有国际竞争能力和丰富学养的复合型人才。

（2）博雅教育是促进学生核心素养全面发展的时代需要

在博雅的学校环境和家庭氛围中成长起来的学生,其思想境界、行为习惯和言谈举止应该是高层次的、有教养的,接受的教育是潜移默化的、是自然而然、由内而外的,因此也会是伴随终生的。今天,我们追求的基于终身发展的"核心素养",与古今有关学者提倡的"六艺"教育、"人文教育"、"通识教育"、"博雅教育"一脉相承。博雅教育着眼于学生终身发展所需要的"关键能力"和"必备品格",旨在为学生奠定适应未来、未知世界的基础宽厚。因此,完全符合基于人的终身发展需要的"核心素养"培育之时代要求。

（3）博雅教育是提高教育教学效率和效益的需要

学生学习的优劣除了智力因素外,很大程度上取决于非智力因素,博雅教育对包括动机、兴趣、情感、意志、性格等非智力因素的培养起着重要作用。博雅教育注重从审美和道德的高度激发学生的学习愿望,在很大程度上改变了受教育者的受动性,而体现了主体性。而教育过程中,教育的效果在很大程度上取决于教育者的接受愿望,教育的效果与教育者和被教育者的博雅程度成正比的关系。因此,博雅教育十分强调受教育者的主体性意识,对提高教育教学效率和效益十分必要。

(4) 博雅教育是学校内涵发展、持续发展的正确选择

我校根据初中学生身心发展的特点和初中教育承上启下、立德树人的教育使命,以及学校深厚人文底蕴传承与创新的需要,提出的“为每一位学生卓然而立创设优质而适性的教育环境”的办学愿景和“创办具有‘三雅’教育特色的可持续发展的现代城市示范初中”的办学目标,以及“让每一位学生成为有自信、敢担当、谈吐文雅、举止优雅、情趣高雅、气质儒雅的现代中学生”的培养目标,已经深深铭刻在师生的主观意识和日常行为之中。开展博雅教育的研究和实践,可以更好地继承和发扬学校文化传统,优化学校文化氛围,必将极大地丰富学校的办学内涵,有利于学校培养目标、办学目标以及学校办学愿景的逐步达成;同时,实施博雅教育,将有效涵养学生的主体意识和主体人格,提高学生自我体验、自我实现的文化蕴涵,对于引领学生主动发展、全面发展、持续发展产生持久的推动力。

通过几年来的研究与实践,以“雅”为核心,以彰显“正”,弘扬“美”,崇尚“真”,追求“卓”为基本内核,文化环境典雅、课程教学博雅、师生成长儒雅的内涵品质和办学风格已经初步彰显,丰富而完整的办学体系体现了“三雅”教育的战略目标。

(二) 博雅之教的理念确立和变革思路

博雅之教作为一个课程教学思想体系,包括课程文化、课程资源、课程实施、课程评价等基本要素,贯穿于“课程目标的确立—课程结构的设置—课程内容的选择—课程的教学实施—课程教学评价”整个过程,且与教与学的规律和学生成长的规律协调一致,需要有一套清晰完善的操作理念使之转化为具体的教育实践。

1. 理念的确立

当代教育所倡导的素质教育,其核心是培养学生终身发展所需要的关键能力和必备品格,使学生具有更强的社会责任感、创新精神和实践能力,这一时代要求与博雅教育所追求的人格品质和人文精神一脉相承。我校作为一所现代城市公办初级中学,其课程教学既要符合初中学生身心发展的规律,承担起承上启下的重任;又要顺应时代教育改革发展的要求,为学生未来发展奠定终身受益的素质基础。针对这一时代发展要求和学校"雅"文化核心价值,以及办学愿景、办学目标对学校教育教学的发展定位,我们以"三雅"教育的办学理念和博雅教育思想为指导,从课程文化、课程资源、课程实施、课程评价四个方面提出了"营自然舒展之境、引丰富多样之源、取探究对话之径、养高雅灵动之性"的博雅教育的理念体系,并由此建构了"以丰富多样的教育资源构建学生丰富多彩的当下与未来"的课程理念和"在开放互动的探究/对话/体验中实现师生的自主成长"的教学理念,以及"关注过程、注重发展、鼓励个性、自主多元"的评价理念,共同培育学生的健康素养、人文素养、科技素养、审美素养、品德素养、生活素养和国际理解,以此塑造博雅的主体人格。

2. 变革的思路

课程教学的变革思路。我们认为,管理视角下的国家、地方、学校三级课程,无论是哪一级课程,在总体目标上具有一致性和互补性,它们服从和服务于基础教育的总体目标,体现国家的教育方针和学段培养目标。学校作为课程实施的实践主体,除了结合本校实际开发适合本校学生发展需要的校本课程外,还承担着依据学校的培养目标和办学理念,将国家课程、地方课程、校本课程统整为学校课程的主体责任。通过统整,使三级课程成为彼此关联、价值统一的学校课程。

(1) 在整合中融通,构建一体化的学校博雅课程结构根据国家义务教育课程计划、《基础教育课程改革纲要》(试行)和学校"三雅"教育培养目标,我们以博雅之教的课程教学理念为指导,按照"完善课程的均衡性、加强课程的综合性、强化课程的选择性"原则,围绕博雅人格品质的七方面基本素养(健康素养、人文素养、科技素养、审美素养、道德素养、生活素养和国际理解),整合构建了学校博雅课程结构。

表2-1 学校博雅教育课程结构

课程类型＼基本素养		健康素养	人文素养	科技素养	审美素养	道德素养	生活素养	国际理解
基础课程	内容	体育、心育、眼保健操、集体跑操、啦啦操	语文、历史、地理	数学、物理、化学、生物、信息	美术、音乐	思想品德、班会、团队活动	礼仪、安全、环保	英语
	形式	在国家课程实施的过程中,采取补充、删减、重组等方式进行国家课程的二次开发						
拓展课程	内容	游泳、武术、球类活动、田径、心理健康教育	经典名篇、岭南文化	科技创新活动、创客教育	器乐、粤剧、粤曲、陶艺、剪纸、书法、校园剧	佛山文化、法制教育	消防教育、交通教育、禁毒教育;入学礼、青春礼、冠冕礼	中外文化交流
	形式	结合基础课程的教学,采取综合实践、社团活动、专题讲座、经纬大讲坛等形式自主开发,相互渗透。						
综合课程	内容	体育节、新生军训	初一春游、初二秋游、读书节	科技节	艺术节	升旗仪式社区活动	疏散演练、重要典礼	英语节
	形式	体育节、军训周	春秋游、读书节			升旗仪式社区活动	疏散演练、开学散学典礼、退队仪式、入团宣誓、毕业典礼	

根据课程的性质和功能,我校的博雅课程由基础性课程、拓展性课程和综合性课程构成。基础性课程主要是国家规定的义务教育阶段初中学生必

修的学科课程,原则上按照课程计划和课程标准予以实施,确保国家意志的贯彻实施。拓展性课程是根据博雅课程理念和初中学生的成长需要,基于实践性原则,在基础性课程实施的基础上,将与之紧密联系的地方课程、校本课程进行融合形成的一类课程,旨在增强课程对岭南地区政治、经济、文化、社会的适应性和学生个性特长发展需要的适切性。如佛山功夫、佛山剪纸、足迹岭南、校园足球等。综合性课程是立足学生综合素养的提升,以培养学生的创新精神、实践能力、公民素养和社会责任感为宗旨而开设的系列综合实践活动,包括国家规定的晨会、军训、运动会、班队会、文化节日、社会实践和学习自主设置的经纬讲坛、校庆月、春秋游、境外游学、社区服务等,贯彻课程活动化、活动课程化的思想。为保障各类课程的有效实施,我们研究制定了《佛山三中初中部博雅课程实施纲要》,从课程宗旨与理念、课程目标与要求、课程内容与设置、课程审议与研发、课程实施与评价、实施保障与措施等六个方面,对博雅课程的实施规范提出了具体要求。

(2) 优化课程文化,建设平等、尊重、自主、合作的和谐课程

长期以来,学生的班级生活、校园生活、家庭生活几乎都处在一种被控制的地位,与他们朝夕相处的重要他人(父母、老师)很少把他们当做应该受到尊重的伙伴。无论是行动的自主权、还是发表意见的话语权,都处在一个可以随时被剥夺的地位,一般只有被安排、被接受的义务,而且这种"接受"是毫无选择性的全盘接受;接受的好坏,都是在与同龄人或者同龄伙伴的比较中得到肯定或否定,很少有允许犯错误的机会,更不会考虑具体学生成长的差异性。在这种地位不平等、人格不尊重、言行不自主的成长环境中,学生所能养成的只能是"奴性",很难有博雅教育所期待的"由内而发""积极向往""主动追求"的主体人格。所以,实施博雅之教,首先必须为学生发展营造平等自由、身心舒展的环境,逐步涵养学生包容、尊重、自主、合作的自信与大气。这里的"环境"从空间上讲,包括课堂教学环境、班级生活环境、家庭生存环境;从内容上讲,包括人际关系、身心安全和言行的自由度。在我们的实践中,主要在两个层面推动了这种成长环境的建设。

一是全面创建班级层面的小组合作共同体。根据初中学生半独立半依赖的心理特征以及对同伴关系的信任度、依存度逐步上升的成长特点，我们按照一定的组建原则和合作机制，为每一位三中初中部的学生搭建了一个四人小组，既是课堂学习的合作伙伴，又是班级生活、校园生活的互助对象，四人小组动态调整，伴随整个初中生活。旨在让学生从最基本的生活圈（四人小组）开始，培养平等、尊重、自主、合作的主体人格，让这种合作包容、和谐共生的交往文化逐步扩散到学生的班级的同伴圈、学校的朋友圈、家庭的亲情圈。这样，一方面让学校教育发挥了促进学生社会化和个性化协调发展的教育功能；另一方面也为学生健康成长营造了一个安全、安定、安心、舒展的成长环境。关于小组合作机制的建设详见第三章第二节。

二是积极拓展家庭和学校之间的家校合作共同体。我们一直认为，家长是学校最忠实的合作伙伴，也是最宝贵的教育资源。对于初中学生来说，这个阶段的家校关系比他们成长的任何一个阶段都重要。家庭教育是学校教育的基础，学校教育是家庭教育的拓展，两者同时共同作用于一个生理、心理、思维、情感、品格、价值观都进入涌动、萌发、多变、丰富阶段的中学生，二者的关系基本决定着一个中学生的生命质量和发展命运。实践证明，这个时期的家庭教育主要影响着学生的身心健康和人格品质，学校教育主要影响着学生的价值观念和认知发展。良好的家校关系能有效改善学生的身心健康、促进学生的全面发展。为此，实施“三雅”教育以来，我们按照“互动、合作、共育、共生”的家校工作理念，着力从三个方面推进了家校合作共同体的建设。

首先是建立健全班级、年级、校级的家长组织和运行机制，搭建多维度家校合作交流平台，让沟通成为常态，让互动成为自觉，在及时便捷的交流互动中建立彼此信赖、相互支持、积极合作的家校关系；其次是不断完善家长学校的培训与研讨机制，提升家长素质，增强教育共识，分享家教经验，破解家教困惑，促进共同成长；第三是积极拓展家长参与学校治理、服务学校教育的工作渠道，强化家长在学校教育中的教育责任，扩大家长参与学校治理的程度。如让家长参加到学校教育咨询委员会、博雅课程开发委员会、校园安全综合治理委员会、家长自愿者服务队,建立家长代表大会制度、优秀家长表彰制度、学校荣誉教师制度等。具体实践详见第三章第二节。

(3) 丰富课程资源,以统整融合丰富多样的教学材料

博雅教育要求以丰富多样的资源满足学生多元化、差异化的成长需求。广义的资源包括一切与学生成长相关的文化、文明、生产生活实践活动以及大自然的客观事物,可以说学生生活的外延有多大,教育资源的面有多广。狭义的资源一般指用于课程学习的教学材料。我们实施的博雅教育,要求在合理利用广义教育资源的基础上,着力开发狭义的课程资源,不仅要求这种课程资源尽可能满足学生多样化的成长需求,而且还要保障这种资源的选择性、差异性。为此,我们把开发适应学生自主学习的课程资源作为博雅教育的重要内容进行了有效探索。

一是着力进行国家课程的二次开发。我们采用单元整体结构教学的思想和课程整合的思路,系统开发了旨在引导学生自主学习的各学科"学习导纲",并逐步拓展到学生课外体验学习、网络学习之中,以培养学生自主学习、探究学习的习惯和能力,夯实学生的学科素养。

博雅课程理念要求课程必须与教学相整合,教师必须在课程改革中发挥主体作用。不能只成为课程实施中的执行者,更应成为课程的建设者和开发者。要努力使国家课程在学校课堂实施中不断增值,不断丰富,不断完善。在这个过程中,一方面使课程在实施的过程中更加切合本地现实社会实际和本校学生身心发展的实际,另一方面提高教师对课程进行本土化和校本化开发的能力。为此,我们以推进国家课程的校本化实施为宗旨,分两步实施了国家课程的校本开发。第一步,是教材的"二次开发"。即由备课组教师以学科教材的知识单元为单位,用单元整体教学的思路,对单元教学主题、教学内容、教学时序、教学节奏进行增、删、补、调,在此基础上编写每一个单元教学实施的《教学目标双向细目表》和每一篇课文的"学习导纲"(一种由任课教师编写,用以指导学生在课前、课中、课后自主学习教科书

的纲要，包含学法指导、知识生成、训练题组、资源推送等)，作为具体教学过程中师生实际学习和运用的教学材料。第二步，是教师“二次备课”。即教师在正式上课前针对学生课前按照“学习导纲”自主学习的情况，对课前设计的教学方案进行再调整，使课堂上的实际教学真正发生在学生的最近发展区，发生在学生最需要点拨的困惑处，使教学更有针对性、实效性。

二是努力进行综合课程的校本开发。我们结合学校和地区文化特点，以活动教学的思想和融合创新的思路，逐步开发了旨在引导学生拓展生活视野，丰富人文积淀，增强实践体验的综合课程，以坚定学生的成长信念，增强学生的社会参与、家国情怀、主体人格，提升学生的综合素养。

三是加强三级管理课程的整合融通。首先是加强国家学科课程之间的统整。如以科技实践活动的形式加强物理与化学，生物与地理、地理与历史等相关学科的整合；以读书节的形式加强语文与英语、语文与历史等学科的整合；其次是国家学科课程与地方拓展课程的统整。如在历史学科我们融入了地方课程《佛山文化》，在生物学科我们融入了地方课程《环保教育》、《生命教育》等专题教育；第三是国家课程与校本课程的统整，如语文学科我们融入了《语文主题学习》，在体育学科我们融入了《足球》、《鹰爪拳》、《啦啦操》等校本课程，在生物地理学科我们融入了《岭南地区湿地公园调查》、《水科技研究》等地方环保课程；在历史、语文、美术学科，我们融入了《足迹岭南》校本课程，将岭南文化中开放、包容、务实、创新的思想内核及岭南地区丰富的文化教育资源，都以校本课程的形式融入学校课程体系之中。

课程资源的丰富多样，较好地满足了学生多样化个性化成长需求，不仅有效提高了学生自主学习、主动学习的兴趣和能力，丰富了学生的人文积淀和成长体验；而且极大地改善了学生的成长状态和生命质量。一些在基础课程中处于劣势的学生在拓展课程、实践课程中根据自己的兴趣爱好，自由发挥，快乐成长，大幅提升校园生活的存在感、获得感、认同感(详见本章第二节)。

(4) 重建教学方式,培育学生自主、合作、探究的兴趣和能力

博雅教育强调建构以学为中心的课程教学体系。可以说,没有教师教学观念、教学方式的转变,就不可能有学生学习的主体地位和学习方式的更新。为此,我们以转变教师的教学观念、教学方式为突破口,以改变学生学习的被动现状为着力点,以唤醒学生积极进取的生活态度,激活学生对美好人格努力追寻的行为自觉,点亮学生对身边问题的积极思考和探究反射,培养学生自主学习、合作学习、探究学习的能力为目标,深入扎实地开展了转变师生教与学方式的变革实践。主要表现在以下三方面。

一是在基础课程教学领域,着力推进了在单元整体结构教学思想指导下,基于“学习导纲”和小组合作的“探究/对话/体验”式学习。该项改革分三个阶段推进。

第一阶段(从 2014 年春季开始),实施在单元整体结构教学思想指导下的备课变革,从教材处理和教学设计的角度,推动教与学方式的变革。一方面,通过单元集体备课、个人前置备课、课前二次备课,系统开发旨在指导学生自主学习的“单元双向细目表”和各课“学习导纲”,确定单元教学的主题、重点、节奏,改变教师过去基于知识点的点状教学、平均用力、盲目预设等教学行为,提高教学的针对性、实效性;另一方面,按照先学后教的理念,以问题为导向,对学生的课前自主学习、课堂合作探究、课后拓展应用进行全程指导,以学生的学习需求为关注焦点,依学施教,因势利导,改变学生被动学习、盲目学习的学习方式。

第二个阶段(从 2015 年秋季开始),实施传统教学环境下的“探究/对话/体验”式教学改革。我们在总结过去得失、借鉴外来经验的基础上,依据博雅教育的教学理念,建构了旨在引导学生自主学习、合作学习、探究学习的“探究/对话/体验”式教学流程、实施教学全过程的一体化管理。课前管理强调学法指导和自学反馈,课堂管理强调“开放式导入”“互动式推进”“建构式小结”三个环节的互动生成,课后管理强调体验学习和拓展延伸。初步建立了以学生为主体,以学为中心的互动生成式教学生态。

课堂始终是教学的主阵地,主渠道,课堂改变了,课程才会增值,学校才会改变。我们以践行"探究/对话/体验"式教学为抓手,以构建问题导学、先学后教、依学施教、互动生成的课堂教学新样态为目标,从课堂文化、教学资源、教学方式和教学目标追求四个方面进行了整体性的教学重建。第一是推行单元整体结构教学,强化单元教育主题、强化单元内容的整体结构,强化单元教学重点,提升单元教学的整体育人价值。在教学资源的开发上,要求站在单元整体的高度,以单元教学双向细目表为导向,以各课"学习导纲"、训练题组、教学课件为载体进行资源重组。在教学实施上,要求改变单元内部各教学内容之间平均用力、匀速推进的割裂式教学现象,强调单元核心内容关键知识的教学重过程,慢节奏;拓展运用性内容的教学讲效率,快速度。第二是实施课前、课中、课后学习的统筹指导,强调发挥学生学习的主体作用和主观能动性,坚持问题导学、先学后教、依学施教,改变先讲后练的被动学习局面。我们以"学习导纲"为载体,将学生的前置探究(原则上语数英学科安排在课前,其他学科安排在课内教学第一阶段,由学生独立自主进行)作为教学的重要环节加以指导和管理,教师的课堂教学依据学生课前探究的反馈情况依学施教,有的放矢。第三是开展"探究/对话/体验"式课堂教学研究。把探究学习的主动权还给学生、把质疑问难的话语权还给学生、把亲身体验的时间还给学生,倡导"三声"(掌声、笑声、辩论声)课堂,营造轻松愉悦的课堂学习生态。一般有研讨式的小组反馈、探究式全班质疑、建构式归纳小结、体验式的巩固拓展四个阶段;第四是大力推进小组合作学习。针对初中学生同伴关系相对密切的特点,将全班每个学生都分到四人小组,建立四人小组合作学习的组织管理制度和评价奖励机制,让兵教兵、合作学习、共同分享成为常态。

第三个阶段(从2016年秋季开始)实施移动互联网环境下的"探究/对话/体验"式教学改革。这一阶段我们在反思传统教学环境下互动不充分、反馈不及时、评价不客观、指导不精准等问题和困惑的前提下,引进了基于互联网的云教学互动平台和语文、数学、英语三科基于学生自主学习的网络学习系统,有效推动了课内课外学习融通,线上线下学习互补的自主型选择性个性化学习方式的应用,极大地提高了学生主动学习的兴趣和自主学习的能力,提高了教学、辅导、训练的精准化程度,较好地满足了学生个性化学习需求。

二是在拓展课程和综合课程领域,着力推进了基于专题学习、综合性学习和社团课程的"探究/对话/体验"式学习。在这一学习领域,学生自主选择、合作探究、对话研讨、实践体验的时间和空间更大,主创性更强,课程内容和学习方式深受学生欢迎。有的以探究学习为主,如科技类实践活动、智能机器人社团课程;有的以体验学习为主,如校园足球、佛山功夫、足迹岭南、学生管乐、啦啦操等技能性训练项目;有的以研讨对话为主,如话剧社、模拟联合国、学生领袖培训等语言艺术类实践课程;有的则将"探究/对话/体验"三者有机结合,如岭南湿地公园水域考察、春秋游等。

三是改革校本教研方式,推动学校常态教研由散点教研、盲目教研、被动教研向自主型、专题性、序列化转变。这一改革,我们以学科教研组和备课组为业务主体,以探索学科基本课型的育人价值和与之相应的教学方式为抓手,将"学习导纲"的有效开发和"探究/对话/体验"式教学的有效运用有机整合,初步总结形成了基础性课程中各主要学科基本课型的教学规律,使不同学科不同课型独特的育人价值得到有效彰显;同时,形成了"瞻前顾后、顾此(教材)思彼(学生)、前移后续"的统整式教研工作经验,一部分教师的日常教学实践自觉步入研究性变革状态。(详见本章第四节)

(5) 改革课程评价,涵养学生灵动高雅的主体人格品质

我们的课程评价分别从课程的设计与开发、教学的实施与效果两个层面进行,着重考查"正""美""真""卓"博雅人格品质的涵养与彰显。

关于课程的设计与开发,我们评价的主要对象是经学校统整后具体开发实施的拓展性课程和综合性课程,即由各年级学科备课组自主开发的"学习导纲"和已经开发的拓展性校本课程,主要考查课程目标的设定、课程内容的选择和组织、课程实施与效果。为此,学校成立了博雅课程审议委

员会,下设若干课程研发小组。课程审议委员会由校长,合作院校的专家,学校学术委员会成员,以及教师、家长、学生等方面的代表共20多人组成。课程评议一般在学年教学活动结束后进行,每次针对课程研发小组新开发的课程性质和类别,从审议委员会中选取7-9名相关人员组成审议小组,针对课程研发小组提供的课程目标、课程计划、课程内容、实际教学案例、教学成果以及学生问卷等展开评审。评审采取终结性质性评审的方式,主要考查该项课程的教学目标与学校博雅课程总体目标的一致性、具体课程目标与教学内容的一致性、课程内容与学生需求的适切性、实施教学的可行性以及实效性。评审结果以评审报告的形式,对上述问题作出具体回答,并对是否继续开设、如何修改完善等提出具体建议。学校课程审议委员会根据评审报告,决定具体课程的使用与修订。课程评审小组实施评审的基本流程为:课程研发小组提供课程开发和试用情况报告——组长围绕课程目标的设定、教学内容的选择与组织、教学的组织与实施、教学成果与学生反馈等进行陈述——评审小组在查阅材料的基础上进行集体评议——撰写评审报告。按照这一流程,评审组在2015—2016学年进行的课程评审中,重点对各年级学科"学习导纲"在教师和学生中进行了使用情况的调查和评估,建立了结合使用情况逐年修改完善的机制,目前已完善至3.0版。对拓展课程中的《团队心理辅导》《足迹岭南》的课程目标定位、课程内容组织给予了较高的评价,其中《团队心理辅导》被推荐评为区优秀校本课程。而对《佛山功夫》《校园足球》的课程目标、课程内容的选择提出了进一步修改的建议;对《校园足球》提出了在初一全面开设的要求,对《啦啦操》初步提出了只在初二年级以社团活动的方式开设的建议。

关于教学的实施与效果,我们以课堂教学为主要观察对象,兼顾同一课程具体教学活动的全过程,采取了定性与定量相结合的过程性评价。根据博雅之教的教学理念,我们改变了过去过于关注教师教的态度、教的方式方法的教师立场,确立了以学生作为课程学习主体的学生立场,主要考查学生参与整个学习过程的状态和效果。既关注阶段学习的结果,又关注学生在学习过程中的变化和发展；既关注学生学习水平，又关注他们学习活动中表现出来的情感态度。整体遵循以下基本原则：(1)激励性原则。变甄别式评价为激励性评价；(2)反馈性原则。注重学习者的自我反馈、自我诊断、自我改进；(3)主体性原则。学生既是评价的对象，也是评价的主体；(4)科学性原则。注重日常数据和事实的记录积累，运用信息技术建立基于大数据的分析诊断系统，既注重基本指标的横向比较，又看相同指标的纵向变化；(5)坚持"双基"原则。重点考查学生对教学的基本内容、基本要求的理解和掌握情况。上述原则集中体现在《"探究/对话/体验"式课堂教学评价表》(表 2 -2)中。

表 2 -2　"探究/对话/体验"式课堂教学评价表

受评人姓名：______班级：____学科：____评估人：________时间：____年____月____日

<table>
<tr><th colspan="2" rowspan="2">评价指标</th><th colspan="4">等级评分</th><th rowspan="2">主要亮点和提升空间</th></tr>
<tr><th>A</th><th>B</th><th>C</th><th>D</th></tr>
<tr><td rowspan="3">教学设计</td><td>目标明确具体
切合学生需求
体现课标要求</td><td></td><td></td><td></td><td></td><td rowspan="3"></td></tr>
<tr><td>教材处理恰当
内容严谨适宜</td><td></td><td></td><td></td><td></td></tr>
<tr><td>问题导学得当
指导自学有方</td><td></td><td></td><td></td><td></td></tr>
<tr><td rowspan="4">教学过程</td><td>导入设计合理
切题激趣启思</td><td></td><td></td><td></td><td></td><td rowspan="4"></td></tr>
<tr><td>过程推进自然
起承转合严谨</td><td></td><td></td><td></td><td></td></tr>
<tr><td>教学反馈及时
导学精准有序</td><td></td><td></td><td></td><td></td></tr>
<tr><td>多维互动充分
总结反思精要</td><td></td><td></td><td></td><td></td></tr>
</table>

（续表）

评价指标		等级评分				主要亮点和提升空间
		A	B	C	D	
教学效果	作业适量适度 基本当堂完成					
	认知理解清晰 学生深度参与					
	关注课堂生成 技术使用有效					
综合等级						
给执教老师 一个金点子						

说明：

1. 表中10个指标关照教学全过程的一些主要方面，等级评判中的A、B、C、D分别代表：优（X >85分以上）、良（75分 < X <85分）、中（65分 < X <75分）、差（X <65分）。

2. 考虑到教学过程的丰富多样性，往往不是一个等级分数可以描述，所以设置了“教学亮点和提升空间”一栏供评课者表达意见。

二、博雅课程的校本化实施：由“教”教材转向用教材“教”

这里的国家课程包括课程标准、教科书（一般称“教材”）及其教学实施过程。它是对育人目标、教学内容、教学活动方式的具体设计与实施。从课程标准预设的育人目标到学科课程标准，再到教科书，直至具体教学活动实施后落实在学生发展上的育人目标，每一步的转化其育人价值是增值、等值，还是减值，是每个学科教师应该高度关注的问题，它直接关系到国家的培养目标能不能在课程实施的过程中得到有效落实。本节将从学科育人价值的理解以及“教”教材与用教材“教”模式下的育人价值两个方面，介绍我校将国家课程转化成学校实施的课程过程中，其思维方式和行为方式如何由“教”教材转向用教材“教”的实践探索。

(一) 关于学科育人价值的理解和认识

从事每一门学科的教学,都必须首先明确这个学科“为什么教”(即学科的育人价值),才能处理好“教什么”(教学内容)“怎么教”(教学方式)这两个基本问题。“为什么教”指的是学科教育目标,体现一个学科的育人价值,它是学科教学的依据和出发点,是国家教育培养目标的具体化。但现实的教学活动中,学科教学的价值观基本上还停留在单一地传递教科书上的现成知识。虽然实施新课程改革以来,多数教师设计的教学目标中谈到了“知识与技能”、“过程与方法”、“情感态度与价值观”,但大多空泛、简单,实际教学的主要注意力还是单纯完成教科书上现成的知识点。这就表明,教师口头上所说的育人价值并没有真正内化为指导教师进行教学内容选择、教学活动设计、具体教学实践的学科教学价值观。这里既有关于学科育人价值的认识与理解问题,又有如何运用教科书实现学科育人价值的问题。

准确把握学科育人价值要从所有课程共通的育人价值和学科独特的育人价值两个层面来理解。共通的育人价值就是新课程的培养目标,简单地讲就是立德树人,培育健康发展、主动发展、全面发展的一代新人。要实现学科共通的育人价值,就是要处理好“教书”与“育人”的关系。通过“教书”实现“育人”,使“教书”服从和服务于“育人”这一根本目的,把“教书”与“育人”当作一件事的不同方面,而不应该当成两件事来做,欲教好书需要先明白育什么样的人。“只关注现成知识传递价值的教师,实际上是在‘育’以被动接受、适应、服从、执行他人思想与意志为基本生存方式的人。青少年学生内在于生命中的主动精神和探索欲望,在这样的课堂教学中常常受压抑,甚至被磨灭。这种情况不改变,教育将成为阻碍社会和个人发展的消极力量。”[①]更不可能完成育人的使命。

① 叶澜:2002 年第 5 期(总第 268 期)教育研究,重建课堂教学价值观。

从学生的发展需要来看，学科独特的育人价值“除了一个领域的知识以外，从更深的层次看，至少还可以为学生认识、阐述、感受、体悟、改变这个自己生活在其中并与其不断互动着的、丰富多彩的世界（包括自然、社会、人，生活、职业、家庭，自我、他人、群体，实践、交往、反思，学习、探究、创造等等）和形成、实现自己的意愿，提供不同的路径和独特的视角，发现的方法和思维的策略，特有的运算符号和逻辑；提供一种惟有在这个学科的学习中才可能获得的经历和体验；提升独特的学科美的发现、欣赏和表达能力”①。每个教师只有深刻认识了自己任教学科的具体价值，才可能从教学实施前的设计活动起，就把对教学价值观的认识落实到具体的教学活动策划之中，为教学实践的开展提供一个与价值取向相符合的“蓝图”。否则，学科层面的教学价值观依然只是一些停留在口头的空话，教师认同的教学共通价值观也始终难以向学科教学价值观转换与渗透。

综上所述，学科教学内容和教学活动本身具有丰富的育人价值。教学育人价值的体现，可以从不同层次、不同角度去理解，而最深层的是对学生生命成长的价值。

例如在新的课程标准中提到，化学学科的“基础知识和基本技能”、“化学思想”和“化学方法”中，“基础知识和基本技能”所涵盖的化学知识是化学科学的基础；“化学方法”给学生提供解决问题的具体手段和途径，属于操作层面；“化学思想”属于认识论范畴，是看待和研究物质世界的基本观念，为学生提供认识世界的化学视角，可以说是世界观层面的。

“化学思想”和“化学方法”是从具体化学知识中提炼出来的具有化学学科特点的精髓。化学教学让学生终身受益的，是在具体的化学专业知识学习过程中，形成的化学学科的思维方式和化学思想，它可以影响人们人生观、世界观。“化学思想”和“化学方法”是形成正确看待、分析和解决有关化学问题的能力的要素。化学学科的思想，包括对物质宏观组成、微观基本

① 叶澜：2002年第5期（总第268期）教育研究，重建课堂教学价值观。

认识(元素观——物质由元素组成,微粒观——物质由微粒构成,结构观——物质具有复杂的结构,物质结构决定物质的性质),对物质化学变化的基本认识(变化观——物质在不断变化中,量变引起质变,变化伴随着能量的转化、变化在一定条件下可以相互转化)、化学科学可以促进人类社会的可持续发展(价值观、绿色化学的观念)。①

华东师大吴玉如教授在对语文教学的育人价值的研究中是这样认为的:"应从深层次上认识语文学科价值,思考语言与人的生命活动的关系,寻找语文课程与世界关系中、在人的成长中的地位和作用。"②

吴亚萍教授在《拓展数学的育人价值》一文中提出,数学具有培养学生数学的语言系统、数学的眼光、数学的头脑和思维方式等独特的学科育人价值。③

卜玉华教授分析了英语学科教学的基本性质和育人价值,提出英语教学的育人价值表现为:养成开放观念和批判接受文化的意识;自主学习意识和思维转换能力;教学改革对多种能力养成的潜在价值;多元文化素养和尊重各种文化的意识和态度;学习毅力和学习习惯的价值。④

(二)"教"教材带来的育人价值贫乏和缺失

"教"教材是指教师依据教材编写人员在课程标准指导下编写的教科书,将教科书呈现的系统知识转运成教案,再依据教案实施教学、以完成教科书规定的教学内容为目标的教学观。有什么样的教学观就有什么样的教材观和学生观,就有什么样的教学方式。在"教"教材这种教学观指导下,教材是教学内容的主要依据和来源,是神圣不可侵犯的权威;教师是教材的

---

① 叶澜:2002 年第 5 期(总第 268 期)教育研究,重建课堂教学价值观。

② 叶澜主编:《"新基础教育"发展性研究报告集》,中国轻工业出版社 2004 年版,第 95 – 96 页。

③ 吴亚萍:《拓展数学的育人价值》,《教育发展研究》,2003 年 03 期。

④ 卜玉华:《英语学科教学的基本性质和育人价值》,《基础教育》,2006 年第 3 期。

被动执行者，是传递教科书上知识内容的“搬运工”；学生是教师搬运知识的被动接受者。传授学科知识是教师教学活动追求的主要目标，教学活动及体现教学活动价值的主体——“学生”，被完全置之度外。这种目中无“人”的教学不可避免地带来学科育人价值的缺失。这种缺失主要因教材文本中育人资源的贫乏和教学过程中育人资源的缺失而产生。

1. 教材文本中的育人资源贫乏

目前中小学课堂教学内容主要来自各种版本的教材和教学参考书。刘新民同志认为[①]，教材文本中育人资源贫乏主要源于传统教材内容不合理的选择方式、演绎的编写方式，以及割裂的呈现方式。

一是传统教材内容不合理的选择方式带来的资源贫乏。教科书的编写主要以学科知识逻辑为基准，其目的是让学生掌握该学科的基本的知识和技能，为进一步的学习或未来的专业发展打下基础。然而，传统教材在内容选择往往忽视学生发展需要，割裂与学生的生活世界的联系，使得本来备受“符号化知识”影响的课堂教学更加远离生活的现实，缺乏与学生成长的内在联系，无法满足学生成长的需要，结果造成课堂教学中文本育人资源的贫乏现象。

例如在语文教学中，教材选材过于集中于名家名篇，造成题材范围狭窄；文本内容成人题材过多，有关青少年生活的内容较少等等。有学者指出：“文选型”的语文教材编排框架置有用有趣于不顾，孤立强调选进经过历史检验的名家名篇，造成了文路狭窄的“八多八少”[②]。其中一个问题就是成人化题材多，反映青少年生活的题材少，导致语文教学内容远离当代学生的实际生活，难以在学生中间产生共鸣。

---

① 刘新民：《课堂教学育人资源开发的策略研究》，2008 届研究生硕士学位论文。

② 李寰英：《探索语文教材建设的几个根本问题》，《湛江师范学院学报（哲学社会科学版）》，1996 年 12 月第 4 期。

二是传统教材演绎的编写方式带来的文本资源贫乏。传统教材编写的目的是让学生接受、掌握某一学科领域已经形成的基础知识和基本技能,在编排方式上大多数采用演绎的方式,向学生呈现系统的知识结论,以达到快速学习的目的。通常的做法是先简约介绍某一知识的形成背景、相关概念、定义,由此继续引申或推理出各种公式或定理,当"结论型知识"的全貌得以充分展现后,接下来的任务便是运用。教材的这种编写方式往往会给教学带来两方面育人价值缺失。首先,旨在让学生理解现成结论的演绎式编写方式,使知识形成的生活情境十分单调、认识过程极其简约,学生无兴趣也无机会经历知识发生、发展、形成的探究和发现过程;过于抽象的知识结论,造成学生理解上的困难。以数学教材为例,数学知识往往以简约化和抽象化的形态展现在学生面前。这种抽象化过程掩盖了真实实践的生动性和复杂性,知识因此变成了缺乏"生命气息"的一堆符号,学生很难获得数学思维的发展。其次,演绎式的教材编写方式掩盖了知识原创者发现问题、解决问题、形成知识体系的过程。这就使得学生无法跨越时空,感受前人的创造精神和智慧,从而导致知识本身的内涵丧失了激发学生创造性活动和意识的价值。

三是传统教材割裂的呈现方式带来的育人价值贫乏。当前学科教学实践是按照将整体分解为部分的逻辑进行的。具体表现为将教学内容按年级划分,将学年任务再分解为若干单元或模块,单元或模块教学又继续分别在不同的课时里完成。在呈现教学内容时,往往忽视了教学内容内在的整体性,造成教学内容的割裂化和点状化。

例如当前的英语教材编写,既割裂了作为交际工具的语言与生动复杂的生活世界的联系,又割裂了知识、技能与意义之间的丰富联系,不利于学生进行知识的整体建构。受传统语法教学的影响,英语教材的编写还存在以语言知识的获得为单一目标的问题,这使得老师虽然能意识到某一课要教哪些单词,哪些句型结构,却很少主动引导学生去注意这些单词和句型为了什么目的而存在,它们被用来表达什么意义,结果学生很难体会到大量的语言知识与现实世界以及他们实际生活之间的联系，导致学生很难获得真实的语言交流能力。

教学内容的割裂化呈现方式已经成为很多学科教材的“通病”。不少教材将教学内容按照难易程度分解成一系列的知识点，使得原本具有丰富内在关联的知识，经过人为处理，变成了以“点”为单位的符号系统，割裂了知识整体之间的联系。例如，我们经常在数学教材中见一个或若干个例题伴随一个知识点的呈现方式；而语文教材则表现为一篇一篇的课文。老师的教学活动很容易封闭在由单个知识点或单篇课文形成的“孤岛”之中，结果使得知识之间的内存联系、语文的整体结构等等这些本应具有的教学资源得不到有效开发和利用。

由此可见，由于“教”教材视角下的教材在内容的选择、编排、表达等方面主要还是服务于知识教学的目的，并没有考虑学生发展的实际需要，也没有考虑其在促进学生发展方面的应有功能，教材文本育人资源的先天不足，直接导致了教材作为教学最重要的教学资源育人价值的贫乏。

2. 教学过程中的育人资源缺失

由于“教”教材的教学观认为教材是教学内容的全部，教学以教材知识的传授为目的，因而其教学过程从开始阶段的教学设计，到实施阶段的课堂教学，都忽视了教师作为学科教学专业人员、学生作为认识主体在真实的教学过程对于资源开发的能动作用，导致教学活动从设计到实施都存在育人资源的缺失。

首先是教学设计中的育人资源缺失。教学设计本身应该是教师将教科书设计的教学内容及教学逻辑依据学生发展实际转化成实际教学的内容与逻辑的过程，是一个充满创造性的教学资源的再加工、再整合的过程。教师设计的教案应该是教师将教材（教学的各种材料）与学生的认识实际科学整合的结晶。但在“教”教材观念导引下，教科书成了唯一权威性的教学材料，教学设计异化成了教师被动执行教科书预设的教学逻辑进行“点”状书本知识“搬运”的过程。这样就带来了三方面的资源缺失。

一是由于对学生已有基础、成长需要与发展可能的漠不关心,导致了教学活动原点性资源的缺失。学生已经知道了什么,需要提供哪些帮助,可能达到什么高度等本是教学的出发点和教学设计的依据,但由于教学设计中对此缺乏基本的研究,当然也就不可能发现其(学生的已有经验及相互作用的学习活动本身就是重要而鲜活的教育资源)重要的育人价值。

二是由于把学生仅仅当做被动的知识“接受体”,导致了教学过程中生成性资源的缺失。学生本来是一个有情感、会思考、能探究的生命整体,具有不可估量的学习主观能动性,他们在与教学内容的相互作用过程中,会生成大量丰富生动的新资源。当他们被当成被动的知识“接受体”时,也就剥夺了其与教材之间相互作用的权力和机会,很难产生预设之外的新资源。例如,语文教材中往往选编了大量的名著名篇,比如古文等,对于这些内容,老师习惯于让学生更多地关注词句的解释,理解以后再进行背诵,而较少地去了解古文背后所蕴含的历史人文资源,以及与学生生活经验的联系。结果造成学生无法真正体悟到作品的创作历程和意图,无法实现与作者“跨时空”的沟通,因而预设的知识得不到应有的理解和掌握,学生的精神世界也不能得到应有的丰富和滋养。

三是由于教师只是教科书的被动执行者,导致来自教师的自主开发性资源缺失。教师作为学科教学专业人员,对来自教科书和学生的教学资源本身具有选择、加工、统整的能力,以及对教学过程进行创造性设计的能力,但在“教”教材的价值导向下,教师作为专业人员的应有专业智慧没有得到发挥,使教学内容、教学资源、教学设计在进入课堂实施之前就已经“先天不足”或“营养不良”了。

其次是课堂教学中育人资源的流失。理想的课堂教学是一个开放、多元、互动的创生性过程,是学生整个身心(如感官、思维、情感、认知等)经历由未知到已知的生命成长历程。但在“教”教材观念下的课堂教学却退化成了教师机械执行教案的单一知识传授过程。这样的课堂又产生了两方面的资源流失。一是教师片面强调忠实于教案的“意念”,导致了教学过程的僵化与封闭,凡是与教案预设不一致的资源都被教师“屏蔽”,客观上阻止了教学活动中新的教学资源的即时生成。整个教学过程中学生基本上处于机械听讲、盲目抄笔记的状态,仅有的提问发言也是“顺杆爬”、“猜答案”,少数学生表演多数人看,学生很难有超出教师预设的学习活动和思维活动。二是教师单纯灌输知识的教学观也使得课堂教学中师生之间、师生与文本之间、与知识的获取相伴随的思维碰撞、情感体验、人文交流被忽略,课堂这一丰富生动的生命成长历程被退化成符号化知识接受的过程。

“教”教材的教学观带来了教材文本和教学过程两方面育人资源的贫乏,也就不可避免地导致了学科育人价值的缺失。为此,欲提高学科教学的育人价值,必先使教师的教材观由“教”教材转向用教材“教”。

(三) 用教材“教”对育人价值的开发与利用

教师作为国家课程在学校实施的主体,有责任有义务尽可能保证课程标准和教科书在结合学校具体教学情境实施的过程中减少其育人价值的缺失,应充分发挥自身的专业作用,用自己的专业思想和专业行为努力为国家课程在学校实施过程中的育人价值“保值”或“增值”,真正体现课程实施主体的主动性、主创性和专业性,让国家课程切合学校教学实际,彰显学校教育主张,凸显学生发展为本的立场。这就要求教师既要有用教材“教”的思想意识,更要有用教材“教”的行动策略,能够通过“教书”达到“育人”的目的。

1. 树立用教材“教”的教学观念

用教材“教”是教师根据课程标准,结合自己的专业思想、教育理解和具体学生的发展需要,创造性地运用教科书、现实生活材料以及互联网素材等教学资源,最大限度地开发和利用教材及其教学过程中育人价值的新教学观念,它包括与之相应的教材观和学生观。用教材“教”的教学观认为,

“教材”是用以表达教学内容、实现教学目标的各种材料，有文本的、实物的、实景的、电子的等多种形式，都是用以帮助教师和学生达成教学目标的教学资源。教科书就是其中最常用的文本材料之一。它虽然体现了教材编写者对课程标准和教学内容的理解以及实施教学的意图，但并不等于课程标准，不等于真实的教学内容，也不等于学生学习的现实需要和发展实际。它只是用以表达教学内容的众多资源中的一种形式，需要教师以自己的专业理解，结合自身的教学实际、具体学生的发展实际，进行再开发、再丰富，并与其他相关资源进行统整，共同组成用以生动表达教学内容的资源系统。用教材“教”的学生观认为，教学过程中的学生群体也蕴含着可开发可利用的育人资源。一方面，学生对教学内容的已有经验中蕴含着丰富的育人资源；另一方面，课堂教学过程中的师生之间、生生之间、师生与教材之间的相互作用会实时生成一些最鲜活的育人资源。需要特别明确的是，教材和教学过程中的育人资源，都需要教师在开放、互动、生成的教学过程中加以合理利用，方能实现其育人价值。因此，用教材“教”的核心是尽可能实现教材和教学过程中所蕴含的育人价值。

2. 用教材“教”实现学科育人价值的基本策略

在用教材“教”的教学观念指导下，实现学科育人价值的基本策略我们主要进行了三个方面的探索。

一是将教科书按照学科知识逻辑呈现的教学内容进行选择、重组、加工，将符号化的文本资源（文字、数字、符号、图表等）激活，使之“还原”成人类认识发生、发展、形成的具体情境（蕴含问题和冲突，并与人们的认识实践活动相伴随的简约型事实图景和场景），使教科书真正转化成师生“教与学的材料”。这一工作体现为备课组集体开发的单元“学习导纲”之中。

二是对教材所呈现的教学内容，从难度、深度、广度和坡度等多方面与教师的专业经验和学生已有的成长经验进行统整，使之转化成切合学生发展实际需要的有结构的“学材”（教学设计方案）。体现在教师个体的自主备课和课前依据学情进行的二次备课，旨在实现文本教学内容与人类认识的形成过程、与现实社会生活、与学生成长经验的有效沟通，使教学资源、教学预设发生在学生的最近发展区。

三是以教师的专业智慧营造开放、互动、生成性的课堂教学生态，引导学生全身心地投入到教学内容的探究、对话、体验学习之中，并实时捕捉其中新生的有价值的育人资源，引导学生去认识，力求让全体学生的感官自然地投入，思维积极地卷入，情感主动地进入，认识逐步地深入，最终尽可能实现教学内容的多方面育人价值。上述第二、第三两个方面，在本章第三节有具体介绍，本节着重就第一个方面谈谈我们的实践。

3. 用教材“教”的学科课程文本资源的开发

我校在用教材“教”思想指导下的学科课程文本资源开发主要进行了两方面探索，即单元内容整体性结构化重组和具体课文内容的还原性激活。在这里重点我们介绍单元内容整体性结构化重组的“块状重组”、“条状重组”、“条块融通”三种方式，具体课文内容的还原性激活将在本章第三节有关“学习导纲”的开发中具体介绍。

① 以“块状重组”的方式对单元教学文本进行结构化重组

“块状重组”是指站在单元整体的高度“把教科书中以横向的‘点’（课或节）为单位逐步展开的符号系统，按其内在的类特征组成一个有结构的整体，使学生先整体感悟认识再局部地把握知识”①。具体实施中就是以教科书现有的单元为单位，打破原有的结构安排和点状设计，以单元教学主题为核心，以特定的单元目标为中心，重新组织课文内容，并整合相关课外资源用于学生的拓展性学习。实际教学中遵循整体感悟的策略和融合渗透的策略。整体感悟重在概念、方法、原理的学习，教学节奏一般较慢；融合渗透

① 吴亚萍：《“新基础教育”数学教学改革研究报告》，(“新基础教育”发展性研究报告集》，中国轻工业出版社，2004 年，第 127 页。

重在概念、方法、原理的运用,教学节奏适当加快。这样就将现行教科书“部分——部分——整体(就是我们常见的单元小结)”,一课一课的匀速平均教学,转化成了运用有结构的课程资源“整体——部分——再整体(综合运用和拓展)”,有重点有层次的结构化教学,从整体到部分,旨在引导学生经历初步感知、形成整体知识、引导学生感悟、理解、运用的发现性学习过程,指导学生学会学习。

比如在语文教学中,教师可以根据文体或主题,对教材文本进行“块状重组”,将相同题材的课文并为一个单元,让学生感悟其中的共通的教育主题和写作方法,这样,有了这些资源的支撑,语文教学内容就不再只是“一篇篇课文”,而是一个有机化和整体化的语文素养项目和人文教育主题。

以八年级下册第三单元“人与自然”的块状重组为例。

教科书原来的编排顺序是:11.《敬畏自然》,12.《罗布泊,消逝的仙湖》,13.《旅鼠之谜》,14.《大雁归来》,15.《喂,出来》。

进行板块重组后的课文顺序是:第 1 课时:《罗布泊,消逝的仙湖》、《喂,出来》;第 2 课时:《敬畏自然》;第 3 课时:《大雁归来》、《旅鼠之谜》。第 1 课时重点让学生明白是人类的贪婪自私导致了“罗布泊的消逝”。如果不重视环境,人类就会像《喂,出来》所呈现的现实那样,遭到自然的报复,让学生明白,大自然也是有生命的,不能任意破坏。明白了这一道理后,接着第 2 课时学习《敬畏自然》,学生会自然而然地明白文本中提出的观点:敬畏自然,就是敬畏生命,就是敬畏我们人类自己,并对课文中“再也不应该把其他生物仅仅看作我们的美味佳肴,而首先应该把他们看作是我们平等的生命,看作是宇宙智慧的创造物,看作是宇宙之美的展示者。首先应该敬畏他们,就像敬畏我们自己一样”产生思想和情感上的共鸣。第 3 课时再导入重组后的《大雁归来》、《旅鼠之谜》两篇课文的学习,更深入了理解单元教育主题中“敬畏自然”的丰富内涵,形成对人与自然和谐共生的审美愉悦,更全面地实现本单元的育人价值。之后,又向学生推荐了《热爱自然的心声》(瑞典:赫. 黑塞)、《动物的忧伤》(苏联:谢尔盖耶夫)、《跨越百年的美丽》等课外阅读文本，让学生进行体验型阅读。使课程单元教学主题的育人价值得到不断的升华。

“板块重组”较好地体现了用教材“教”的思想理念。它将一个单元作为一个系统，将课标的育人目标、文本作者的写作意图、教材编者的意图与教师的教学意图进行有机的整合融通，以单元教学主题为魂（育人价值），遵循整体结构性原则，突破教科书的局限，选择其中的两篇或者多篇作为一个小板块来组织教学，每一小板块实施拓展 1－2 篇课外阅读篇目，引导学生经历从认识发生、发展到积累形成的全过程，共同组成一个让学生感悟、理解、深化单元教育主体的大板块，较好地实现了单元主题教学的育人价值。

② 以“条状重组”方式对多册教科书文本进行结构化重组

“条状重组”的结构加工是指“把教科书中以纵向的‘点’为单位的符号系统按其内存的逻辑组成由简单到复杂的结构链，使学生主动地把握贯穿单元教学前后的知识结构。”①

这种教材加工策略强调知识结构间的纵向关联性，教师既可以对某一单元内的文本进行重组，也可以进行跨单元重组，甚至可以根据教学的需要，进行跨年级重组。通过这种纵向的加工，知识间的前后联系更加清晰，使得隐藏在文本背后的“线索”呈现在学生面前。这样不仅有利于学生把握完整的知识结构，而且也为激发并利用学生的已有知识经验创造了条件。这种重组在复习课中运用较多。

案例 2－1 例如在数学几何图形的教学中，通过变式引导学生打破章节界线，将看似杂乱的内容巧妙地连接起来，纵向构建知识系统，形成对一类数学问题的整体认识。以“相似的 $BC=9$ 性质”复习为例，如图，D、E 分

① 吴亚萍：《“新基础教育”数学教学改革研究报告》，（“新基础教育”发展性研究报告集》，中国轻工业出版社，2004 年，第 130 页。

别是ΔABC的AB、AC边上的点,$DE \parallel BC$。已知:$AD:DB=1:2$,cm。

(1) 求DE的长。

(2) BC边上的高AG为6cm,求$\triangle ADE$中DE边上的高。

(3) BC边上的高AG为6cm,求内接矩形$DMNE$的面积。

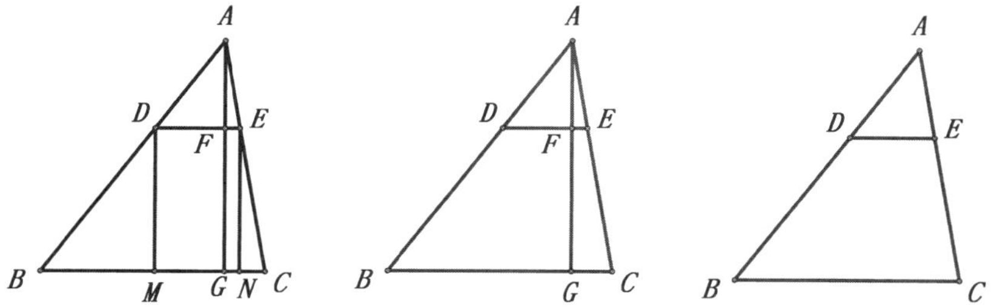

解:(1)$DE=3$;(2)$AF=2$;(3)$S=12$。

此题三个小问题逐层深入,从相似的基本图形出发,延伸到"相似三角形对应边上的高的比等于相似比"的性质,并再延伸到内接矩形的面积。对相似知识的建构,为下面的变式研究做好了铺垫。

变式1:"已知:$AD:DB=1:2$"条件去掉,改为"D、E分别是$\triangle ABC$的AB、AC边上的动点"。三个小问题没有改变。目的让学生理解从定点到动点的变化,思维顺利过渡。

如图,D、E分别是$\triangle ABC$的AB、AC边上的动点,$DE \parallel BC$. $BC=9$cm。

(1) 求DE的长。

(2) BC边上的高AG为6cm,求ΔADE中DE边上的高。

(3) BC边上的高AG为6cm,求内接矩形$DMNE$的面积。

解:(1)不妨设$DE=x$。

(2) $AF=\dfrac{2}{3}x$。

(3) $S=x\left(6-\dfrac{2}{3}x\right)$。

承接变式1,进行第二次变式。变式2:如图,D、E分别是$\triangle ABC$的AB、

AC 边上的动点，$DE \parallel BC$. $BC = 9\text{cm}$，BC 边上的高 AG 为 6cm。

(1) 若内接矩形 $DMNE$ 是正方形时，DE 为多少？

(2) 若内接矩形 $DMNE$ 中，$DE:EN = 1:2$ 时，DE 为多少？

(3) 若内接矩形 $DMNE$ 的长宽之比为 1:2 时 DE 为多少？

解：(1) $\because x = 6 - \dfrac{2}{3}x \therefore x = \dfrac{18}{5}$

(2) $\because 6 - \dfrac{2}{3}x = 2x \therefore x = \dfrac{9}{4}$ 即 $DE = \dfrac{9}{4}$

(3) $\because 6 - \dfrac{2}{3}x = 2x$ 或 $2\left(6 - \dfrac{2}{3}x\right) = x$，$\therefore x = \dfrac{9}{4}$ 或 $x = \dfrac{36}{7}$，即 $DE = \dfrac{9}{4}$ 或 $DE = \dfrac{36}{7}$

这一变式，让学生对三角形内接矩形的认识加深，能清晰判断出与内接矩形相关的边，和准确表示这些边长。第(2)、第(3)小问有明显的区别，学生能根据这些区别，意识到对第(3)小问进行分类讨论。此时，可对此题进行一下总结。

(1) 矩形 $DMNE$ 面积表达式：$S = x\left(6 - \dfrac{2}{3}x\right) = -\dfrac{2}{3}x^2 + 6x\,(0 < x < 9)$。

(2) 当 DE 为多少时，矩形 $DMNE$ 面积最大？

涉及到二次函数的最大值问题(注意自变量取值范围)。

深化，变式 3：

设 $DE = x$，以 DE 为边向下作正方形 $DMNE$. 求正方形 $DMNE$ 与 ΔABC 的公共部分面积 S 的函数表达式。

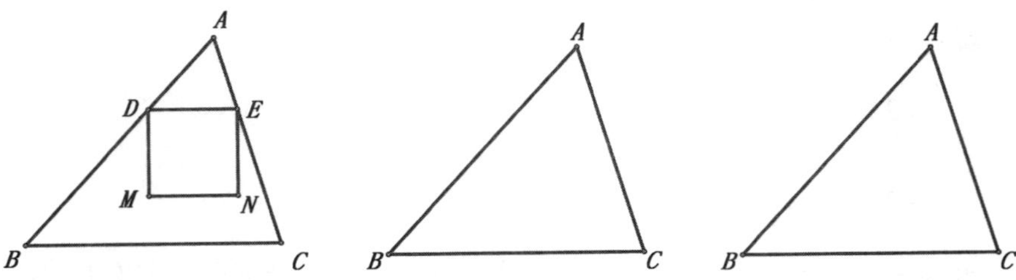

请学生利用备用图画出可能出现的情况:

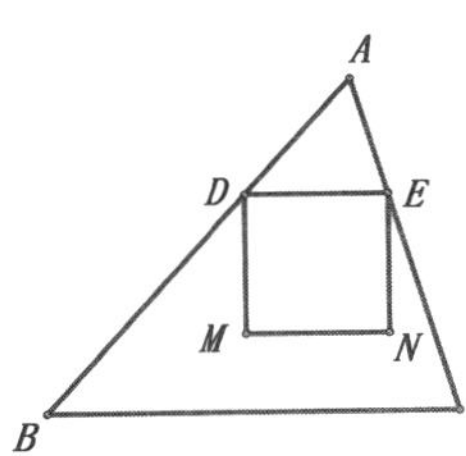

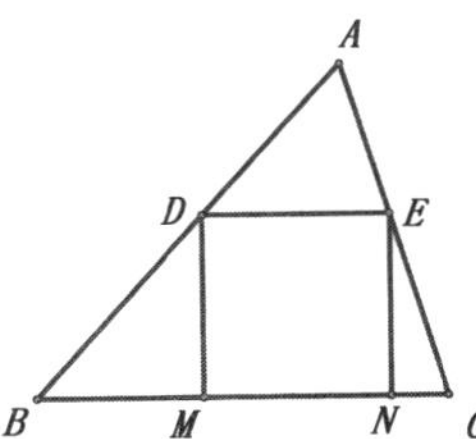

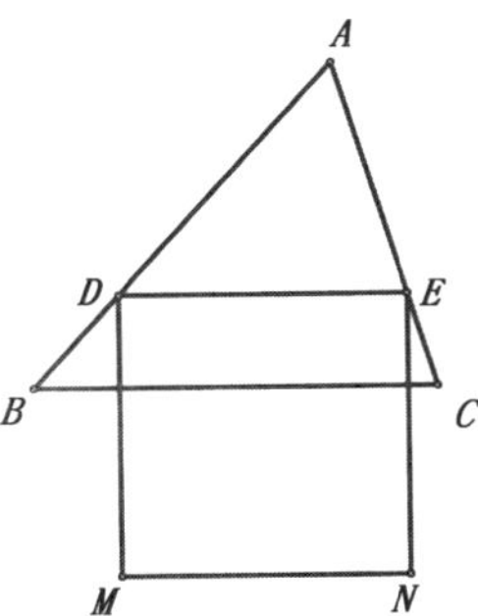

解:图 1 中,$S=x^2$;图 2 中,$S=x^2$(临界状态 $x=\dfrac{18}{5}$);

图 3 中,$S=x\left(6-\dfrac{2}{3}x\right)$。

变式是一种重要的数学学习和研究方法,变式过程本身就向学生揭示了数学学习和研究的方法,从这个意义上,教学中的变式本身就成为一个重要的教学活动。

延伸,变式 4:

如图,D、E 分别是 ΔABC 的 AB、AC 边上的动点,$DE \parallel BC$,$BC=9cm$,BC 边上的高 AG 为 $6cm$。折 $DE=x$,将 ΔADE 沿 DE 折叠,使 ΔADE 落在四边形 $DBCE$ 所在平面,设点 A 落在平面的点为 A_1,ΔA_1DE 与四边形 $DBCE$ 重叠部分的面积为 y,求 y 的函数表达式。

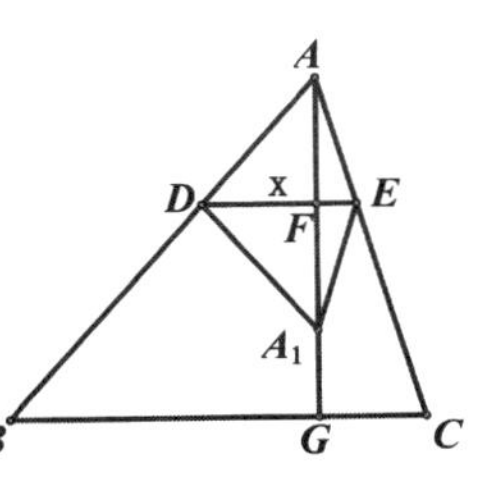

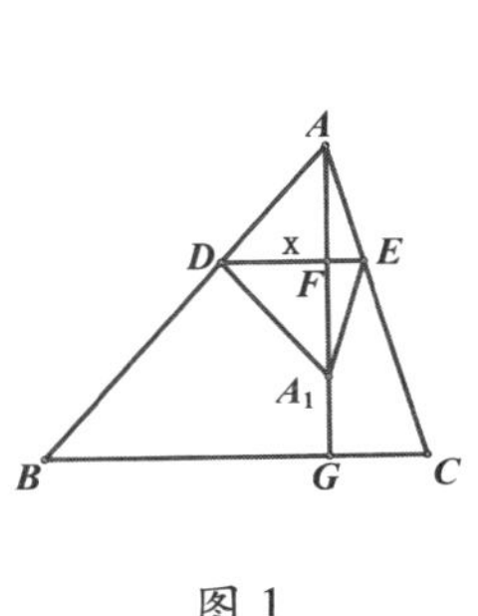

图 1

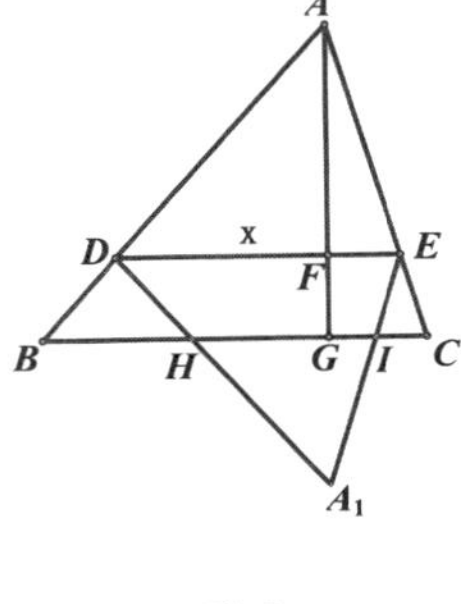

图 2

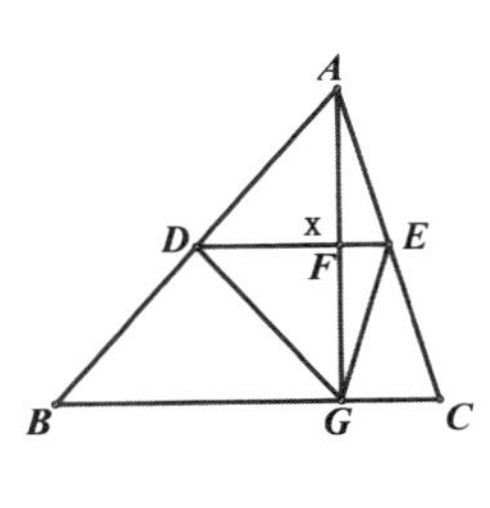

图 3

解：请学生用备用图画出可能的情况：

$\because DE \parallel BC \therefore \Delta ADE \backsim \Delta ABC, AG$ 是高

$\therefore \dfrac{DE}{BC}=\dfrac{AF}{AG} \therefore \dfrac{x}{9}=\dfrac{AF}{6} \therefore AF=\dfrac{2}{3}x$

图 1 中，$\Delta A_1DE \cong \Delta ADE \therefore y=\dfrac{1}{2}DE \cdot AF=\dfrac{1}{2}x \cdot \dfrac{2}{3}x=\dfrac{1}{3}x^2 (0<x<4.5)$

图 2 是临界状态，$y=\dfrac{1}{2}DE \cdot AF=\dfrac{1}{2}x \cdot \dfrac{2}{3}x=\dfrac{1}{3}x^2 (x=4.5)$

图 3 中，$AF=\dfrac{2}{3}x, FG=6-\dfrac{2}{3}x, \Delta A_1HI$ 中，$HI=2x-9$，HI 边上的高 $=\dfrac{4}{3}x-6$

$$y=S_{\Delta A_1DE}-S_{\Delta A_1HI}=\frac{1}{3}x^2-\frac{1}{2}(2x-9)\left(\frac{4}{3}x-6\right)=-x^2+12x-27(4.5<x\leqslant 9)$$

从数学学科知识的角度将有关知识整合成一个有机的整体，是教学结构化的重要前提。因此教学中应注意挖掘相关知识之间的内在联系，在联系与变化中不断推进新知的学习。这样的过程，常常是一个对问题的变式思考过程或者对象的迁移过程，是一个重要的重组过程。因此，重组是促进教学结构化的有效手段。思考各个教学活动的意义和相互联系，接着再借助这些联系对有关活动进行重整，通过变式将各个活动联为一个有机的整体。

当然，教学实施是一个动态的生成过程，看似流畅的教学设计在实施过程中可能会蔓生出很多枝枝节节。在预设与生成之间进行恰当的平衡，正是教师教学艺术的体现。但不能因为有枝枝节节、有生成，我们就放弃对于教材进行结构化重组的追求。

（节选自学校肖玉琳老师的教学论文《通过变式，重组知识结构系统，让教学更流畅》）

③ 以“条块融通”方式对文本进行结构加工

通过对教学内容进行“块状重组”和“条状重组”，原本点状方式编排的知识具备了“结构块”和“结构链”的形态。然而，如果我们不进一步沟通

“条与块”之间的关系,那么还是处在一种“割裂”的思维状态。知识被人为地分裂为若干“块状结构”和“条状结构”。这不适合学科本身的属性,不利于教学资源获得的开发和利用。因此,以“条块融通”的方式对教材文本进行结构加工,目的是打破块状知识与条状知识之间的界限,在文本内容的纵横交叉当中,进一步提升知识的有机性和整体性。

我们现在的教学,需要从学生成长的长程视角来进行系统策划,从过去的备一节课中走出来,逐步走向备一类课。因为这种备课的背后,所隐含的就是教学的价值取向。

传统的备课,只关注知识的教学,其流程基本上是:知识的理解——公式的把握——知识的运用——目标的检测——结论的达成。

结果是:备一节课——上一节课——评一节课——学生知识开始累积。但如何展开,如何结合具体情境进行应用,那就是学生的本事了。

新的备课,不仅关注知识,还要求培养学生的学习兴趣和习惯,更要让学生掌握学习方法,提高学生结构迁移能力,实现思维品质的提升。同时,还要有思想和文化的启迪、感悟,整体的、综合的发展学生核心素养,不是简单用双基来衡量。

结果是:备好一类课—上好相关联的每一节课—依据学生养成规律,生成许多新的课。

案例 2 -2　例如,在初中化学中考复习中,针对化学知识“繁、杂、散”的特点,复习教学中,教师应特别注意知识的系统性和规律性,注重掌握知识间的内在联系和存在的规律,形成知识系统化、网络化。知识系统化最有效的方式是用“知识的三点”形成网络图。“三点”是指知识点、知识点之间的连接点、连接点上繁衍出来的生长点,概括地说就是“知识点—连接点—生长点”。知识点要夯实,连接点要形成网络,要清晰,而生长点就是将解决问题所需要的知识点重新整合,形成新的、解决问题的知识网络。从知识点到连接点再到生长点的形成是一个解读信息,调动、运用知识,重新整合的思维过程。

构成知识网络有效的方法通常三种：思维导图、知识树、知识归纳。思维导图俗称心智图，它用一个中央关键词或想法以辐射线形连接所有的代表字词、想法、任务或其他关联项目的图解方式。使用思维导图进行复习，可以成倍提高学习效率，增进知识的理解和记忆能力。例如：用酸碱盐作为中央关键词，左边连线是碱的个性、碱的通性，碱的个性包括 NaOH、$Ca(OH)_2$……；右边连线是酸、酸碱度、盐……，请看酸碱盐的思维导图。

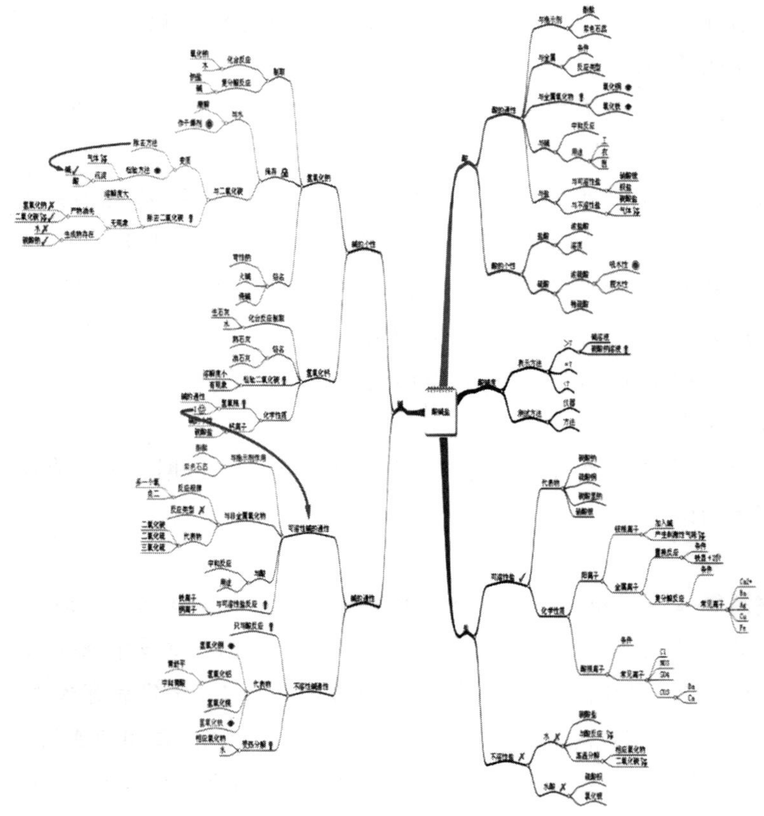

图 2－1　酸碱盐的思维导图

（节选自何清亮老师的论文《讲究中考备考策略提高化学复习效率》）

“块状重组”、“条状重组”、“条块融合”这三种教材重组方式各有优势,也有局限,实际运用中要根据学科特点和具体教学内容的内在逻辑结构灵活运用,使之更有利于学生进行建构性学习。

三、探索“探究/对话/体验”式教学:由以“教”为中心转向以“学”为中心

新一轮课程改革实施以后,学校教师的教学观念已经发生了很大的转变。特别是2013年秋季,我校借鉴了南京东庐中学基于“讲学稿”的教改模式后。学校的教学改革才真正开始由观念的转变转向教学行为的变革。“讲学稿”是一种融教师的教案、学生的学案、分层次的评价练习为一体的师生共用的探究活动的文本,是国家课程通过校本开发形成的校本课程。教师通过研读课标、考纲、教材,在占有大量资源的前提下,针对学情,用问题设计、方法指导等形式引导学生解读教材、掌握知识、形成能力。经过2年时间的实践与探究,我们发现:“讲学稿”覆盖全面,内容较多,老师学生被“稿”束缚了个人上课的专业性和自主性,导致课堂方式比较单一,更重要的是“稿”还是以知识的掌握为取向,强调讲练结合;实施教学的核心还是以教为中心,与我校“三雅”教育理念存在一定差异。为了践行“三雅”教育的课程理念和教学理念,我们开始了基于“学习导纲”的“探究/对话/体验”式教学的改革实践,以推动教学全过程真正由以“教”为中心转向以“学”为中心。我们的改革着重从“备课的变革”、“课堂的改革”和“评价的转型”三个环节展开。

(一) 指向“学”为中心的备课变革:从传统教案转到“学习导纲”

“学习导纲”顾名思义,是学生自主学习课程内容的指导纲要,俗称指导学生自主学习教科书的“说明书”。“学”特指学生;“习”指学生在教师

指导下自主探究学习、体验学习；“导”特指教师的指导，一般有“问题引导”、“学法指导”、“方法疏导”等基本形式；“纲”是提纲、要领，既不是教材内容的简单移植，也不是教师教学设计的提前呈现，是引导学生展开自主学习的纲要和线索。“学习导纲”是推动教学过程由“教”为中心转向“学”为中心的重要载体，它形式类似于“导学案”，功能区别于“讲学稿。”

1. 开发“学习导纲”的认识背景

长期以来，我们的教改总是围绕“教什么”“怎么教”这两个基本问题就教学改教学，改革总在课堂里围绕着教师的“教”打转转。一线教师完全没有课程意识，它们把课程和教学看成彼此孤立的两个领域，改来改去，重心总是停留在“怎么教”这个问题上动脑筋、花时间，只见树木不见森林。诸不知，课堂教学是一个由观念、目标、资源、行为以及评价多要素组成、由“教”与“学”双方的相互作用共同构成的复杂系统。不明确“为什么教”，“教什么”和“怎么教”自然没有了方向和标准。于是就出现了“教师教的天花乱坠，学生听得昏昏欲睡”、学生爱看课外书却不愿意上语文课的怪象。这种现象实质上是“教”与“学”逻辑关系的倒置。其实，教师“教”的目的最终是为了学生自主“学”，正所谓“教是为了不复教”。“教”的好坏本质上是由学生“学”的需要、“学”的态度、“学”的方式决定的。学生“学”的素养、“学”的能力本质上是学生自己”学“会的，而不是教师“教”会的。为此，我们基于学生“学”的哲学，提出了“三雅”教育的课程理念(即“以丰富多样的课程资源构建学生丰富多彩的当下与未来”)和教学理念(即“在开放互动的探究、对话、体验中实现师生的自主发展”)。并以此为指导，以备课的变革为抓手，以学生“学”的需求、“学”的方式为导向，在推动国家课程校本化实施的整体改革中，力求将课程开发和教学改革作为一个紧密联系的系统来处理，以课程资源开发指导教学方式的转变，让教学实施服从和服务于课程目标，让教师的“教”服从和服务于学生的“学”。

2. 开发“学习导纲”的实践探索

传统的“教案”顾名思义是教学实施的方案,是基于教师“教”的需要而设计的。于是就出现了教学资源以课本为中心、目标以知识为中心、设计以教师为中心、实施以讲解为中心的价值追求,显然缺失了对“学”的需要、“学”的方式和“学”的目标的研究,与核心素养背景下的教学改革取向相差甚远。如何推动课程校本开发和教学实施由以“教”为中心转向以“学”为中心,必须找到一个基于学生学习需要,且能将课程开发与教学实施融为一体的实践载体。于是,我们借鉴使用东庐中学“讲学稿”的实践体会和外地兄弟学校研发“导学案”的经验,在“三雅”教育课程理念和教学理念指导下,自主开发了各学科的“学习导纲”,至 2018 年底各学科的“学习导纲”已经修改至 3.0 版。

(1) “学习导纲”的性质与功能

“学习导纲”是从学生学习的需要出发,帮助学生自主学习课程资源的指导性纲要。它以单元为单位编写,以课题为单位呈现,按照认识发生、发展的逻辑结构展开,集学习目标介绍、课程资源整合、学习方法指导和学习过程推进于一体,实施单元整体结构教学。与单元教学双向细目表、单元教学课件、单元训练题组(有的学科还配有单元课外读本)共同构成一个单元的课程教学资源体系。每一个课题的“学习导纲”一般包括学习目标、问题导学、疑难探究、训练反馈、归纳整理、拓展延伸等基本部分,具体组成部分因学科特点差异略有不同。从指导内容来看,既包括课程内容的指导,又包括学习方法的指导;从指导的领域来看,既包括课前预习、课堂学习,又包括课后拓展。实践证明,它是国家课程校本化实施的有效载体,是基于学生学习的实际需要,由备课组教师集体开发的国家课程校本化实施的有效学材。

(2) “学习导纲”的基本特征

① 主体性:“学习导纲”的主体性一方面体现在鲜明的学生立场,其整合资源、指导学法、学程推进都是以学生学习的实际需要为出发点和落脚

点，而不是为了教师的“教”；另一方面表现在充分尊重学生的主体地位，力求让学生充分经历问题提出和问题解决的全过程。避免了“传统教案”依据教师的理解和教学经验“闭门造车”设计教学过程的现象。

② 互动性：“学习导纲”十分注重指导学生在学习过程中与教师互动、与文本互动、与人类认识自然和社会的生动实践互动、与学习者之间互动，使学生在多维度、多层面的互动中发展探究能力、提升对话水平、增强成长体验，全面实现教学的育人价值。

③ 自主性：“传统教案”将学生看做接受知识的容器，学生在课堂上一直处于被动接受的状态。“学习导纲”遵循问题导学、先学后教的教学原则，顺应学生自主学习的需要而编写，编写的根本宗旨在于指导学生自主学习，并针对学生之间的差异，为不同层次学生的自主学习准备了不同层次的课程资源。

④ 激励性：“学习导纲”坚持以“学”为中心，始终把激发、引导学生主动学习放在第一位，配合小组合作、同伴互助、展示分享等教学活动，一方面使学习困难的学生不孤独、不放弃，另一方面，也使学有余力的学生能够在展示分享的过程中，帮助别人，成就自己。“学习导纲”十分注意在“拓展延伸”环节激励学生自主学习，持续发展。

（3）“学习导纲”的编写要求

“学习导纲”的本质功能是指导学生自主学习。这种学习是在教师正式上课前以文本形式指导的学生自主学习，是学生在已有经验基础上对新知识的自主建构。这一活动旨在贯彻“先学后教、依学施教”的教学原则，帮助师生双方弄清在教师正式上课前学生通过自学哪些能懂、哪些不懂，以便提高课堂教与学的针对性。“学习导纲”的“编”、“审”、“用”是个人智慧和集体智慧的相结合的产物，其“导学”功能具体体现在“目标引领”、“问题导学”、“学法助学”三个方面。整个编写过程一般经历以下环节：

集体分工。每学年科组长在“学校人员分工表”出来后会同备课组长确定下学期各单元主备教师分工（依据每个人的专业特长），提出寒暑假备课要求。

教师主备。主备教师要提前一周，在分解课标，钻研教材，参阅教辅资料、精选基础题及提高题，深入了解学情的基础上，确定学习目标、重难点，设计导学方式，精选教学内容，设计教学程序，完成“学习导纲”初稿。

同伴审阅。备课组长初审后将初稿至少提前3天发给其他组员提出修改意见，各组员对初稿所提出的修改意见可通过Q群或直接写在“学习导纲”初稿上，交备课组长；备课组长必须保存好资料，作为备课组工作评比检查的依据。

集体审阅。由备课组长在固定时间内（至少每周一次，课时较多的学科可根据需要灵活安排）召集组内成员进行集体备课。主备老师先讲自己设计本单元教学的依据与思路，然后备课组成员分别提出对本单元“初稿”的审议意见和修改建议。主备教师在“初稿”的相应位置做好的记录，备课组长做好集体备课的活动记录。

主备修定。主备教师按集体备课的意见对“学习导纲”进行修改完善，并将定稿的“学习导纲”在上课前2天交备课组长审核后付印。

备课组长审核。这是保证“学习导纲”质量的重要环节。需要备课组长发挥专业引领的作用，具体审查集体备课的意见是否在“学习导纲”上得到了落实。对学习目标和重难点的设定不合理、课前和课中的探究学习指导不明或联系不紧、检测习题的选编过泛或层次不清等突出问题，要与主备人个别交流后，修改完善方能付印。

课前备课。上课前一天任课教师要把“学习导纲”上凡要学生做的内容先做一次，并根据学生预习情况（中考科目提前一天预习，非中考科目当堂预习）进行课前备课。重点在教案栏里写下来：如何进行有效导入？如何引导学生自学？哪些方面需要小组合作？学生自学时可能出现什么问题？如何针对学生存在的问题进行点拨、归纳和提升？教学环节如何过渡？等等。30岁以下教师写详细一些。

课后反思。各科任教师要在教学结束后,在“学习导纲”的空白处写好教后反思(即进行课后备课),及时总结经验,找出其中的原因,并在下次上课前与同伴分享自己的教学反思,同时也为下一年相同教学内容的教学积累教学资源。

周练安排。建议语文、数学、英语、物理、化学编写周练(语、数、英 8k 双面一张,理、化 16k 双面一张),主要整合一周来学生出现的漏洞(“学习导纲”上学生出现的典型错误),给学生查漏补缺。

(4)“学习导纲”的体例和文本要求

“学习导纲”的基本内容包括编写说明(课题、主备人、审核人、编写时间)、学习目标(学习要求、重点、难点)、探究学习(课前学习、课堂探究、巩固训练)、课后反思(学生学习心得、教师教后反思)三部分内容,标题以三号字为宜,其他以五号字体大小为宜。文本篇幅语、数、英、物、化一般为 8k 双面一张,政治、历史、地理、生物等一般为 16k 双面一张。

表 2-3 “学习导纲”设计模板

佛山市第三中学初中部______年级__________学科“学习导纲”

学生姓名:____________班别:____________学号:____________

<table>
<tr><td>课题</td><td colspan="4"></td><td>编号</td><td></td></tr>
<tr><td>主备人</td><td></td><td>审核人</td><td></td><td>时间</td><td colspan="2">2013 年____月____日星期____</td></tr>
<tr><td>学习目标
(解读课标)</td><td colspan="6">包括重点、难点</td></tr>
<tr><td colspan="5">学案</td><td colspan="2">教学简案</td></tr>
<tr><td colspan="5">一、课前预习导学(文理科不同,注意结合学科特点)
二、课堂探究研讨(主要环节各科每课都不同)
三、当堂训练巩固
四、课后拓展延伸</td><td colspan="2">1. 课堂引入预设
2. 教学过程预设
3. 导学问题预设
4. 资源生成预设</td></tr>
</table>

（续表）

学生学后心得	教师教后反思

注1:可不用表格形式,各科可根据学科特点自定格式和自定各环节内容。

注2:"课堂探究研讨"中的主要问题设计要紧扣重、难点,紧扣教材本身的核心知识、特点和要求,体现学科特色。

注3:"当堂训练巩固"题目要分基础题和提高题。主备老师要下"题海",围绕课标精选题目。

注4:教师可针对不同学科、不同章节、不同课型灵活处理。"学习导纲"只是一种手段,培养学生爱学习、会学习的习惯和能力,提高教师准确解读教材、智慧地实施教学的能力,提升课堂教学的生命活力和教学效益才是我们追求的目标。

（5）"学习导纲"的常规管理制度

由于"学习导纲"既是指导课前预习、课堂学习、课后复习考试的重要文本,也是评价教师个人备课和备课组教研的重要依据,其质量的高低将直接影响教学和教研的质量。因此,每一份"学习导纲"必须是个人精备基础上集体智慧的结晶。课程教学处和各备课组将加强"学习导纲"编写过程的管理与指导。

a. 采取多种方式督查"学习导纲"各编写流程的落实。每一位教师都应认真负责地参与"学习导纲"的研制过程,课程教学处将定期对教师主备、同伴修改、备课组讨论、教师课前备课、课后备课等每一个备课环节的资料进行检查,以扎实的研制过程,保证每一份"学习导纲"的质量。

b. 各备课组长必须每周一次,将各同伴对本周每一份主备稿的修改意见收集整理,并上传至学科资源库,供备课组同伴和分管行政检查。

c. 每一位教师在上课后必须及时对学生的"学习导纲"全批全改,实行"周周清"。语文、数学、英语、物理、化学学科每周应将本周学生"学习导纲"上的错题汇编成周练题,全批全改,实行"周周清"。不放过一位后进生，不放过一个错误。以上两项作为教师作业批改检查的评价依据。

d. 指导学生及时对“学习导纲”进行收集整理。各备课组教师要依据学科特点，指导学生定期将用过的“学习导纲”整理装订成册，作为复习资料，经常翻阅，温故而知新。

e. 每月最后一周，备课组长要收齐本组各教师用过的“学习导纲”（含有课前备课和课后反思笔记）文本，装订成册，交分管行政进行教学常规检查。

（6）关于“学习导纲”评价标准

鉴于“学习导纲”具有的教材二次开发、教学资源整合、学法指导、教学实施等多种功能，以及其在学校博雅教育课程改革实践中的极端重要性。“学习导纲”的编写质量就显得至关重要。我们在加强编写人员专业培训、健全“学习导纲”的编写和使用管理制度的同时，专门制定了规范性“学习导纲”的评价标准、以引导教师在实践中不断修订完善。评价标准依据认识发生发展的逻辑规律、学生学习的基本规律、教学活动的基本规律，从教学目标的设定、教学内容的组织、教学过程的预设三方面对“学习导纲”的质量提出了基本规范。

表2－4 “学习导纲”评价标准

项目	指标	三级指标要素	评分		
			一等	二等	三等
教学目标设定20分	与课程目标的联系10分	1. 目标表达全面、清晰、可检测 2. 体现对本阶段要求的具体思考 3. 有在学科总体要求下策划具体目标的意识			
	教材文本解读5分	1. 能依据教材的内在结构确定重点和难点 2. 能将教学内容与社会生活和学生经验联系起来 3. 对教材的育人价值有清晰的把握			
	学生状态解读5分	1. 了解学生的总体状态和不同层次的差异 2. 对学生的经验和困难分析准确，目标有针对性 3. 对学生的潜在优势分析、估计准确			

（续表）

项目	指标	三级指标要素	评分		
			一等	二等	三等
教学内容整合40分	内容的整体结构 20分	1. 教学内容的组织体现单元结构教学的要求 2. 内容结构具有逻辑合理性，符合知识的形成过程 3. 教学资源的选择具有典型性和启发性，能过启迪学生思维			
	体现育人价值 20分	1. 对教学内容的独特育人价值有体现 2. 难易程度便于学生自主学习、主动探究 3. 内容能调动学生学习兴趣，渗透培养学生学习意识、习惯和能力的内容 4. 能拓展学生知识面和思维品质，引发后续思考和探究活动			
教学过程预设40分	问题设计与应对策略 20分	1. 过程设计有师生同步活动，凸显学生主体 2. 问题设计开放，面向全体、关注差异 3. 问题之间有内在联系，有明显的层次递进 4. 对学生思考问题的可能状态有基本的分析和把握，并有对策			
	策略选择 20分	1. 设计的教学过程、组织形式和时空配备有利于学生表现 2. 有促进师生有效互动的教学策略 3. 有动态生成的可能与时空，体现“收”与“放”的内在联系			

案例2-3 学校物理科组"学习导纲"的编写和使用流程

一、物理科"学习导纲"的编制流程。如图2-2物理科"学习导纲"的编制流程

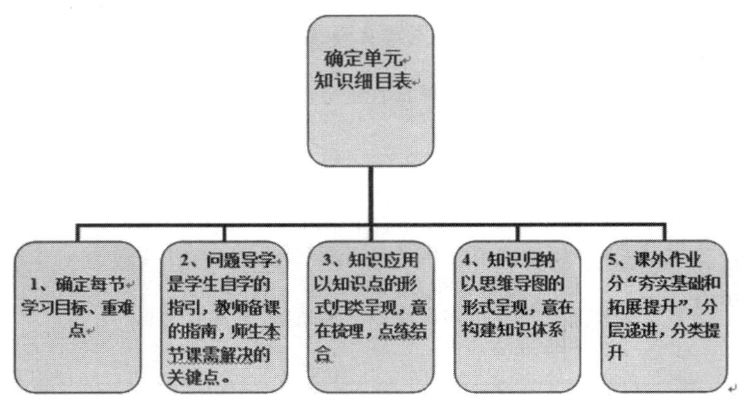

图2-2 物理科"学习导纲"的编制流程

(1) 规范：统一使用学校标识，应有课题，主备，审核，编号，班级，学号，姓名，并有学科每单元个性化封面。

(2) 必备栏目：单元细目表，学习目标，问题导学，知识应用，知识归纳，课外作业。

(3) 遵循知识章节化原则编写，在一定的课时内允许科任老师可有自己的个性安排。

(4) 遵循学生的认知规律，"学习导纲"内容要符合学生认知规律，做到科学、有序、有阶梯、有分类，有学科育人价值；例如：课外作业分为"夯实基础和拓展提升"，夯实基础约10道精选知识母题、每位同学必做，拓展提升约2道，侧重知识的延伸，学生可选做。

(5) 编写分工到人，全部"学习导纲"必须经过备课组集体备课，审核落实，严把质量关。

主要流程:

主备人:解读课标教材——→学情分析——→知识梳理——→相应习题的选择及编排

备课组共同讨论以下主要问题:

① 学习目标及重难点的确立是否精准?

② 问题引领的设计是否合理、是否细化?

③ 习题选择是否围绕课标,是否有一定的情景?习题间有没有相互关联、是否有层次?是否符合省考纲要求?等。

(6) 落实集体审核或结对审核,审核后交由备课组长统一印刷,印刷以单元为单位,每章使用后主备人收集使用意见及时修改,学期末各教师填写学期承担编写任务一览表,教学处对编写质量进行抽查。

二、物理科“学习导纲”的使用

1. 每一章课前,教师将整章的“学习导纲”全部发给学生,要求当天进行整理装订,科代表检查,老师抽查。

2. 学期末复习时,要求把所有“学习导纲”装订成册,作为复习的主要资料,科代表检查,老师抽查。

3. 上课前各科任应将授课内容的“学习导纲”完整做一遍,在导纲空白处写出简易授课流程和教学策略,切实落实好二次备课。

4. 各科任要及时做好“学习导纲”的批改或检查工作。

5. 课堂遵循基于“学习导纲”的基本教学活动:学生自主先学(探究)——小组合作互学(研讨)——全班展示分享(学生讲解)——教师点评精讲(教师讲解)——指导拓展提升(教师设问、学生探究)

6. 每节课、每个课时上完后备课组老师及时反馈学习导纲中不合理的内容,主备人及时修订。每学期末把修订好的整章“学习导纲”发给备课组长,再交由科组长统一存入科组资料库。

案例2－4 《力》的“学习导纲”课例：

探究/对话/体验

八年级（下）物理学习导纲编号：2015（下）01

课题：7.1　　力

主备：陈新玲审核：八年级物理备课组

班级：＿＿＿＿＿＿　　班学号：＿＿＿＿＿＿　　学生姓名：＿＿＿＿＿＿

一、学习目标

1．理解力的概念；

2．对力产生的作用效果会进行判断；

3．会画力的示意图；

4．知道力的作用是相互的。

重、难点：分析力的作用效果，画力的示意图

二、问题导学

1．生活中我们经常要用力，要想有力，需满足什么条件？

2．请举例说明：（1）力能使物体发生形变；（2）力能改变物体的运动状态；（3）力的作用效果与力的大小、方向、作用点有关。

3．如图所示，人坐在小船上，用力推另一艘小船，能够把另一艘小船推开而自己坐的船不动吗？为什么？如果将吹足了气的气球的嘴松开并放手，球内气体从气球嘴泄出，同时气球将会如何运动？以上两例子共同遵守什么规律？

三、知识应用

知识点一：力概念的理解

1. 力（填“可以”或“不可以”）离开物体而存在。力产生时两个物体（填“一定”或“不一定”）相互接触；在国际单位制中，力的单位是____________.

2. 下列关于力的说法中正确的是（　　）

A. 一个物体是施力物体，但不一定是受力物体

B. 两物体间发生力的作用时，施力物受到的力小于受力物受到的力

C. 只有相互接触的物体之间才能发生力的作用

D. 物体受到一个力的作用一定有另一个施力物体存在

知识点二：力的作用效果

3. 力可以使物体的____________发生改变（简称形变），力也可以使物体的____________发生改变。

4. 以下是我们生活中常见的几种现象：①用力揉面团，面团形状发生变化；②篮球撞击在篮板上被弹回；③用力握小皮球，皮球瘪了；④一阵风把地面上的灰尘吹得满天飞扬；⑤汽车起动。

这些现象中属于物体因受力而改变运动状态的是____________，因受力而改变形状的是____________。

5. 如图所示的各种现象中，物体运动状态没有改变的是（　　）

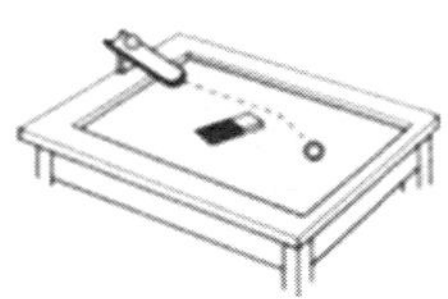

A. 小钢球的曲线运动

B. 头顶足球

C. 汽车匀速直线运动

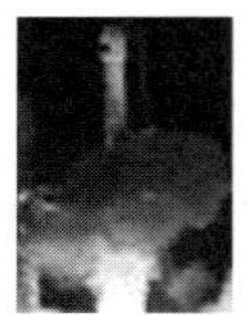
D. 火箭起飞

知识点三:力的三要素

6. 如图所示,某人用大小相同的力作用于弹簧,观察比较(a)(b)两图,可知力的作用效果与力的__________有关。如图(c)所示,开门时,用手推在 A 处比推在 B 处更容易打开,这表明力的作用效果跟力的__________有关。

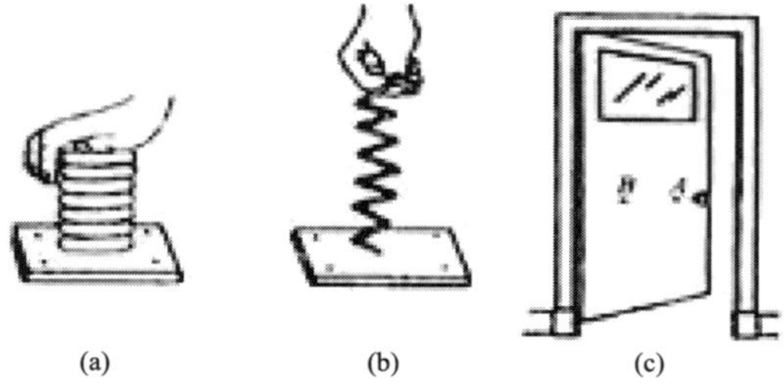
(a) (b) (c)

7. 王明同学用力提一桶水时,他对水桶施加一个提力,同时水桶对王明的手也施加一个拉力,则这两个力的三要素(　　)

A. 完全相同

B. 大小、方向都相同,作用点不同

C. 大小相同,方向和作用点都不同

D. 作用点、大小相同,方向不同

知识点四:力的示意图

8. 按要求画出物体所受力的示意图:(1)小女孩用 80N 的力将水桶提起(如图甲所示),请在图乙中画出小女孩提水桶的力的示意图;(2)用 80N 的力水平向右推桌子;(3)电线对电灯的拉力 F=4N。

知识点五:力的作用是相互的

9. 力的作用都是相互的,下列现象中没有利用这一原理的是(　　)

A. 向前划船时,要用桨向后拨水

B. 人向前跑步时,要向后下方蹬地

C. 火箭起飞时,要向下方喷气

D. 头球攻门时,要向球门方向用力顶球

10. 游泳时,用手和脚向后划水,人就前进,使人体前进的推动力来自于__________,这说明物体间力的作用是__________的。立定跳远起跳时,用力向后蹬地,就能获得蹬力,这是因为__________。

四、知识归纳

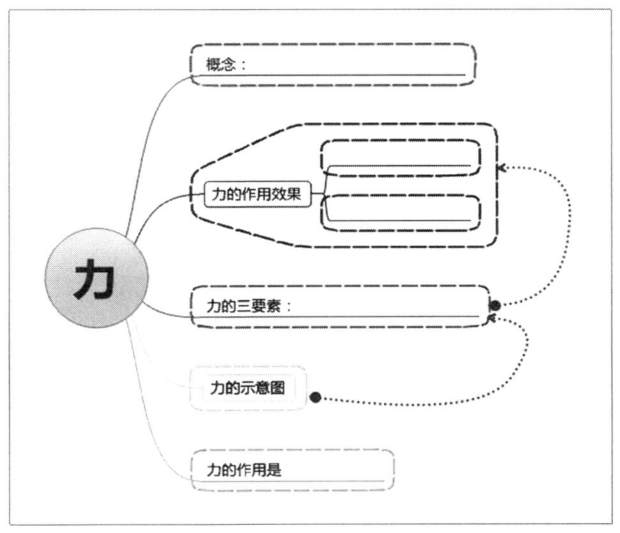

五、课外作业

1. 如图所示,手对桌子作用一个力 F1,桌子也对手作用一个力 F2,则下列说法正确的是(　　)

A. F1 的施力物体是手,受力物体是桌子

B. F2 的施力物体是手,受力物体是桌子

C. F1 的施力物体是地球,受力物体是桌子

D. F2 的施力物体是地球,受力物体是手

2. 关于力的概念,下列说法中正确的是(　　)

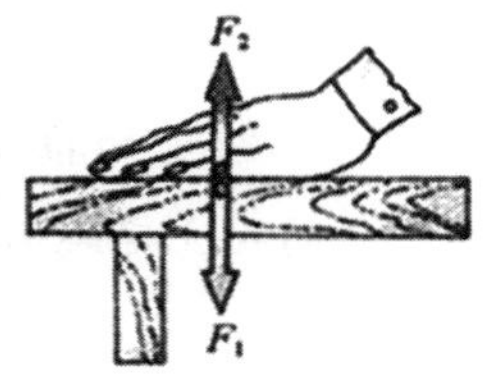

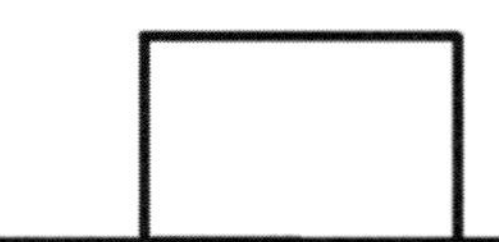

A. 两个物体只要相互接触,就一定有力的作用

B. 两个不相互接触的物体之间,就一定没有力的作用

C. 有力的作用就一定有施力物体,但可以没有受力物体

D. 力不能脱离物体而独立存在

3. 如图所示,其中与其他三个力所产生的作用效果不同的是(　　)

A. 运动员对弓弦的拉力

B. 汽车对地面的压力

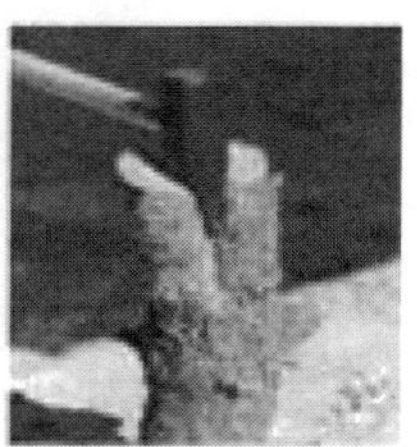

C. 斧头对木柴的力

D. 下落小球受到的重力

4. 下列物体的运动状态没有发生改变的是(　　)

A. 做匀速圆周运动的小车

B. 在盘山公路上减速运动的小车

C. 腾空而起的火箭

D. 在平直公路上匀速行驶的汽车

5. 大头针被吸引到磁铁上,这说明(　　)

A. 磁铁能吸引大头针,而大头针不能吸引磁铁

B. 大头针也能吸引磁铁,但引力小

C. 两个不直接相接触的物体也能发生力的作用

D. 大头针到和磁铁相接触时,才发生力的作用

6. “鸡蛋碰石头”,鸡蛋被碰破,而石头却完好无损,这个现象解释正确的是(　　)

A. 鸡蛋受到力的作用,而石头没有受到力的作用

B. 它们间相互作用的力一样大

C. 鸡蛋受到的力较大,而石头受到的力较小

D. 以上说法都不正确

7. 我国发射的“嫦娥二号”卫星在太空借助燃气的推力实现变轨(即改变运动速度和运动方向),说明力可以改变物体的方向。在“嫦娥二号”卫星绕月飞行的过程中,以地球为参照物,它是________(填“静止”或“运动”)的。

8. 运动员用网球拍击球时,球和网拍都变了形。这表明两点:一是力可以使物体发生________,二是力的作用是________的。此外,网拍击球的结果,使球的运动方向和速度大小都发生了变化,表明力还可使物体的________发生改变。

9. 俗话说“一个巴掌拍不响”,这是因为(　　)

A. 一个巴掌的力太小

B. 人不会只有一个巴掌

C. 物体间力的作用是相互的

D. 只有一个物体也可以产生力的作用

10. 一天,发生了两车相撞的交通事故,一个交警来处理,说:“我一定要找出哪辆车先撞上另一辆车的”,请你从物理学的角度来分析,这个交警能否找出那辆车? 答:________,这是因为物体间的相互作用总是________发生的。

11. 小明同学用10N的力沿水平方向向右推放在水平地面上的箱子,画出小明所用的推力以及箱子受到一个水平向左的摩擦力大小为3N的示意图。

3. 基于“前置学习”的教师二次备课

前置学习又称作课前探究,是指在老师向学生教授新课前,让学生利用已有知识和生活经验在“学习导纲”的引导下开展的尝试性学习。前置学习环节的设置是“学”为中心、先学后教思想的重要体现,也是引导学生由被动学习转向主动学习的重要举措。一般遵循以下三点要求:首先是任务驱动原则。即学生通过对整个教学内容的“先学”,弄清自己哪些能懂?哪些不懂,并独立完成“前置学习任务单”,比传统的“预习”要求更全面、更深入,不仅仅是正式教学前的知识准备;其次,导学的基本方式是问题导学、学法助学。需要教师在“学习导纲”中按照知识发生、发展的逻辑设置有梯度的问题,引导学生由浅入深地展开自学;第三,无论是“任务单”还是学法指导,都应尽可能照顾到全体学生的特点及能力差异,简单、而具有开放性,能引发学生的思考和探究。例如:化学课在学习“溶液”这节内容时,老师设置“在家配置盐水和油水混合物,认真观察混合后的液体与混合前有什么不同?”。这种前置学习任务要求全体学生均可以做到,每位学生在完成作业过程中均会有所收获,并能引发学生深入学习的兴趣和信心。又如语文阅读课的前置学习,老师设置的引导性学习任务一般是"课文写了什么?""作者按什么线索写的?""读完课文你最欣赏什么? 想到什么?"而不仅仅是传统的点状、预习性"读懂生字词"这类作业。又如:在七年级数学"整式"这一单元教学中,因学生是第一次接触代数式,对相关内容比较模糊,此时,若老师对学生设置的前置作业不明确,会导致学生无从下手,进而影响整体学习效果。"前置学习任务单"就是要引导学生在前置学习过程中,由原来只关注形式逐步学会思考,聚焦有价值的关联,通过深入思考写出自己的感悟和体验,提出有价值、引起同伴深思的问题。这样的前置学习既能推动学生逐步养成独立思考、自主探究的学习习惯,又能帮助老师在正式教学前了解和把握学生的学习起点,并根据学生在前置学习中的思维方式和认识水平,有针对性的进行教学方案的课前调整,即"二次备课",以提高课堂教学的针对性,教在学生的需要处,点拨在学生的疑难处。

有效的前置学习不仅使学生的课堂学习有的放矢,而且也为教师的二次备课提供了重要的事实依据,为提高课堂教学的有效性、针对性奠定了坚实的基础。那么,教师如何进行基于前置学习的二次备课呢?

(1) 收集学生前置学习的反馈信息。我们要求上课教师在正式教学前能有目的地抽查批阅 1/3 学生的前置学习任务单。平板教学实验班教师可以要求学生利用平板将自己完成的前置学习任务单于作业当天晚上拍照上传到老师的教学平板上,非平板教学班老师可在第二天早上上课前浏览部分学生的前置作业任务单。这是教师实施二次备课的前提和依据。

(2) 分析整理学生前置学习的反馈信息,确定对"学习导纲"的修改意见。这一环节教师主要把握以下三方面要素。一是明确即将教学的内容,哪些是学生能自学完成的? 哪些是学生普遍存在的疑难问题? 哪些是个别问题? 二是重新审定课堂教学重点、难点及其突破的思路、方法;三是调整作业的容量、难度、梯度和选择性,提高针对性。

(3) 调整“学习导纲”的教学预设,落实二次备课,并将调整意见记录在“学习导纲”右侧的空白栏。实现“让教学发生在学生的最近发展区”、“让指导导在学生最需要处(适时、适度、适量)”。教师二次备课对“学习导纲”调整的主要内容是:

① 学习目标、重点、难点和训练习题的难易度;

② 根据班情、学情和自己的教学风格,修改教学节奏、教学方法;

③ 完善教学课件,更有效地引导学生实施探究性学习。

当然,仅有二次备课,还不能完全解决教学预设的科学性问题,还需要教师根据自身的教育理解、实践智慧,对课堂教学过程实施动态调控,产生更有效的生成性教学。

(二) 基于“学习导纲”的课堂革命:由单一的先讲后练到“探究/对话/体验”式教学

传统的课堂教学存在两大缺失,一是人文精神的缺失。表现为将课堂学习这一生动的生命活动窄化为单一线性的认知活动,忽视学生的主体性、能动性、差异性、多样性和全面发展;二是对学生自主学习能力培养的缺失。表现为将课程学习这一丰富的生命成长体悟过程简化为孤立的知识接受过程,忽视学生学习的连续性、渐进性、互动性和生成性。为了全面践行“三雅”教育的育人目标,2014 年秋季,我校在博雅教育思想的指导下,以国家课程为主渠道,以学科课堂为主阵地,积极开展了基于移动电子平板、以“探究/对话/体验”为主要教学方式的课堂重建。

1. 课堂教学的价值取向由“育分”转向“育人”

依据博雅教育的思想和“三雅”教育的理念,我们明确提出了“以丰富多样的课程资源,构建学生丰富多彩的当下与未来”课程理念和“在开放互动的探究、对话和体验中实现师生的自主成长”的教学理念,并将这一理念具体转化为“营自然舒展之境、引丰富多样之源、取探究对话之径、养高雅灵动之性”的教学方法。要求教师把学生这一生命发展的整体状态(前在状态、潜在状态、可能状态)作为教学的出发点和落脚点,最大限度地促进学生生命的整体发展。

营自然舒展之境。就是将学生课堂学习的身心状态和课堂教学的氛围作为课堂改革的重要内容,强调营造平等、尊重、和谐、愉悦的课堂教学环境,着力建设融笑声、掌声、辩论声于一体的“三声”课堂,建构新型课程文化。

引丰富多样之源。强调教师要按照用教材“教”的思想,摆脱“教”教材的老路,通过自主开发“学习导纲”,将书本的知识世界与现实的生活世界、学生的经验世界和开放的网络世界有效沟通,用丰富鲜活的课程资源激发学生探究学习的志趣,满足学生多元发展的需要。

取探究对话之径。就是将探究、对话、体验作为贯穿学习全过程的基本学习方式予以指导,通过引导学生前置学习,推进教师的二次备课,实施以自主探究、合作探究、平等对话、同伴分享、体验拓展为主要方式的课堂学习,培养学生自主学习、探究学习、合作学习的习惯与能力,力求教学过程能让学生感官自然进入、思维主动投入、情感自觉卷入、认识逐步深入。

养高雅灵动之性。就是将培育学生可持续学习的素养和自主学习、主动发展的个性品质作为课堂教学的价值取向,将课堂教学的目标由获取知识结论转向促进学生的可持续发展。

2. 教学方式由基于知识点的授受式教学转向面向每个生命整体的“探究/对话/体验”式教学

(1)“探究/对话/体验”式教学的基本流程

上述课堂教学改革的理念,直接以激发、引导学生的自主学习为取向,贯彻“学为中心”的教学思想和“先学后教、依学施教、合作互动、动态生成”的教学原则。这一教学方式,将学生课前的探究学习、课堂的合作学习与课后的体验学习作为一个完整的学习过程予以关注和指导，旨在引导学生在亲历具体教学内容学习全过程的同时，提升可持续学习的意识和能力，促进学生生命整体的发展。

表2－5　教学各环节具体要求

主要环节＼基本要求		教师活动	学生活动	教学意图
课前自主探究阶段	自主探究	1. 设计有梯度性和逻辑性的问题“串”，辅之以相应的学法指导、资源推送和探究作业，制成“学习导纲”； 2. 指导学生依据“学习导纲”进行课前探究学习； 3. 及时检查、批阅学生对“学习导纲”中“前置学习任务单”的完成情况，根据完成情况进行二次备课。	1. 在“学习导纲”指引下，利用相关资源（微课、工具书、网络等）自主学习教材； 2. 完成“学习导纲”中“问题导学”部分的前置作业，并记录自己的学习疑惑。	1. 训练学生收集、分类、概括知识与相关信息的能力； 2. 训练学生的阅读、理解能力和整理归纳问题的能力； 3. 培养学生利用资源，自主学习的习惯。
课中合作学习阶段	合作互助	1. 巡视并参与小组交流活动，把握学情； 2. 控制小组合作学习的秩序和节奏； 3. 了解学生讨论中仍然解决不了的问题，以备针对性突破；	1. 小组内交流“问题导学”内容的理解与疑惑； 2. 对组内解决不了的问题，由组长整理，及时提交。	1. 培养学生分享、交流和倾听的习惯； 2. 学习将自己的疑惑向同伴求助，同时帮助同伴解决疑惑。

（续表）

主要环节 \ 基本要求		教师活动	学生活动	教学意图
课中合作学习阶段	疑难突破	1. 倾听学生的发言,结合任务的完成情况,进行必要的点拨、追问; 2. 针对同学的分享与展示,引导学生发表不同见解,肯定正确、纠正错误、补充不足; 3. 针对共同问题,精讲精练,完成知识构建;	1. 各小组主动报告本组的认识与疑惑,同时,兄弟小组及时帮助解答疑惑; 2. 各组交流对疑惑的不同看法,关注最佳答案; 3. 倾听其他小组的疑惑及其解决思路。	1. 培养学生分享、交流的表达能力和质疑问难的能力; 2. 培养学生的逻辑思维和发散思维; 3. 训练学生知识建构和建模的能力。
	训练展示	1. 提供有针对性、典型性的基础训练习题; 2. 组织课堂训练的展示与分享,发现问题,及时组织讨论; 3. 及时发现与分享学生思维的亮点、疑点;	1. 根据所学知识,完成限时巩固训练; 2. 及时上传自己的作业,积极向小组或全班分享展示。	1. 培养学生规范答题的思维方式和表达方式; 2. 帮助解决同伴的问题,分享同伴的学习成果。
	反思评价	1. 引导学生总结、归纳、反思、提炼; 2. 对各小组的学习情况给予恰当评价,进行简要总结。	1. 用自己的语言总结学习内容,归纳解决问题的思路、方法; 2. 自评、互评小组合作学习情况。	1. 培养学生反思学习过程的习惯; 2. 培养学生正确评价自己和他人的能力。
课后拓展体验阶段	拓展体验	1. 设计话题,引导学生关注自然、社会、生活,做到学以致用; 2. 提供相关问题的指导和帮助。	1. 根据“学习导纲”的指引,将所学内容用于解决生产、生活等领域的实际问题; 2. 提出解决方案或自己的疑问	1. 培养学生关注实际问题并将知识联系实际的习惯; 2. 培养提出可持续发展实际问题和解决问题的能力。

（2）实施“探究/对话/体验”式教学应遵循以下基本策略

经过多年探索，我们发现“探究/对话/体验”式教学的实施，应该建立下列三大保障，方能实现课堂教学的层层递进、深度互动、高效反馈，引导学生进入一种建构式学习的主动状态。

一是系统开发集“学、导、练”于一体的“学习导纲”，为“先学后教、依学施教”提供可操作的载体，是实施“探究/对话/体验”式教学的前提。

“学习导纲”将教学的视角由过去一课一课教知识点转向基于单元主题性育人价值的整体性建构性学习。它站在单元教学内容整体逻辑结构的基础上，以问题为导向，集目标要求提示、学法指导、资源推介与训练检测于一体，由学习目标、问题导学、尝试应用、整理归纳、自我监测、拓展体验等基本内容组成，要求教师的教材观、学生观和教学观发生相应的转变。

强化课前自学，要求教师在正式教学前指导学生依据“学习导纲”对教材进行自主探究，完成“学习导纲”中“前置学习任务单”，并记录自己的疑难问题。教师在上课前有目的地抽查 1/3 以上学生的“前置学习任务单”，了解学生课前探究学习的情况和学习需求，收集学生的疑难问题，并对即将运用的“学习导纲”进行课前的“二次备课”，尽可能让课堂教学预设贴近学生的学习实际。

重建课堂合学。课堂的多边合作学习以“学习导纲”为载体，按照“合作互助——疑难突破——训练展示——反思评价”的基本思路，采取“探究/对话/体验”相结合的方式展开。教师重在观察引导，调整学生学习活动的进程，将学生学习的疑难问题及时抛给学生予以突破，对学生中的独特见解及时组织分享。

优化课后延学。学生根据“学习导纲”的要求和指引，将学习内容结合实际进行运用。重点关注与人类、自然和社会可持续发展有关的身边实际问题的解决。教师适时将学生课外探究的成果进行交流展示，或将学生探究的问题导入下一次的课程学习。

二是建立小组合作的教学组织机制，为课堂的合作探究、对话分享搭建平台,是实施“探究/对话/体验”式教学的基础。

小组合作是我校顺应初中学生自我意识迅速提升、同伴关系快速发展的个性心理发展需求而搭建的一种校园生活平台。现已广泛应用于课堂学习、班级生活和校园社团生活,深受学生欢迎。

学生课堂学习和班级生活的小组相对统一,一般以四人为单位,按照组内异质、组间同质的原则组建,一学期一调整。组内角色各异,分工明确,座位前后相连。班主任和任课教师、学生干部,对学生平时的学习和生活表现以小组为单位进行捆绑考核,年级定期表彰“合作学习小组”、“和谐互助小组”、“团队进步小组”。各小组参与课堂合作探究、交流展示均有明确的操作规范。小组合作的组织机制、成员参与研讨的习惯直接决定课堂学习的深度。

(三) 着眼“互联网+”的教育革命:由孤立的课堂改革到教学的系统重建

2016年秋季,随着“互联网+教育”的快速发展,传统环境下课堂教学“少、慢、差、废”等诸多难以突破的低效问题,迫使我们对正在进行的改革开始深度反思。我们清醒地看到,学校课改虽然艰难地进行了三年,但师生教与学的方式尚未发生根本变化。表现为各类公开课虽然可以精彩纷呈,但回到常态的课堂却依然如故。对课改观望的还是观望,怀疑的还是怀疑,真改的依然只是少数人或少数时间。师生凭经验被动的教与学,课堂互动方式单一而且教学反馈严重滞后,学生的个性差异和个性化学习需求课堂无法满足等等,沿袭几十年的老问题并没有得到突破。看来,传统教学制约的不仅是教与学的行为方式,更是教育的理念、文化和思维;改变课堂,必须借助外力从变革课堂教学的系统性问题着手,重建新的教学生态。基于此,我们开始了信息技术环境下“探究/对话/体验”式教学理念和实践的系统重建。

1. 推行翻转课堂:启动 ice1.0 实践

(1) 理念重建。我校博雅教育理念指导下的"探究/对话/体验"式教学,是基于新课程改革的基本理念,借鉴美国哈佛大学兰本达教授"探究——研讨"教学法思想,而提出的一种教学方法,后来被简称"ice 教学"。其中 i 代指 Inquiry 是问询、探究、探问的意思;c 代指 Conversation(非正式)是交谈、讨论的意思;e 代指 Experience 是体验、实践的意思。旨在引导学生通过主动积极的探究学习、合作学习、体验学习,在亲历对自然事物(认识对象)的观察、描述的过程中,通过相互交流感受和解释,在思想上形成解释认识对象的模型,然后在实践中加以检验,从而找出纷繁复杂的现象之间的关系和联系,形成对自然社会有秩序的理解。在这个过程中,促进受教育者对美好人格和高尚道德的积极向往和自觉追寻。这种教学法的研究,从探索传统教学环境下"先学后教"的翻转课堂开始(即"ice1.0"),到主动与信息技术(Bring Your Own Device 自带设备)有机融合,逐步形成了"B-ice2.0"。至此,信息技术与教学的深度融合成为这种教学法实施的重要理念。

实施"探究/对话/体验"式教学,关键是破解师生被动教与学的困局。为此,我们再次深入学习了"以丰富多样的课程资源构建学生丰富多彩的当下与未来"的课程理念、"在开放互动的探究对话体验中实现师生主动发展"的教学理念和"关注过程、注重发展、弘扬个性、自主多元"的评价理念。要求资源的选择整合要发挥教师的主动性,教学过程的设计推进要激发学生的主动性,教学活动的评价反馈要注重师生的成长性。

(2) 流程再造。借鉴翻转教学思想,我们将传统的"先教后学、先学后练"翻转成"先学后教、依学施教",强调学生课前自主学习、主动探究,课堂合作学习、共同探究,课后体验学习、拓展探究,初步形成了"ice1.0 教学"的基本流程。

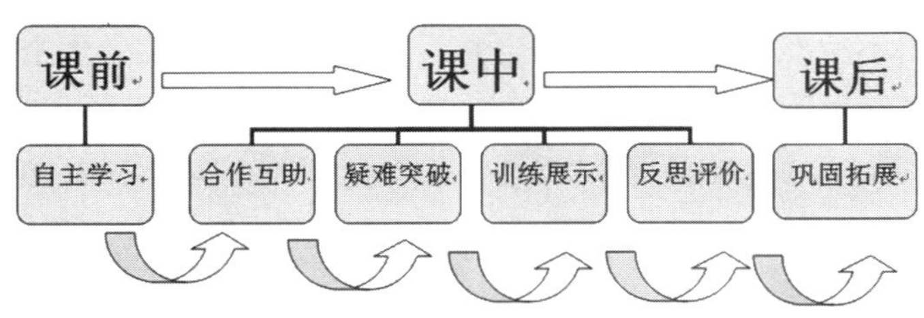

图 2－3　B-ice1.0 教学流程图

(3) 资源重组。实施“ice1.0 教学”的核心是要有引发学生探究反射、发现意义的“有结构”的材料。为此,学校取消了全部教辅资料,组织教师自主开发了旨在引导学生自主探究学习的“学习导纲”,强化前置(课前)学习指导,建立了教师二次备课制度,引导教师依据学生的学习需要,精心研究重组教材,力求实现以“学习导纲”为主体,实物、文本和电子等多种介质教学材料的有机整合。目前使用的“学习导纲”已经多次修改,形成了开放式的 3.0 版。

(4) 结构重塑。前置学习基础上的课堂研讨和合作分享是翻转课堂的重要环节。为保障课堂对话研讨的有效展开,学校建立了以四人小组为单位的课堂组织形式和小组合作学习机制;同时优化了“课前课中课后一体化指导”和课堂“开放式导入、互动式推进、建构式小结”三个主要环节,教学出现了循序渐进、有张有弛的生动局面。

2. 探索个性课堂,实施 B-ice2.0 研究

“ice1.0”教学,在激发学生学习积极性、主动性的同时,学生发展的差异性和学习需求的个性化、多样化对传统教学环境、教学手段提出了一系列的挑战。“因材施教”的教育梦想再次真实地浮现在我们面前。如何构建真正以学习者为中心的个性课堂,提供让每一个学生卓异而立的适性教育?这既是学校办学的宗旨所在,也是教学改革的必然要求。

(1) 引进基于教学云的移动终端。在传统教学环境下,课前教师学情调研不及时不精准、课中师生互动交流不便捷不充分、课后学生个性化学习需求得不到帮助等问题成为制约“ice 教学”有效实施的瓶颈。这时,我们在充分考察论证的基础上,及时引进了基于教育云的移动终端,师生人手一台移动平板,将传统课堂提升成为云课堂,使得师生跨时空的多维互动、个性化交流得以实现。“ice1.0 教学”升级为“B-ice2.0 教学”。

(2) 基于“先学”学情的精准备课。在云教学环境下,教师可以在课前把预设的“前置学习任务单”和相关学习资源推送给学生,指导学生“先学”,并要求学生在规定时间将自主完成的“前置学习任务单”及时拍照上传到教学平台;教师通过“一键批改”进行适时评价,根据系统提供的数据报表及时了解学生“先学”的学情,并在此基础上实施“二次备课”,使课堂的正式教学尽可能在学生的最近发展区展开,让教学定位更精准。

(3) 实时反馈基础上的精准指导。移动平板的多媒体交互功能,使课堂上生本之间、生生之间、师生之间多维度、多层面互动交流充分展开,教师可以根据实时反馈的学情对教学活动进行准确研判,对课堂重心、教学节奏进行适时调控。或点拨、或启发、或分享、或精讲,有的放矢,因势利导,课堂的动态生成得以真正实现。

(4) 基于个性化需求的因材施教。云课堂使的班级授课制下的学生发展差异和个性化学习需求及时得到老师的应有关注。无论是课前、课中,还是课后,学生的疑惑可以随时反馈给老师,教师可以通过移动终端提供相应指导。或推送微课资源,或提供例题引导,或直接网上授课。辅导按需进行,资源分类推送,教学随时发生,培优辅差不再是难事。

(5) 重建“先学后教”的备、教流程。云课堂对传统教学环境下的备课和教学逻辑带来了一系列革命性的挑战。为了及时总结实践经验,固化已有研究成果,我们及时重建了 B-ice2.0 教师备课流程和课堂教学流程。这一流程让教师的教学设计尽可能基于学情、精准切实,让学生的个性差异尽可能受到关注、得到指导,让个性化的学习需求及时得到支持、获得满足,凸显了个性课堂的特色。

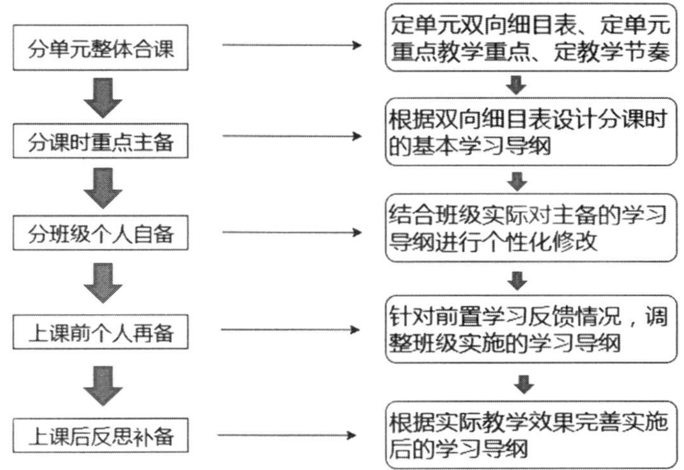

图 2－4　B-ice2.0 教师备课流程

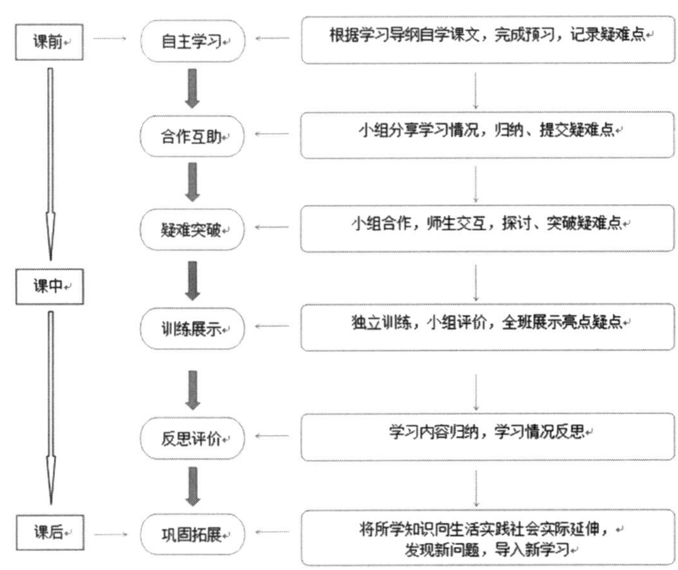

图 2－5　B-ice2.0 教学流程

B-ice2.0 模式下的备与教,基本实现了学情随时了解、资源实时发布、对话随时进行、作业自动批改、诊断自动分析、错题自动生成,并逐步向自动配对矫正、自动推送资源、自动个别辅导深化。

3. 创建深度课堂,推动 B-ice 3.0 探索

针对 B-ice2.0 教学过度关注了知识形成过程中的个性差异,导致整个教学从教学定位、到资源开发和过程推进,"知识中心"现象明显,课堂探究、研讨、体验脱离具体问题情境,学生高阶思维的培养训练、深刻的审美愉悦和生动的情感体验相对缺乏,课堂的育人价值停留在知识传承层面。我们认为,教书与育人本是同一过程的两个方面,应该相得益彰。学生发现意义、领会意义、对美好事物的向往是经历、卷入、参与的结果,而材料是引发经历的核心环节,围绕认知冲突的对话是建立概念、体验审美愉悦的关键。为此,我们从材料的结构精度、探究的思维深度、对话的思辨程度、体验的情感温度四个方面开始了深度教学的探索。

(1) 实施单元教材的整体结构设计,提高材料的结构精度。教学材料的"结构"是指这些材料在被使用时能揭示自然事物间的某种关系。这种关系的型式就是关于事物的概念。教学材料必须组成和意义(概念)有关的结构,具有吸引力,使学生在经历的过程中能够发现其中的意义,拓展探究活动的纵深。为此,他们改变过去围绕单个知识点、一课一课组织教学材料的散点思维和平均用力传统习惯,从单元教学的整体目标出发,围绕单元教学主题整体设计单元教材内部结构,以单元双向细目表统筹单元各课教学,实施有快有慢、有轻有重、有思维建构的"长程两段式"单元整体结构教学。

(2) 搭建探究支架,引导高阶思维,发展思维的深度。一方面是运用媒体数字技术创设基于现实生活的问题情境,引导学生进行基于问题解决的学习。教学可以看成是提供特定的情境来培育儿童的一种措施。学习是在学习者自身内部发生的过程,他越是卷入得深——他越是有动力——也就越能积极地和这一过程合作。并在感情上和思想上卷入这一过程(或事件),使自己成为这一过程(或事件)的一部分,从而获得体力上、情感上乃至思维上亲历的体验,形成对认识规律、优美人格和高尚道德的自觉追寻。

另一方面,是善于引导学生经历在“前概念思维”层次上探求概念的经历。当学生的“前概念思维”面临转折、遇到挑战的时候,教师要及时利用互联网资源,通过移动终端,为学生提供“支架性”的材料,帮助学生在新的经历中产生“前语言思维”,并促进这种思维和语言产生相互作用,形成解释,最终对这些解释进行验证,推动学生的思维沿着“概念箭”前进。同时,“支架”的适时提供也推动课堂教学按照“三放三收”策略螺旋式推进。

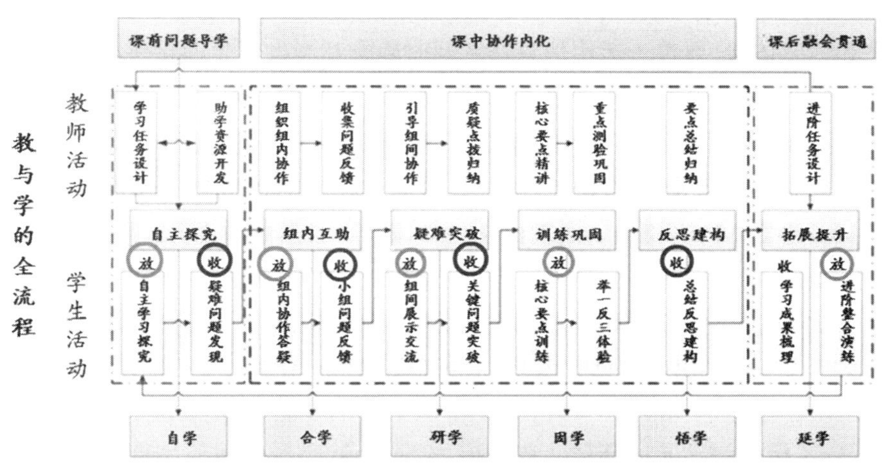

图2-6　“三放三收”策略螺旋式推进流程

(3) 直面认知冲突,促进深度对话,提高对话的思辨程度。对话的力量在于语言和思维的相互作用,它使学生从学习的“此岸”(对资源进行探究之后)达到他们用自己的语言有条理地解释现象的“彼岸”,它是学生从经历中探求意义、需求结构的探索，推动学生的思维沿着概念箭头的方向前进。教师如能及时将存在认识冲突的对话并列地呈现给学生，将极大地提高对话的思辨性。组织这样的对话既考验教师的教育艺术，又挑战教师的人格品格。在这个过程中教师要发挥三方面的作用。一是营造一个温暖、公平、自由的对话氛围。学校倡导有笑声、掌声、辩论声的"三声"课堂；二是给学生"犯错误的自由"，赋予每一个学生心里上的安全——有提出假设、模型和发表不同意见的自由；三是选择对话起止的时间和第一个发言人，鼓励清楚地表达和给予适时的点拨，适时给学生的思维安上翅膀。

（4）强化人文思想的体验和感悟，提升情感的温度。一方面，教师在设计"开放性的导入"、"互动式的推进"、"建构式的小结"三个主要教学环节"起承转合"时，既要考虑学生的已有认识实际，也要预判学生的情绪状态和情感体验，要善于运用信息技术及时唤醒和激发学生迎接挑战；另一方面，要强化体验分享。将为结论、为解题而教转向为建构模型、发现规律、丰富体验而学。引导学生应用信息技术整理分享认识成果（思维导图、知识树等），学会用数量解释事物的联系、用辩证思维描述事物的发展变化、用形象表达生活的真善美。实现由学科知识到学科素养的提升。

众所周知，合理的教学方法有助于增强学生学习的自主意识，提升课堂教学效果，进而促进学生、教师的发展。我校基于"学习导纲"构建的以"学"为中心的"探究/对话/体验"式教学，致力于让学生做学习的主人，在学习中获得成长和进步。经过几年持续不断的课堂教学改革探索，成效明显，三个年级的学业成绩持续稳定发展，在每学期全区教学质量检测中，我校各年级教学质量综合评价始终保持在同类学校的前三名。近五年的中考，提前批重点高中上线率由 15.20% 提升到 31.40%，普通高中的上线率也从 62.80% 提高到 86.60%。

四、基于日常教学的变革研究,教师专业发展由“被”教研到“要”教研

这里的“教师专业发展”特指教师作为专业人员,在专业思想、专业知识、专业能力等方面结合实际工作需要不断学习、不断提高的过程。随着社会和教育的发展,教师一次性学历教育受用终身的日子一去不复返了,职场的继续教育和岗位实践研究成为教师专业发展的主要途径和方式。但长期以来,学校日常教育实践中的教师专业发展一直没有得到应有的重视和有效落实,有“教”无“研”、有“研”无效、“教”“研”分离、被动应付是一般中小学教师日常教研的基本状态。

针对这一现象,我校在学校发展规划的引领下,把转变日常教育实践中的教师专业发展方式作为学校转型提质的重要发展战略,秉持“让读书成为一种生活习惯,让研究成为一种工作方式,让创新成为一种专业自觉”的教师发展理念,以推动教师开展基于日常工作的变革研究为抓手,整体设计、系统推进,逐步构建了学校引领与自主发展结合、序列研究与专题突破并举、教研训一体的校本化教师专业发展工作机制,在一定程度上推动了教师专业生活方式的转变和专业发展水平的提升。五年来,学校 138 名专任教师中,产生省特级教师 2 人、中学正高级教师 1 人,市区名师、骨干教师 27 人(其中五人是名师工作室主持人),省示范教研组一个,市示范教研组两个,省名班主任工作室一个。学校被评为中国可持续发展教育示范学校、广东省中小学骨干教师培训示范学校、广东省中小学校长培训基地、佛山科学技术学院硕士研究生联合培养基地。在工作中学习,在实践中研究,在研究中发展,已经成为教师专业生活的新常态。

(一) 教师专业发展的自我规划与学校支持

1. 对教师专业发展的认识与反思

学校对教师专业发展的理解和认识决定教师专业发展工作在学校教育

中的价值和定位。我们认为：

第一，教师专业发展是教师发展的重要内容，在一定程度上影响和决定着教师职场的生命质量。教师作为一个职场人存在和发展时，其职业生命的价值主要通过其专业实践来实现，职场的生存质量决定其人生的生命质量。因此，其专业发展的质量决定着其职业生命的质量，也在一定程度上决定着整个人生的生命质量。

第二，教师专业发展是教师职业幸福感的源泉。教师的专业实践不仅是发展他人，而且还是自身发展的重要场所和途径。教师职业的外在价值和内在生命价值统一于专业实践中，专业实践的发展和创造是教师职业尊严与欢乐的重要源泉。教师的职业生活不再是“燃烧自己，照亮别人”，而是提升自己与成就别人的有机统一。

第三，教师专业魅力的可持续是决定学生发展和学校发展的内在动力。“教育是一个使教育者和受教育者都变得更完善的职业，而且，只有当教育者自觉地完善自己时，才能更有利于学生的完善和发展①。”可以说，没有教师专业发展的提升，很难有学生生命质量的提升，更不可能有学校教育质量的提升。学校校长常说，“办学以教师为本，教育以学生为本。”让每一位教师快乐工作、幸福成长，是校长的职责；引导每一位教师在成就事业的同时，成就学生，成就自己，是学校的使命。

目前，对大面积的学校而言，教师的专业发展普遍存在以下几个方面问题：

一是学校和教育主管部门对教师专业发展缺乏足够的重视和科学的规划，重视“引进人”和使用人，忽视培养人，使得教师在年复一年重复性劳动中形成职业倦怠，迷失发展方向，丧失发展动力。

二是重视组织外加的统一性教师发展要求，忽视教师内生的个性化发展需求，许多盲目的、点状的、碎片化的培训既浪费教育资源，又增加教师负

① 叶澜等，《教师角色与教师发展新探》，3 页，北京：教育科学出版社，2001.

担，导致教师对培训的默视。

三是脱离岗位工作实际和问题情境的被教研、被科研，使得“教”“研”脱离，教科研流于形式，走向功利（获取继续教育的学分和职称评审的证据），既浪费教师的工作时间和工作精力，又败坏了求真务实、问题导向、变革实践的教研风气。

如此种种，也使得教师这个职业成了一碗“年轻饭”。多数中年教师的发展不是随着职业生涯的积淀越来越有内涵，越来越有智慧，而是越来越丧失能力，越来越失去魅力。这不能不说是教师专业发展的一种悲哀。

2. 强化目标引领，激发内在需求

习近平同志在会见庆祝第三十个教师节暨全国教育系统先进集体和先进个人表彰大会的代表期间强调，全国广大教师要做“有理想信念、有道德情操、有扎实知识、有仁爱之心”的好老师。这一要求，明确了教师发展的基础性共性目标。根据这一要求，我们结合学校教师队伍发展的实际，以专业发展为抓手，以日常工作的教研为平台，融理想信念、师德师风于专业发展之中，通过引导处于不同成长阶段的教师反思自己和同伴的专业生活方式、专业发展状态，激发和唤醒教师持续发展的内在需求，指导教师自定专业发展目标，制定专业发展规划，积极投身于学校日常教学的变革实践研究，在实践的不断改进中增强教师的自我认同感、获得感、成就感，推动教师由“被”教研向“要”教研转变。

（1）建立教师职业生涯发展的阶梯性目标

教师职场的专业发展，具有两个鲜明的特点，一是要切合自身专业成长的经历和需要的实际，二是要结合具体岗位工作的现状与需要。只有二者的有机统一，方能激发教师专业发展的自我需求，在成就事业、成就学生的同时提升自身生命价值。为了引导教师正确处理好事业发展与自身发展的关系，既落实时代和社会对教师发展的共性要求，又体现不同教师自身专业发展的个性化需求。学校研究出台了“教师职业生涯发展的阶梯性目标”

(见图 2 - 7),帮助教师明确从入职到退休,如何由一名教学新秀成长为学科导师,认识每一个成长阶段应该承担的社会责任和应该发挥的生命价值(见表 2 - 6)。从而坚定目标,从现在开始,一步一步不断地自我定位、自定目标、自主发展、自我实现,不断提升自己的人生境界和生命质量,使发展成为教师成长的内在需要。

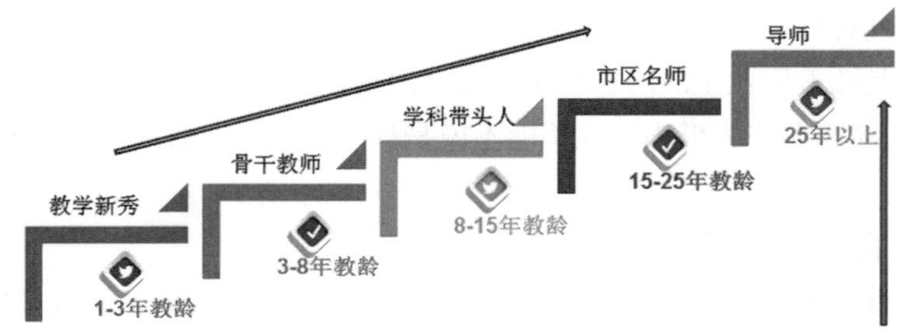

图 2 - 7　教师职业生涯成长的阶梯性目标

表 2 - 6　不同成长阶段教师的责任和价值

阶段	发展目标	责任与价值
1—3 年教龄	教学新秀	树立职业理想,端正职业态度,达到本学科教师专业基本要求;熟悉教育教学常规工作;胜任学科教学的基本要求和班主任工作的基本职责。
3—8 年教龄	骨干教师	掌握本学科教材结构体系和学生年龄心理特点,有一定的独立工作能力,能出色完成学科教学和班主任工作,并能在区以上学科教学中崭露头角。
8—15 年教龄	学科带头人	具有比较丰富的教育教学经验,能组织和指导一个备课组的教学工作,学科教学有思想、有见解,有研究。教书育人成效显著。
15—25 年教龄	市区名师	形成相对稳定的教学风格,能独立开设校本课程,撰写教育教学案例和论文,主持市级以上科研课题的研究,指导青年教师成长。发挥示范辐射作用。
25 年教龄以上	导师	教育经验具有推广价值,能有效地指导本单位的教学改革,在一定范围内引领教师专业发展。在市内具有一定专业影响力。

（2）指导教师制定个性化的发展规划

在学校五年发展规划正式启动初期，我们便要求教师对照教师职业生涯发展的阶梯性目标，认清自己所处成长阶段的责任和价值，反思自己的专业发展现状，制定阶段性专业发展个人规划。为了避免规划文本的形式主义，我们统一制定了《教师三年专业发展计划表》（见表2－7），要求教师以表格的形式回答三个基本问题，即“我在哪里？”、“要到哪里去？”、“怎样到哪里去？”计划表的核心是阶段目标及实施策略。

表2－7　教师三年专业发展计划表▲ 我的基本信息

姓名		性别		出生年月	
民族		党派		最后学历	
普通话等级		任教科目		专业职称	
教龄		班主任年限		现任岗位	
个人专业发展现状分析	（一）优势 （二）不足				

▲ 我的发展目标

1. 总体发展目标	
职称目标	
师德目标	
教学能力目标	
班主任能力目标	

（续表）

2. 阶段目标	
2013—2014 学年	
2014—2015 学年	
2015—2016 学年	
我面临的困难和挑战	
我希望学校给予的帮助	

备注：

计划分五类对象制定：教龄 1－3 填写“新苗”计划；教龄 4－10 年填写“新秀”计划；教龄 11－17 年填写“骨干”计划；教龄 18－24 年填写“能手”计划；教龄 25 年以上填写“导师”计划。请老师们根据自己的实际情况填写。

3. 完善组织机制，搭建成长平台

建设一支有情怀、爱学生，身正学高、勤于研修、善于合作、勇于创新的儒雅教师团队是我校教师队伍发展的目标。为了统筹推进学校的教师专业发展工作，激发每一位教师自主发展、主动发展的内动力和责任感，我们从组织、制度、机制、资源等方面构建了教师专业发展的支持平台。

（1）组织管理

过去学校教师专业发展工作基本上是由学校分管人事和教研的中层处室代管,工作内容仅限于完成上级和学校布置的具体工作任务,缺乏对本校教师队伍专业发展情况的统筹规划和具体指导,导致教师培训、日常教研、课题研究等工作的盲目应对和彼此割裂。为改变这一现状,学校专门成立教师专业发展工作领导小组,下设专家指导组和学术委员会,并在课程教学处专门设立教研室,负责学校教师专业发展的日常工作。为更好地促进教师专业成长,我校按照扁平化管理的思想,调整相关处室工作职能,将有关教师发展的校本培训、日常教改实践、科组常态教研和课题实验等统一整合到课程教学处,贯彻“让每一位教师成为研究和创新的主体”的教师管理理念,赋于每一位教职员工岗位工作“第一责任人”和相关岗位“合作者”双重主体角色,鼓励教师在做中训、做中研、做中学,结合日常岗位实践开展研究性变革实践,“把自己的行动拿来研究,让研究的成果付诸行动”。聘请专家指导组(华东师范大学基础教育改革与发展研究所杨小微所长、李家成教授、复旦大学高等教育研究所徐冬青所长)跟进式指导学校办学实践过程中的教师专业发展。这样就使得学校教师专业发展工作成了有人想、有人管、有人抓、有人帮的重要日常工作。

（2）完善机制

制度是推进工作的保障,机制是催生发展的动力。学校一方面从理想信念、道德情操、专业知识、工作责任等方面制定了每一个具体岗位的职责要求,汇编成《教师岗位工作说明》;同时针对自我研修、岗位培训、日常教研、课题研究、成果申报、名师评选等工作制定具体的工作制度。如教师外出培训的事前申请与事后汇报制度;月度典型分享与学年教育年会制度,每周一次的教研制度、小课题自主申报制度等。另一方面将教师落实专业发展相关工作的实际状况与日常工作的评比检查、学期工作的评先表彰、学年工作绩效考核、专业职称的达标晋升以及专业发展的荣誉推荐有效链接,形成长效机制。如每学年上学期的“最受学生欢迎教师”评选,学年末“红棉杯”先进集体和先进个人表彰机制，学年优秀教育教学科研成果“白兰奖”评选机制，三年一届的“青蓝工程”拜师结对与考核机制，校级“教学新秀、骨干教师、学科名师、教育导师”评选认定制度，校本课程开发和教育科研成果突出贡献奖励机制。

规范与考评有效链接、引导与激励有机结合的长效机制，构成了支持教师专业发展的保障体系，并逐步演化成一种鼓励研修、引导合作、倡导创新、奖励贡献的教师文化。

（3）搭建平台

作为一个整天围着学生转的一线教师，要激发其专业发展的动力与活力，关键是要让教师切实体会到专业发展对提高其工作质量和效益，对提升其工作尊严和幸福感有实实在在的帮助。面子比票子更可贵，精神比物质更实惠。为此，学校尽可能争取一些教育资源，搭建一些发展平台，让教师在学习、研究与交流中看到努力的成效和自身的价值。

一是学校领导树立强烈的科研兴教、科研兴师的意识，以课题研究的方式，引领教师的改革实践，让研究成为一种工作方式。如我校为了有效组织和领导全校教师参与到新规划统领的变革实践，保证“规划”的事项按计划有步骤逐步落实，我们将“规划”确定的“三雅”育人模式提炼成“岭南文化背景下初中‘三雅’教育办学模式的实践研究”课题，申报了广东省 2015 年教育科学规划课题；同时将新规划要重点变革的学生工作以“基于小组合作的班级生活重建与初中生成长”为题申报了 2015 年广东省中小学德育创新研究课题。同时，将学校信息技术与课程教学的融合创新项目申报成了广东省教育信息化融合创新示范培育推广项目。两课题一项目的立项，既将学校规划的项目实施提升到了省级教育科学规划项目的平台，使学校改革实践更科学、更严谨；又为全校教师参与这项改革实践搭建了参与省级课题研究的平台。许多教师根据学校的总课题，结合自身岗位实际和专业发展实际，自主生成小课题。全校 23 位教师主持的小课题，作为学校总课题的子课题参与研究。既保证了学校课题思想、课题内容的落地生根，又为教师的教育科研搭建了平台，实现了个人专业发展与学校改革实践的有机统一。

二是树立开放办学的指导思想，实施“走出去”战略，在对外交流中增强自身发展的内需。我们根据学校课题指导下课程教学和教师发展的改革需要，积极推荐教师参加上级教育业务主管部门和相关学术团体组织的相关活动。如我校近四年连续选派优秀教师近50人次，分别参加了历次市区班主任专业素养大赛、全国可持续发展教育工作委员会的培训与交流会议、全国中小学整体改革学术年会、全国语文主题学习研讨会、中国陶行知教育思想研究会学术年会等专题性的交流活动，并成为这些学术团体的理事单位。十多位教师在全国性会上介绍实践经验或上示范课，有效拓宽了教师教改的视野，提升了工作的格局，增添了做好眼前改革项目的信心和决心，专业发展的获得感、幸福感明显提升。

三是坚持借他山之石以攻玉的行动策略，主动引进相关学校和学术团体的改革成果到学校，开展长期的深度交流与合作。我们根据“三雅”教育理念，按照为我所需，为我所用的原则，先后引进了全国合学教育研究员的“小组合作学习”项目，中国教育学会陶行知研究会教学法专业委员会的“讲学稿研究”项目，广东省教育厅信息中心的“云教学”项目，全国深度教学实验联盟的“深度教学”研究项目。牵头组建了“全国K12城市初中教育质量改进联盟”，以理事单位名义参与的“全国陶行知研究会教学法专业委员会”，与香港真道书院缔结姊妹学校，让区教育局中小学德育研究指导中心直接挂靠我校。同时积极承担市区教育部门下达的课程改革实验、学生综合素质评价改革试点、学生学业水平评价改革试点、佛山科技学院研究生培养基地学校、广东省中小学校长培训基地等项目。众多项目在学校落地生根，不仅给学校教师带来了更多的学习资源和发展机会，而且在学校内部催生了一种改革创新的研究文化。青年教师陈云英、刘平、卓秀娟、黄伟松、高琪羽、陆艳云、张颖琳、续永红、张力行、黄振聪等，先后代表学校到相关学术年会作教学交流，不仅教改热情明显高涨，教改思想进一步明确，而且参与教育教学改革的行动更加自觉，教学质量明显提高，个人专业成长成效显著。

四是秉持“甘为人梯、成人之美”的成人胸怀，积极为教师成长争取机会，搭建平台。推荐优秀教师参加上级教育行政部门组织的特级教师、名师以及高级职称评选，推荐优秀中层干部参加校级后备干部培训与竞聘，是一个普通教师成长的两条基本渠道。我校努力将个人专业发展愿景融入学校教师发展项目，既让当事人感受到学校支持教师发展的态度和行动，又让基础较好的教师拥有向更高平台发展的动力和压力。近三年来，学校先后推荐谢先刚、何清亮、谢雪梅、虞然、麦艳贤等多位教师参加了佛山市正高级教师、特级教师培训班；推荐何清亮、谢雪梅、陈云英参加了佛山市名教师名班主任评选；推荐刘振邦、邓绮妍等一批优秀教师参加了中学高级教师评选。麦艳贤老师成长为广东省中学语文特级教师；谢雪梅、李旭生、伍杰豪、关颖仪先后走上副校长岗位。他（她）们的不断进步，不仅让这些教师本人强烈感受到了作为一名专业技术人员的职业尊严和社会价值，而且有效激发了身边同事加强自身专业发展的信心和动力。

五是针对教师专业发展的优势和学校工作重点，实施“助推”计划，对有发展需求的人进行有针对性的重点培植和帮扶。我们一致认为，教师培训像“吃饭”一样，一定要给“肚子饿的人”才有意义，有需要才有动力。一方面，对于一些优势发展项目的参与和外出培训人选，我们通过自主申报、科组推荐、处室审核的程序产生，让个人愿望与学校意志有机结合，避免了盲目决策和被动服从带来的教育资源浪费。按照这种模式，我们先后选派罗礼勇、陈小萍、陈云英等同志参加了全国可持续发展教育项目实验，该项目我校获得全国示范学校称号；选派王君老师主持学校啦啦操推广项目，目前学校是全国啦啦操示范学校；选派周李德负责学校足球推广项目，学校成为全国“校园足球”特色学校，王君老师、周李德老师相继成为全国优秀指导教师。另一方面，对学校教育教学改革的难点或重点项目，紧扣学校变革的主题，直击日常教育教学痛点问题，组织系列化跟进式的专项培训。从教师中征集培训的内容、时间、方式,实施“菜单式”选择性培训,形成了“问题——培训——实践——反思”的问题导学式培训机制。近几年,围绕学校正在推进的“基于小组合作的班级生活重建”、“基于‘学习导纲’的探究/对话/体验式”教学两大教改主题,先后组织了“合学教育”、“互动式云教学”、“语文主题学习”、“单元整体结构教学”、“基于移动PAD的翻转教学”等专题培训,并邀请兄弟学校教师来校或进行示范教学,或与我校教师开展同课异构专题研讨会。2015年11月,学校邀请上海、浙江杭州、安徽合肥、江苏金昌等地知名初中学校校长和骨干老师来校举办了《城市初中教学质量改进研讨会》;2018年3月又邀请江苏南京、山东临沂、广西北海及广州、中山等地校长和骨干教师来校举办了《基于核心素养的云教学与学科教学深度融合研讨会》。两次研讨会中,来自华东师大、华中师大、中央电教馆的专家都对我校教师的实践探索都给予了高屋建瓴的诊断和指导,极大地激发了学校教师投身教改的信心和决心。

(二) 由散点式被动教研向序列化主动教研转型

每一所学校都有组织教师参加校内外教研活动的习惯,每一位教师自参加工作起都有参加各类教研活动的经历。在众多形式的教研活动中,应该说对教师专业发展帮助最大的,还是校内教研组组织的基于日常工作改进的研究性变革实践,即基于学校实际、为了岗位工作改进、在学校中进行的校本教研。它以其常态化、持续性、内生性、实效性的特点越来越受到有识之士的关注,成为落实科研兴校、科研兴教、科研兴师发展战略的重要举措。但是,在传统办学中,由于学校领导教研意识的淡薄、教研领导力的欠缺和教研组研究能力的缺失,校本教研无论是对教师专业发展水平的提升,还是对学校教学质量的提高,并没有发挥应有的作用。

1. 关于学校传统教研的反思

（1）研究目的的盲目性。校本教研的真正主体是一线教师，教研的根本目的是改进一线教师的思想观念和工作方式。但由于长期以来学校对教研工作重要地位认识不清，学校教研工作的主体责任不明，导致校本教研的主题一般都来自学校教科研处（或教导处）和上级教研部门，并不是来自一线教师实际工作的真实需要，也不符合一线教师专业发展的需要。参加这样的教研活动，对大多数一线教师来讲，常常是“被教研”，教研的主题不明，研究活动的价值不清，研究过程没有实质性的参与，或者带着自己没改完的作业或者没写完的教案去“赶工”，人在心不在；或者充当“看热闹”的观众，对教研主题并没有什么感觉，研讨时说几句隔靴搔痒的恭维话；或者干脆填完教研活动签到表就中途撤退。

（2）研究问题的散点式。主要表现为教研活动的主题既不是来自教师专业发展的需要，也不是来自学校学科教学的实际问题，常常源自上面（或校外）的临时安排；具体活动中大多数教师也只是听众或观众，既没有共同参与前期策划，也没有同伴之间的后期反思；相近几次教研活动的主题之间也没有必然的逻辑联系。这种散点式的教研，实质上是一种形式主义的为“教研”而教研。导致教研周周有，活动年年搞，问题天天在，工作得不到改进，教师得不到成长，对整个教研组的建设也没有积淀。这种有名无实的教研，不仅不利于问题的解决和工作的改进，反而败坏了教研组学习和研究的风气。

2. 对科组日常教研的重建

这里的教研特指同一教研组的同伴之间，在学校办学理念的指导下，围绕岗位工作实际问题的改进所进行的日常化的变革性实践研究。它包含三个基本要素：一是研究的主体是同一教研组的同伴，而非实践者之外的专家与领导；二是研究的内容是岗位工作中存在的实际问题，而不是外加的活动与任务;三是研究的方式是日常化的研究性变革实践,以问题为导向旨在研究问题、解决问题、总结规律,改进日常教学工作的行动研究。

根据这样的工作定位,我们以各学科的教材教法研究为重点,按照教、研、训有机结合的思路,启动了各学科分课型序列教研,集教学思想研究、教学资源研究、学生发展研究、教学方式研究于一体,变过去盲目、被动的点状教研为积极、主动的序列教研。

(1) 深刻认识开展课型研究的必要性。"课型"是指一篇课文所属育人目标的类型及其课堂教学的模型。之所以要开展课型研究,一方面是由于教学目标的多元性、教学内容的丰富性和教学方式的多样性,使得我们的教学不可能在有限的时间和空间内,完成所有的教学目标。为了帮助教师掌握不同的教学内容所承载的独特育人价值及其所适合的教学过程和课堂结构方式,我们有必要将各学科纷繁复杂的课,根据其主要育人价值的不同划分成不同的类型付诸实践。既能更集中地体现具体教学内容的育人价值,又有利于教师准确而生动地实施教学。另一方面,新课标指导下的各学科教材编写,一般以教学话题或知识要点为明线,以学科思维能力为暗线,层层递进,螺旋上升。对不同性质的教学内容采取了不同的教材表达形式,引导学生在学习具体教学内容的过程中,潜移默化地培养相应的学科学习能力。但是,由于一般中小学教师在理解和把握教材逻辑结构及编排意图方面存在较大困难,这种明线和暗线相结合的教材编写思想,一线教师很难弄明白,即使明白了也难以恰当处理话题知识的理解与思维能力的培养之间的关系。教学设计时不能很好地重组教材,只是孤立地进行各知识点的教学,教学支离破碎,缺乏有机性、层次性、递进性,教学难以实现其独特育人价值。出现这样的状况,都与教师缺乏对学科课型的清晰认识有关。

(2) 对学科课型的基本认识。"课型具有结构性和参照性,它是在一定的教学理论和教学思想的指导下,为达成一定的教学目标而构成教学的诸要素,在时间和空间方面所形成的较为稳定的教学活动结构框架和活动程序,但不是模式,而是'类范式'[①]"划分学科课型的方式很多,依据不同的分类标准,就会产生不同的分法。

以教学活动内容的性质为标准,各学科教学都可以分为新授课、复习课、练习课、试题评讲课等;

以教学内容的育人功能为标准,语文、英语可以分为识字课、说话课、阅读课、作文课;数学、物理可以分为概念课、计算课、图形教学等;

以学科教学的能力重点为标准,语文、英语可以分为口语课、听力课、讲读课、写作课;数学、物理可以分为探究课、推理课、实验课等。

不同学科、不同标准下面的课型划分还会有不同的层次。如英语的知识系统里还有语音课、词汇课、语法课、语言文化课;如数学知识系统里还有数概念课、形概念课,数运算课、形运算课等等。不同课型的教学结构特点和教学过程逻辑是不一样的,所要达到的教学目的也各不相同。

(3) 分课型教学研究实践。为了总结各学科教学的基本规律,我们制定了课型研究的三年计划,从各学科共有的新授课、复习课、练习课、试题评讲课等课型和学科自身的基本课型两个层面开展序列研究。各备课组每学期选择两个课型进行集中攻关。每个教师根据自己的专业经验可以自主选择参加其中一个课型的教研,对确定的课型从本册教材中选取典型课例,以科组同伴同课异构的方式,从教学的主要目的、教材编写的逻辑结构、课堂教学的结构层次、学生认识的特点、教学实施的基本策略等五个方面,采取前移(前期调研、策划)后续(后期反思、总结重建)的方式展开研究。这样一学期下来,每个科组对选定的基本课型都会有三到四个典型课例研究的素材。学期末,参加同一课型研究的教师从不同课例中研究寻找共同规律,假期共同撰写该课型的《课型研究报告》,优秀报告由学校学术委员会推荐

① 卜玉华著《"新基础教育"外语教学改革指导纲要》第157页,2009年4月第一版,桂林,广西师范大学出版社

在新学年的学校教育年会上分享推广。下表是学期备课组日常课型研究的基本流程。

表 2－8　学科课型研究基本流程图

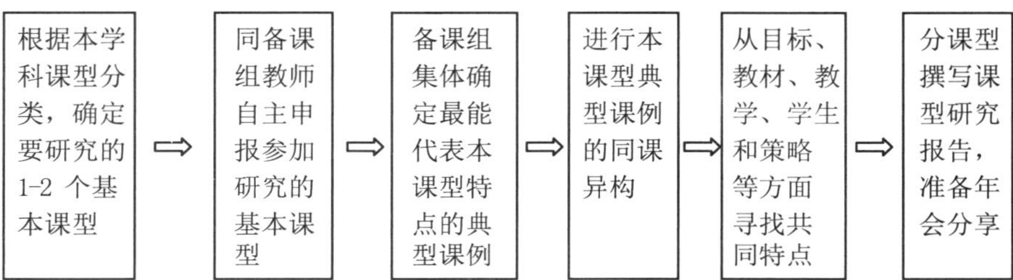

为了保证学科分课型系列教研每次都能将教材研究、教法研究、学生研究与教师培养融为一体，学校课程教学处利用科组长例会时间进行了“课型研究的专题培训”。明确研究的指导思想、目的、行动方式和操作流程。通过培训，引导科组长明确了这种分类序列研究的价值和意义，以及与过去同课异构教研的异同，明晰研究报告的基本要求，从而为更好地组织组员开展课型研究提供了思想保证。

以物理学科为例。物理科组根据学科特点，确定了实验课和复习课两种主要课型，分别在初二、初三年级开展专项研究。一年来，仅仅是初二的实验课教学，就拟定了“基于实验课教学的‘学习导纲’设计研究”、“实验课实验设计有效性研究”、“初中物理实验课数据分析的策略研究”三个小课题，分别进行了《平面镜成像》、《凸透镜成像规律》、《质量》、《杠杆》等四个典型课例八人次的同课异构比较研究。通过总结分析，他们提出，初中物理实验课教学应该遵循以下共性：

一是充分体现“探究/对话/体验”式教学的思想精髓，引导学生亲历从生活中提出问题、在实验中研究和解决问题、在应用中发现新问题的学习过程。

二是精心设计有结构而且方便有效的实验材料，让学生在与材料的相互作用中获取信息，在与同伴的相互研讨中整理加工信息，形成认识。对实验信息的整理加工、发现规律是实验教学的关键能力。

三是引导学生经历由特殊到一般、由个性到共性的抽象、概括思维过程,这是实验课教学过程推进的基本思维逻辑。

四是实验课教学可以分为六个基本环节:①教材导读,自学准备;②提出问题,设计实验;③规范操作,记录现象;④探究研讨,解决问题;⑤归纳小结,延伸提高;⑥器材整理,完成作业。

案例2-5 我校语文学科基于“语文主题学习”实验的分课型研究。

长期以来,语文阅读课的教学一直存在少、慢、差、废的问题,以理科思维教人文学科,以点状的肢解性分析代替文本的整体性理解感悟,导致学生的语言积累匮乏,语文学科的人文教育缺失,学生爱看课外书,不爱上语文课成为普遍现象。为了破解语文阅读教学的困局,我们以学校博雅教育课程理念“以丰富多样的教育资源,构建学生丰富多彩的当下与未来”为指导,以“语文主题学习”实验为抓手,扎实开展了阅读课的课型教学研究。

一是改变分课割裂式备课模式,以单元为整体,依据单元教学主题整合相关教学资源,重构单元教学节奏

由以往以一课书为中心编写“学习导纲”改为以单元为整体,依据单元教育主题整合《主题丛书》(一种与语文教材配套的拓展性读物)中的相关文本,统整单元课时编排,从单元教学内容的设计上,改变了阅读教学内容单一、平均用力、匀速推进的慢节奏,强化了主题突出、重点明确、厚积薄发、反三归一的教学思想。

主要步骤如下:第一步:通读单元课文、丛书,了解本单元学习内容、教育主题和学习重点,共同完成“单元教材分析”,并结合单元主题教学要求进行教材处理,确定重点课文、一般课文、拓展课文。第二步:研读课标,结合本单元教育主题、学习内容和学习重点讨论确定“学习目标”、“重点难点及突破措施”。第三步:依据单元教育主题和目标讨论确定需要整合拓展的教学资源,形成“课时安排”方案。第四步:按学期初分工,主备人备课,

编写“学习导纲”。第五步:集体通研修改,形成定稿、付印。

例:九年级上册第二单元,单元教学主题为“回味少年时代”,结合教材、教参、相关的主题丛书内容,制定了本单元的知识细目表:

表 2-9　单元知识细目表

课文	出处或作者	内容提要	重难点关键词	聚焦考点
故乡	鲁迅	通过描写“我”回故乡的见闻和感受,反映了中国人们遭受深重苦难的生活状况。	人物描写 对比	通过人物描写的方法分析人物形象的方法
孤独之旅	曹文轩	讲述了少年杜小康失学随父亲放鸭的故事,启示我们:人需要经历艰苦环境的磨炼。	环境描写	环境描写的作用
我的叔叔于勒	莫泊桑	通过展现菲利普夫妇对待亲兄弟于勒前后截然不同的态度,提示了资本主义社会人与人之间赤裸裸的金钱关系。	人物描写 对比	对比手法突出小说主题思想的作用
心声	黄蓓佳	通过叙述小学生李京京朗读课文的故事,揭示了当前社会生活和教育中存在的一些问题。	心理描写	心理描写作用的分析

确定了本单元的三个教学小主题:单元教学一:单元前置学习,感受单元主题(安排一课时);单元教学二:少年印记(安排三个课时),理解单元主题《故乡》+《我的叔叔于勒》+《老屋》+《偷父》;单元教学三:少年滋味(安排三个课时),拓展单元主题《孤独之旅》+《心声》+《秃鹤》+《旧餐桌上的美好时光》。

通过单元教学资源整合,围绕单元教学主题,在精简教学环节,缩短教学过程的基础上,加大了单元阅读的教学容量,学生在反三归一的比较阅读中,不仅丰富了语言积累,更深刻理解了单元主题的内涵;而且通过一组同主题课文的阅读分享,有效训练了形象思维能力和语言表达能力。

二是构建“一主两翼”的教学内容体系，使学生的课内阅读最大化。

这里的“一主”，即指作为主要核心的、在教材单元中最能体现单元教学主题的典型课文，即语文课本中的典型文本，一般1－2篇；“两翼”，则是指围绕这一主题进行拓展学习的两类相关文本，一般4－6篇。其中一部分是语文课本中的阅读文本，另一部分是教师从《语文主题阅读丛书》中精选的相关文本。遵循“整体性原则”组织主题阅读教学。其最大的特点是，以一个单元的教材为单位组织教学，进行整体设计，把“一主两翼”三类阅读材料中相关联的内容组成一个“大单元”，用“单元主题”统帅整个教学流程。

如教学八年级下册《春酒》一文中，围绕着“家乡味道”这一单元主题，课本上典型的讲读文本和阅读文本之外，老师向学生推送了相关主题丛书（八年级下册主题丛书4）中的“赏读拾金”专题的美文，如周学朝的《故乡的树》（P223）、肖复兴的《母亲的月饼》（P233）、陈德才《乡情》（P240）、李辉英的《故乡的山梨》（P243）、琼瑶的《山的呼唤》等，同时还让学生课外阅读作者琦君的其他作品，如《桔子红了》、《七月的哀伤》、《长沟流月去无声》等。

“一主两翼”的教学安排，实现了“课内得法”马上迁移运用于“课外阅读”的理想境地，更是实现了“课外阅读”往“课内前移”的理想状态，最大限度地提高了学生的阅读量，相同时间内的同一个单元的教学中“主题阅读教学”比普通的单元教学多了五倍以上的阅读量。

三是开展常态化同主题单元阅读教学分课型同课异构，探索阅读课课型教学规律。

阅读课教学是语文教学的主体，是语文教学的基础性课型，教学内容几乎占到整个语文教学中的90%，师生投入的教学时间、教学精力最多。而且教学资源十分丰富、既有主题之别、体裁之分，又有时代和作者的明显差异。这一学科特点就决定了整个语文阅读教学这一类课型，不可能全部采用同一种教学模型。因此，每学期语文科组都要在每个年级选择两个单元，开展同主题的同课异构教研，由同备课组的2－3位同事进行阅读课内部各种课型的深入研究。这种研究一般体现在两个层面。一是文本资源整合的依据研究。或主题、或体裁、或作者;二是教学过程展开的逻辑研究。或 1 + X + Y,即一篇教材讲读课文加上 1 - 2 篇阅读丛书的同主题文本,举一反三;或 X + Y + Z,即一篇教材的阅读课文加上两篇阅读丛书中同主题或同作者的阅读课文,进行比较阅读,反三归一;或 X + Y + 1,即两篇阅读丛书阅读文本加一篇教材讲读文本……多角度多层面的阅读教学分课型研究,帮助语文教师有效认识了不同主题、不同体裁、不同时代文本阅读教学的独等育人价值、资源整合原则和教学实施策略。

四是课外阅读课内化,加强学生的语言积累,使大量阅读成为学生的一种阅读习惯。

基于语文主题学习实验的阅读教学课型研究,最大限度地减少了老师的课堂讲授和肢解性分析,解决了单元阅读教学平均用力,少、慢、差、废问题。形成了单元整体结构性大量阅读、反三归一式的积累性阅读、基于主题的重点选择阅读三种阅读课教学基本模式。在循序渐进的语文分课型教学实践中,学生在语言素养积累、人文精神积淀、审美情感体验、文明理解传承等方面的学科素养明显提升。在 2017、2018 连续两年全国中学生语文素养大赛中,我校每年都有近 300 人获全国一二等奖,学校连续两年获得全国优秀组织奖,并评为市书香校园。

3. 以教研统整和优化课程

实施以瞻前顾后、顾此(教材)思彼(学生)、前移后续为基本特征的校本教研,统整相关教学资源和教学活动,最大限度地发挥学科独特的育人价值,是近几年我校教研转型创新的一项重要实践。

现行课程标准从知识与能力、过程与方法、情感态度与价值观三个维度设计的学科课程总目标,是一个各学段、各年级相互联系并螺旋上升的整体,需要各学科、各年级的教学相互渗透、整体联动最终全面达成。但现行年级本位、学科中心、各自为政的割裂式教研机制,显然不利于同学科教师开展跨年级的纵向联动教研,更不利于同学段教师开展跨学科的横向协同教研,导致实际的课程组织和教学活动与课程标准设定的课程总目标形成巨大的落差，国家课程的校本化实施缺乏实效。为此，有必要通过校本教研的统整，推动课程组织和教学活动的整合，以提高国家课程校本化实施的育人价值。

（1）课程标准指导下的课程统整

教师根据课程标准对各年级教学目标和教学内容实施统整是全面落实学科课程总目标的基本要求，也是校本教研的应有之义。每位教师都应站在学科教学总目标的高度，既研究各年级各方面教学目标要求的整合，又研究体现这些要求的教学资源如何整合。实际上，现行教科书也为教师和学生开发、选择、拓展学科课程留下了空间。

以初中语文为例，课程标准明确指出，“应该让学生更多地直接接触语文材料，在大量的语文实践中体会、掌握运用语文的规律，而不宜刻意追求语文知识的系统和完整”，要“努力建设开放而有活力的语文课程”。为此，语文教师应在课程标准的指导下从语文素养积累和人文精神培育两个方面加强课程的统整。

一是围绕语文素养积累，站在课程标准的高度进行教学目标的统整。现行人教版初中语文教材根据课程标准要求，将语文素养训练目标作为一条暗线，采取螺旋上升的方式渗透在三年六个学期的各个单元，教师应通过对课程标准设定目标的细化，明确每一学年每一个学期直至每一个单元每篇课文应教什么、教到什么程度、怎么教。

以写作为例，我们可以将初中三年作为一个整体，把初中阶段的写作目标细化为三个学年目标。根据学年写作目标，结合教材的编排意图，设置系列写作训练专题；同时将每学期分散的训练专题进行整合，形成一套可供初中阶段完整实施的写作能力训练体系。具体教学时则可结合单元语文素养教学的训练重点，读写结合，以提高学生对写作方法的理解和感悟能力。同时配合适当的专题写作训练，以提高写作水平。

同样，我们也可以对识字写字、阅读理解、口语交际以及综合性学习的教学目标进行类似的细化与整合，使各个阶段、各方面内容的教学能够有方向、有重点、有层次,帮助学生循序渐进地积累各方面语文素养。

二是围绕人文精神教育,站在课程标准的高度进行教学内容的统整。初中语文课程标准明确指出:"语文课程丰富的人文内涵对学生精神领域的影响是深广的,学生对语文材料的感受和理解又往往是多元的。因此,应该重视语文的熏陶感染作用,注意教学内容的价值取向,同时也应尊重学生在学习过程中的独特体验"。为此,语文教师要善于根据语文课程开放性、实践性特点,从课内课外两方面整合教学资源,以丰富学生的人文积淀,陶冶其人文精神。

一方面,教师针对单元人文教育主题整合相关资源,在学习一个主题单元一组文章的基础上进行群文阅读,以丰富学生对单元人文教育主题的积累与体悟。另一方面,教师针对单元主题的精读课文从课外资源中整合该主题的多篇文章,让学生在比较阅读中,更深入地体会、品味、感悟精读课文作者所表达的思想情感或作品的人文价值。

此外,还可以围绕精读课文作者的多篇文章进行整合,帮助学生了解作者的人文精神,达到反三归一的教学效果。

(2) 学科素养取向下的长程备课

所谓学科素养取向下的长程备课是指各年级教师要站在学科总体育人价值的高度,通过跨学段的宏观备课、跨年级的宏观备课和跨单元的微观备课,将具体内容的教学置于一个较长成长历程中认识其教学地位,沟通各阶段教学目标之间的传承关系,从而确定具体教学的处理方式,发挥其育人功能,做到点在线上,线在面上,点、线、面共同聚焦于学科育人价值。

宏观备课旨在从纵向上沟通各学段之间教学目标各要素的纵向联系;中观备课侧重理解学段内部教学内容的结构体系和课程编排意图;微观备课旨在组织具体教学内容和教学活动时,能从纵向上把握整个单元教学内容的前后联系,明确这一教学内容从哪里来、现在在哪里、要到哪里去;并在横向上沟通教学内容与社会生活、学生认知经验之间的有机联系。充分发挥其育人功能。

以数学课程为例，义务教育阶段数学教育既要使学生掌握现代生活和学习中所需要的数学知识与技能，又要培养学生科学推理和创新思维，两方面素养需要通过具体教学活动来落实。在进行八年级数学“角平分线”的教学时，我们通过跨年级的长程备课，了解到这一内容在“知识技能”方面与小学数学、图形与几何部分联系并不十分紧密，但却是七年级平面基本图形、角的大小比较、相交与平行、三角形等章节内容的直接拓展和深化，也是后续学习平行四边形的证明、直角三角形的边角关系以及圆等内容的重要认识基础。既是小学阶段图形与几何初步观察与思维的发展，更是八九年级有关平行四边形、三角形和圆教学中联系与转化思想的重要基础。基于这一认识，在具体处理这一内容教学时，我们采用“探究/对话/体验”相结合的教学思想，本着重视展开认识过程、重视学生的亲身探究体验、重视数学思维表达和数学建模思想体悟的宗旨，对该内容的教学从目标要求、内容组织与活动安排三方面作如下定位。

表 2－10　八年级数学“角平分线”的教学定位

教学目标要求	教学内容组织	教学活动安排
1. 知识技能：根据角的对称性学会用尺规画角平分线；经历角平分线作图方法探讨的过程，掌握角平分线的性质定理和逆定理。为后续的几何证明提供思想基础。 2. 数学思考：培养角平分线性质定理的观察、推理、归纳的能力以及由个别到一般的思维方式。 3. 解决问题：培养发现、猜想、证明的意识和将图形语言转化为文字语言和符号语言的能力。 4. 情感态度：发现图形规律的好奇心和求知欲以及应用性质解决问题的成功感。	1. 根据角的对称性寻找角平分线； 2. 用量角器画角的平分线； 3. 探索并证明角平分线的性质定理和逆定理； 4. 运用角平分线的性质定理和逆定理直接解决三角形中的有关问题。	**基础**：1. 点到直线的距离；2. 角的对称性。 **探索**：1. 寻找角的平分线；2. 想办法画角的平分线；3. 表示角平分线上任意一点到角两边的距离；4. 观察发现这一“距离”的共同特点；5. 证明角平分线的性质特点；6. 用数学语言描述这一性质。 **拓展运用**：1. 描述角平分线性质定理的逆命题，并证明逆命题；2. 运用性质定理和判定定理便捷解决三角形的有关问题。

按照上述定位,第一课时从现实生活中的角平分线出发,着重引导学生充分经历用尺规作角平分线以及发现、探索、求证、表达角平分线性质定理的过程;第二课时重点引导学生对角平分线性质定理的逆命题进行假设、求证,并综合应用两节课发现的定理解决三角形的有关问题,更加深刻地体悟角平分线性质定理的妙用。这样先慢后快,将学科特征与现实生活和学生认知经验有机结合,以知识的探究和技能的训练为载体,将"知识技能"的教学与"数学思考""解决问题""情感态度"融为一体,较好地实现了持续培养学生数学素养的教学目的。

(3) 学法指导视角下的课型统筹

在以单元为板块呈现教学内容的教材结构中,每一单元的教学都要通过新授、练习、拓展、复习等不同的课型完成,其中新授课占主导地位。同一单元的新授课也会因教学内容逻辑结构和育人价值的不同,采用不同的学习方法,呈现不同的教学模型。如语文学科的新授课中,按照育人功能一般分为精读课、略读课、写作指导课、综合实践课;数学学科的新授课按照教学内容的性质一般分为概念课、计算课;英语学科的新授课按照语言技能一般分为听力课、口语课、阅读课、写作课。为此,各个学科都要在学法指导的视角下做好课型的统筹分类,不同的课型渗透不同的学法指导,以更好地引导学生乐于学习、主动学习,全面彰显学科独特的育人价值。

语文课程标准明确指出:学生是语文学习的主人。语文教学应激发学生的学习兴趣,注重培养学生自主学习的意识和习惯,为学生创设良好的自主学习情境。自主合作探究的学习方式与有意义的接受性学习相辅相成。应尊重学生的个体差异,鼓励学生选择适合自己的学习方式。教师是学习活动的组织者和引导者。

为了贯彻这一思想,现行初中语文教材每个单元的教学基本上采取"教读课、自读课、写作指导课、综合实践课"四类课型连排的方式,以培养学生学习语文的兴趣和能力为取向,围绕单元人文教育主题的明线和语文素养训练的暗线有序展开,彰显学用结合、读写结合的思想。教读课以合作探究为主，自读课以自主学习为主，写作指导课与综合实践课以对话互动、亲身体验为主。在整个单元学习里，力求引导学生经历一个指导学、自主学、学着写、综合用的成长过程。

随着课程改革向纵深发展，课程教学将越来越聚焦于学生核心素养的培养。在组织课程和实施教学时，各学科教师要站在课标的高度，结合学生经验实际和现实社会实际，以整体的观念和系统的思维，通过瞻前顾后、顾此（教材）思彼（学生）、前移后续的校本教研，统整相关教学资源和教学活动，最大限度地发挥学科独特的育人价值，为学生的全面发展、持续发展服务。

4. 创建学校教育教学年会制度

为及时总结学校每学年教育教学取得的教研成果，推进学校各项工作的可持续发展，让各项改革更好地为学校建设服务，更好地促进教师的专业成长，学校建立了学校教育年会制度。教育年会每学年举行一次，由学校教科室和学术委员会牵头筹备。一年一个主题，从上一学年学校教育教学实践中遴选 6 – 8 个成效显著的小专题进行总结分享。按照年会实施方案，每一届教育年会分三个阶段组织实施。

第一阶段“策划布置”。一般安排在每年的七至八月，主要任务是确定年会主题、遴选参加交流的小专题及其撰稿审稿人、确定主持人和一位出席会议的学校专家组成员，学术委员会对各专题发言稿进行审核把关；

第二阶段“举办会议”。一般安排在新学年开学前第 3 天，时间半天。主要议程有五项：1. 主持人宣布年会交流主题，报告各专题的遴选过程；2. 专题发言，主讲人结合 PPT 脱稿演讲，每人 8—10 分钟，学术委员会对每一位发言现场评选；3. 专家点评，约 40 分钟；4. 对参加交流的专题进行颁奖；5. 校长讲话。整个过程严谨有序，全程录像。

第三阶段“总结发布”。由教科室撰写本届年会综述，将全部交流的专题汇编成册，推荐获奖专题在有关刊物发表或参加上级组织的论文评选。下表是 2015 年和 2018 年的年会主题及参与交流的小专题。

表 2－11　学校教育年会交流主题

届次	时间	年会主题	发言专题(节选)
首届	2015 年 8 月 31 日	让教育对成长有意义	1. 让班级成为滋养孩子生命成长的沃土; 2. 关注标本,突围模式
第二届	2016 年 8 月 28 日	让研究对发展有价值	1. 试题讲评课的教学组织策略的研究; 2. 家校共育让孩子成长更健康
第三届	2017 年 8 月 29 日	在变革中成长	1. 在科组同伴的日常研究中成长 2. 平板电脑移动教学的探究之路 3. 聚焦核心素养促进学生可持续学习能力提升 4. 带领学生快乐行走在“天”“地”之间 5. 相信孩子,自主发展 6. 谈班级文化建设活动的开展对班级产生的变化 7. 创新班级活动,促学生可持续发展素养提升
第四届	2018 年 8 月 29 日	在实践中提升	1. 浅谈移动平板教学的几点心得与反思 2. 戏剧教学法的初步探究与探索 3. 成长源于改变 4. 融入新理念,用好新教材——语文新教材教学体会 5. 不断完善的“学习导纲” 6. 把握命题方向,提升中考备考能力

学校教育年会制度为用心在日常教育工作中开展研究性变革实践的教师搭建了一个很好的展示与交流平台。既是一年来学校各领域教改实践的总结分享,又是一次学校各领域之间的跨界交流研讨。有效营造了“把行动拿来研究,让研究付诸行动”的教研文化,成为学校“让读书成为一种生活习惯,让研究成为一种工作方式,让创新成为一种专业自觉”教师专业发展理念的成功实践,较以往的学校年度工作总结会认识深刻、主题明确、形式生动、影响深远。

（三）由为课题而课题转向问题导向的行动研究

学校课题研究是一线教师应用教育科研原理和新的教育思想理念，对学校办学实践和教育教学工作中长期存在的突出问题开展专题性深入研究，寻求问题解决或工作优化的过程。通过这个过程，达到成人（提升教师专业水平）和成事（改进日常工作）目的的一条途径。这种研究一般是专题性、应用型的行动研究。但长期以来，学校教师的课题研究在研究目的和课题来源两方面都存在严重脱离工作实际的偏向。研究目的主要是为了获得某种课题研究荣誉，参加职称评审，而不是为了解决日常工作中的实际问题或探索教育教学规律；课题来源一般都是上级教研和科研部门分派，而不是从日常工作实际中的问题生成提炼。导致课题研究重结果轻过程，为课题而课题。作为中小学教师的课题研究，应该摒弃这两种偏向，让课题研究真正回到探寻具体领域教学规律，改进日常工作行走方式，促进教育质量提高的正确轨道上。

1. 学校统筹，更新观念，让课题回归校本

学校校长常常讲，学校课题研究应该坚持“解自己的题，种自己的地”的原则，直击学校办学和教师教育教学的痛点，按照痛点描述、痛点分析、行动研究、总结反思的流程开展深入的行动研究，以行动研究助力学校发展和教师专业成长。为此，我们根据学校教师专业发展理念，明确提出了“问题即课题、工作即研究、成长即成果”课题研究理念，按照“把我们的改革实践拿来研究，把研究的成果付诸实践”的思路，启动了学校总课题统领下的课题群研究工作。

我校从2013年起，酝酿和启动了初中教育质量和办学特色的整体变革与提升之旅。首先是总课题统筹。在“2013.9—2017.8学校发展规划《办典雅之校、行博雅之教、育儒雅之人》（简称‘三雅’教育）”启动的第二个学期，学校及时将这一改革实践以“岭南文化背景下初中生‘三雅’教育育人模式的研究与实践”为课题向上级教育科研部门进行了立项申报,最终省教育厅教育科研处以“强师工程”项目为我们正式立项。学校以此为总课题,统筹指导各部门和一线教师从三方面具体展开研究:一是学校“卓”“雅”文化建设。探索以“雅”为核心价值的学校文化与佛山岭南文化的相融、相生,推动以文化人、文化兴校战略的实施。二是探索博雅教育理念下的课程教学改革。重点是国家课程的校本化实施和校本课程的自主开发,以提升课程教学的育人价值。三是岭南文化背景下的学生工作创新。旨在提高初中阶段学生工作的针对性、实效性,更好地落实立德树人的儒雅教育目标。

其次是子课题申报。在总课题方案指导下,我们以课题开题会的形式,向全校发布了“课题研究指南”,组织动员各职能部门和广大教师,根据总课题的指导思想、研究内容和研究目标,结合本岗位的实际问题和个人专业发展实际进行了校内子课题申报。最后经学校学术委员会讨论,学校确定了《基于小组合作的班级生活重建与初中生成长》等 24 个子课题,其中,绝大部分小课题先后在省市区教研部门立项。学工处主持的子课题《基于小组合作的班级生活重建与初中生成长》被省教育厅思想政治处立项为“中小学德育创新课题”。全校 30 个备课组或个人成为小课题主持人,121 人参与总课题和子课题研究。形成了学校办学理念指导下,立足学校教改实际和教师专业发展实际需要的校本课题群。

2. 关注问题,立足改进,让研究植根行动

为了推动学校“三雅”教育理念的实施,我们在总课题思想的指导下,对总课题研究的三大领域的存在问题进行了归类聚焦。经过总结反思,我们发现,文化建设领域主要是精神文化、物质文化、行为文化等各种形态的文化建设,没有聚焦“雅”的核心价值;课程教学领域主要是课程资源的育人价值贫乏和教学实施过程的育人资源流失;学生工作领域主要是对学生成长需要的忽视和学校生活中学生主体立场的缺失。针对这一现状,我们重点推进了由责任处室牵头的四大子课题研究。即由校长办公室牵头的“学校‘雅’文化的弘扬与创生”；由课程教学处牵头的“基于‘学习导纲’的国家课程校本开发”、“‘探究/对话/体验’式教学”；由学工处牵头的“基于小组合作的班级生活重建与初中生成长”。

（1）“学校‘雅’文化的弘扬与创生”研究

学校文化是学校师生价值观念、思维方式和行为习惯的总和，表现为师生的精神追求、行为取向和校园环境的文化意蕴。以“雅”为核心的学校文化建设，力求通过学校标识文化、校园环境文化、课堂文化、班级文化和活动文化等多种形式来弘扬“正”“美”“真”“卓”的价值取向。学校文化建设课题组就对学校环境文化做了如下的策划和布局。

一是强化学校 LOGO 的规范使用。学校 LOGO 是学校育人目标和品牌内涵的具象化表现，也是学校文化价值的集中表达，是学校的符号。LOGO 的正确使用是学校意识的集中体现，也是品牌意识的战略宣传。我校专门以文件的形式规范了 LOGO 的四种表现形式，明确在学校标牌标识、办公用品、文书作品、影像制品以及以学校名义参加的大型活动、学术会议、外事交流等场所都应该规范使用 LOGO。

二是明确学校橱窗、楼道命名、走廊文化的主题定位，避免了学校环境文化乱、泛、俗的现象。例如，将七、八、九三个年级的教学楼命名为“季雅楼”、“仲雅楼”、“伯雅楼”，强化各年级之间的传承引领、长幼相助。在各年级教学楼配合年级学生教育主题布置了相应的教育专题。如在七年级教学楼一到五层围绕“知范向雅”这一教育主题，分别布置了彰显“仁义礼智信”五大中华传统美德的名言锦句、名人轶事和学生风采。在八年级教学楼一到五层围绕“唱响青春”这一主题，分别布置了体现“温良恭俭让”五大儒雅人格品质的名人名言、诗词经典、青年偶像、学生楷模。在九年级教学楼一到五层围绕“卓异而立”这一教育主题，分别布置了体现“德智体美劳”全面发展目标的历届优秀学长、优秀学生形象以及近三年学生在体育、艺术、科技、信息、社会实践等方面在区以上奖励的学生及其作品。主题鲜明的环境文化,有效配合了年级学生德育主题,切合了学生的成长需要,让学生耳濡目染。

三是规范课堂和班级生活的文化价值取向。课堂和班级是学生校园生活的主要存在空间,也是引领学生成长的重要教育场所,这里的文化导向直接影响着学生的价值取向。为了大力弘扬“雅”文化的核心价值,课题组提出,各班的文化建设要从组织制度、环境布置、活动策划、家校关系等方面全面彰显“正”“美”“真”“卓”的价值取向,将公平正义、美德美誉、诚实守信、勤奋好学作为文明班级评先的核心指标;课堂教学改革要高度关注学生的精神状态、师生关系和课堂氛围,大力倡导有笑声、有掌声、有辩论声的“三声”课堂,将学生自主的感知活动、积极的思维活动、丰富的情感活动和舒展的认识活动作为优质课评价的评价标准。

（2）基于“学习导纲”的国家课程校本开发研究

首先,改变教材观。开展基于单元整体教学的教材“二次开发”,自主开发了各年级各学科的“学习导纲”;在教改实践中,逐步融入部分学科网络资源(APP),逐步实现了文本资源、实物资源与网络数字资源的整合融通。

其次,变革教学设计思路,推行“先学后教,依学依教”。教学改革的主阵地是课堂,有效的教学设计有利于课堂目标的达成,有利于提高课堂效率,更有利于师生教与学能力的提升。为此,我们首先认真分析以往教学设计的栏目设置、环节安排等,发现以往的教学设计过分强调以知识教学为中心、以教科书为中心和以教师为中心,这样的教学设计已然不能为“育主动发展的人”这一教学的根本目的服务。其根本性的问题有如下几点:一是以知识传递为教学的价值取向弱化了教学内容的育人价值;二是只关注一节课知识点教学的点状的教学设计割裂了教学内容的有机联系,不利于学生学科素养的积累;三是教学设计中的学生是抽象意义的学生,说到底是对“具体学生”发展现状的忽视;四是把教学过程中的教师和学生割裂成两个独立的单位,忽视了用整体综合的思维方式来认识和处理教学过程中教师与学生间的复杂关系。

表 2－12　新课堂教学设计表

<table>
<tr><td>课型</td><td></td><td>课题</td><td></td><td>课时</td><td></td></tr>
<tr><td colspan="6">一、教学目标确定的依据
1. 教材分析
·该教学内容所处单元的知识结构分析
·该教学内容的育人价值分析
·体现育人价值的教学策略的选择和教材处理的情况说明
2. 学生分析
·学生对于所要学习的内容的已有经验和个体差异
·学生对于所要学习的内容的各种可能与困难障碍分析
·学生发展的需要和对学生可能达到的发展水平的估计
二、教学的过程设计</td></tr>
<tr><td colspan="6">教学过程设计</td></tr>
<tr><td>教学环节</td><td colspan="2">教师活动</td><td>学生活动</td><td colspan="2">设计意图</td></tr>
<tr><td>开放性导入</td><td colspan="2">·教师提出开放性问题
思考如何设置小问题进行问题导学？
·教师二次备课
以怎样的方式呈现资源和有效利用资源？
怎样促进生生、师生互动的策略？</td><td>学生进行有效的前置学习，并做好相关记录，为开展课堂有效讨论、展示做准备。</td><td colspan="2">阐述为什么要这么设计，体现哪些认识和追求，设计背后的理论支撑是什么，对应教学策略等等。</td></tr>
<tr><td>核心过程推进</td><td colspan="2">·核心问题域的生成与展开
问题之间是否有内在联系？
问题的思考是否有递进和提升？
如何形成生生、师生的互动？
如何放收合理、自如、有效？</td><td>可能形成的问题域分析
学生对问题思考的可能状态分析</td><td colspan="2"></td></tr>
<tr><td>开放性延伸</td><td colspan="2">·总结提升与内容延伸
是否注意概括性的总结？
是否注意学习方法结构的提炼？
是否注意评价和反思质疑？</td><td></td><td colspan="2"></td></tr>
</table>

基于以上问题,给合当前教改实际,我们设计出新课堂教学设计表[①](如表2-12)。新的课堂教学设计表不但要分析教材内容所处单元的知识结构,还要分析该教学内容对于学生发展的教育价值;既要分析学生个体的前在状态,又要分析学生个体的潜在状态,还要分析学生个体的成长需要与发展可能;教师注意教学过程展开的大问题设计与投放,动态资源的收集、推进与提升等。

在教学观察中,我们发现绝大部分教师习惯用传统思想展开课堂教学,按教材章节顺序有序推进学科教学,这种支解、零碎、点状的教学导致教学重心在知识点,为知识而教学,忽视了知识的综合应用和学科独特的育人价值,不利于培养学生的综合素质和应用能力。

(3) 关于"探究/对话/体验"式教学的专题研究

教与学不能孤立割裂,并非两个单位相加,师生的教学活动是一个相互作用的有机整体。在互动生成中重建课堂教学过程,以促进师生生命成长价值。作为课堂教学活动主体的教师,每堂课只有用自己的教学智慧进行创造性的教学,才能体验教师职业的内在尊严与欢乐,在主动追求自身生命成长的同时,以同样一种心态去直面学生、关注学生和培养学生。

学校各科组以典型课例的研究课为载体,开展本学科的"探究/对话/体验式"教学序列研究。凡是科组对外公开课或比赛课均需严格按照"探究/对话/体验式"教学的思想进行集体打磨。从说课到设计,从试教到修正,从授课到反思,精细落实每一个环节,让授课教师得到磨砺,同时提升科组教师的课堂教学能力,为科组建设积累研究素材。将课例解剖分析,将课例教学思想回归常态教学,真正让教研落地,让教研真实地发生。并通过每学年一次的教学公开周活动将课型研究成果进行对外交流。公开周活动中,所有学科、全部课堂均对外开放,让兄弟学校教师走进学校课堂,共议变革之道;让学生家长走进课堂,体验小孩的学习生活,感受小孩的健康成长。

① 郑金洲《备课的变革》教育科学出版社2007.7第4页、第13页

持续的教学研究，有效推动学校教师的课堂教学改革。近三年先后有10多位教师应邀到兄弟学校上示范课、3位教师被教育局选送到外地市支援对口扶贫学校等。30多位参加全国“一师一优课”活动，分别获得国家、省、市优秀课例。课例大赛凝聚集体智慧，挖掘集体优秀资源，一方面很好地展示了学校教改成果，另一方面也很好地促进了科组学科建设，促进了教师的专业成长。在第三届佛山市初中物理课例展示大赛中，我校物理科组陈新玲老师的课例《光的直线传播》获市一等奖。

（4）“基于小组合作的班级生活重建与初中生成长”研究

长期以来，初中学生在班集体中是处于一种被管理、被教育、被安排的地位，其班级学习生活规范源自学校的制度规定，班级活动源自学校安排的教育内容，班级秩序源自学校的层层管控，不断熟悉的同伴关系及其相互交往方式也是凭个人喜好自然生成。这样的班级组织，置学生的成长需要，以及在班集体中的生命质量于不顾，导致学生的叛逆情绪日益增强，具有叛逆倾向的学生日益增多。班级，作为学生学校生活的重要时空和活动组织，服务学生成长的教育作用和育人价值并没有得到应有的重视和开发。为改变这一状态，我们直面学生班级生活中的生命质量，根据初中阶段学生自主性逐步增强、同伴关系日益密切的特点，开始了“基于小组合作的班级生活重建与初中生成长”研究，以期创生一种以关注学生成长需要、改善学生班级生存状态、促进学生生命质量提升为宗旨，让学生真正成为班级生活的设计者、建设者、享受者的新型班级生活。具体重建研究以小组合作为载体，从制度建设、岗位建设、文化建设、活动建设以及家校关系建设五个方面逐步展开。本项研究在本书第三章第二节有详细介绍，这里不做赘述。

实施教师专业发展方式转型以来，“让读书成为一种生活习惯，让研究成为一种工作方式、让创新成为一种专业自觉”的教师发展理念已逐步成为我校教师职业生活的基本共识。四年来，全校教师先后阅读了《第56号教室的奇迹》、《把信送给加西亚》、《问题引领：专业课堂的操作平台》、《合学教育：突破合作学习的五大瓶颈》、《动车组》、《静悄悄的革命》等多本教育专著，撰写《读后感》、论文集《臻诚漫笔》、《课改故事》各一本；教师参加国家级教改课题2项、省级3项、市级7项、区级23项；26人受到市区政府表彰；2016年物理科组被评为广东省初中物理示范教研组，生物、地理教研组被评为禅城区示范教研组；麦艳贤广东省名班主任工作室、谢先刚禅城区名校长工作室、何清亮禅城区化学名师工作室、谢雪梅禅城区英语名师工作室、王楸梦禅城区生物名师工作室、刘海萍佛山市共青团名师工作室，相继落成。英语、生物、地理、历史等学科成为禅城区教研基地。50篇教师教学经验论文在区以上获奖或者发表，16篇教育论文公开发表，学校日益彰显出学习共同体的魅力。

第三章　儒雅之人:学生工作与学生发展

五年的学校转型性变革,学生发展一直是学校文化建设、课程教学改革、学生工作创新、学校治理重建的出发点和落脚点。本章我们跳出传统的"学校德育"视角,从立德树人的高度,选取"学生"这样一个完整的生命主体作为研究对象,介绍我们在"以生为本、适性而为"理念下对初中学生教育、管理、服务的理解与认识、改革与创新,以及为建构以文化人、环境养人、课程育人、活动成人的初中学校学生工作新体系所做的探索与实践。

一、基于成长需求的初中学生工作变革

当前"学生"这个词,可能比历史上任何一个时期都有更多的内涵和外延。说到它,总能唤起人们更复杂综合的想象和体验,让人们不自觉地杂糅进历史、当下与未来,现实、理想与期待。在不知不觉中,塑成了这一特定群体在人们心目中亦真亦幻的抽象符号。谈起初中阶段的学生,在成年人的世界里,无论是朝夕相处的家长、老师,还是专注教育的专家、学者,都会不约而同地说到"叛逆"。的确,目前教育生境下的初中学生,确实也"叛逆"的让家长揪心,老师费心,专家劳心,他们自己也伤心。然而,对于他(她)们缘何对成人世界的教育如此"叛逆","好心不得好报"? 如何消除他们对成人世界的这种"叛逆"? 一直以来,我们以成人的思维进行的各种探寻,可谓殚精竭虑,但并没有找到解决问题的关键。为此,我们完全有必要走向矛盾的另一方,以学生的视角去听听他们的声音。

(一) 初中学生成长需求的体认

美国著名心理学家马斯洛曾把人的生存需要定义为五个层次:生理需要、安全需要、感情需要、尊重需要和自我实现的需要。快速成长中的初中学生他们的这些需要是否存在?如何表现?为此,我们有必要走进他们的个人生活、家庭生活、学校生活,去了解他们的生命需求。下面三个案例或许能帮助我们更加全面、更加深入地读懂成长中的初中学生。

案例3-1　潘同学为逃避运动会而撒谎

2013年10月中旬的一天,距离学校秋季田径运动还有两个星期。课间操后的上课铃声早已响过,操场的师生都已回到了教室,唯独309班的潘同学一个人耷拉着脑袋独自坐在校道旁的石墩上。正在巡视校园的校长走过去,关切地问"你是哪个班的?怎么还不进教室上课?"

"309的潘xx,我撒谎被班主任批评。"该生怯生生地告诉校长。

"有什么事不好说?要撒谎。"

"我不想参加运动会,跟班主任撒谎说是奶奶过生日要请假,被温老师发现了。"

"这是你们初中阶段最后一次运动会,你怎么都不想参加?"校长不解地询问。

"校长,运动会没我什么事,我想回老家玩两天。"

"你虽然不是运动员,但全班入场式还是可以参加啊!"

"入场式我排在队伍的最后面。"潘同学坦诚的回答让校长感到很诧异,

"那你有什么想法?"

潘同学立刻眼睛一亮,憨直地说道"校长,我想在队伍前面举班牌。"

……

一个渴望被关注的愿望如此强烈地呈现在校长面前。

“这是好事啊，你能不能主动跟温老师承认撒谎的错误，向温老师申请，说说你举班牌的优势?”

事后，校长了解到，潘同学是初三9班的一名学困生，在班级长期得不到关注，品质并不坏。经过和温老师的沟通，潘同学如愿以偿了。接下来几天的训练，他不仅没有逃避，反而异常积极，情绪高涨，就在开幕式前一天放学后，还专门兴高采烈地跑到校长办公室：“校长，明天开幕式我们班我举班牌，您要看我，我们班肯定很棒!”

看着潘同学单纯而激动的样子，校长陷入了对学校传统田径运动会育人价值、功能定位、组织方式、活动形式等一系列问题的深刻反思。轻松愉快的运动会为什么连初三的学生都选择逃避？学校运动会难道仅仅是为了选拔参加区赛的几个运动员吗？除了选拔还应该承载哪些育人功能？如何让每一位学生都能在运动会上找到自己的存在感、成功感？

一场“运动会为了什么?”的讨论在学校全体行政人员中展开。学校体育本来不是竞技体育，运动会也不应该是选拔运动员的竞技场。运动会作为学校体育的一种重要活动形式，重在弘扬体育精神、发展学生运动习惯兴趣、提升学生运动技能、培育学生健全人格。让每一位学生平等地参加学校体育，既是学生受教育的权利，也是学校应该履行的教育责任。学校应该以丰富多样的形式，满足学生丰富多彩的参与需求，而不是简单地排斥。运动会的比赛也不是唯一目的，育人才是价值所在。然而，当下的中小学运动会都被“应试”教育的甄别选拔风吹的得变了味。

一年后，学校运动会来了个大变脸。过去单一的田径运动会变成了综合性的体育文化节；过去班主任安排、学生被动执行，变成了教师指导下的自主申报、主动参与；过去每班8人代表队参加的选拔性运动会，变成了全员参加、集体项目与个人项目兼顾的群英会。改变的虽然只是形式，但带来的却是对每一个学生受教育权利的尊重，对学生多样化成长需求的应有关注，其背后推动的却是学校办学思想和教育行为的变革。

案例3－2　当妈妈不再“步步紧跟”以后

2016届302班的陈同学原本是一位天资聪明而有个性的孩子,小学五年级就曾获得全国青少年航模比赛一等奖。按照就近入学的政策本来进不了我校,母亲望子成龙心切,一心想让孩子考上全市最好的初中,于是通过更改户口住址好不简单录取到了我校。母亲的一意孤行,让孩子感到很不愉快。

进入初中以后,母亲为了实现三年后孩子升市一中的目标,强行禁停了孩子心爱的航模等课外活动,并对孩子的学业实行严格的跟踪管控。孩子对母亲的步步紧逼压得踹不过气来。思想情绪由开始的敢怒不敢言,慢慢变成了软对抗(拖欠作业、迟到),并逐步转移到对学习的厌倦,对老师教育的反感,直至公开顶撞年级的管理干部。到中考前100天前后,成绩也一落千丈地滑到了全年级的倒数168名(全年级548人),接近普通高中录取的边缘线。

母亲迫于无奈和着急,主动找到学校寻求帮助。校长在个别了解详细情况后,召集班主任、年级主任、陈同学及其母亲一起沟通。母亲讲话不到十分钟,孩子竟然当着校长与母亲顶撞起来。近乎咆哮的喊出“你能不能不管我?”。真是“哪里有压迫哪里就有反抗!”看着孩子对母亲教育方式的极端反感,我们感受到母亲对孩子管控的严厉与偏执,也看到了孩子长期被压抑的委屈与痛苦。集体交流被迫改成个别沟通。校长对这位母亲和孩子分别约法三章。明确告知母亲,孩子对您的教育已经如此抗拒,建议在中考前您不再干预孩子的教育、不再干预孩子的学业、不再干预孩子的课余时间,完全交由学校教育和管理。同时也要求孩子,自觉遵守学校的规章制度,自觉完成各项学习任务,自觉安排好中考前的有限时间。对于这一“解放”孩子的举措,母亲半信半疑,孩子欣然接受。一周以后的星期六,乘学校承办全区青少年科技嘉年华之机,校长破例让陈同学参加了全区科技嘉年华的航模表演,而且对他的表演给予了特别的关注。久违的理解与信任,让陈同学感到了莫大的自尊与自信。没有了母亲的唠叨和管控,他似乎更加自觉、自重,不仅改变了经常迟到的习惯,而且半月后在楼道上遇到年级主任还主动问好。看到陈同学的变化，我们感到了尊重与信任的力量，被“解放”的陈同学以加倍的努力在当年中考中取得了全年级146名的好成绩，正取市二中。意外的惊喜，让陈同学的母亲感到了深深的自责和懊悔，对学校的帮助感激涕零。

陈同学的快速转变让我们发现，自主性、独立性日趋增强的初中生，他们是多么渴望父母、老师能在人格上与他们平等相待，多么需要成长中的重要“他人”给予更多的理解、尊重与信任。或许，这个阶段的学生，对理解、尊重的需求比成年人更强烈。多一点尊重，少一点管控；多一点理解，少一点干预；多一点信任，少一点指责，应该成为初中生的家长和老师遵循的教育信条，自由的空间才能生成真正的自律。

案例3-3 分班引发的逃学风波

2014级初二上学期末，因年级工作的需要，年级组对部分班级进行了重新分班，208班是其中调整面较大的班级。56位相处将近500个日子的学生即将分到不同的班级，而就在同一天，又要迎来53位来自不同班级的学生。消息传开，失落和不安的阴云笼罩在每一个孩子的心头。经过反复的沟通，家长算是接受了这个事实，可孩子们一直闷闷不乐。

调整班级那天，绝大部分孩子无奈地来到了新的教室。只见一个穿着窄脚裤，脸几乎被头发盖住的女生，满脸怨气地站在教室门口：“报告！老师，你有没有全班的名单？”班主任疑惑地说：“你要名单有什么用？”“我要看我的同桌在不在这个班，我想认识新同学。”这个个性鲜明的女同学，是209班小有名气的“出头鸟”小晴。班主任显然没有准备多余的名册，也顾不上满足小晴的请求。

“请进来，快找地方坐下。”晴同学很不情愿地走到了第三组最后一排的空位上。来不及顾及晴同学的情绪，班主任忙着安抚全班同学准备上课。

“大家好，虽然很多同学不喜欢今天的安排，但我想请大家想一想，这何尝不是一个新的开始呢……大家准备上课吧。”两节课过后,班主任来到班级进行课后整理准备放学,突然发现那位迟到的女生不见了。

“谁知道最后来到咱们班的那位女同学到哪里去了?”“调完班您一走,她就背着书包出去了。”听到这位热心同学的报告,班主任心头一惊,不会出什么事吧?

班主任随即拨通了家长电话。“你好,是晴同学的家长吗?我是她的新班主任,小晴回家了吗?”“哦,还没有啊!”“平时她准时回家吗?今天还没有放学,同学们就看到她离开了教室,担心她出什么问题,所以打电话来问问。”……紧急寻找晴同学的工作迅速展开。

直到晚上十点,通过原班主任,才从晴同学原来的同桌那里,打听到了她的下落。原来,晴同学带着对调班的不满和对原来同窗的不舍,私自来到原班好友霞同学的家,准备寄宿,一诉衷肠。

晴同学对分班表现出的不悦情绪,是此次分班过程中学生心态的集中表现。暴露出分班带个孩子们的心理伤害和情绪冲击。然而,学生对分班的需求以及可能出现的反应事先并没有纳入管理者的预设,学校也没有对分班可能带来的学生心理动荡进行相关教育并制定相关预案。

教育,一旦缺失了对学生的深度理解和贴切关爱,将事与愿违。

晴同学在分班过程中的痛苦表现告诉我们,学段中间分班,对于学校和教师来讲,似乎司空见惯,但对于同伴关系快速发展的初中学生而言,似乎有些难以接受。在分班过程中,学校和教师过多地考虑了学校管理和教学的方便,强调了学校意志,却很少考虑分班带给学生的困惑、烦恼和挑战,忽略了学生的需要。

教育行为的实施,是否用心倾听学生的声音,是否适应学生的成长需求,并为满足学生多方面需求提供多种选择,考验着每一位教育工作者的教育理解和学生立场。

上述三个现象，虽然只是当前学校学生工作中的个例，看起来习以为常，但它暴露出当前学校学生工作普遍存在的三方面问题。

一是学生立场的缺失。目前学生在校园的学习内容、生活方式以及生存环境基本上是按照统一要求被学习、被教育、被爱护、被管理，而且这种"要求"也基本上体现的是国家意志、社会规范、学校要求。即使是那些在学校教学楼等主要建筑上明确标示"一切为了学生，为了一切学生，为了学生的一切"等办学主张的学校，大多也只是停留在口号上。很少有人从学生的角度去考虑、去思考，我们好心为学生设计和安排的这些"一切"，到底有多少是学生喜欢的？有多少是学生真正需要的？学生作为学校生活的主人，长期处于这样"被安排、被执行"的生境，带来的只能是主体人格、主人意识、主体责任的弱化，自主性、主动性、创新性的缺失。这一现状对初中阶段学生的未来发展十分不利。

美国著名精神病医师，新精神分析派的代表人物埃里克森（E. H. Erikson，1902）提出人格终生发展论，他认为人的自我意识发展持续一生，他把自我意识的形成和发展过程划分为八个阶段。作为初中学生，属于其中的第五阶段——青春期（12～18岁），这个时期最突出的就是自我同一性和角色混乱的冲突。一方面青少年本能冲动的高涨会带来问题，另一方面更重要的是青少年面临新的社会要求和社会冲突而感到困扰和混乱。所以这一时期主要任务是帮助他们建立一个新的同一感或自己在别人眼中的形象，以及他在社会集体中所占的情感位置。如果这种自我感觉与一个人在他人心目中的感觉相称，很明显这将为一个人的生涯增添绚丽的色彩；如果一个人感到他所处于的环境剥夺了他在未来发展中获得自我同一性的种种可能性，他就将以令人吃惊的力量抵抗社会环境，会产生心理社会危机，出现情绪障碍，形成不健全的人格。过分强调社会意识、学校意识、成人意识，必然导致学生立场的缺失。

二是对学生成长需要的默视。作为初中阶段的学生，随着青春期的到来，他们的成人感意识逐渐加强，对一切都不愿简单顺从，总是认为自己有道理,听不进别人的意见,常处于一种与成人要求相抵触的情绪状态中。本来就具有这种成长特点的初中学生,如果其年龄心理特点、个性发展差异、内心情感世界、自我发展需求以及家庭文化背景等还得不到家长和学校的关注,没有人俯下身去倾听学生的心声和诉求。总是以教育者的身份去要求学生绝对服从大人的意志,他们就会真正成为大人眼中的"叛逆者"。同时,由于学生思维的独立性和批判性显著发展,不满足于简单说教的大道理,但由于不够成熟,所以容易固执和偏激。而且随着他们生活经验的增多和独立意识的发展,初中生的内心活动开始丰富起来,开始有了获得自尊的需要,他们希望同伴能接受自己、肯定自己、喜爱自己。但他们的某些想法及行为不能被现实所接受,屡遭挫折,于是就产生一种过于偏激的想法,认为其行动的障碍来自成人,更强化了反抗心理。其实,这时候的他们,更需要我们成人把其当成一个具有主体意识的个体,关注其需求,对其多一点的尊重,给他们多一点的自主性,搭建更多的平台让其驰骋自己的梦想。

三是对学生困境的麻木。初中阶段的学生正处于生命成长的重要转折时期。一方面具有主动性发展的需要与可能,期望周围的人把他们当大人看待,给他们自主的时空和平台;另一方面,他们的心智又很不成熟,很难独立承担学习、生活的主体角色和主体责任。这种半独立半依赖的成长需求,就决定了教育者对他们既要"管"又要"放"。作为教育者的学校和家庭,本应该从培养学生的自尊、自信和主动性开始,用心、用情关心、关爱、关注他们的生存状态,有计划地引导他们在学校教育实践中逐渐生成主体意识和主动应对变化的能力。但是,现实中并非如此。特别是当他们在家庭生活中身处心理困境而得不到温暖、个人学习生活遇到挫折却得不到理解、日常生活缺乏安全感,充满压抑感,特别需要有人真正走进他们的生活,深入他们的内心,给予理解,给予关爱,给予帮助的时候。我们的学校和家庭一般不能及时、细心地体察到他们生境的这种变化,学生也常常因为自尊而不会主动对外言说,而错过教育时机,陷入难以排解的无助和痛苦之中,久而久之,生成心理疾患、人格扭曲。

这是我们对初中生生活方式与成长状态的基本体察。

（二）初中学生工作的立场与路径选择

教育最重要的是了解学生。有了对初中学生成长需求的基本体认，就有了开展初中阶段学生工作的基础和方向。我们依据学校“办典雅之校，行博雅之教，育儒雅之人”的办学理念和“为每一位学生卓异而立创设优质而适性的教育环境”的办学愿景，在“卓如红棉，雅如白兰”的学校精神和以“雅”为核心价值的学校文化引领下，整体构建了学校学生工作体系。

1. 学生工作的整体定位

做好学生工作是既是学校教育的基本点，又是学校管理的着力点，同时也是做好教学工作的前提和基础。常态的学生工作包括学生的思想品德教育、日常生活管理和健康成长服务三个方面。定位初中阶段的学生工作，既要依据初中阶段教育的培养目标，遵循初中阶段学生的身心发展特点，又要体现学校的办学思想和教育理念。为此，我们在反思过去学校学生工作的困境和弊端的基础上，依据“以生为本、适性而为”的学生工作理念，确立以塑造“敏行好学、正己达人”的卓雅学风为导向，以“让每一位学生成为有自信、敢担当，谈吐文雅、举止优雅、情趣高雅、气质儒雅、主动发展的现代中学生”为培养目标，提出了我校学生工作变革的基本思想。

一是以尊重生命、因材施教为总原则，工作指导思想由管控转向引领。

两千多年前孔子提出的因材施教，作为一种理想的教育我们从未停止过努力，尽管我们很用心，也很敬业，但是，时至今日，在中国这样一个教育的大国里，因材施教并没有真正落地。一个很重要的原因，可以说是“我们校园的教育不足而管理过度”。我们总是用一种管理和控制的思路来为不同的学生和学生的不同特点来设计相同的学校生活、设计同样的教育内容，总是以一种管理者、监控者的身份居高临下地出现在学生的面前，想着各种法子来掌控学生，可以说到了殚精竭虑的地步，从来没有真正地相信过学生。不知不觉,我们教师慢慢变成了“警察”的形象,校园慢慢具有了“监狱”的味道,因材施教变成了“因材施控”。因此,学校学生工作的变革,首先应该是指导思想的转变,把对学生的全方位管控转向发现、唤醒、服务与成就,让教师真正成为学生成长的发现者和引路人。

二是以学生成长需要为出发点,工作思路由“向上看”转向“向下看”。

长期以来,我们的学生工作贯彻的都是学校意志、教师意图,教育内容的设置和教育活动的安排都是按照“上面的”(相对于学生)的要求来安排,所谓的“因材施教”也只是“因教材施教”“依老师的期待施教”,常常是“学校和教师生了病逼着学生去吃药”,很少真正去关注学生的成长特点,去了解学生的需要,更谈不上根据学生的多样化需求设计可选择的学习生活方式。事实上,无论对于一个身心快速变化、欲望丰富旺盛的初中学生,还是对于一个智慧丰富多彩、个性丰富多样的初中校园,光用“向上看”的思维是很难、也不可能看清、看全、看准学生工作该从哪里着手,该向何处着力,必须用“向下看”的思维,俯下身去从真实的学生和学生的真实那里去寻找和发现教育的起点和出发点,学生成长需要的,才是学生工作要做的。

三是以提供选择为着力点,工作重心由统一布置安排转向提供机会和舞台。

在统一的行政班授课制度下,忽视学生的差异性和独特性几乎是教育的普遍问题。教师在一定的时间内,都是安排学生接受统一的教育、参加统一的活动,达成统一的目标。这种“让所有学生都整齐划一地处于同一知识水平的教育计划绝对是不人性化的①”。戴维·艾尔金德指出:“对许多学生来说,学校学习就是一项无聊、乏味、无意义的活动。学校迫使儿童接收单调的工作式的日程安排,使他们步履匆匆②。”作为教师,如果只是单方

① (法)弗朗索瓦兹·多尔多.儿童的利益——学会尊重孩子.王文新译[M].上海.上海社会科学院出版社.2012.274-275.

② (美)戴维·艾尔金德.还孩子幸福的童年——揠苗助长的危机.陈会昌等译校[M].北京.中国轻工业出版社.2009.236.

面地决定学生的需要,而忽略他们的实际需要和自主选择的权利,学生就会逐渐失去对学习的热情,那么我们的教育就会走向反面,带给学生不是福利,而是终生的伤害,最好的教育就是最适合学生发展规律的教育,是他们感觉最好的,而不是我们作为教育者以为最好的。特别是道德教育,它是一个学生自主选择、主动接受、将道德规范内化为自己道德品质的过程。被动的道德教育是不可能成功的。教育活动实施也需尊重学生的需要和权利。因此,学生工作的着力点应该是为学生的主动发展、个性发展提供多种选择的机会和条件,把因材施教的自主权和选择权还给学生,让学生在选择中享受愉悦和成功,在选择中生长出责任感和创造性。

2. 学生工作的路径选择

有了对学生工作立场的基本定位,我们确定了“让每一位学生成为学习与成长的主人”的学生工作理念,按照立足学生,关注需求,回归主体,提供选择,引领成长的工作思路,在反思过去学生工作得失、调查各年级学生成长主导性需求的基础上,从组织机制转型、教育内容精选、活动方式创生、评价方式多元、教育目标递进五个方面,统筹推进学生工作的变革实践,形成了初中三年学生工作整体性、序列化、渐进式的发展路径。

(1) 组织转型。在学校层面,我们将原来的德育处(有的学校叫“政教处”)和治保组整合为“学生工作处”,变单纯德育为全人教育,变说教管控为引领服务,逐步完善了学生工作处指导下,以少先队为基础、校团委为核心、学生会为主体、自愿者为补充的团学联社一体化的共治、共建、共享体制,统筹治理文雅校风建设,协调推进学生干部的培训与考核、大型活动的策划与组织、一日常规的治理和评价等日常学生工作。在班级层面,我们逐步建立了基于4-6人小组合作的干部民主推荐、岗位自主申报、班务项目认领、评议多元互动的运行机制,让干部成为榜样,让岗位成为平台,让班务成为机会,让评价成为分享,努力把班级生活、班级建设的主动权还给学生,力求让班级真正成为属于学生自己的精神家园,提升学生班级生活的生命质量。

(2) 内容精选。一直以来,学校学生工作的内容都存在空泛、随意、重复、忙乱的问题,围着文件转、围着问题转、不断做加法的现象十分突出,既缺乏清晰的价值取向和紧密的逻辑层次,又缺少整合渗透的思维和生动有效的形式。我校在学生工作内容遴选上强化了三个注重,即注重学生校园生活的价值导向、注重关注学生成长的生命整体需要、注重具体实施的程度层次和时机。以立德树人为根本宗旨,以塑"雅"为核心价值,按照学生年龄心理、思想品德发展的基本趋向,确定了以养成教育、生命教育、理想教育为重点内容,将人格教育贯彻始终的学生工作内容序列。

表 3-1　学生工作内容序列

总目标	弘扬卓如红棉、雅如白兰的学生文化, 塑造敏行好学、正己达人的人格品质。		
年级	初一	初二	初三
阶段目标	文明	文雅	卓雅
教育重点	以"知范向雅"为宗旨,重点实施"养成教育"。主要内容是规范的习得、习惯的养成、礼仪的内化	以"唱响青春"为宗旨,重点实施"生命教育"。主要内容是知生命、会生活、善生存	以"自主卓立"为宗旨,重点实施"理想教育"。主要内容是树目标、敢担当、能努力
具体要求	认识自我、理解他人、勇于实践、乐于学习	自我欣赏、尊重他人、勤于实践、勤于学习	自我提升、关爱他人、善于实践、善于学习
重要教育活动	入学教育、军训、建班仪式、建队仪式、退队仪式	少年团校、青春宣誓、社团节、班歌比赛	目标启动仪式、百日誓师、感恩节、毕业典礼
学校主题节日	秋季学期:红棉文化节,以体育和科技为重点,彰显"卓"的风格 春季学期:白兰艺术节,以阅读和艺术为重点,突出"雅"的品质 以上两节,一年一届,一届一个主题,形成系列。		

（3）方式创生。顺应初中生独立性逐步增强、自主性快速发展的特点，初中学校的学生工作应该充分凸显学生的主体性立场。学生的主体性，指在教育活动中，作为主体的学生在教师引导下处理同外部世界关系时所表现出的功能特征，具体表现为选择性、自主性、能动性和创造性。它强调人是自立的、自主的、自尊的、自信的、自强的。培养学生的主体性，就是要在学校的一切教育教学活动中，创设民主和谐的育人氛围，在充分放手的过程中，生成更多的教育机会，使学生的主体性得以真正落实。放手，首先是给时间，让学校常态的主要教育教学活动的基本节律保持稳定，用好日历、周程和校历，减少“拖拉机”，培植“内燃机”，让早知道引发早谋划，学会在信任舒展的时光里，静待不一样的鲜花自然绽放；其次是给空间，让每一个学生都成为自己的领导，在自由的空间里培养学生的自主性。如将一日常规的管理权，班徽设计、班歌比赛、主题班会、年级歌咏会、学校体育节、校园达人秀等各项学生活动的策划组织权交给学生，引导他们从生活自理到发展自主；第三是给机会，提供适宜的问题让学生去解决，制造多样的选择让学生去面对，让校园里生成更多学生的想法。如提供选择性课程、多样化社团、自主性岗位、招标式项目等；第四，给平台，让每个学生都有适宜的舞台，让适宜的舞台给学生自由舞蹈，引导每个学生做最好的自己，助更多的伙伴。如设置学生代表大会制度、校园自愿者、学生领袖培训班、校园达人秀、校园义卖场等。

（4）评价多元。评价既是一项管理制度，又是一项激励措施，更是一种教育方式。对于自尊心、自主性快速成长中的初中学生，评价是一把“双刃剑”，或者唤醒、点亮，或者伤害、扼杀。因此，初中学生工作中的评价更强调学生立场、学生思维、学生视角。我校基于学校学生工作的理念，确立了“关注过程、注重发展、鼓励个性、自主多元”的评价理念，制定并着力推进了以下几项评价原则：

一是以团队评价培育团队，发展团队。我校每一位学生，入学一个月以后，都会在教师指导下，自愿组合到各种形态的 4 人小组中。所有集体性的活动,如课程学习、班级生活、日常表现、学校活动都以小组的形式集体参与,捆绑评价,并以各种名目的荣誉小组予以表彰,如卓越红棉奖、互助白兰奖、学习标兵奖、合作进步奖等。一方面帮学生找到更多学习和生活的同伴,让健康的伙伴关系发挥相互帮助、相互激励的作用;另一方面让学生在小集体中学会合作、交流,明确责任与担当。

二是坚持价值导向比反馈结果更重要的原则。我们认为,评价的第一价值是导向和激励,引导学生共同制定大家理解认同的评价标准,比事后的结果反馈与奖惩更具有引领和教育的功能。一方面,学生参与标准制定的过程本身就是明确价值取向、理解道德规范、丰富道德认知的教育过程;另一方面学生参与制定并真正理解了的标准,更具有教育的公信度、行为的导向性和执行的约束力,才能真正成为学生的行动指南。如班级生活中各个岗位的评价标准、各项活动中小组合作的标准、各项自主性学生工作的质量标准等,我们都是发动相关学生,共同讨论,共同修订,共同确定,这样形成的各项评价标准基本能得到大多数学生的认同,并发挥积极的引领作用。

三是确立关注、信任比表扬更重要的评价观。针对初中学生渴望被关注、被信任的自尊心理,我们淡化了评价的甄别功能,强化了评价对被评者的诊断功能。一方面,多用关注和信任来表达评价意图,让聘任成为最有效的评价。如聘请班级的学困生管理班务、担任值日班长,按照扬长教育的思想给有个性的学生以特殊的舞台,对长期处于弱势地位、边缘地带的学生在关键时刻给予特别的关注,在学生操行评价中引入同伴互评机制强化学生被关注的感觉等等,这些方式的合理应用,常常会收到意想不到的评价效果;另一方面,善用非正式的表扬,及时点赞学生的变化和进步,让“大拇指”和“笑脸”(网络表情符号)传达最温暖的认同。如对学生的一次解题,一次发言,一个创意,一次帮助同学的善举等等,在事情发生的时候老师及时伸出的“大拇指”往往比奖状更可贵。

四是慎用量化评价,少用事事评分,分分计较的评价方式。在一些学校的学生工作中,量化评分十分流行,如一日常规评分、学业水平评分、操行表现评分、文明班级评分等等，看起来公平公正，具体准确，实际上，过于精准的分数未必是准确的事实，分数背后的问题被数字掩盖，只见分数不见人的现象慢慢滋生，导致评价逐步失去人性的关怀，背离教育的本原。事实上，动态中的学生工作和发展中的学生素质，很多时候，很多方面是无法用分数量化的。为此，我们坚持日常表现以达标定先后、操性表现以描述论品行、学业水平以等级看进退的评价原则，坚守包容适度的差错也是激励，精准的分数不一定正确的人性化评价观，努力让评价评出尊严、评出自信、评出力量。

（5）目标递进。根据学生生命整体发展、素质养成逐年递进的特点，我们确立了教书育人、活动育人、管理育人、服务育人、环境育人“五位一体”的学生工作总体布局和分级要求、分段实施、逐步养成的渐进式推进思路。

初一年级学生成长的特点与工作要求。

这一年是学生由儿童期向少年期过渡的时期，也是他们人生观、世界观形成过程中的萌发时期。学生升入初中后，自主独立性显著增强，精力充沛，好独立思考问题，并有一定的判断能力，但往往由于认知水平和生活范围的局限，处理事情带有明显的主观性与片面性；他们求知欲强，开始思索人生与未来、个人与社会、个人与国家前途的关系，并希望个人的才能在集体中得到展现，但理想与爱好的迁移性大，意志力还不够强。基础差的学生对前途容易丧失信心，极少数学生容易受不健康思想影响，生活情绪消极，甚至走入歧途。

根据这个特点，我校确定初一年级学生工作以“知范向雅”为目标，以爱国主义、集体主义、社会主义教育为主要内容，重点指导学生进行规范的习得、习惯的养成、礼仪的内化，让学生在教育教学活动中认识自我、理解他人、勇于实践、乐于学习。

表 3-2　初一年级学生"知范向雅"教育内容与要求。

主要内容	具体要求
爱国主义教育	1. 关心热爱班级、年级、学校集体的教育。 2. 关心热爱家乡与参与家乡建设的教育。 3. 热爱祖国河山、语言文字、悠久历史、灿烂文化、民族英雄、革命先驱、文化名人的教育。 4. 初步的国家观念——尊重国家标志,维护国家尊严、荣誉的教育。 5. 尊重兄弟民族、民族团结的教育。
集体主义教育	1. 心中有集体、有他人,关心他人,热爱集体的教育。 2. 尊重集体意志、服从集体决定的意识教育。 3. 尊敬师长、友爱邻里、与同学团结友爱的教育。 4. 热爱集体、为集体服务、维护集体荣誉的教育。 5. 正确处理与同学、与集体关系的教育。
社会主义教育	1. 社会主义伟大建设成就的教育。 2. 初步热爱党、热爱社会主义祖国的教育。 3. 理想教育 (1) 正确的学习目标教育。 (2) 以英雄模范人物为榜样的教育。 4. 道德教育 (1)《中学生守则》教育。 (2)《中学生日常行为规范》教育。 (3) 文明礼貌、社会公德、良好的个人品德教育。 (4) 初步环境道德教育。 5. 劳动教育 (1) 热爱劳动、尊重劳动人民的教育。 (2) 勤劳俭朴、珍惜劳动成果的教育。 (3) 以自我服务为主的劳动教育和劳动习惯的教育。 6. 遵纪守法教育 (1) 学法、知法、守法的教育。 (2) 遵守学校纪律和规章制度的教育。 7. 良好的个性心理品质教育 (1) 诚实正直、积极进取的教育。 (2) 青春期心理卫生、男女同学正常交往及真诚友爱的教育。 (3) 正确的自尊、自爱教育。 (4) 初步的良好意志品质的教育和培养。

表 3－3 “知范向雅”教育内容实施细则

成长阶段	主要工作
第一阶段（新学年开学至第一学期期中）	1. 入学教育，军训。 2. 做好开学各项准备工作。 3. 认真开展以《中学生守则》、《中学生日常行为规范规范》等学校各项规章制度为主要内容的教育工作。 4. 健全各种学生组织。培养学生热爱新集体、新老师、新同学的思想，培养正确处理新的师生、同学关系的能力，初步树立起心中有他人，心中有集体，心中有祖国的思想观念。 5. 指导学生逐步适应初中生活与学习环境，做好小学与初中在各方面的衔接工作。 6. 开展好爱国主义教育，组织好升旗仪式，组织好国庆教育。
第二阶段（第一学期中至寒假）	1. 形成良好的校风、班风、集体舆论，形成较稳固的校园文化和班级文化，优化校、班育人环境。 2. 继续进行《守则》、《规范》教育，形成学生良好的中学生行为习惯。 3. 对学生进行学习目的、学习方法、学习态度和惜时守信的观念教育。 4. 热爱劳动、热爱劳动人民，勤劳俭朴、珍惜劳动成果、爱护公共财产的教育。 5. 师生关系、同学关系、个人与集体、自己与他人关系的教育。 6. 热爱科学和正确审美观点的教育。 7. 正确的独立性、自觉性、自尊心、成人感、主动性、良好的情感、意志、兴趣、爱好等心理品质的引导培养。
第三阶段（第二学期开学至第二学期期中）	1. 雷锋精神教育。 2. 革命传统和继承革命遗志，做革命事业接班人教育。 3. 公民的社会公德教育。 4. 良好心理品质的培养教育。 5. 明辨是非、美丑、善恶和抵制不良影响的教育。
第四阶段（第二学期期中至暑假）	1. 热爱党、热爱社会主义教育，热爱劳动教育。 2. 巩固以"五爱"为中心的公民道德教育。 3. 了解法律常识，进行民主与法制观念教育。 4. 青春期启蒙知识教育。 5. 青年良好心理品质的培养。

初二年级学生成长的特点与工作要求。

初二年级是学生个性心理发生显著变化的阶段。随着其实践活动范围和认识视域逐步扩大，独立思考和分析问题、解决问题的能力增强，对社会、现实、人生等重要问题思考的深度、广度都有所提高，对自己未来的生活道路开始设计，部分学生对异性爱和美有所考虑。但思想方法上仍存在单纯简单，部分学生开始构想毕业升学、就业等现实问题，在学习上表现出一定的选择性，也有一部分同学容易产生消极畏难情绪。随着年龄的增长，他们期望和成年人有平等的权利，不愿接受简单的命令式的管理和一般化的说教。初中是学生成长的重要分化期.

根据这些特点，我们确定初二年级学生工作以"唱响青春"为目标，重点实施"生命教育""主体性教育"，引导学生知生命、会生活、善生存，着力培养学生懂得自我欣赏、尊重他人、勤于实践、勤于学习的人格品质。

表3－4　初二年级学生"唱响青春"教育内容与要求

主要内容	具体要求
爱国主义教育	1. 热爱家乡、建设家乡的教育。 2. 初步的国家观念的教育。 3. 民族自尊心、自豪感的教育。 4. 初步的国情教育。
集体主义教育	1. 对国家、社会、集体的责任感、义务感的教育。 2. 初步的社会主义的民主与集中，自由与纪律关系的教育。 3. 服从集体意志，积极参加集体活动和乐于生活于集体之中的思想情感培养教育。 4. 能够正确处理个人与集体的关系的教育。 5. 先人后己的思想教育。
社会主义教育	1. 祖国建设伟大成就和社会主义优越性教育。 2. 社会发展规律的教育。 3. 初步的社会主义市场经济观念和与之相适应的思想教育。

（续表）

主要内容	具体要求
理想教育	1. 初步的社会主义共同理想教育。 2. 为振兴中华，为祖国早日实现“四化”而勤奋学习的教育。 3. 方向性德育内容：积极向上，政治上要求入团以及团的有关知识的教育。
道德教育	1. 中华民族传统美德教育。 2. 进一步的《中学生守则》和《中学生日常行为规范》教育。 3. 遵守社会公德和分辨是非的教育。 4. 正确的人际关系的教育。
劳动教育	1. 尊重劳动人民、养成自我服务习惯的培养与教育。 2. 珍惜劳动成果、生活俭朴等思想情感的教育。 3. 认真参加校内劳动和社会公益劳动的教育。
社会主义民主与遵纪守法教育	1. 社会主义的民主与纪律关系的教育。 2. 宪法及有关法律常识和法规的教育。 3. 知法守法、运用法律武器保护自我的教育。 4. 继续进行学校纪律和规章制度的教育。
良好的个性心理品质教育	1. 青春期心理卫生、性道德、男女正常交往和真诚友爱的教育。 2. 健康的生活情趣教育，发展个性特长教育。 3. 坚强的意志品格和自我控制能力教育。 4. 正确认识自己、评价自我能力的教育。 5. 自尊、自信、自爱、自强心理品质教育。 6. 辨别是非能力的培养教育。

表 3－5 “唱响青春”教育内容实施细则

成长阶段	主要工作
第一阶段（新学年开学至第一学期期中）	1. 日常行为规范和社会公德教育。 2. 良好班风、正确集体舆论及班级文化建设，初步形成良好班集体。 3. 对学生进行形势、国情及爱党、爱社会主义教育。 4. 法律常识教育。 5. 对学生进行思想和心理品质的塑造和疏导，使学生顺利渡过分化阶段的初步教育。

（续表）

成长阶段	主要工作
第二阶段（第一学期中至寒假）	1. 做好学生由少年期向青年初期的各种转换过渡教育。 2. 加强对学生思想和心理素质的疏导工作,缩小两极分化率。 3. 抓好青春期教育。 4. 继续加强遵纪守法教育。 5. 对学生进行正确的参与意识与社会意识教育。
第三阶段（第二学期开学至第二学期期中）	1. 热爱社会主义教育。 2. 树立健康社会意识,进行明辨是非、抵制不良影响的教育。 3. 正确交往,对待友谊,处理好异性同学关系的教育。 4. 热爱学习,正确对待困难的教育。 5. 继续做好学生心理品质的疏导和学生由少年向青年初期过渡的工作,缩小两极分化率。
第四阶段（第二学期期中至暑假）	1. 进行树立正确社会意识和参与意识的教育。 2. 培养良好的心理品质与矫正不良心理品质。 3. 增强是非观念、审美观念,培养判断能力和交往能力。 4. 树立正确学习态度,指导科学学习方法。

初三年级学生成长的特点与工作要求。

初三年级是学生初中阶段的最后一年,青春期特点全部彰显,世界观开始明朗,思维方式趋向成人,对人生、社会、现实等问题,都有自己的观点、看法和一定的理解。喜欢思考、探讨问题并有一定的分析判断能力,抽象能力大大发展,独立生活和活动能力渐强,对个人前途、出路比较关心,面临毕业,对升学、就业等问题考虑甚多,会有一定的自我成长压力。

根据这些特点,我们确定初三学生工作以“自主卓立”为目标,重点实施“理想教育”,引导学生树目标、会规划、能努力,培养学生自主规划、自我提升、关爱他人、善于实践、善于学习的能力。

表 3－6　“自主卓立”教育内容与要求

主要内容	具体要求
爱国主义教育	1. 中国国情教育，中国近代史、现代史教育，社会主义新中国伟大成就教育。 2. 初步的国家观念教育，完成祖国统一大业教育。 3. 国家和国家安全及热爱和平、同各国人民友好交往的教育。
集体主义教育	1. 正确处理个人与集体、个人与国家、升学与就业等关系的教育。 2. 关于自由与纪律关系的教育。 3. 和谐的人际关系的教育。
社会主义教育	1. 人类社会发展规律教育。 2. 社会主义初级阶段党的基本路线的教育。 3. 最新的时事政治教育。
理想教育	1. 进一步的学习目的教育。 2. 初步的职业理想教育。 3. 社会主义共同理想教育。
道德教育	1. 社会主义文明礼仪、文明生活方式及社会主义道德行为习惯教育。 2. 初步的职业道德教育。 3. 自觉遵守社会公德和明辨是非的教育。
劳动教育	1. “劳动创造世界”的教育。 2. 艰苦奋斗、艰苦创业思想教育。
社会主义民主和遵守纪律的教育	1. 宪法及有关法律常识和法规教育。 2. 知法守法，运用法律武器保护自己的教育。
良好个性心理品质教育	1. 自尊、自爱、诚实、正直、积极进取的教育。 2. 健康的思想、兴趣、爱好、性格的养成教育。 3. 自我认识、评价、管理、调节、教育能力的培养教育。 4. 正确辨别是非能力和抵制不良影响的教育。

表 3-7 “自主卓立”教育内容细则

成长阶段	主要工作
第一阶段（新学年开学至第一学期期中）	1. 强化养成教育,形成良好的公民品德。 2. “做合格初中毕业生”教育。 3. 进行形势与国情教育。 4. 进行坚持改革开放、坚持四项基本原则和与之相适应的思想意识教育。
第二阶段（第一学期中至寒假）	1. 基本国情与形势教育。 2. 社会主义精神文明建设的教育,使学生懂得精神文明建设的主要内容和根本任务,决心做党所要求的“四有”新人。 3. 继续进行“做合格中学毕业生”教育。 4. 良好心理品质的培养。 5. 与改革开放形势相适应的思想素质心理品质的培养。
第三阶段（第二学期开学至第二学期期中）	1. 社会主义的法制、法制与民主关系的教育。 2. 正确处理个人理想、共同理想、共产主义理想的教育。 3. 正确对待毕业,升学与就业关系的教育。 4. 健康心理品质的培养和异常心理状态的疏导。 5. 国情与党的方针政策教育。
第四阶段（第二学期期中至毕业）	1. 立志成才教育。 2. 认真复习,诚实考试教育。 3. 初步职业道德教育。 4. 良好心理品质培养和对不正常心理状态的疏导。

二、营造公平、自主、适性的成长环境

吕叔湘先生曾对叶圣陶先生讲,“教育的性质类似农业,而绝对不像工业。工业是把原料按照规定的工序,制造成为符合设计的产品。农业可不是这样。农业是把种子种到地里,给它充分的合适的条件,如水、阳光、空气、肥料等等,让它自己发芽生长,自己开花结果,来满足人们的需要。”①吕

① 任苏民编著:《教育与人生(叶圣陶教育论著选读)》,上海教育出版社 2004 年版,第 90-92 页。

先生的话生动诠释了学校教育与学生成长的关系。教育的对象及既类似于农作物(都是具有不同生命基因的生命个体,对生长环境条件有独特要求),又不同于农作物(学生是具有主观能动性的人,可以主动选择所适宜的环境)。校长办学实质上是为每一位学生的主动健康发展营造适宜的环境。校园作为学生生命活动的重要时空之一,不仅要有适宜的物理环境,更要有适性的人文环境。学校能否为师生提供公平、自主、适性的人文环境,直接决定着校园师生的生命成长质量。正所谓“一间教室能给孩子们带来什么,取决于教室桌椅之外的空白处流动着什么”①。为此,我校以营造公平、自主、适性的成长环境为宗旨,以班级为阵地,以校园为场域,着力构建了基于小组合作的学生组织管理体制和校园生活机制,为学生有效地营造了更加公平的发展机会,搭建了一系列自主发展的成长平台,也为学生个性的自由生长提供了更广阔的空间。

(一) 基于小组合作的班级组织机制

1. 重新认识小组合作的育人价值

小组是学生社会化历程中所经历的最早的社会性组织。校园是学生生活的“小社会”。学生与这个“小社会”的关系,是其生命质量的重要构成,也是校园文明程度与发展水平的标志之一。在人与社会的关系形态中,人与组织的关系,又是极为内核的关系之一。“当代中国社会需要并正在形成个体与群体、组织之间的积极的互动关系。个体在群体、组织、单位中生存发展,以自身的创造力推动群体、组织、单位的发展;而群体、组织、单位需要尊重个体并借助于个体的创造力实现自身的正常运行与不断更新。两者是多维、多层、长时、动态的关系。”就个人而言,要从依附走向独立,从被动走向主动,从重复走向创生;就组织而言,需要从简单走向复合,从单一走向

① (美)雷夫.艾斯奎斯著,卞娜娜译:《第56号教室的奇迹》,北京,中国城市出版社,2009年8月,第7页。

多元,从维持走向演化;就二者的关系特征而言,是组织需要着、容忍着、促进着个体的独立、主动与创生;而个体同样需要着、容忍着、促进着组织的复杂、多元与演化。小组合作就是这样一个促进个人和组织相互作用、不断演化共生的机制。中学生生活于具体的家庭、社区、学校中。尽管他们并没有如成人般丰富的组织关系,但培养未来公民与社会组织的关系,起始于小组合作之中;学校内的各类组织,恰恰是教育学生创生积极、健康、富有活力、充满创造的人与组织新关系的重要资源。而且,从小组建设到班级的建设,从年级建设到社团、学校组织建设,再到家庭、社区、社会关系建设,学生工作所蕴含的多元、多层的教育内容都是为了学生社会性的发展。从小组到班级是完成这一成长历程的重要纽带和阶梯。

其次,小组合作是保障教育公平的基础性机制。教育公平是一种古已有之的美好理想。2000 多年前,孔子就主张“有教无类”。西方古代思想大家苏格拉底也认为,施教对象不分贫富,不拘一格。随着教育民主化进程的发展,不少发达国家已将教育机会均等视为人权的基本构成,不再是给每个人以同样机会的教育,而是给每个人以更好的教育。由此可见,教育公平已成为现代教育中重要的理念,可以从教育起点、教育过程和教育结果三个层面来考察。三个层面是相互区别相互联系的。小组合作,能最大限度地保障班级授课制中的权益公平、机会公平和发展水平公平。

第三,小组合作是合作学习的有效方式,对于促进各成员之间的互助、互补、共生具有极其重要的作用。合作强调个体与人际环境之间的交互作用。合作学习是目前世界上许多国家普遍采用的一种富有创意和实效的学习理论与方略。一方面,小组的合作型目标结构使得团体成员之间的交往更为频繁,他们相互帮助,相互鼓励,每一名成员都更大程度地感受到自尊和被其他成员所接纳,使得他们在完成任务的过程中更为积极,成就水平也提高得更快。因为只有当小组成功时,小组成员才能达到他们各自的目标。正所谓在成功的团队里没有失败者,在失败的团队里没有成功者。另外,在合作学习中,学生社会(小组中)地位的变化也是学生的学习动力之一。原来在传统教学班级中地位很低的学生，由于合作小组的成就而获得了他们的社会地位，对于成绩水平较好的学生来说，在帮助其他学生的学习过程中，逐步成为小组的“领导阶层”，这一社会地位的变化也会使他们更为自豪和更有信心，从而付出更多的努力进行自身的学习和帮助同伴成功。与此同时，学生在学习任务方面的相互作用将导致他们认知水平的提高。学生可以通过讨论学习内容、解决认知冲突、阐明不充分的推理而最终达到对知识的理解。被辅导者通过同伴的解释和帮助，提高了认知发展水平，辅导者进行辅导时需要重新组织材料并抽取最重要的材料进行讲解，这也进一步巩固了他们已学的知识，使他们在学习上获益。

2. 小组合作与初中生主体人格形成的关系

人格是构成一个人的思想、情感及行为的特有的统合模式，这个统合模式包含了一个人区别于他人的稳定而统一的心理品质。人格具有整体性、独特性、稳定性、社会性等特征。由于人格系统的复杂性，许多心理学家从不同的角度试图对人格加以说明。弗洛伊德的人格理论认为，人格是由本我、自我、超我三个部分组成。

埃里克森认为，人格是在个体与环境不断相互作用中发展成长起来的，建构了个人发展的“心理社会性发展”模型。他把人的一生发展划分为八个阶段，指出人成长的每个阶段都有具体的发展任务和存在的心理社会危机。(1)婴儿期(0—1 岁)：信任与不信任；(2)儿童期(1—3 岁)：自主与羞怯怀疑；(3)学龄初期(3—6 岁)：勇敢与怯懦；(4)学龄期(6—12 岁)：勤奋与自卑；(5)青春期(12—18 岁)：自我同一性与角色混乱；(6)成年早期(18—25)：亲密与孤独的冲突；(7)成年期(25—65)：生育与自我专注的冲突；(8)成熟期(65 岁以上)：自我调整与绝望期的冲突。初中阶段的学生处于第五阶段，这一阶段孩子面临的发展危机是自我同一性与角色混乱，帮助孩子走出危机、成功发展的方法就是要建立自我同一性。

“自我同一性”本意是证明身份，是指个体在寻求自我的发展中，对自我的确认和对有关自我发展的一些重大问题,诸如理想、职业、价值观、人生观等的思考和选择。如果青少年不能达到自我同一性的确立,就有可能引起同一性扩散或消极同一性发展。个体在自我同一性确立的过程中,如果难以忍受这一过程中的孤独状态,或者让别人去把握自己的决定,或服从别人的意见,或回避矛盾,拖延决定,就不能正确选择适应社会环境的生活角色。这类个体无法"发现自己",也不知道自己究竟是什么样的人和想要成为什么样的人。他们没有形成清晰和牢固的自我同一性。小组合作对于帮助学生确立自我同一性具有重要的桥梁作用。

班级是一个有目的、有计划地向学生施加影响的教育场所,也是形成学生世界观的重要场所,是学生成长过程中的重要社会环境。在这个"社会"中,小组合作能极大地丰富组内或组间成员的交往、相处、合作、影响等,对每个学生人格心理品质的发展成长,形成"自我同一性"和对满足学生自我发展、自我实现的需求都起着重要的作用。可以说,小组合作是学生社会化的必然过程。

3. 小组合作的组织运行机制

(1) 小组组建的基本原则

小组合作的基本理念是通过同龄人之间的相互作用,建立新型的伙伴关系,促进伙伴之间的"互助、互补、共生",引导学生在相互作用过程中发现自我、重塑新我。要实现这一目的,小组的组建应遵循三项基本原则。

一是组内异质与组间同质兼顾的原则。小组合作的核心价值是共生,是通过同伴之间的相互交流、合作互助,达到小组成员的共同进步,最终实现全班同学的共同发展。即由各美其美到美人之美,达到美美与共。根据建构主义学习理论,学生的学习总是在自己已有的知识、经验和文化背景的基础上建构新知识的,学生知识、经验和文化背景的差异会导致对理解知识的侧重点不同,这时若能将存在认知差异的学生组合在一起,通过互相启发,彼此分享各自的知识、经验、智慧,就能实现优势互补,解决仅靠一个人努力无法解决的学习疑难,从而促进知识的构建。同时,也保证在各学科学习和班级生活中,每个小组成员能各展所长,互补所短,每个人都能为小组的发展贡献一份力量,形成一个“唐僧式”的小团队。因此,在组建小组时,首先要保证“组内异质”,即小组成员之间在学业发展水平、个性心理品质、组织交流能力等方面存在可接受的差异,尽可能避免能力水平的同质化,性格特点的同一性。有差异才会有发展。不同层次的学生组合在一起,在日常化的学习生活中,每个人都能够扬长补短,优势互补,实现最大可能的相互作用,达到“1+1大于1”组合效果。从而减少处于劣势地位的学生,因无法跟上教师的课程内容,而产生挫败感,丧失自信的现象。同时也能引导学生学会彼此尊重相互包容,学会欣赏别人的长处,学会必要的妥协与退让,学会与不同的人相处。

与此同时,为保证班级内部组与组之间的公平发展,协调发展,均衡发展,小组的组建还必须遵循“组间同质”的原则,使各小组之间的内部结构、合作能力、发展水平相对一致,以保证班级在学习生活中各小组之间的平等交流和公平发展,从而促进整个班级在合作基础上有序竞争,最终达到共同成长的目的。

二是个人自愿与教师协调结合的原则。要落实“组内异质”原则,班主任必须综合评估全班学生学科学习能力、发展水平以及性格特征,统筹协调各小组内部的成员结构。一般的处理方式是把班内的学生按照综合发展水平分为四个层次:A层优秀生、B层良好生、C层中等生、D层潜力生,每个小组一般以4人为宜,包含A、B、C、D四个层次的学生各一位。组建时可委托A层的同学担任组长(小组成立后可根据实际情况,如组员的综合能力、责任感等,由小组成员一起推荐或自荐),负责组织各层次学生自愿申报想参加的小组。开始,学生自愿申报时一般会选择同伴关系相对密切、个性特征相对接近的同学组合在一起。这时,教师要在学生自愿的基础上适当协调。

有的根据学生组织管理能力、课堂活跃程度、兴趣爱好、性别、性格、文理学科、心理素质等方面的“互补性”,进行微调。如将活泼好动的学生与安静内向的分到一起,安静的学生能对好动的学生起着一个暗示、提醒的作用,而活泼的学生主动与内向的学生交谈,慢慢地打开内向学生的心扉,让他(她)也敢于与同学交流。有的根据小组成员之间的学科结构差异,将学科优势生与偏科生安排在一组,进行互助学习,以缩小整个班级学业水平发展的差距。

"互补"型的分组是我们学校普遍使用的分组方式,它能促进每个同学有更广泛的伙伴交往,各小组成员之间有更丰富的个性特征,各小组内部有更充分的"异质"结构,有利于学生学会交流、学会合作、学会包容。

也有个别老师尝试采用反其道而行的"性格同质"的分组,也就是把性格内向、不爱言辞的四个人分在一组,同样地把好动、话多、自控能力弱的学生安排在一组。通过这样的方式,使前者在无人依赖的情况下,每个人都必须学会自我调整,有序与人交流,这样才能在课堂分享时轮流发言。而对于后者,其班主任认为可把他们的注意力吸引到课堂上来,让他们都充分地发表自己的看法。

一般认为,"互补"型的小组无论是稳定性、持久性,还是学生的可持续发展、互助实效都比"性格同质"型要强。"性格同质"型有冒险成分,具有不稳定、多变的特点,这样的分组无疑对班主任以及科任老师是一个很大的挑战,更需要班主任时刻关注学生的动向,甚至随时做好"消防员"、"救生员"的角色。因此,对于普通班级来说,采用"互补"型的分组形式更稳妥、更科学。另外,值得一提的是小组的成员不宜频繁调整。除非出现小组内部成员之间的相互作用低效,甚至负效时,才会对小组进行内部成员结构适当微调。一般是一个学期后根据学生个体以及小组的发展情况,进行变动。因为一段时间内的相对稳定,有利于学生间的互相了解、优势互补,增强组内的凝聚力和团队意识,也能对每个小组进行动态跟踪和综合、客观的评价。一个学期后,原则上小组需要重新调整,一方面为了合作的公平。经过几个月的学习,由于种种原因,组与组之间由当初的微毫差距,逐步地拉开距离,有的甚至很大,"组间同质"已经不复存在。重新分组是为了新一轮的"同组异质,组间同质"

的优势互补,公平竞争,更好地促进群体的共同发展。另一方面让学生更广泛地接触班内的其他同学,并学会与不同的人的交流、合作,这对于学生个体的成长非常重要,是保证整个班级发展动态平衡的必要措施。

三是有利于合作互助的座位编排原则。为了最大限度地方便小组内部的同伴之间、小组与小组之间的交流、合作与互助,我们对全班学生座位进行了基于小组合作的设计与编排,如图 3 - 1 所示。座位分为同桌分布、组内分布及组间分布三个层次,采取 A—C、B—D 组合为同桌,BD 在前排 AC 在后排组合成四人小组,组与组之间的 A\B 两个座位相互靠近。我们发现,有些问题小组内部讨论都始终没有结果,这需要发挥组与组之间的力量,同时扩大不同组同层次的学生的沟通,所以在列与列安排时,我们也巧花心思,让同层次的学生也紧挨着,这样给不同组同层次学生的交流提供了便利。以满足同桌交流、小组交流、组间交流的需要。这样的编排,遵循了一般问题、日常学习同桌交流解决,主要问题、重要事项小组合作解决,普遍问题、疑难事项全班研讨解决的基本逻辑。

(2) 小组合作的组织机制

为了贯彻小组合作"共建、共治、共享、共生"的理念,必须引导学生逐步建立一套相对稳定的组织机制,来保证每一位小组成员尽可能发挥自身的优势,参与合作交流,帮助同伴,完善自己,共同成长。目前相对稳定的制度有岗位责任制度、小组值周制度、项目认领制度。

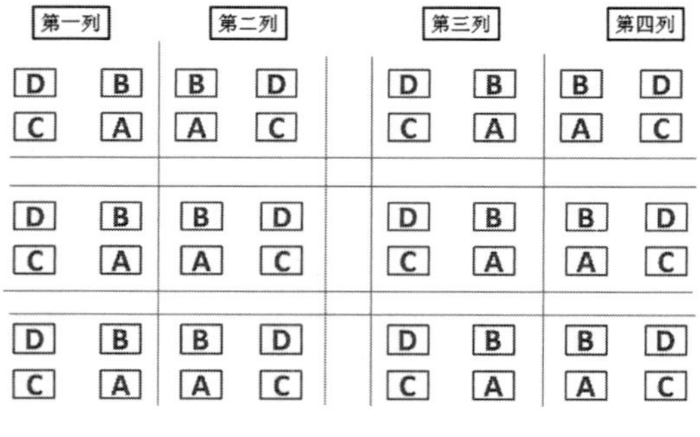

第一列		第二列		第三列		第四列	
D	B	B	D	D	B	B	D
C	A	A	C	C	A	A	C
D	B	B	D	D	B	B	D
C	A	A	C	C	A	A	C
D	B	B	D	D	B	B	D
C	A	A	C	C	A	A	C

图 3 - 1　小组合作的组织机制

一是岗位责任制度。四人小组作为学生参与班级学习生活的基本单位,必须遵循基本的组织规范,方能有张有弛地以"小团队"的形式参与班级建设和课堂学习,完成共同的目标,实现共同进步。为此,我们规定,每一个小组必须有自己的组名、组规,设置基本管理岗位责任,制定小组班级生活奋斗目标。

首先是制定组名、组规。通过"头脑风暴",确定组名、小组口号(目标),并从课前准备、课堂参与、学习表现、作业完成到出勤、卫生、午休、纪律等方面制定组规;有的还要设计组徽等,并立案成文,四人小组宣告成立。在这个过程中,学生表现出高昂的积极性,由学生自己设计的组名、组号创意无限,如组名"草原上的烈火"、"赖在梁家的云朵"、"跳跳虎"等,组号"超越梦想,展翅高飞"、"世界对我们来说没有什么不可能"、"请不要消失希望,夜长还是有星光"……

其次是设置岗位。一般在班主任的指导下每个小组设组长、组织员、监督员、记录员或报告员四个岗位,按照各尽所能、各展所长的要求,通过讨论对小组成员进行分工,保证人人有事做。岗位职责的制定,一般由小组成员根据班级日常事务、班级学习生活常规要求共同制定。

小组长:一般由有一定领导能力的学生担任。代表小组主持小组合作学习、承担班级事务、参与班级活动,协调小组成员之间、与兄弟小组之间、与班主任之间的相关事务等。

组织员:一般由自主学习能力较强的学生担任,主要负责小组的课堂学习、学业管理、合作学习,如课前准备、课堂研讨、作业管理、课后拓展、成果报告与分享等。

监督员:负责监督小组成员完成小组分工,参与班务管理、承办班级活动,维持小组合作秩序,实施小组成员的考核评价等。

记录员:一般由责任心、严谨性较强的学生担任。主要负责小组合作项目的过程记录、资料整理、各项评议记录与报告等。

各班小组岗位职务和职责的设置不是固定不变的,不少班级会根据教学需要去设置岗位，如小组长、汇报员、记录员、资料员或小组秘书长、小组信使等等。无论是怎样的职务称呼，关键是职责到人、有分工有合作。此外，组内同学担任的角色分工可以根据课程学习和班级活动的实际需要进行交换。有的班级实行组内角色每月轮换制和导师辅导制、岗前培训制。这样的轮换制，使每个同学都能担当不同的角色，都有机会扮演管理者，体验不同角色的苦乐，以增强学生的责任感，使组员间懂得互相包容、理解，从而使每个学生都能真正学会合作。

二是班级小组值周制。在班级管理上我们实行四人小组值周制。每周有一个小组为值周小组，负责管理本周班级的一切常规事务。我们把班级事务分为四个板块：课程学习、日常行为规范、两操一活动的组织、班级日常事务。小组四人每人负责其中一个板块，对全班各组进行评价打分，并于周一至周四每天下午放学前5—10分钟，派1名代表（不重复）在全班做小结性发言。每周五下午放学前，值周小组四位同学分别对本周班级各小组在各自负责领域的表现情况做一个总结性的发言，可表扬、可建议、或做反思、或谈体会。然后由小组长负责组织，其他各组成员对值周小组进行考核评分，并作自由发言式点评。同时，值周小组组织要做好小组轮流值班的交接班手续。

三是项目认领制度。对班级需要承担的学校或年级的集体活动，以小组负责的形式进行认领，在班主任和班委的指导下，负责项目的策划、动员、组织、检查、汇报等。如承担班级板报、值周班级工作，协助班委完成运动会、读书节等大型活动的班级报名与筹备，协助班主任布置家长会、组织班级学生参加年级歌咏会、进行班级春游的策划准备等，以此培养学生的合作、沟通、协调能力。这样的工作一般一事一议，及时发布，及时总结。

（3）小组合作的内容范畴

四人小组既是学生日常学习生活的基层组织，又是同班之间开展交流合作的重要平台。目前小组合作的内容已经深入到班级生活的各个方面，如小组合作课堂学习、小组合作承办班务、小组合作主持班会、小组合作管理班级、小组合作美化班级环境、小组合作进行操行评议、小组合作参与学校活动等等。

(4) 小组合作对班级建设的效应

一是营造了班级合作互助的合作文化。小组合作的机制让同班同学之间长期以来的竞争对手关系变成了可以合作互助的伙伴关系,大家为了共同的目标,相互作用,快乐同行。不仅同一小组的同学在捆绑考核机制的作用下成了相互支持、相互帮助、相互启发的"共同体";不同小组之间也成了可以分享、可以借鉴的同路人。原来依靠教师启发带动的单个"小拖车"变成了自主前行的"动车组"。

二是培育了学生自主自信的主体人格。小组合作让那些在班级长期处于弱势地位的"学困生"有机会在小组成员之间找到了存在感,在同伴的帮助下增强了学习的自信心和发展的主动性;也让那些成绩较好的学生懂得了理解、包容,学会了分工协作,知道了帮助他人同时也能提高自己的道理。每一个同学在合作互助式的学习中都能平等相处,真诚沟通,学会了倾听,增强了自信,学习的主体性和主动性明显提高。

三是强化了教师以生为本的价值观念。小组合作学习让教师清晰地看到,只要学习环境适宜,不仅每一个学生可教,而且还能无师自通,喜欢优等生、轻视后进生的职业偏向悄然转变。更让教师深刻感受到每一位学生都是一支待点燃的火把,一旦触及到他们的燃点,同样可以燃放出耀眼的光芒,学生之间的相互作用是可以激活和生成新的教育资源的智慧宝库。先学后教、依学施教就在我们眼前。

(二) 关注成长需要的班级生活重建

初中阶段是学生走出童年的懵懂,开始憧憬未来人生,挑战师长权威,求同与求异并存的个性心理转折时期。他们兴趣广泛,喜好接受新鲜事物,看重同伴友情,期待被关注、被认同的存在感。但在这样一个具备丰富成长能量和生成性成长资源的教育阶段,不少学校的学生工作、学生生活却存在如下三个矛盾:一是学生成长需要的复杂性与学校德育管理方式简单化之间的矛盾;二是学生成长需求的多样性与校园生活单一化之间的矛盾;三是学生个性发展的差异性与校园生活的统一性之间的矛盾。

如何满足学生成长的丰富性,提高学生生命的质量呢?针对以上三个矛盾,我们开展了"基于小组合作的班级生活重建与初中生成长"专题研究(广东省教育厅2015年年度中小学德育创新课题),试图利用小组合作的力量,从学生自身的成长需要出发,创生新型班级生活,形成富有精神感染力和生命活力的班级生活新样态,使原本就因生命存在而充满内在生机的教育,从传统教育管控模式下的"沙漠状态",重新转回到唤醒和引领模式下的"成长绿洲",提升学生的学校生活质量。

1. 研究的意义

开展初中生班级生活重建,提升学生班级生活质量是落实"立德树人"教育改革战略主题的必然选择。《国家中长期教育改革和发展规划纲要(2012—2020年)》明确提出把"立德树人"作为当前和今后一段时间教育改革的战略主题,并将"重点是面向全体学生、促进学生全面发展,着力提高学生服务人民的社会责任感、勇于探索的创新精神和善于解决问题的实践能力"等作为战略主题的构成,还进一步提出"关心每个学生,促进每个学生主动地、生动活泼地发展,尊重教育规律和学生身心发展规律,为每个学生提供适合的教育",也提出了"减轻中小学生课业负担"的明确要求。落实上述内容,必然要求重新审视、研究、建设能够促进学生发展和生活质量提升的新型班级生活,对学生"日常生活"质量及其生活方式、发展状态进行反思与重建,开展基于学生,通过学生,为学生健康、可持续发展的班级日常生活变革研究,对于学生综合素质的发展,具有直接的针对性与长久的影响力。这也是众多班主任工作的实践价值之所在,更是学生成长的内在需要。

开展初中生班级生活重建,是改善当前初中生班级生活状态,培养具有创新精神和实践能力一代新人的现实要求。班级作为学生在校参与教育教学活动的基本单位和主要阵地,其生活方式和生活质量,在一定程度上就决定了学生初中阶段的成长状态和生命质量,对处于成长需求和生命活力极其旺盛的初中学生来讲,就显得尤为重要。但长期以来,众多初中学校普遍存在着学生班级日常生活贫乏和育人资源流失的现象,学校班级建设一直缺乏以满足学生多样化的成长需求为出发点的清晰、合理、循序渐进的内容结构,学生的班级生活单调、乏味,缺乏精神滋养,缺乏成长气息;班主任的班级工作呈现出盲目、忙碌、零散、事务的特点。

2015 年 3 月,我们在全校 40 个班进行《班级生活调查问卷》调研(七年级 14 个班,八年级 14 个班,九年级 12 个班)。调查方式为学生问卷,在结构上包括"班主任教育期望"、"班级管理制度"、"主题活动设计"、"班级文化建设"等四大领域。通过对问卷调查数据的分析,我们发现我校班级生活与学生成长处于一种"半沙漠状态":班级生活内容上体现学校和老师意志的多,关注学生需要的少;形式上是老师主观安排、管控说教的多,学生主动参与、自主创设的少;效果上学生被安排、被教育、被管理,缺乏主体责任意识,其发展状态离自信、自主、自强的教育要求越来越远,多数学生常常被戴上"叛逆型"的帽子。基于此,开展旨在改善初中生班级生活品质,培养有自信、敢担当,谈吐文雅、举止优雅、情趣高雅、气质儒雅、主动发展的现代中学生的初中生班级生活重建研究,自然就有了非同一般的实践意义。

2. 实践探索

为了建立以提高初中生班级生活(生命)质量,丰富其精神世界为根本宗旨的班级发展新样态,2015 年 5 月,"基于小组合作的班级生活重建与初中生成长研究"作为广东省 2015 年中小学德育创新课题在省教育厅正式立项。课题组针对初中生班级生活现实存在的问题和我校儒雅学生的培养要求,以提高学生在班级建设中的主体性、主创性和责任心,提升学生班级生活的交互性、民主性和成长性为目标,在"共建、共治、共享、共生"的班级治理理念指导下,从班级治理体制、课程教学实施、主题活动策划、班级文化建设和家校关系重塑五个方面,开始了基于小组合作的初中生班级生活重建研究。

(1) 构建以学生成长为中心的扁平化班级治理体制

依据初中学生自主性、独立性和同伴关系快速成长,亲子关系逐步疏远,课业负担日趋加重的特点,我们以强化班级建设的学生立场、唤醒学生对班级的主体责任意识为具体目标,以推动班级管理的重心下移、价值提升、动力内化为价值取向,在学生、家长和任课老师中开始了以向学生放权、赋权为主要内容的班级管理体制改革,着力构建以学生成长为中心的扁平化班级治理体系。

① 建立干部推选制度,把班级干部的推选权下放给学生

首先是在班干部职位设置方面从两个方向进行了改革。一个方向是设立 AB 双班委制,即 A 班委承担直接领导班级工作的任务,B 班委承担收集和反映同学们对班级工作的要求和建议的任务,以学生的视角协助 A 班委改进班级工作。两个班委设置相同、同时存在,协商合作。另一个方向是班委会的职位设置数不变,在每一个班委下再增加一个委员会,可由 3—5 人组成,如班级学习委员可领导一个学习委员会,协助学习委员管理班级学业,协调学生与任课老师之间的关系。两个方向虽然组织结构不同,但都是为了增加班级领导层面的人数和培养班干部在工作中与他人合作的意识,强化学生立场。

其次是完善班干部轮换制和竞选制。这一变革为打破“终身制”和增加更多学生担任“领导”的机会提供了制度保证。实施轮换制的班级干部轮换的比例一般不低于 1/3,不超过 2/3。轮换的时间间隔一般每学期两次,每人可连任一次,也可轮换下来以后再次上岗。竞选制采用先自愿报名参加竞争演讲,再由班级全体学生投票评选。新一届干部选出后,班主任都要及时组织新老干部进行工作交接,并指导新干部制定自己的工作计划,接受同学评议。

第三,在新一任班干培养方面,我们采取“以老带新”的方式。“下岗”的干部可参与别的岗位的工作,新干部工作有困难时可以让他们帮助,还可以作为班委中某一工作委员会的成员。要表扬那些不担任干部后仍然积极为班级服务的同学。

② 增设班级服务岗位,把班级事务的治理权还给学生

根据“班级无小事,事事皆育人”的理念,我们把管理班级事务作为培养学生主体责任、沟通合作、解决问题等多方面能力的舞台,将日常班级事务设置成不同的服务项目,以小组或个人名义认领的方式,引导学生共同参与班级治理、班级建设。项目认领人定期轮岗,以让每个学生或更多的小组有更多机会获取更多岗位体验。在岗位自主管理的过程中,逐步生成或完善了班级岗位服务规范和定期考核评议制度。有效增强了全班每个学生的主体责任和参与班级治理的自觉。

③ 丰富班内评价,把评价的权力与责任还给学生

我们通过班级评价多元化和经常化来促进学生自主发展。中学生的自我意识、自律能力以及对自我发展的认识与追求,与他参与的实践,实践后的反思和他人从不同角度所作出的评价密切相关,而且循着由他评逐渐转向自评的路线发展。为此,课题组研究在班级建设的变革中,努力丰富评价标准、渠道和频率,改变班级评价中“一言堂”的局面,在提倡发现他人优点的同时,促进学生自我反思和自我完善。其主要有以下三个方面的做法。

一是一事一议,专项评选,分阶段推出班内需要加强的工作项目“明星”。如“才艺达人”、“书写能手”、“爱心助手”等,即时评选及时表彰,以积分累计的方式纳入学生综合素质评价。。

二是加强对服务岗位和干部岗位的工作评议。岗位评议分为“平时评”和“换岗评”两类。平时评是岗位工作的过程性评议,由每日一评逐步过渡到一周一评。换岗评是岗位工作的阶段性评议,评议结果常常和岗位轮换挂钩。两类评议都采用自评和他评相结合的方式进行。有的实验班还设计了干部评价表,引导学生从“工作能力”、“交往能力”、“自我管理”、

“主要贡献”四方面考核岗位工作。

三是建立每日小结制度。每天放学前由小班主任或值日班长对全班同学履行一日常规、参与学校重大活动的表现以及活动中相关管理岗位、服务岗位履行职责的情况进行点评。既培养干部的工作能力，又推进班风班级的不断优化，效果较好。

④ 充分运用小组合作机制，开发学生自我教育资源

课程学习的小组合作，是让小组成员之间围绕同一学习内容，在各自探究的基础上，各抒己见，相互交流，在交流中达到相互启迪、互帮互助的效果；课堂成为学生分享展示的平台，每一个学习小组都成为主动学习的动车组。班级日常管理的小组合作，是让学生在共同的规则、目标面前，相互提醒，相互勉励，以团队的集体荣誉感代替自由主义和个人主义，强化组织观念，增强班级集体荣誉感。如小组合作做值日，小组合作出板报等，小组成员为了小组的集体荣誉，个个积极主动。学校重大集体活动中的小组合作，更是让学生的个性才华有了施展的舞台。学生自愿组成小组团队，围绕共同的项目目标，各尽所能，各展其才，在项目的出谋划策中表现出较强的合作能力和协调能力。如小组合作组织班级参加年级班歌合唱比赛。有的小组负责合唱训练的组织协调，有的负责组织钢琴伴奏和指挥的训练，有的负责服装道具的准备，有的主动联系班级家委会帮忙聘请导师指导训练，有的为了保证训练时间主动协调科任老师调整课程等等。一个活动下来，小组的凝聚力和战斗力得到空前提高。在完成岗位工作的同时提升学生自主管理能力的教育效果十分明显。

⑤ 创设学生自组织，激发学生成长的主体意识

发展学生自组织，引导学生由被动管理走向主动参与，是推动学生参与班级和学校共建共享的有效机制。我校在团委的引导下，大力支持学生成立了各类自组织。一类是协助年级组管理年级一日常规的学生自治组织。如学联社、学生自管会等；另一类是学生根据个人兴趣特长自愿组成的各类学生社团。他们在老师指导下，打破班级的界限，在课程学习、社会实践、体

艺爱好、信息科技等多领域自主报名、自主培训、自主管理,成为自主发展的“成长共同体”。如话剧社、舞蹈团、粤剧社、集邮社、剪纸社……成为校园一道道靓丽的风景线,更成为学生“心灵的家园”。生活即教育,社团就像“小社会”,在学生间搭建了一座“桥梁”。学生纷纷展开“隐形的翅膀”,张扬个性,发掘潜能,感受了生命成长的快乐,在自主、自信、自立的生命体验中不断走向儒雅之路。此外,还有学生自愿组织的各年级自愿者团队,他们以奉献、服务、担当为己任,主动承担学校各类大型活动的组织与服务,并参与社区的公益服务。

⑥ 完善班级民主管理制度,让学生在参与治理中学会负责

为推动班级民主建设,学校先后出台了《佛山三中初中部值周班值周制度及职责》、《佛山三中初中部班级“值日班长”制度》、《佛山三中初中部志愿者服务制度》等相关制度;各班还发动学生共建《班级公约》、《班级生活自主性岗位职责》、《小组合作公约》、《干部竞争上岗和述职考核制度》等,不断完善了“小组合作写评语”、“最受欢迎的教师评选”、“文明班级评选”、“和雅寝室评选”、“校园达人选拔”、“食堂满意度调查”、“校园形象大使推选”等由学生负责实施的治理机制。学生在参与涉及班级活动秩序、校园生活秩序、重大活动秩序的管理以及师生荣誉和尊严的评价过程中,逐步建立了正确的组织观念和价值观念,学会了对组织负责、对同伴负责、对师长负责。

(2) 创设开放性的主题活动,满足学生多元发展需求

“教育理论修养”和“教育实践智慧”是一个优秀班主任必须具备的两个条件,正像鸟儿必须有两只翅膀才能飞翔一样。我们要求所有班主任做到既有理论修养,又有丰富的实践积累。体现这一要求的重要任务,就是引领班主任为培育学生的健全人格、丰富学生的精神生活“设计好主题活动”,努力把班级建设成班风好、学风优、文化氛围浓、有凝聚力和战斗力的优秀集体。为了达到此目的,我们一方面对班主任进行了多次的专题培训:如《关注学生发展需要,系统策划班级活动》、《学期系列主题班会的策划》、

《如何培养学生在班级活动中的主体责任》、《设计系列主题班会的参考模板》、《班级主题活动方案模板》、《策划与实施班级主题活动的行动方案》等。另一方面，引导班主任在班级进行《班级学生成长需求调查》、《主题班会之后的专题问卷调查》等专题调研。同时，在我校广东省“麦艳贤名班主任工作室”的引领下，通过班级系列主题班会设计经验分享、主题班会观摩等活动，推动不少班级组织开展了丰富多彩的班级主题活动。

案例3－4 林敏仪老师所在的年级在规划学生三年的发展时，在质上遵循以“适应、发展、成长”为主线的过程，在量上本着“自立、自主、自强”的渐进层次，从而满足初中学生心理发展连续性、阶段性的需要，促进初中生心理发展的有序性。

初一是班级集体组建和形成阶段。针对初中一年级学生的不同特点，围绕“知范向雅”的教育主题，在初一年级着重运用情感教育的方式，以“爱”的情感贯穿始终，培养学生对学校、班级以及老师、同学的“爱”，用“爱”增加凝聚力、向心力，用“爱”激发学生的积极性和主人翁意识。从而实现主题班会在时间、阶段上，纵向与横向的均衡。

初二针对学生心智和人格品质快速发展，成人的意识、独立的意识增强，同伴的教育影响加大，长辈的教育明显减弱的特点。拟定以“唱响青春”为主题，以“分享”为基本活动方式，开展“在分享中成长”的系列主题班会，让学生在分享中，学会学习、学会思考、学会做人。

初三是学生成长生涯中开始要为自己的未来发展负责任的阶段。面对人生的第一次挑战和选择，他们既准备不足，也缺乏思考，常常表现的迷茫、彷徨和焦虑。这时，引领他们树立正确的人生理想和成长目标，坦然面对现实中的自己，正确地认识自己、评价自己，坚定生活的信念，脚踏实地去奋斗显得至关重要。为了能唤醒学生用激情、智慧和努力为自己未来美好的人生拼搏，林老师围绕“自主卓立”这一主题，以激励奋斗为主要内容，开展如《放飞理想，坚定目标》、《超越梦想，一起飞翔》、《路在脚下》、《人生能有几回博》等系列活动。

(3) 营造积极的班级文化,引领、改变学生的生存方式

班级文化建设是一项长期和综合性的工作,也是学生班级日常生活质量提升的重要方面,它有多层结构。最显性的层面是教室环境氛围,最隐性的是班级人际关系和班风,处于中间的层面是班级的制度、学风、参与比赛的意识和能力等方面的情况。班级文化折射出班级学生的成长状态,决定班级学生班级生活质量,反映出班级在学校整体中所处的位置。班级文化建设的关键是民主和谐的班级氛围营造、积极进取的班级形象塑造和敏行好学群体个性的追求,集中体现在班级学生的思维方式、行为方式以及群体的精神追求和共有的价值观。

为了营造积极的班级文化,我们着力从班级组织的精神文化、物质文化、制度文化、行为文化以及人际关系等方面进行了班级文化建设的探索。

丰富精神文化,让班级成为学生的精神家园。班级精神文化是班级文化的的核心和灵魂,它是班级全体成员的群体意识、舆论风气、价值取向、审美观念、精神面貌的反映,是促进学生发展的软环境——班级生态。学生作为身心发育的个体,受班级生态的影响最大。班级内部的生态环境对整个教育、教学活动,对青少年的身心发展,始终产生着广泛而深刻的影响。为了增强班级成员的团队意识,群体认同感、归属感,使班级成为一个凝聚力强,班风好、学风好的高效团队,我们在初一建班之初,就引导学生通过“说长道短”、“我们一起”、“同学真好”、“我这三年”、“三年后的我们”等活动,引导学生在自我认识中唤醒学生的目标意识、规划意识和班级意识,以达成共同的奋斗目标和价值取向。再引导学生通过班级文化标识如班号、班训、班徽、班服、班旗、班歌等的设计评选,帮助学生将班级的奋斗目标和价值取向进行内化和外显,增强班级认同感。在班级日常事务管理和班级精神生活营造中推行扁平化治理理念,以“事事有人做,事事有人管”、“我在班级中、班在我心中”为追求目标,共建、共享、共生、共荣。引导学生在温馨的

时空、宽松的氛围、平等的关系、开放的集体中,以自己的方式主动发展、探究学习和合作共生,教师在实现教育目标的过程中实现自我发展,家长在陪伴与互动中实现自我完善,推动整个班级实现由群体——集体——团队(成长共同体)——精神家园的文化跨越。

案例3-5 2014级317班学生自主设计的班级文化标识。

班名:"追梦团队"

317班班徽

设计理念:

班徽为篆书"秦"字样。从字形上看,秦字,是代表两只手托举圣鸟凤凰。这里选取了"秦"国以下三重意义:

首先取秦国由弱到强,勇敢追梦之精神。秦国起源于西陲,只是半耕半牧的小诸侯。但是,经过商鞅变法,一百余年的努力,最终一统天下,可以说秦人实现了第一个"中国梦"。是什么成就了他们?那便是追梦的精神。起点低没关系,关键要勇于追梦。为什么秦国可以屡破六国合纵,皆因六国只是因循守旧,而秦国锐意创新,每个秦人都在追求一统天下之梦。

其次取秦国法令完备,纪律严明之制度。317班讲究纪律,有了纪律,才能凝聚起团结的集体,只有严于律己,才能有最强大的战斗力。我们要铭记秦亡的教训,那就是乱法乱纪,对于成长中的班级来说,最强的对手就是自己,惟有一刻都不放松地严于律己,才能成功。

第三取秦国一扫六合,气吞山河之气势。"西有大秦,如日方生,百年国恨,沧海难平。天下纷扰,何得康宁,秦有锐士,谁与争雄。"始皇帝奋六世之余烈,一扫六合,那种豪情壮志仍为今人所赞叹。战之有我,敢打必胜。

在这大争之世中,317 班只有一个目标,那就是:举起崛起的旗帜,超越所有的对手,赢得自己的辉煌!

班歌:317 班班歌《为你加油——谁的梦想》,其中该班歌作词作曲皆为本班学生,(作词:朱咏涛作曲:梁婉莹)内容如下:

为你加油——谁的梦想)
长长走廊谁伫立着发呆
空旷广场挥挥手便要离散
目光倔强站在礼堂中央
凯歌奏响我们看见了未来

谁决定远航不知去向何方
把时光折叠当作唯一行囊
谁逆风眺望轻轻抖动着翅膀
高歌中停顿谁在四顾张皇

弯弯跑道谁在终点呐喊
厚厚练习一摞摞在我们的桌上
路途迷茫我们迷失方向
却依旧相信那最美的愿望

谁决定远航不知去向何方
把时光折叠当作唯一行囊
谁逆风眺望轻轻抖动着翅膀
高歌中停顿谁在四顾张皇

(独唱)勇敢冒险的谁的梦想如微光洒在脸上
骄傲倔强谁的愿望似张牙舞爪的模样

(独唱)谁崇尚梦想不惧黑暗迷茫
凝灼热眼眸融化冰雪风霜
明媚的锋芒张扬一如既往
若高歌引吭便惊艳了时光

(合唱)谁决定远航不知去向何方
把时光折叠当作唯一行囊
谁逆风眺望轻轻抖动翅膀
高歌中停顿谁在四顾张皇

优化环境文化,夯实班级文化的物理根基。班级环境文化是指班级物理空间所彰显的氛围,它主要包括桌椅的摆放方式、灯光和教学设施的布局、课室内外卫生,黑板报的内容与形式,墙壁、角落、走廊的的处理等,这是班级文化最直接的外在表现,是一个班级容貌的真实反映。

在班级环境布置方面,我们的追求是"舒适感、人文味、主题化"。在设施摆放上,要求各班规划好桌椅摆放秩序、图书角、卫生工具角,做到窗明几净灯光亮,抽屉整洁桌面净;在栏目板报的布置上,要求各班认真设计好班务公布栏、学习园地栏、班级荣誉栏以及班级形象标志牌。在班牌的设计上我们引导每个班级根据班情和学生的成长特点,确定班级建设的主题,通过全班学生的商讨、交流、投票,确定代表班级文化主题的代表性的物体作为班级图腾。如"鹰文化"、"狼文化"、"竹文化"、"梅文化"、"海燕文化"、"菊文化"、"莲文化"等,由此生成班级精神文化,并使之具有画面感。各班围绕这一主题,献计献策、共同策划教室环境的布置内容和相关要求;举行教室设计比赛,发动每个学生设计布置方案;召开班委会,整理、修改、加工各种方案,并由每个小组招标认领任务,认真组织实施,一起行动布置我们的"家"。随着每个学期班级发展主题教育的程度的不同、学生成长的需要,我们都会组织学生进行班级主题文化的创生。

完善制度文化,健全班级文化创生机制。班级制度具有规范性、强制性,同时也具有引导性和教育性,它影响着学生的行为习惯、思维方式和道德品质,必须被学生所认同才能发挥规范和引领的作用。传统的班级规章制度都是由老师规定,一般是制约、限制学生行为居多,往往带有警告、禁止、惩罚的意味,制度的制定者以一种管控的思维,给人一种远而畏之的感觉,常常只是冰冷生硬地张贴在教室的墙壁上而已。

我们认为,班级是学生共同学习生活的场所,其规章制度既要体现学校的教育价值,又要尊重学生的成长特点,学生应该既是制度的执行者,也是制度的建设者。我们按照价值引领、问题导向的原则,引导学生每半学期对原有班级制度围绕"要不要这项制度?""怎样修订完善"两个问题进行逐条讨论审议,引导学生在讨论中认识制度的价值和意义,同时也让制度随着学生的成长彰显新的生命力,从而提高学生执行制度的自觉性。如初一刚入学时教师制定的《班级公约》、《班干部评选条件》、《一人一职制》、《班级管理值周制》、《卫生值日制度》、《岗位职责考核制》等,经过一段时间工作的运转,学生从不同的岗位获得了不同的岗位体验,而这些体验是修改或者生成新的班级规范、管理制度的珍贵资源。班级规范和管理制度的多次修改、完善是结合学生的不同时期发展的需要,为了让学生在班级获得更好的发展而不断生成,从而使班级充满成长气息。这不仅培养了学生"当家"的主体责任意识,提高他们的自尊心、自信心,还发挥了学生的创造性,影响着学生的思维方式。

规范行为文化,培育学生的文化自觉。班级行为文化是学生班级生活以及参与学校生活的基本形态,也是班级文化建设最稳固最具持续性的领域。为了让班级文化活动更符合学生的年龄特点,贴近他们的生活,反映他们的需求,我们坚持以主题活动塑造班级行为文化的策略,每一学期伊始,班主任都要引导学生,根据学校校历,策划全学期的班级序列主题活动,发动学生一起思考,共同参与定主题、定内容、定形式,定策划小组,从而激发、

凝聚并提升学生参与班级文化建设的意识,共同追求更高境界的发展。我们主要从三方面展开工作:

首先是在“学期班级工作计划”中强化主题活动预设。学期班级工作计划一般分为六大部分:①班级现状及原因分析。同学们先总结班级所取得的成效,接着分别从合格的角度看,班级需要解决的问题,从优秀的角度看,需要进一步发展的空间两个方面来分析,并商量出解决问题的对策。②班级的发展目标。在引导全班同学在明确了班级发展优势与不足的基础上,教师要根据学校的年级教育主题,制定本学期班级发展目标,目标应包含班级综合发展、学业发展、班风、班容四方面发展水平。③管理体制优化:要依据“班级无小事、事事皆育人”的教育理念和“人人有事做、事事有人管”的扁平化班级治理理念,统筹协调好一般学生、各岗位学生干部、班主任与任课教师、家委会及全体家长等各类人员之间相互协调、共同发展的关系,明确各类人员对班级常态发展应承担的职责、权利和义务,将班级学生发展、日常班务、课程教学、家校合作、任课教师协调等常态工作融入各类人员的职责、权利和义务之中。④主题活动策划。班主任要善于将学校统一性的教育主题融入班级发展计划实际,以序列主题活动的形式予以推进,原则上一月一次。⑤班级文化建设:以贯彻班训和班级发展目标为宗旨,对班容、班风、班品提出优化改进的思路和措施。

其次是根据中学生精力旺盛、兴趣广泛、爱表现的特点,组织调动学生充分参与主题活动的设计筹备过程,让学生成为活动的主人。以班会形式进行的主题活动一般经历以下五个环节:①每个同学思考并写出主题活动的目的、要求、思路;②四人小组“围圈说”交流对目的、要求和思路的设想,敞现、交流、辨析、提升,由小组长执笔总结小组的活动情况;③大组“围圈说”,优化目的、要求和思路,进一步敞现、交流、辨析、提升,由大组长执笔总结大组的活动情况;④四大组制造 PPT 在全班展示成果。同学自由点评每组的 PPT,通过讨论达到辨析、提升,三个班长汇总同学的意见,修改主题活动设计方案。全班投票评选出“最佳计划奖”,将获奖计划提交班主任完善。⑤同学写班会课感受。

第三是根据设计方案,组织调动全班同学实施方案。每一次承办主题活动的项目组一般要招募成立以下三个小组,即活动主持组、文案编写组、资源保障组,有时还要动员家长资源,共同完成主题活动的实施。实施过程一般经历以下四个环节:策划排练、组织实施、分享感悟、总结评议,历时四个星期。如2017届初一下学期107班先后组织举行的主题活动有"手拉手——合作学习"、"书香满屋"'、"让感恩的种子发芽"、"自立自强我能行"……都是以小组投标的形式由承担的项目组组织完成。

学生通过亲历主题活动过程,有效地提高了对活动的关注、理解和感悟,并引发自身对自我、对他人、对自然、对社会的反思,从中获得深刻的成长体验,进而使原有的思维方式、价值观念和行为方式有所警醒。

和谐人际关系,营造包容尊重的班级软文化。一个善于经营班级文化的班主任,它会将一个空间有限的教室演变成一个精神感召力和思想张力无限的成长乐园,让那里的孩子自由舒展、健康成长,让班级真正成为学生的精神家园。对于学生中出现的新现象、新问题,我们班主任应把它视为新的教育资源,用以营造开放、和谐的班级文化,开发出更多的教育价值。如学生逗打、个别学生在分组活动中被排斥、有些男生讲粗言秽语等,我们会把这些现象有计划地展示出来,组织学生对这些现象进行辨析、选择、提升认识。这样有助于在教师和学生之间、学生与学生之间建起新的交流通道,使班级人际关系更为和谐。为了创造更好的机会给学生沟通,每个星期我们在班里举行"说说我身边的星"或"我要感谢班里的同学"的小班会,然后通过自荐或他荐推选出本星期的"班级璀璨之星"的候选名单,然后全班投票,票数最多的同学当选为该周的"璀璨之星"。通过这些活动,让学生学会互相欣赏,在共同的活动中互相理解、互相帮助。

为了营造尊重包容、合作互动的人际关系。我们一方面发挥教师的导师作用,为学生搭建正常交流的互动平台。组建以"小组合作学习"为载体的教师团队,发挥各科老师在小组学习中的引领、指导作用,期待让同学们已经开展的小组合作学习跃升到了新的台阶。实验班实行“导师制”,我们的科任老师是孩子的成长导师。每一位导师对孩子们实行三包:包生活习惯辅导、包学习方法指导、包思想情绪的疏导。同时,充分利用班级网页,促进人际沟通。建立班级 QQ 群,促进师生、生生之间的沟通。这样的沟通,至少起到了下面这些作用:相互理解、化解各种矛盾和困惑、激活思想、交流学习感受、完善学习方法……

建立“家庭教育分享”的家长 QQ 群和微薄,让家长在交流中达到互相促进,共同进步,相互玉成的目的。良好的家庭教育,使孩子的身心各方面都能健康成长,有助于以后进一步发展。反之,家庭教育不得法的孩子,身心成长不健康,甚至有缺陷。通过建立家长微博,希望通过优秀家长的言行引领、指导其他家长,让他们的教育在孩子身上起着良好的效果。

另一方面,建立班级儒雅学生星级评价机制。我们建立了辐射课程学习、班级生活、校园活动、个性发展等多方面的儒雅学生、卓越小组和文明班级评选表彰机制,激励学生健康生活,对学生成长状态实施“学分制”管理,唤醒学生自主管理、主动发展的意识,促进校风和学风的全面优化。

(4) 创建新型家校关系,改善学生成长的教育生态

家长既是学生成长的重要教育主体,也是学校教育最忠实的合作伙伴,更是需要引导和开发的教育资源宝库。我校近五年来始终把家长作为学校教育共同体的重要力量,予以争取、引领、开发,家校关系经历了“隔离——监督——互动——合作——共生”的品质跨越,家校之间、父子之间、师生之间合作共生成为现实。

一是创新家校共育、合作共生的家长工作理念。

过往,家长与班级、学校的关系显得非常疏远。除了一个学期一次的家长会,或者是孩子犯了错误被老师问责到校以外,家长基本不与学校、班级发生任何的交往。家长对于孩子的教育走进了一个误区:教育孩子是学校、老师的事情,交给学校就行了。目前,家校合作已成为教育发展的一大趋势,《全国家长学校工作指导意见(试行)》(妇字[2004]41 号)指出:“家庭

教育是现代国民教育的重要组成部分,是学校教育和社会教育的基础。家长学校在普及家庭教育知识、促进学校、家庭、社会三结合教育中发挥着重要作用。"《义务教育法》第三十六条明确:"学校应该把德育放在首位,寓德育于教育教学之中,开展与学生年龄相适应的社会实践活动,形成学校、家庭、社会相互配合的思想道德教育体系,促进学生养成良好的思想品德和行为习惯。"这些都表明教育前进的脚步正急切地召唤拓宽教育途径,实现家校共育,合作共生。我们要做的是想方设法把自己和家长拧成一股教育合力的绳,引领着孩子不断前进与发展。我校秉持家校共育、合作共生的家长工作理念,始终把家长作为学校教育可争取、可培育、可开发、可合作的重要教育资源,通过规划共谋、课程共建、班级共治、学生共育、文化共营五个方面,重建了新型的家校关系。

规划共谋:每个学期初、期末,我们都会召开家委会例会,商讨班级(级组、学校)的发展目标、主题,拟定班级发展思路,或共同磋商近段时间的教育教学的事宜。

课程共建:建立三级(班级、年级、校级)家长资源库,挖掘家长中的校本课程资源。家长来自社会的各个领域,从事不同的岗位,有些家长是某些行业卓有成就的专家、学者或管理人才。所以,建设家长资源库,充分发挥家长的知识、能力、行业和社会经验等资源优势,请家长走进校园、走进课堂、走进学生,为学生举办系列讲座,开展专题讨论等,补充学校教育。我校《经纬大讲堂》每学期开讲10次以上,许多专题都是家长申报做义务主讲。每个年级、班级开设的课程也是丰富多彩、富有针对性的,如初一级《如何培养孩子良好的阅读习惯》、《如何与人交往》;初二级《弘扬中华优秀传统文化播下幸福种收获幸福果》、《记忆力培训》;初三级《时间管理》、《预则立,不预则废——做好寒假学习计划》、《小目标大目标——我们的人生高度》等。

班级共治:组织家长参与日常班级建设和学校管理,如班级文化建设、晚修纪律看管、食堂食品卫生监督、重大教改交流活动接待等。目前班班有家委会和家长 QQ 群，全校有家长志愿者 360 人；

学生共育：在家长中推广家庭教育经验。学校除按计划开设家长学校外，每学年十月还定期召开一次家长代表大会，请班级家委会推荐有经验的家长，介绍家庭教育经验，以家长教育家长。每学期我们在班级举行“家长沙龙”，沙龙主题来源于班级家长，活动中按不同主题、家长的需求分小组讨论，然后选出代表进行交流、分享。

文化共营：班级文化的经营旨在为学生卓然而立，营造优质、适性的育人环境。每年我校的“四大活动，三大节日”，（四大活动：义卖活动、百日誓师活动、教师节庆典活动、教育教学公开日活动；“三大节日”：体育节、读书节、艺术节。）都吸引着成半数以上的家长、同行、社会人士的参与，各媒体的争相报道。在班级方面的家委会活动结合班级学生和家长的需要，更是丰富多样。如有的举行“学会沟通改善关系的亲子团体心理辅导”，也有“培养孩子自信、毅力的户外拓展活动”，也有“激励孩子树立远大理想的参观华南理工大学机器人实验室活动”，还有“学生、家长、老师协作设计班服、班旗、班徽的活动”、“家谊会活动墙报设计与展示”……因为活动形式丰富多彩，活动目标明确，活动内容满足家长学生所需，所以极受欢迎。

二是构建多层次、立体化的家长组织和家校互动平台。

我校的家委会工作自上而下展开，学校顶层设计，级组扁平管理，班级自主策划。各层次家委会构成人员采用自下而上的方式推选产生。班级为“家长委员会”、年级为“家长联谊会”、学校为“家长联席会”。每年十月下旬，学生工作处要组织召开新学年全校家长大表大会。在初一各班组建班级家长联谊会、成立初一年级联合会的基础上，学校进行校级家长委员会换届选举。主要议程一般为：上届校级家委会主任做工作报告，优秀家长介绍经验，学校为新一届校级家委颁发聘书，表彰上一届各级优秀家委和优秀家长，新当选校级家委主任谈工作思路，必要时还会对特别优秀的家长授予“荣誉家长”称号。各级家委会的推选和学校家长代表大会的筹备一般九月、十月完成。

首先,我们组建三级家长组织机构。初一新生入学一个月以后,各班会拟定“成立家委会倡议函”,通过家长会或QQ群、微信群进行积极宣传。同时,各班设计一份面向全班的“摸底调查表”,调查表包括家长的单位、职业、家长工作经历,以及“您愿意担任哪方面的志愿者”等。通过调查,我们初步了解家长们的意向,并通过自荐、他荐、平时的观察及与家长的接触等寻找、确定班级家委会的成员。在家委会成员的选用上,我们有以下的标准:有组织能力和号召力;有一定社会影响力,能为学生成长提供帮助;有工作热情的,热心为大家服务;有较多空闲暇时间……另外,条件允许的话,建议多争取学生的爸爸加入家委会。

确定了家委会成员后,我们便召开家委会成立会议。在会议上,推选出会长和副会长的人选,然后根据班级的实际情况、孩子的成长需要,讨论、拟定家委会岗位及职责,家委会成员自荐认领岗位、明确岗位职责等。各级家委会组织,班级家长联谊会是基础。

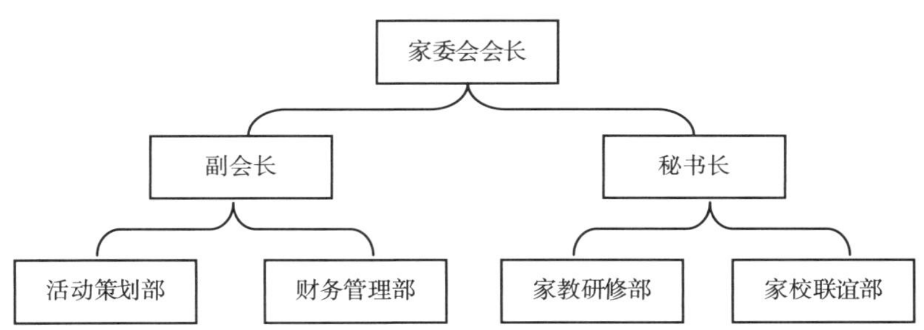

图3－2　班级家长委员会基本组织架构组织架构

有的班级还设立了自愿服务部等。接着建立家委会QQ群、通讯录,并利用家长会或家长群让会长介绍家委会成员及职责,动员全体家长积极参与、配合、支持家委会工作,充分整合家校教育资源,形成教育合力,共助孩子健康、全面成长。

其次,制定班级家委会工作计划。家委会成立后,立即召开第二次家委会会议。商讨家委会各类计划和活动制度,如《家委会基金筹集倡议书》、《家委会工作规范》、《初中三年活动规划》等。这些制度和计划拟定后,我们会通过班群发布,广泛征集家长们的意见,经过修改、调整,最终定稿。

三是让家长在参与学校教育的实践中转变观念

通过常态化的家校互动合作,家长逐步增强了对学校教育的理解与认识,教育观念、教育方式也在悄然发生变化。

家长教育孩子的主体责任明显增强。家长由过往的局外人成为学校的合作伙伴和决策参与者,对学校教育、教学工作起着参谋、监督的作用。宣传学校教育改革,关心、了解学校工作;对学校的办学方向、教学质量、教师工作等方面提出建设性意见,做出客观的评价,实行必要的监督。如教育教学开放日、家委会会议后每一位家长都会认真填写《家长意见反馈表》。班级家长联谊会自发组织"家庭教育沙龙",分享家教经验;家长主动参加学校义卖活动、百日誓师活动、教师节庆典活动等。主动协调学校调节学校与家长之间的矛盾;以各种方式呼吁社会各界在社会公共文化资源方面多支持学校,帮助学校改善办学条件等。家长对孩子的教育由放任、监督变成了陪伴、示范、引领。

教育观念和教育方式悄然改变。以前家长只盯着孩子的学业成绩,成绩好一切好说,成绩下滑就责骂孩子,并要求班主任免去孩子在班级的职务,禁止孩子参加文化科以外的所有活动。如今,家长由只关注孩子的学习成绩到关注孩子的全面发展,并把做人放在第一位。不但支持孩子参与学校、班级各类活动,鼓励孩子争取机会多锻炼,大胆展示才华,他们还主动参与学校的体育节、艺术节、读书节等大型主题活动,陪伴孩子参加校园自愿服务。

在三年多的实验中,我们发现以家委会为纽带的家校互动机制,不仅很好地改变了过去家校之间僵化、对立的冷漠关系,而且在孩子的教育管理、班集体建设、学校事务参与等三方面家长表现出前所未有的动力与活力。家委会为家长和老师搭建了沟通的平台,随时协调家长和教师之间的关系,家长与任课教师可针对孩子的教育直接对话;家委会活动,家长和孩子的关系越来越亲密了;家委会引领家长和孩子们走出校门,走向大自然,让他们在社会大熔炉锻炼自己,吸收营养,收获友谊,在活动中各方面的能力得到发展与提高;家长代表以自愿者身份参与校本课程建设、参与食堂服务质量管理、参与学校中重大活动服务、参与学校外来参访团接待……

"基于小组合作的班级生活重建与初中生成长研究"实施三年多来,协同治理、共建共生的班级建设理念深入人心。在一部分发展较好的班级,初步形成了学生自主合作、班级共建共享、教师协同引导、家校互动共生的发展新格局。教室的空气变得温暖清新,学生的身心得以自由舒展,家长更加自觉的影响孩子,教师可以在家庭教育的基础上和学生自主生长的过程中施以更加专业的引领。教室开始呈现自由呼吸的青春气息和悄然绽放的生命灿烂,开始产生值得学生终身回味的同窗生活和成长故事。初中三年的班级生活,已然成为改变学生人生方向和发展高度的生命驿站;这里的教育实践,正在催生新时代班级建设的新样态。

(三) 立足综合素养提升的实践体验

客观地讲,现行初中单一的培养模式、单调的学校生活、一刀切的校园学习生活管理体制,对于精力充沛旺盛、需求丰富多样、个性快速发展的初中学生来讲,确实难以适应。本来就相对贫乏的教育资源,还缺乏选择性,使得一部分学生常常以反叛的姿态来被迫适应,厌校群体快速蔓延。如何最大限度创造适合每一位学生发展需要的教育,最大限度地让学生发现自我、表现自我、成就自我,为每个学生装上主动发展的发动机,是我校学生工作变革的重要课题。正如北京十一学校李希贵校长所说:我们的担当是追求分数以外更重要的东西。教育的追求是什么?他给出了较全面的答案。第一,给每一位学生装上自主发展的发动机;第二,注重学生责任意识的培养;第三,注重学生独立人格和独立思考能力的培养[①]。

近几年来,我校按照""三雅"教育的理念,全面贯彻博雅教育思想,围绕践行"为每一位学生卓越而立创设优质而适合的教育环境"的办学愿景,以关注学生成长需求、唤醒学生发展动力,促进学生主动发展为宗旨,在学校日常教育教学和学生管理中强化学生立场。一方面构建可选择性课程体系,唤醒与发现学生的需求;另一方面,为每个人的发展而设计,让每位学生拥有自主发展的内驱力。开辟多种渠道,搭建多元平台,努力以丰富多样的教育资源构建学生丰富多彩的当下与未来。

1. 创设唤醒需求的选择性课程

在育人模式的构建中,课程无疑是最重要的途径,是践行学校育人目标、办学理念的最重要载体。我们依托学校地处岭南文化腹地、地域文化资源丰富的优势,为增加课程与学生需求的适切性,增强学生对课程的选择性,为学生搭建了丰富多样的成长平台。

(1) 开设"经纬讲坛",创设识见通达、知识博雅的大课堂

经纬讲坛,源自三中初中部在1945年时期的校名"经纬中学",这一时期学校为社会培养了众多杰出校友,部分健在的老校友至今对学校一往情深。2014年9月,校长意识到学校200多年办学历史积淀的深厚底蕴是一块瑰宝,随即创办"经纬讲坛",希望能吸纳众多校友和岭南文化的杰出传人,走进校园,走进初中生的课堂,以他们宝贵的人生阅历和专业造诣,丰富初中生的精神生活,作为岭南文化背景下的学科拓展,文化传承,以此拓展视野,激发内需,提升内动力。每一期"经纬讲坛"都以200多学生自愿参加的形式,诚邀市内外专家、学者、老师、家长等做论坛主讲。每半月一场。学期初,学工处提前公布课程内容,学生根据自身的发展需求,或兴趣取向,

① 李希贵等:《学校转型北京十一学校创新教育人模式的探索》,教育科学出版社,2014年,第5-8页。

自行选取感兴趣的专题参与学习,自主申报参加的专题期号。经过三年多的积累,现已初步形成了较受学生欢迎的序列化专题。

我们要求,主讲嘉宾一般以案例教学的方式深入浅出的讲演,每一次讲座结束前都安排20分钟的互动。既是讲座效果的及时反馈,又是讲课内容的深化拓展。学期结束,要组织"最受欢迎的专题评选"、"听讲座、长见识"征文评选。无论是当场的互动,还是后来的评选,学生均反响热烈,这些讲座对增强学习的兴趣及拓宽眼界视野有很好的补充作用,有效促进了学生与社会、与现实生活、与自然更多的了解与思考。

(2) 设置选修课程,让学生在适性的成长平台上自主发展

根据博雅教育课程实施方案,我们以培养兴趣特长、培育审美情趣、丰富成长经历为取向,借助岭南地区体育、艺术、文化、科技、环保等方面的人文资源和相对丰盈的社会教育资源,结合学生的已有经验,开设了以社团为主要活动形式的选修课程。一类是学科拓展延伸性的,如体育方面的足球、游泳、击剑、篮球……,艺术方面的演讲、合唱、管乐、绘画、水彩……,科技方面的机器人、创客、电脑绘画、科学考察、小发明、小论文……;另一类是传承岭南优秀传统文化的,如剪纸、武术、舞狮、陶艺、书法……。全校70多个社团作为校本选修课程,以校级和年级两种形式分层管理,纳入课表,常态训练,一般安排在每周三下午。每一个社团有团名、有章程、有教学内容、有活动计划、有专兼职结合的指导教师,每学期有一次活动考核,每学年有一次成果展演。经过三年的实践探索,初步形成了学校社团管理体制,《学校社团课程管理办法》、《社团活动成果考核奖励办法》、《社团外聘教师管理办法》等制度逐步完善。基本满足了全校学生每人参加1－2个社团的选择需要,使在体验中学习,在学习中成长的教育愿望得以实施。

我们高兴地看到,社团活动和社团文化节有效地发展了学生的兴趣和个性,极大地开发了他们的发展潜能和动力,主动参与、合作探究、动手动脑、体验学习等传统课堂上并不多见的学习方式随处可见,社团课程成为最受学生欢迎的成长平台。敏行好学、正己达人的卓雅学风和卓如红棉、雅如

白兰的学校精神在社团得到充分体现。社团活动成果从国家到地方，从个人到团体，捷报频传。学校先后成为全国中学生啦啦操示范学校、全国足球特色学校、省中学生志愿者示范学校、省心理健康教育特色学校，足球、武术、管乐、田径、剪纸等十多个项目成为市区项目基地。从课内到课外，从国家课程到地方文化，从学校到社区，从书本到自然，有效实现了教育资源的多方面整合，促进了学生的多元发展。可以说，社团课程是学校献给学生的“多元文化盛宴”。

（3）举办校园达人秀，开辟学生个性特长发展的“星光大道”

初中学生一般都有被关注的期待，希望通过自我表现彰显其在同伴中的存在感，特别是在学科课程学习中处于劣势的学生，可以说是“给点阳光就灿烂”。“达人秀”正是基于这一想法为学生设置的又一自主发展平台。该项目旨在激发学生阳光自信、热爱生活、热爱校园、热爱学习、热爱创造的丰富情感，为学生提供表现自我的舞台，让学生积极参与，发挥其个性特长，展示多元发展成果。通过活动的参与，使学生获得成功的体验，提高学生自信心，促进身心健康和谐地发展；同时，培养学生间的合作精神，增进同伴交流，促进人格健全。这一平台的组织管理由学生会牵头，各班委会配合组织，“达人秀”深受学生欢迎，成为学生高度关注的校园“星光大道”。每年的“达人秀”活动纳入学校校历，一年一届。相关学生一般都会提前两个月准备，积极备战。经过自主申报、班级推荐、年级初选、学校展演，每年参加“达人秀”年级初选的学生接近300人，参加“达人秀”的学生一般都自导自演、自练绝活，如魔方、溜溜球、魔术、街舞、口技、滑轮以及其他学生自我训练形成的特殊技艺等，只要是健康、安全的活动都会提供展示的机会。每一届都会涌现一批才艺出众的特殊学生，成为校园的“达人”，并被列入学校“达人榜”。

（4）开设“慈善一元捐”义卖大市场，为学生践行社会责任打开一扇窗

义卖活动是三中初中部的传统爱心活动，现已与上级有关部门每年组织的慈善募捐活动结合在一起，成为学生关爱弱者、感恩社会、传递爱心的

平台。整个活动由学校团委组织,各班团支部一起策划完成。

每一年都有不同的主题。例如2017年11月团委举办了"真诚相助,爱满校园"主题爱心义卖活动。其目的是让参加活动的人在活动中增强社会责任感,学会主动对需要帮助的人奉献爱心,并感受到助人的快乐。活动前,学生自愿组成小组,根据活动主题发动本班学生和家长将自己准备的义卖品如书画剪纸作品、小制作作品、读过的名著等,汇集起来进行登记、估价;接着要集体设计制作本班的义卖摊位、招牌、广告,并派发宣传单;活动中,各小组都是有组织、有分工,有的叫卖,有的摆货,有的接待"顾客",有的收款。……忙得不亦乐乎;活动后,各小组要清理账务、盘点物品、清理摊位、总结得失。整个活动全部由团委学生干部策划、安排、部署、组织完成。

由于工作的繁重以及义卖品的征集、宣传单的派发、摊位的设计等都需要一定的创意和策略。为引导个性和能力各异的学生在义卖中各显其能,积极合作,团委制作了"义卖活动完成情况进度登记表",制定了进度评分细则,由负责指导的班主任和负责组织的团委干部进行实时评分跟进。

为了保证活动过程热烈有序,避免无序竞争,秩序混乱,义卖活动当天,学校团委还要对各班摊位的经营现场进行评比。如班级摊位名称、标语、宣传布置物品摆放、环境卫生以及义卖员的着装、礼仪、沟通技巧等进行评分,了解学生的各方面进展及对活动的落实情况,使整个活动在热烈有序的气氛下进行。可喜的是学生在这样有意义的活动下,成长比预想的要快,他们真诚地说,平时都是爸妈替我们设想安排,现在自己动手才知道工作的困难,每一份物品的销售、每一元钱的盈利都来自不易;但能完成任务,都学到不少经验,提升了不少信心。这项活动每年学生都会表现出极高的参与热情,其自主性、个性化的创意发挥,使每年的义卖活动精彩纷呈,整个过程充分展现学校"正、美、真、卓"的精神风貌,学生综合素质得到有效培养。

(5)设置"墨韵轩"书报亭——自主经营的校园"小企业"

墨韵轩书报亭是学校学生工作服务学生校园生活的阵地。主要由学生负责经营管理,与佛山邮局、校服生产商、文具供应商合作,在校园面向学生提供快捷便利的购买书刊、校服、文具等校园学习用品的服务。当今世界，整个教育都在应对全球性带来的挑战，而学校要让学生掌握一些适应社会实际生活的能力，如“批判性地思考，获取信息，解决问题，反思和改进自己的工作，以及创造新想法、产品和解决方案”等并非易事。我们认为，基础教育阶段的学校不仅是学习知识的场所，也是培训学生基本生存技能、日常生活技能的场所。在墨韵轩工作，对学生的能力要求不仅是买卖找零等简单操作，更要初步感受企业的运作流程，如进货、选货、支出、收入、盘点、销售、值班、工作制度、新手培训等，以上均由学生策划安排，学生干部担当“小企业”的 CEO，相关老师仅作指导审批。经历自主经营的校园企业实践，学生对自我的认同感，以及面对困难时，能以科学的角度思考、提出、解决问题，展示出初中生少有的稳重、进取、主动等精神面貌，这一实践是学校在日常生活重建中推动学生主动发展的大胆突破。从人员招聘到货物进出，从值班编排到账目交接，从服务态度到经营效益，每一项制度的设计，每一个流程的编排，都是同学们自己探索总结。两年的经营管理，仿佛一个销售公司的雏形，经营品种直接对接学生校园学习生活的一般需要，经营方式切合学生校园生活特点，深受学生欢迎。2019 年 5 月，学校墨云轩书报亭被评为区优秀学生社团。

（6）举办校园艺术节——献给学生的年度艺术盛宴

校长常说，初中学生一般都具有渴望被关注的心理需求，“给点阳光就灿烂”是他们重要的心理特点。让每一个学生在学校都有自我展示的舞台，给每一位学生有被关注的存在感，是我们组织学生工作的重要策略。为此，学校每学年上学期都要十分认真地举办艺术节。每一年的主题按照学校的课程理念序列化展开，力求彰显学校红棉文化、服务学生成长需求，让不够自信的学生有锻炼的机会，让凝聚力不强的班级找到提升凝聚力的抓手。全校学生人人有爱好，个个有舞台，天天有自己喜爱的生活，极大地培育了学生对学校生活的热爱之情，也有效地增强了学生对校园生活的依恋程度。艺术节成为学生最喜爱的校园生活之一。

校园艺术节参赛项目主要有:校园好声音、舞蹈、器乐独奏、校园剧、相声小品、电影配音等现场展演,还有绘画、摄影、手工制作、书法等作品展评,等等。

活动时间采取相对集中与分散举行相结合的办法,分班级初赛、年级复赛、学校决赛三个阶段,前后历时两个月。每人至少参加一项,或小组,或个人。内容形式自己设计、节目排练自主安排、服装道具自主准备,力求体现"我的舞台我做主"的组织工作理念。作品呈现分静态展览和动态展演两种方式。近两年除了传统的声乐、器乐、舞蹈、绘画、书法等艺术表现形式,校园剧、小品、朗诵、街舞、魔术、时装、电影配音、电脑绘画等新兴艺术表现形式备受欢迎。平时校内外参与社团辅导的老师都是孩子们竞相聘请的指导教师。精彩的节目背后少不了老师们的辛勤汗水和专业智慧,"为每一位学生卓越而立创设优质而适合的教育环境"成为艺术节每一位活动组织者和评委共同遵循的价值取向。艺术节的举办不仅为学生张扬个性、表现自我、展示艺术才华提供了平台;而且使孩子们从内心体验到成长的愉快、幸福与满足,个性得到适性的舒展;同时,活动过程坚持贯彻"卓如红棉,雅如白兰"的学校精神,彰显立德树人的教育价值。亚里士多德说:"幸福就是过有德行的生活,德行即幸福。"生活即教育,艺术是对人的生活最好的熏陶,也是我们追求的幸福。秉承这样的理念,我们除了设置形式多样的比赛活动,还十分注重活动中的同伴交往与合作探究,鼓励学生挖掘自我潜能,提高成长自信。

2. 激发内生动力的体验式教育,为学生敞开一片可以自由飞翔的天空

体验式教育从西方引入中国,因其突出了受教育者对知识的主动探索和建构,深层次诠释了"以人文本""全面发展"的教育目标,现已成为推动我校"三雅"教育的重要手段和方法。它强调通过人在与客观世界能动的、积极地相互作用过程中认识世界、把握世界,其本质是实践教育,既不同于建构主义的"建构",也不同于实用主义的"经验"。既是一种活动项目,又是一种活动方式,还是一种活动结果。从活动的角度来讲,体验即是一种亲身参与、体味的学习活动;从活动方式上讲,体验倡导的是躬身实践,来源生活,立足实际;从活动结果上讲,体验本身就是知识经验的获取,心理情感的满足。体验教育的价值集中体现在活动价值、生命价值和生活意义三方面,并主要通过课程内容的选择和教学方式的优化来实现,以激发学生主动发展的内驱力。

(1) 主题春秋游,让学生在体验中成长

综合实践是初中阶段非常重要的体验式学习课程,也是国家课程方案规定的必修课程。我们将每学期的春秋游作为重要综合实践课程,以学期为单位在校历中统筹安排,旨在引导学生将书本知识与生产生活实际结合,在与自然、与社会、与自我的相互作用过程中,丰富成长体验,拓展发展视野,增长收集信息、处理信息、分析问题、解决问题的能力,增强与人合作、与困难作斗争、爱护环境、珍爱生命的综合素养。为此我们按照年级时序设计了多形式、多主题的序列春秋游活动。观察性活动如参观科技馆、海洋公园、野生动物园等:考察式活动如古村落寻访、走进百万葵园、感知美丽乡村建设等;体验式活动如机动游乐园、野炊与露营、地震与消防疏散演练、团队拓展等。每一次活动有主题、有方案,同学们事前有活动预设,事中有活动反思分享总结,事后有成果展览。成果形式丰富多样,图片、标本、考察报告、小论文、活动感悟、手抄报、主题班会等。经过三年的积累,我们逐步形成了《学生综合实践活动课程指实施纲要》,对各年级每学期一次的校外实践从主题到目标、从内容到形式、从时间到地点、从前期考察策划都后期分享总结,人员分工、交通工具、安全教育、饮食卫生、活动装备、合作单位等等,都提出了具体要求。

为了指导班级和年级组织策划综合实践活动,学工处还专门总结了基于小组合作的班级实践活动策划样表。

表 3－8 佛山三中初中部____班"综合实践主题活动"小组活动策划

<table>
<tr><td colspan="2">小组活动主题:</td></tr>
<tr><td>小组名称</td><td>小组成员</td></tr>
<tr><td>活动时间</td><td>活动地点</td></tr>
<tr><td colspan="2">活动目标</td></tr>
<tr><td colspan="2">活动准备</td></tr>
<tr><td colspan="2">活动步骤(内容、计划)及分工</td></tr>
<tr><td colspan="2">预期展示成果形式</td></tr>
</table>

小组活动方案参考:

(一) 手工绘制小组参观动物园的"参观路线图"。

(二) 介绍小组感兴趣的动物,观察它们的外形,多方面了解它们的生活习性。例如从它的出生、捕食、吃食、喂养后代、活动、居住等方面进行。观察不同地区,动物的生活特性或共性。收集文字、影像资料。

(三) 通过参观活动,你对人与动物之间有了怎样的认识?(平等相处、热爱动物、保护动物……)

(四) 编辑一期"电子手抄报",分享旅游收获,主题自定,可以是:上面活动内容的综合、动物趣闻,动物与人、珍稀动物剪影……电子报的版面为 8 开纸

(2) 团体心理辅导,引导学生正确认识自我

作为一所初中学校,我们一直十分重视全员、全程、全科的学生心理健康教育。可以说,初中学生存在的问题除了一般行为习惯问题外,大部分是心理健康问题。为此,我们坚持以发展性心理教育为主,补救性心理教育为辅的原则,一方面通过学科课程教学、主题班会和心理健康教育课,有计划地强化学生心理健康教育;另一方面还专门开设团队心理辅导校本课程,旨在培养学生在团队交往体验中的健康心理品质和行为。学校自编了《心理游戏》校本教材,制作了《团队心理辅导教学反馈表》,每学期每班一次。特别是初一、初二学生,从年龄上是儿童进入青少年期的开始,这是人生的一个过渡期,是个体生长发育的关键时。他们精力充沛、心思活跃、情感丰富、参与度高、可塑性大。团队心理辅导以游戏为平台,对常态下的学生相互作用加以启发和引导,满足他们成长发展的需要,增进他们的自我了解与自我接纳,改进他们的人际关系和人际交往技巧,培养他们面对生活、面对自我、面对现实、面向未来的积极人生态度。[①]

2012 年,我校心育工作迈上新台阶,被评为广东省心理健康教育示范学校。2016 年被评为佛山市第二批心理健康教育特色学校,2018 年被评为广东省心理健康教育特色学校。团队心理辅导课程以其参与性、交互性、游戏性、激励性深受学生喜爱。

案例 3-6 团队心理辅导课程《避雷阵》

一、活动目的

1. 通过活动,帮助学生树立自信心,提高注意力,提高对他人的信任和抵御不良干扰的能力等。

2. 建立小组成员间的相互信任,促进沟通与交流,使小组充满活力,提升班级凝聚力。

---

① 钟志农:《心理辅导活动课操作实务》,宁波出版社,2010 年,第 8 页

3. 通过讨论,帮助学生树立良好规则意识,提高归因反思、总结教训的能力。

二、活动准备:眼罩、团体活动场室

三、活动过程

(一) 引入活动主题

教师指导语:(讲述游戏规则)活动名称:避雷阵

活动步骤:

1. 将班级的同学分成四组,并且每组设置一名队长,主管纪律、协调队员间的安排。

2. 每次比赛由两组同学进行。甲队当坦克,乙队当地雷。

甲队要求:在起点位置出发,蒙上眼罩穿越乙队设置的地雷阵,在不触碰到地雷而顺利到达终点的坦克为胜出者,如果坦克触及地雷即原地变成地雷,可作为坦克的雷达指引坦克避让原有的地雷。队长可以指派相关队员站在起点及终点,对行进中的坦克进行正确的指引。

乙队要求:在队长的带领下,布置好地雷阵,每位队员各自占据一个方格站好,当有坦克靠近时不能伸出手或故意靠近坦克,否则会被撤销当地雷的资格,地雷可以发出错误的指示干扰坦克的前进。

3. 其余的同学作为旁观者,可以发出声音(正确或错误的)影响坦克。

4. 时间要求:各小组都有3分钟的准备时间,规定甲队要在10分钟内完成所有队员的通过。

(二) 活动过程

1. 活动开始(3分钟):学生分组讨论

目的:可以让学生在轻松的环境下讨论,各抒己见,大胆提出自己的见解协助小组获胜。这有助于学生对活动规则的理解,提高参与活动的积极性,培养学生的责任意识,分析问题的能力,并能体验与队员协调、交流的技巧。老师从旁观察,及时了解、分析学生的情况,作出必要的提醒与指导,让学生感知自己的优势与不足。

2. 活动进行中：活动开始，甲队站在起点位置，乙队布置地雷阵

目的：让学生体验在特定的环境下，产生的心理变化。坦克只有自我意识的专注，战胜内心懦弱的一面，信任同伴，临危不惧，才能获得胜利，地雷者要配合默契，机灵诱敌才能阻拦坦克的前进。旁观者投入的指引，也可以增强活动的感染力，凝聚同学之间的互助意识。老师跟随坦克不作任何影响，仅作为一名评判者，监管坦克与地雷。

3. 活动结束：组织了两轮同学的比赛，让学生稍微停歇，然后进行讨论。

4. 讨论问题：(1)成功完成通过地雷阵的同学谈谈你们成功的原因是什么？(2)地雷设置的技巧是什么？(3)这次活动哪些画面给你印象最深刻？

学生A评价：我是甲队，活动开始，我们对活动规则了解及体验较浅，胡乱操作，单打独斗，完成非常糟糕，开了第三辆后，我们的规则要求了解清晰，胆子也大了，大家默契与合作能力提升，蒙住眼睛走时，听到很多声音，心情很紧张，不知所措。这是我要学会克服的。

学生B评价：我是乙队，做地雷，很讲求全队员的配合，而在布置地雷过程，需要对场地的了解及思考对方会怎样绕开地雷，设置障碍、陷阱等都需要大家共同商量，达成意见。特别在坦克走过来时，如何吸引坦克靠近都很好玩。很高兴，我们这次的设障成功了，能通过的坦克不过半数。我们成功了。

5. 教师的结束语：今天，我很高兴大家是如此投入、积极地参与我们的活动。通过活动，我看到了激动人心的场面，也有让人触动心弦的画面。当某个同学处于地雷阵的重重困境中，我们许多同学并没有就手旁观，而是声嘶力竭地向坦克发出指示；当坦克变成地雷的时候，他们也很用心地去指引自己的队友；当队友顺利通过的时候，都很热情地祝贺、击掌……回顾这个活动，我更多的是希望同学在此过程中收获更多的体会、收获更多的信心、收获更多的友谊。感谢大家的参与！

(3) 初中生成长指南,为学生配备的初中生活成长导师

初中阶段是学生成长的重要转折时期,时间稍纵即逝而又心路漫漫,时而困难重重又惊喜不断,时而个性张扬又忧心忡忡。基于这一特点,我校学生工作明确提出要培育"敏行好学、正己达人"的文雅学风,努力让每一位学生成为会学习、勤探索、有责任,情趣高雅、气质儒雅、持续发展的现代中学生。如何在这个成长关键期有效培养学生现代中学生素质和公民素养?我们以引导学生自觉主动地丰富成长体验为载体,自主开发和开设了《初中生成长指南》校本课程,实施初中生生涯教育。正如教材编者的话所讲:我不想改变你的命运,命运在你自己手中;我只想改变你的生存状态,卓越的自己源于日常的修炼。这门课程是高中阶段生涯规划的基础,为处在成长转折期的初中学生三年生活展示一种新的学生生活,指明一个发展方向、提供一个成长引领、阐明一种生活态度。指导学生从认识自我、认识学习生活的环境、认识成长中重要他人开始,学会对每个阶段的成长进行规划和选择,开始一段有规划、有准备的人生之旅,并将成长道路上的重要时刻、重大事件、主要收获及时记录和反思,逐步建立属于学生自己的成长档案。若干年后,当他们回望自己走过的足迹时,会惊奇地发现,虽然成长的路上有困惑、有挫折,也有过痛苦,但每一次困惑渡过之后就有一次感悟;每一次挫折过后就变得更加坚强;每一次痛苦过后收获的总有希望。原来,自己完全可以成为自己的成长设计师。从而让学生明白"人生就像弈棋,一步失误,全盘皆输,这是令人悲哀之事。而且人生还不如弈棋,不可能再来一局,也不能悔棋"(弗洛依德)。正所谓"我的人生我做主"。

成长指南,主要是引导学生了解初中阶段学习和生活的特点以及自身成长的特点,明确初中阶段对人生发展的意义,进而树立理想,明确目标,在日常学习和学校生活中,学会充分利用各类资源和各种机会,加强自身五个方面的修炼(即修炼你的言行,塑造一身儒雅的气质;修炼你的身心,拥有一个健康的体魄;修炼你的能力,掌握一套听说读写思学力;修炼你的爱好,

训练一项终身喜欢的体艺技能；修炼你的毅力，培养一项喜爱阅读的学习习惯），使自己日臻完善。每学期结束，学工处都会要求每个学生对照学期初的成长计划，围绕五项修炼撰写成长反思与感悟。

（4）阅读存折，让阅读成为学生终身受益的朋友。

每年初一新生开学典礼，校长总爱对学生讲，在三中初中部三年，希望每个学生能真心交上两个陪伴终身、受益终身的朋友，一个是阅览室，一个是运动场。为了贯彻这一思想，一方面在全校语文学科组大力推进语文教学改革，积极开展“语文主题学习”实验。实验要求语文教学要按照单元主题教学的思想，废止对语文教科书精耕细作面面俱到的肢解性教学，压缩三分之一到二分之一的教学时间，引导学生配合单元教学主题阅读与教材配套的《语文主题学习丛书》，一学期六个单元阅读六本配套丛书，使课外阅读课内化，保证每学期有100万字的阅读积累。另一方面，学校还在校园安装了多个网络泛在阅读终端，设置阅读吧，班班建立了读书角，让学生在校园随处有书读，处处可读书。并与市图书馆建立了联合图书馆机制，让书店进校园，努力为读者找好书，为好书找读者。还建立了一系列阅读推广机制。如在初一初二每班每周开设一节阅读分享课，每年举办一次读书节，以读书节的形式，让好图书漂流起来，好感悟分享起来；让市图书馆、优秀作家到校园与学生互动起来；让爱读书会读书的孩子和家庭在学校“红”起来。

随着阅读风尚在校园的兴起，语文科组为了引导学生的阅读取向，及时推广好的阅读方法，真实地记录学生的阅读积累，专门编制了《阅读存折》。这本小册子，旨在推荐学生中学阶段应该阅读的名著名篇，跟踪记录学生的阅读情况和感悟，了解学生每学期课外阅读的轨迹。《阅读存折》设计了《自主阅读积分奖励办法》，建立阅读积分奖励机制，希望学生在三年的初中学习生涯中，能够完成《中学生阅读推荐书目》近600万字的阅读积累，撰写一定的读书笔记，根据月阅读积分的多少，每学期举行一次“书香博士”、“悦读硕士”、“书香班级”、“书香家庭”的评选表彰活动，有效引导学生广泛阅读、快速阅读、深度阅读、持续阅读，实现读得快、读得广、读得深的高效阅读。

（5）足迹岭南,为学生铺设岭南文化的人文底色。

《足迹岭南》是指导学生对岭南文化进行系列考察学习的校本教材。佛山,作为岭南腹地,自古就是中国四大名镇之一,不仅资源丰富,商贸繁荣,民间艺术绚烂多彩,而且底蕴深厚,人杰地灵,涌现了康有为、梁启超、陈铁军、詹天佑……等一大批仁人志士。所有这些皆是不可多得的教育资源。我校作为全国可持续发展教育示范学校,在校长的指导下,由历史地理生物等学科老师组成《足迹岭南》校本课程开发小组,开发了一本具有本土人文特色,体现我校"探究/对话/体验"教改思想的校本活动课教材《岭南足迹》。

该教材的课程目标集中在以下两个方面。一是引导学生在考察中发现、体验家乡的历史文化之美、民间艺术之美、民风民俗之美,品味岭南文化的独特韵味,提升对家乡的热爱之情;二是通过一系列主题性考察活动,培养孩子们收集信息、处理信息以及合作探究等可持续发展的学习能力。教材分上下册分别设置了历史文化篇(古迹旧地)、非遗文化篇(艺术)、武术文化篇、美丽古村篇四大板块,每一板块都以考察寻访的形式,呈现该领域的关键人物、重要事件和代表作品及其影响力。表达方式力求图文并茂,具有一定的故事性和可读性。例如"石湾陶瓷"这一主题,教材采取了"探古灶——玩陶艺——赏非遗"的探寻线索,学生通过"访问——观察——体验——分享与感悟"等一系列活动,引导学生认识石湾陶艺形成的地理条件、历史发展进程、艺术特色及其代表艺人、代表作品,用以激发学生对家乡精妙绝伦的陶艺技术的自豪感,积极支持和参与保护、传承石湾陶瓷这一非遗文化的社会实践活动。

《足迹岭南》校本活动课程的开设,为学生了解家乡、关注家乡、建设家乡提供了一个良好的实践载体,现已成为培养学生创新精神和实践能力等综合素养的重要渠道,受到师生的广泛认同。不仅让学生进一步了解了家长,感受了佛山独具魅力的丰富人文资源;而且让学生在考察中真正产生了作为一个佛山人的骄傲与自豪,从内心逐步爱上佛山。

体验式学习以其情境的丰富性、情绪的体验性和知识的建构性等优势成为学校重要的实践性课程,它使学习者在体验学习过程中,经历着知识的内化和外延的变化,通过“看”“想”“做”“说”的交替,全身心地经历着与周遭世界的相互作用,在这个过程中,有发现,有体悟,也有验证,是激励和培养学生可持续发展内驱力的重要方式。当然,对体验性学习课程内容的选择、教学情境的预设、教学活动的组织以及教学效果的评价等,需要在实践中不断总结完善。

(四) 创设公平适切的学生成长平台

初中阶段既是学生个性心理快速发展的重要阶段,也是主体人格逐步健全的关键时期。由于初中学生的各种生理和心理机能尚处于形成和发展中,其主体人格的发展有其独特性。特别是家庭生活条件相对优越的独生子女,“自我中心”现象十分突出,责任感、同情心、自信心相对欠缺,自我管理能力、人际交往能力、组织领导能力普遍较差。为此,我们在学生工作中有意识加强了初中生主体人格教育。以培植和发展学生自治组织为抓手,有针对性的创设了各种适合学生自主管理的成长平台。如班级的各类服务岗位、学校的各类学生组织,并力求体现公平适切的原则。

所谓“公平”,就是保证人人拥有机会均等的参与权,可以自愿参加各类岗位或组织的申报、竞选、评价;所谓“适切”,就是平台的搭建适合学生的年龄心理特征和个性发展需要,学生拥有自主选择的主动权,可以在申请的岗位或参与的组织中表达自己的意愿,适则进,不适则退。目前创设的平台主要有两类,一类是团学联的学生干部领导力培训机制和团员发展教育机制;另一类是学校层面的各类学生自组织,如校园值周班、国旗班、志愿者等。两类平台,力求彰显“只要你愿意来,一定让你满载归”的愿景。

1. 搭建成长平台的价值取向和内容要求

我们针对初中生人格发展特征和健全人格发展需要,从积极心理学的角度,将初中生人格结构中的亲社会性、职能特征、认真自控、外倾性、情绪稳定等特征要素,整合成合群利他、诚实守信、自主进取、探索创新、计划有序、自我控制、情绪稳定、责任感、自信心、善合作等10项人格特质目标,并以此为价值取向,力求体现以下内容要求。即通过有意识的人格发展教育,使学生具有良好的自我认识,做到悦纳自己,乐观开朗,与周围的人和环境保持良好的接触;有不断增强的独立自主性,自尊自信,积极进取,喜欢参与和创造;乐于与他人合作,待人真诚友善,乐于帮助有困难的人;做事有目标、有计划地认真执行,并能坚持到底,勇于承担自己的责任;以平常心看待困难、干扰、挫折和诱惑以及成功和荣誉;有适当的情绪表达,并能及时有效调整自己的不良情绪。

2. 以学生领袖培训为抓手,提升学生干部的领导力

俗话说,要想火车跑得快,全靠车头带。学生干部培训的核心是"培养学生领袖",让学生领袖领导着本班、本年级、本校的学生朝着学校的培养目标快速成长,缩短适应期,提高成长质量。我校是一所公办初中,生源以本街道为主,辐射周边三个镇,学生家庭文化背景差距悬殊,学生个性禀赋各有不同。在新生入学之初,如何快速吸纳新生骨干力量,为学生干部打造良好的成长平台,决定着新初一年级学生团体的成长质量。而学生领导力培训课程的设置,能很好的缩短学生干部对新学校的陌生感,提升学生干部在新环境中的自信心,激发学生干部为班集体服务的积极性。我校学生领导力培训课程已经走过了七个年头,由最初的团委老师授课,到师生共同授课,再到学生干部自主授课,这一步一个脚印的尝试,让所有培训的组织者和被培训者都得到收益!

每年8月底,初一新生入学之初,团委少先队利用新生入学教育的契机,全面播报了上一年团学少学生干部的工作情况,在新生中形成了一股“向往团学联”的向心力。9 月初,面向全体初一初二学生征集学生后备干部,并开设了主题为“定位—传达—策划—途径—反思”的学生领导力培训系列课程。通过一轮课程培训,初一后备干部提前实现了小学生到中学生的转变,也提前摆脱了“等待老师抱着走”的局面,进入到“领着走”再到“自己走”的心理适应过程。

2015 年 9 月的学生领导力培训,作为我校第三期学生领导力培训课程,创新之处在于此次的培训导师全部由初二级优秀学生干部担任,从前期的主题设计、教案编写,再到后期的试讲、上课、作业布置,都由学生干部独立完成。团委老师只做适当介入和引导。这样的做法,既鼓励了优秀学生干部,提升了他们的影响力,又提升了学生自主管理的层次,一举两得。

此后的 2016 年 9 月和 2017 年 9 月,学生领导力培训课程在遵循此种模式的基础上,邀请了谢先刚校长作主题为《努力站到学校的正中央》的讲座,更进一步明确了学生领导力培训课程的目标和方向。截至 2019 年 9 月,学校团委已经开展了五期培训,累计学员 1000 多人。

我们的努力方向是形成系统的学生领袖培训校本教材:课件应该有统一的 logo 标识,仿照校本教材“学习导纲”的模板,印刷成小册子,不论是预习性的案例收集,还是反思性的实践作业,都能够有序整理,这样会更规范。每年新生干部系列培训前三期的主题提纲一般都是:第 1 期“定位—传达—策划—反思”;第 2 期“沟通—意识—行动—反思”;第 3 期“责任—态度—坚持—互助”。

学生干部领导力培训课程为我校培养出一大批有主见、懂沟通、会思考、积极主动的领袖干部,大大推进了我校团学工作的进步。2016 年 5 月,我校团委被评为广东省五四红旗团委;2017 年 11 月,我校被评为佛山市首批示范团校!2018 年 12 月,佛山市共青团名师工作室在我校正式挂牌,主持人为团委书记刘海萍老师。

3. 创设常务国旗班,建立自主训练的轮值机制

国旗班是我校重大仪式和重要集会的形象大使,是全校学生普遍关注和渴望参加的梦想团队,在我校就曾经发生过有学生混进国旗班参加训练的感人故事。为了满足学生的成长需求,让更多学生有锻炼展示的机会,真正使国旗班成为磨炼优秀学生的大本营。从2014年秋季起,学校国旗班建立了常务班和轮值班机制,每班都可以组建自己的国旗班,展示班级形象,并参与一周的学校国旗升降仪式的轮值工作。他们与常务班一起,共同承担着我校升旗仪式及重大校园节日的礼仪任务,是十分重要的学生成长平台。国旗班有着严格的规范动作,不管是国旗班主持人的台词、持旗手的步伐、升旗手的速度,还是指挥官的节奏、队员的执行配合,从任务的难易程度上看,都并不困难。难的是每月轮值的学生都是新人,每月都要完成轮值国旗班的培训任务。因此,团委从上一届国旗班和学校管乐队成员中,招募了一批业务能力强的优秀学员组成常务国旗班和常务鼓号队,实施“老带新”的培训模式。

与以往辅导员老师“一跟到底”的训练模式不同,在九月开学初,少先队大队从初二级国旗班中筛选了优秀队员,创立了两支训练有素的常务国旗班,全权负责新一届国旗班的训练工作。为规范管理,切实提高学生自主管理能力,少先队大队还订立了常务国旗班训练管理制度、考核制度和奖励制度。

由于国旗班实行每月轮值制度,所以,常务国旗班也实行每月轮值制。少先队大队将常务国旗班队员分为ABCDE五组,按顺序分配了训练任务和考核任务。以A组师傅和101班为例,先由中队辅导员把关,选出各中队11名国旗班成员,交由A组师傅训练,周一至周四下午放学训练一小时,周五下午由少先队大队辅导员考核,考核通过者获得下一月的升旗仪式资格,并获纪念证书。

简单来说,国旗班都运用了师徒结对模式,训练效果十分明显。在师傅的悉心指导与榜样示范下,徒弟的学习方法及思维得到了改进,自我监控能力得以提高;师傅在帮扶徒弟的同时,自我反思能力、自我管理能力与认知能力也得到进一步提升。它弥补了团委辅导员难以对每一任期、每一个学生进行个别辅导的不足,也为学生干部提供了帮助别人、影响别人的自我价值实现的机会,增强了学生体验学习的内在动力和兴趣,提高和发展了承担任务的组织领导能力,同时也培养了学生与人沟通、交流、合作的精神,为终身学习奠定了基础。使一批批学生干部的主体人格日趋完善。这一举措既大大鼓励了优秀学员的积极性,提高了学生自主成长的内驱力,也切实减轻了团委老师的工作负担,让老师得以从繁重的重复工作中解脱出来,研究解决学生组织发展中的问题。

4. 加强阵地建设和流动岗位建设,提升学生参与志愿服务的社会责任

赠人玫瑰,手有余香,在"爱满人间、和谐生活"平安社区建设活动中,志愿者是城市最美的一道风景。我校也一直致力于打造一个"爱、助、悦"的和谐校园。根据志愿服务的任务要求及工作特点,我校努力完善阵地建设,积极创设流动岗位。阵地建设一般要求志愿者专人专任,在某一特定的任务岗位中服务一个周期,短则一星期、一个月,长则一学期、一年;而流动岗位一般以单次服务呈现,依托校园节日,只在某个任务点服务,有很强的可替代性。阵地建设对志愿者的时间要求和耐心程度要求较高,所以培训的可持续性较强;而流动岗位更多提供的是志愿服务的体验,良好的体验有助于促成阵地志愿者队伍的壮大。

佛山三中初中部 V-team 志愿者团队,其前身是美名遍社区的佛山三中初中部志愿者团队。十多年来,在校团委的统一领导下,带领青年学生开展各类爱心活动,享有良好口碑。近几届团委书记薪火相传,接力赛跑,共铸出一朵朵卓雅之花,情暖校园,芬芳社区。2014 年 4 月 22 日,佛山三中初中部志愿者团队正式改名为"佛山三中初中部 V-team 志愿者团队"。从此,三中志愿者步入制度化、系统化、专业化、组织化发展的快车道!

佛山三中初中部 V-team 志愿者团队是一个“时时仰望星空”而又“处处脚踏实地”的团队,一方面她积极响应共青团禅城区委员会和禅城区慈善会等上级领导的号召,另一方面她努力加强志愿者培训,提升志愿者的服务意识和服务质量,开拓校内校外志愿服务领域,力求把志愿者活动做得扎扎实实。目前,佛山三中初中部 V-team 志愿者团队采用基地服务与流动服务相结合的方式,不断在完善常规服务的前提下,积极开展各类创新活动。截止 2019 年 12 月,近三年我校学生参与志愿服务超过 8000 人次!

佛山三中初中部 V-team 志愿者团队实行扁平化管理的组织架构,形成了“校团委书记—级部负责人—班负责人—志愿者”的管理模式,并在志愿者队伍中实行师徒结对培训模式,成效显著。跟管理模式相对应,我校志愿者培训分为校级培训、级部培训和班内培训三种,这样的模式既有助于树立志愿者干部的威信,又可以增加志愿者团队的凝聚力。

佛山三中初中部 V-team 志愿者团队是一个制度完善的团队,在我校师生群策群力下,V-team 志愿者团队自主设计了志愿者徽章,量身定做了注册志愿者工作证,并在佛山三中初中部 V-team 志愿者专属网站,全方位播报佛山三中初中部 V-team 志愿者团队。在全体志愿者的共同努力下,佛山三中初中部 V-team 志愿者团队真正做到了:“每一位志愿者都有自己的注册志愿者工作证”、“每一位志愿者都有专属的编号”、“每一位志愿者都拥有自己的徽章”。2016 年 9 月,在全校师生的共同努力下,我校被评为广东省志愿服务示范学校!

5. 注重班级墙报宣传小组培训,营造特色班级文化

生活,因为仪式感的存在而更加美好。班级墙报无疑是增强生活仪式感的重要平台。在校园生活中,学生身处时间最长的就是教室,而教室的布置是否具有教育意义,对学生的成长有着潜移默化的影响。教室最重要的“文化阵地”,首推墙报。因此,以学生工作处每月文明班评比为契机,结合每个月的班级教育主题要求,我们组织了班级墙报的布置和评比。

在班级文化建设中,每个班都会配合本班特色主题建设进行班室布置,有公告栏、学习园地等宣传阵地,营造了良好的班级文化氛围。结合每个月的教育主题项目,例如:一月庆元旦、二月迎新春,三月学雷锋、四月清明节、五月劳动节、六月儿童节、七月期末考、九月份的教师节、十月国庆节、十一月校庆、十二月志愿者等,进行班级墙报的布置和评比,墙报创意新颖,形式活泼,图文并茂,主题突出,充分展示了本班的文化主题。

为提升班级环境文化水平,学生工作处定期进行班主任培训和宣传小组培训,力求争取师生合力,共同促进班级文化建设。2017—2018 学年第二学期,学生工作处进行了为期一学期的班主任培训,内容涵盖制度建设、岗位建设、文化建设、主题班会建设、家长联谊会建设等五项基本建设;与此同时,我校团委以学生干部例会为抓手,同步推进了班级五项基本建设的培训。培训课通过邀请优秀班级代表做分享、小组合作讨论、进班观摩学习等形式进行,通过实打实的培训实践,我校班级文化建设更上一个台阶。

在学校自主创设的各类学生成长平台上,学生成了校园真正的小主人。无论是一日常规管理,还是传统性的重大赛事、重大集会、重大主题活动、新生迎新、毕业欢送,乃至学校重大外事接待、社区的志愿服务、兄弟学校游学交流,都有他们忙碌的身影,他们在“成事”中一天天长大。在这里,他们学会了自信、自主、自立,学会了沟通、包容、合作,也学会了诚信、奉献和担当;在这里,他们学到了很多课程以外的东西。若干年后,课堂上学的内容可能都忘记了,而这些,或许会与他们陪伴终身。

三、构建促进学生主动发展的过程性评价体系

以博雅教育思想为重要内核的“三雅”教育,不仅要求学生博闻强识,自主发展,而且要求学生在思想品德素养、身心健康素养、人文基础素养、科学信息素养、艺术审美素养、可持续发展素养等方面得到全面、和谐、主动的发展,成为会学习、勤探索、负责任,情趣高雅、气质儒雅、持续发展的现代中学

生。但是,由于初中学生对自身未来发展方向并不明确,对“我要到哪里去?”“怎样到那里去?”并不十分清晰。为此,我们按照“关注过程、注重发展、鼓励个性、自主多元”的评价理念,构建了旨在促进学生主动发展的过程性评价体系,力求通过“多元性”和“发展性”评价方式,发挥评价在学生成长过程中的导向作用、诊断作用、激励作用,实现以评价促发展的育人价值。

(一) 立足诊断改进的学业水平评价

长期以来,我们的学业水平评价关注班级整体状态(一分四率)的多,关注个体发展状态的少;不同对象(班级和学生)单次检测横向比较多,同一对象(班级或学生)历次发展纵向比较少。在这样的评价中,优秀学生和落后学生一般相对稳定,他们常常难以看到自己的进步。一个学生尽管他很用功,可是每次考试他都是最后一名,我们如何让他体验到成功? 对于一个班、一门学科、一个老师的教学成绩的评价存在着同样的问题。为此,我们探索建立了一个基于大数据的学业评价系统。这个系统既关注单次检测的群体、个体之间的横向比较,又关注历次考试的群体、个体自身的纵向跟踪分析,能帮助教师和学生发现经验,发现闪光点,并及时推广经验,持续鼓励助推自信心提高。

1. 评价原则

(1) 激励为主的原则

为了让每个班级、每个学生真实地了解自己学业水平的发展状态,真正发挥评价的诊断、激励功能,我们借鉴上海闸北八中的经验,引入“比值”的概念。采取比值定位法,即用“个人(或班级)的均分”比上“班级(或年级)的均分”得到一个比值,这个比值大于1,说明你的成绩高于班级平均分;比值小于1说明你的成绩低于平均分;比值的大小确定了个体在集体中的相对位置;如果连续地记录一个个体同性质的“比值”,就能比较客观反映个体在一段时期内是进步了,还是退步了。这一次的比值比上次高,说明进步了,反之,说明退不了。

(2) 持续跟进的原则。学校质量管理的目的是促进质量改进。但长期以来,受观念和技术手段的限制,我们的学业水平评价一直注重单次考试中某个班级或学校的整体发展变化,很难真正持续跟进每一个学生个体发展水平的真实变化(只有历次考试分数和相对位置的比较,而不同时段考试的分数和相对位置实际上是缺乏可比性的,特别是传统的名次排序在激励少数人的同时也伤害了一部分人的自尊和自信,不能实现对每一个学生的激励作用)。为此,需要对每一位具体学生或每一个班级的比值变化进行持续跟进,并通过各种统计图表(柱形图、折线图、雷达图等)准确地反映同一对象在不同阶段的发展状态(包括学科平衡状态)。

(3) 反馈指导的原则。对学生学业水平评价应该是越精准越好。传统的平均分加名次很难让学生知道自己到底哪里好、哪里不足。在新的评价体系中,我们希望每一次考试后的评价能让学生准确了解自己在基础知识、基本技能、运用知识解决问题的能力等方面的得与失,并具体到每一板块内容的得与失,了解到自己每一个方面在班级的地位。只有反馈具体了,才能更好地发挥激励和指导作用!

2. 具体研究内容

(1) 面向具体学生的学业水平诊断分析(依据对个别学生详细的试卷分析数据指导学生自我改进)

基于大数据的学科学业发展水平诊断分析系统,通过每一次考试后的网上阅卷,系统自动对班级某个学生学业质量的各类数据生成分析报告,从成绩比值、结构、趋势、进步指数、知识点、能力点达成度等角度进行分析;能及时地给出有意义的评价及诊断信息,方便学生进行自我诊断、自主学习。

下图是评价系统提供的单个学生一次考试的数据指标体系。

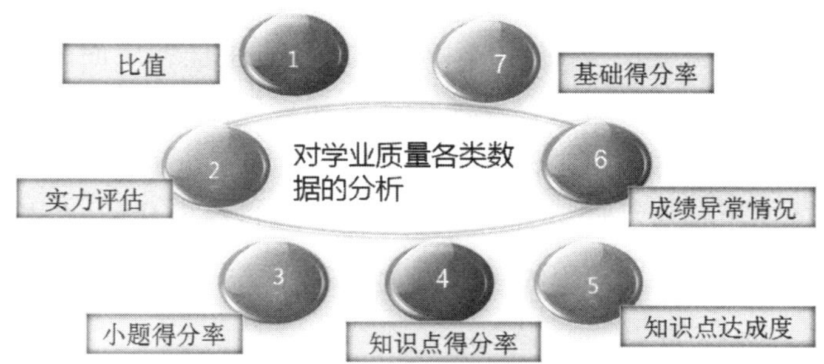

图 3－3　考试的数据指标体系

如要分析一个学生一个阶段各学科的发展变化,系统能将一个学生的历次考试数据进行分析比较,作出学生发展趋势分析,并根据数据自动绘制折线图。

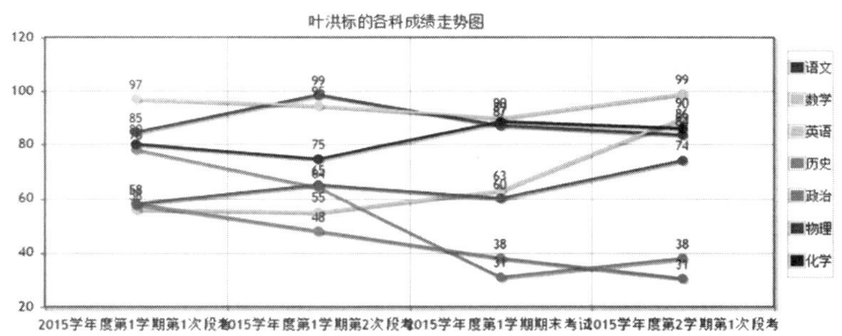

图 3－4　叶同学各科成绩走势图

又如学业能力分析:能够显示某学生某次考试各方面能力指标,并根据数据自动绘制学生各项能力发展的雷达图,通过叠加对比,在一定程度上反映学生的各方面能力情况:

(2) 面向学生群体(班级和学科)的学业质量诊断的分析,为教学行为改进和管理行为改进提供反馈指导意见。

成绩与试卷分析系统自动生成的大量数据,图表,形象具体,为学生学业发展水平的具体分析、科学分析提供了可能。对同一次考试生成的数据，通过任课教师、备课组长、教研组长、年级组长、班主任各层面的质量分析，从不同的角度进行纵横比较，会发现在教学和管理两方面改进教学质量的诸多经验和问题。比如，班主任、任课老师、学生和家长可以通过横向比较，寻找差距；备课组长、教研组长、年级组长可以通过纵向比较，分析进退步。图 3－5 阶段考试后不同角色成绩分析要求。

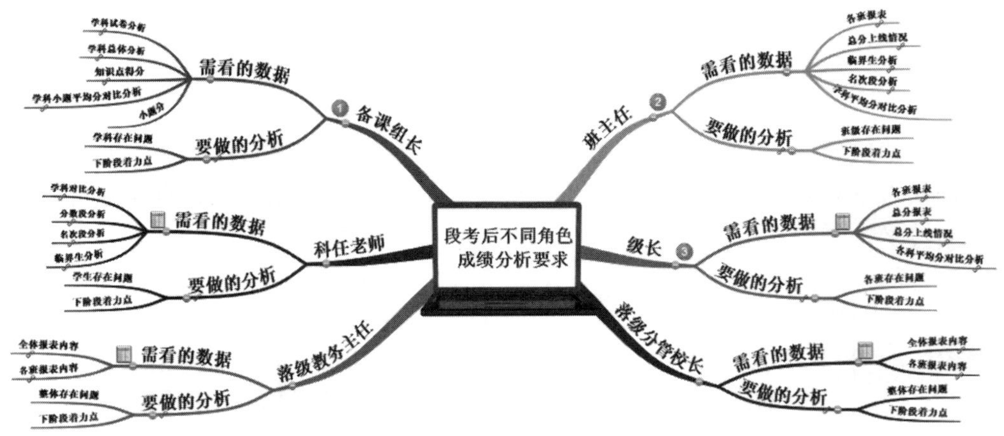

图 3－5　阶段考后不同角色成绩分析要求

（3）基于发展过程的跟踪比较分析（群体和个体）：以比值为参照的诊断评价研究

我们知道，在传统的评价思维和方式中，一个学生两次都考了 75 分，是进步了还是退步了？同一次考试，两个学生都考了 75 分，哪个学生进步了呢？一个学生尽管他很用功，可是每次考试他都是最后一名，我们如何让他体验到成功？对于一个班、一门学科、一个老师的教学成绩的评价存在着同样的问题。为此，我们在评价系统中引入了对“比值”的研究。

用“个人（班级）的成绩”比上“班级（年级）的均分”得到一个比值，比值的大小确定了个体在集体中的相对位置；如果连续地记录一个个体同性质的“比值”，就能比较客观反映个体在一段时期内是进步了，还是退步了。

比如，最后一名的那个学生第一次考试的比值是0.3，第二次考试是0.31，尽管他还是不及格，还是最后一名，但是他能切实体验到进步，不断地进步就是不断的成功体验。考到最后一名的也能有成功的体验，这是传统的百分制评价和名次评价所不及的。

通过不同指标的比值折线图，我们可以清楚地看出一个同学各学科的进退情况（图3－6），一个班级各学科的进退情况（图3－7），还可以清楚地看出同一年级各班某一学科的进退情况（图3－8）。

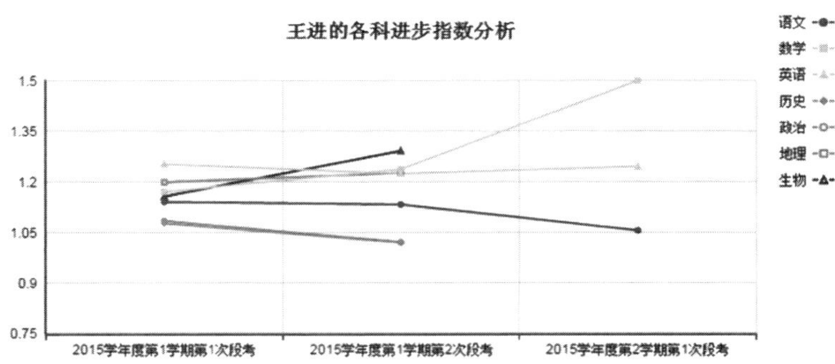

图3－6　王同学各科进步指数分析

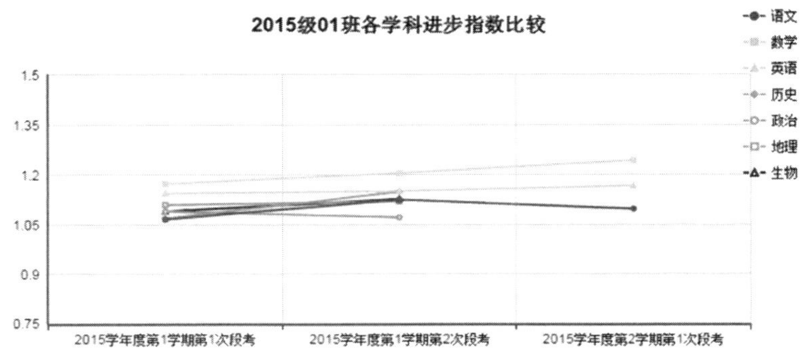

图3－7　2015年01班各科进步指数比较

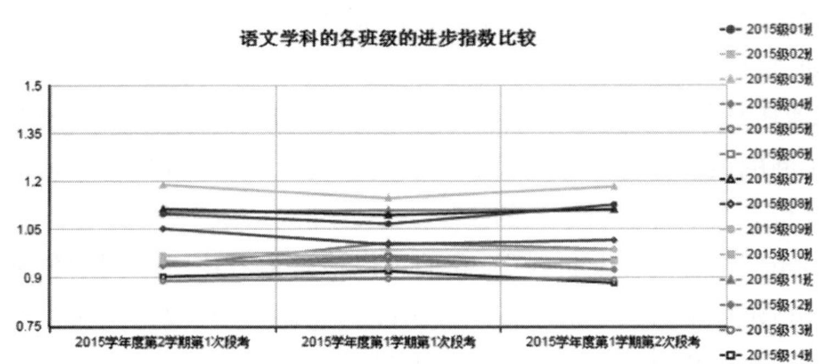

图 3－8　语文学科的各班进步指数比较

3. 改革的初步成效

（1）评价观念的转变：由关注分数的进退转向关注每一个具体学生学习状态的变化

以前学校对学生学习状况的评价往往是单纯地根据“绝对分数”或者“相对排名”来评价学生的学习状况，而忽略了学生个体之间基础条件的差异，使得成功者总是成功，失败者永远失败，学习兴趣以此次受到打压，看不到成功的希望。随着以比值为参照的学业水平评价改革机制的建立，教师的评价观由专注“分”开始转向关注“人，努力让每一个付出努力的学生实实在在地感受到成功的体验，从而点燃每一个学生奋斗的火花，激发成长的希望，以更加愉悦的心情投入到新一轮学习中去，实现由“要我学”向“我要学”转变。

（2）学生学习方式的变化：由盲目的学习变成有目标的学习

基于数据的学业水平发展分析评价机制，使每一个学生都能从横向的同伴比较和纵向的自我比较中，发现自己学科之间、学科内部知识板块之间、各方面能力之间的发展状态，及时清晰地发现自己的优势和不足。同一学科，自己是进是退，进在哪，退在哪，一目了然。多个学科是否平衡，哪科强,哪科弱,清楚明白。既有利于学生及时调整学习策略,在知识、能力、兴趣、态度等多个领域进行有针对性的改进;又有利于学生在多学科学习时合理分配时间、精力,及时引导和矫正学生在课程学习中的安排,使评价的价值取向由单纯关注知识接受的他评转向了关注人的情感、态度、认知、能力、方式等主要因素的发展变化,并找到自我反思改进的策略,真正促进每一个学生的主动发展。

基于大数据的学业水平分析系统,将历次考试的各个小题、各项能力通过试题库系统实现小题与知识点、能力点的关联,从而能够及时地分析各个学科知识能力点的掌握情况,答题卡图像的保存查看同样也有助于学生对历次考试的自身答题情况进行全面的回顾,方便学生进行自我诊断、自主学习。

(3) 优化教师的教学指导:由粗放的培优辅差转向针对具体学生差异以数为据的精准施策

1. 完整长期的数据积累网络阅卷系统的使用,使老师们得以利用在网络阅卷过程中所生成的大量有价值的阅卷数据,生成大量的成绩分析报表,甚至是小题分析报表。这些原始数据大大地方便了老师们的再处理、再利用,从而得到自己想要的个性的分析报表,为教学提供更有价值的学业分析数据及诊断意见。

2. 科学精准的分析诊断。科学的阅卷分析系统,让老师可以根据实际教学需要,选择阅后扫描分析或者扫描后再阅卷,都能够将所得到的原始数据,对各学科各小题的答题情况进行更深入的分析,由于每个小题都与试题库中的试题以及试题所属的知识点、能力点进行了关联,我们甚至可以对该学科各个知识的掌握情况进行分析,了解整个班级、或某个学生的各知识点、能力点掌握情况,哪些是普遍问题,哪些是个别问题,教师清楚明白,大大方便了教师更有针对性地改进自己的教学工作。

（二）基于互动共生的小组合作评价

伴随着新课标的实施和新教材的使用，顺应信息网络环境下初中生身心发展独立性逐步增强的心理需要，小组合作在初中生的学习和生活中倍受教师和学生的青睐。2015 年 4 月，我校《基于小组合作的班级生活重建与初中生成长》课题正式被省教育厅确定为 2015 年广东省中小学德育创新项目，构建基于小组合作的课程学习与班级生活的过程性评价体系是本课题研究的重要内容。跟学生的学业评价系统一样，我们与有关网络公司合作，共同开发了基于小组合作的学生成长状态过程性评价系统。

1. 评价原则

小组合作的评价不仅要关注学生各门课程的学习情况，而且要关注各小组学生健康的班级生活方式。通过这一评价，引导学生了解自身个性心理和人格品质发展中的需求，帮助学生认识自我，建立自信，促进学生在原有水平上“做最好的自己”。

（1）多元化原则。一方面坚持评价内容的多元，既包括各小组在各类课程学习的学习状态，如态度、习惯、方法、效率等，也关注各小组班级健康生活状态，如合作互助、岗位管理、班级值日、班级活动、纪律、卫生等；另一方面，注重评价主体的多元，既有班主任的评价，也有各任课教师参与的评价，还有各小组的自我评价。

（2）指导激励原则。评价内容注重基本要求和基本规范的落实，注重习惯行为的持续改进；各评价主体以正面引导为主，以反馈信息、肯定个性、激发优势为主要观察点，尊重学生人格、尊重个性差异，力求帮助学生指出自我改进的方向和空间，引导学生主动发展。

（3）互动交流的原则。各小组学生学科学习状态和班级生活状态的评价，旨在及时反馈学生的成长状态，引导学生自我改进。因此，整个评价过程学生全程参与，随时了解，对不公正、不客观的评价可随时与相关评价主体沟通。评价系统每个学习小组都有一个访问账号,学生家长也可用此账号登录访问。

2. 评价内容与方式

评价内容包含课程学习状态和班级生活状态两个主要方面。

(1) 课程学习状态的小组合作评价。具体指标由各年级学科备课组根据学科特点制定,一般包括:课前预习、课堂纪律、交流互动、小组合作、作业完成等,由班级任课教师随堂评价,系统自主累记,每周进行一次小计,定量计分、定性描述,每一阶段(一般四个星期)一次表彰(学校设“白兰奖”、“卓越奖”),学期结束按比例纳入学生个人总评。

(2) 班级生活状态的小组合作评价。具体评价指标由各年级组根据年级教育要求提出基本内容,各班班主任结合班级实际修改制定,一般包括分工合作、同伴关系、活动表现、岗位管理等。由班主任和各小组长每周进行一次点评和记录,定量计分、定性描述,每一阶段(一般四个星期)一次表彰(学校设“红棉奖”),学期结束按比例纳入个人总评。

每周的小组表现一般从公平性、表率力、管理创新力、组织引领力四个方面接受评价,评价分为优秀、良好、一般、差四等。评价方式一般分小组层面和班级层面。小组层面主要是对小组成员履行岗位职责及小组内部合作完成班级事务的自我评议。班级层面主要是其他小组之间一段时间以来各兄弟小组的综合表现的评议。两个层次的评议一般采取小组成员自评、组际互评、班主任点评相结合的方式。

首先是小组成员自评。自我评价就是个体对自己生理和心理特征的自我判断,它是自我意识的重要组成部分,是学生进行自我总结、自我反思、自我审视的一个重要过程。它不仅具有独特的自我功能,而且具有重要的社会功能。学生对照着自己之前制定的目标、计划,进行逐一检测,哪些方面做得好,哪些方面需要改善,从而制定下一阶段的目标、计划与具体策略、措施等。就这样,个体在不断的自我评价中促进自我发展、自我完善、自我实现。日常表现和专题活动都会采用自我评价的方式。

案例3－7 小组合作策划主持班会后的同伴自我评议

劳××同学这样评价：

我们班的班会课并非是小学那样由老师主持，而是我们以小组为单位来进行策划。本学期我们第九小组的班会主题是朗诵大赛。虽然看似简单，但真正做起来我们却遇到了不少棘手的难题，但在我们全组的共同努力下，班会课圆满完成了，同时我们也收获良多。催促小组上交朗诵题目及内容，我们学会了沟通；制作 PPT，我们学会了虚心听取他人意见；班会课主持，我们学会了自信大方……

王××同学这样评价：

我们第三组在本学期只上了一节班会课，总的说在这一年里我只上过两堂班会。每次班会前我的准备工作都有所不同，我做过流程表、PPT、游戏设计等，都是小组内分配工作的。我不能说我是做得最好的，但是我也为组、为班付出了，给大家带来快乐、美好的感受，从而也让我更好地展现自己。我最大的感受和收获是我能锻炼胆量，提高自己动手的能力，体验小组合作的团结精神，更好地培养良好的情操，展现自己的能力和才华，我会越做越好，积极参加这样的活动。

邓××同学这样评价：

在写活动方案的过程中，我学会了如何用较正式的语言去撰写活动方案，使方案言简意赅，既好看又全面。在修改的过程中，我发现了我们小组的 PPT 里存在的漏洞并一一改正了过来。这让我积累了不少做 PPT 的经验，知道下次做 PPT 时要避开那些误区。在我们小组的共同努力下，我们小组的班会课也是取得了不错的成绩。

小组合作完成一期班级墙报以后的同伴自我评议

梁××同学的评议：

我们的每一期墙报都是由每一个小组负责，这样不但能提高我们的创新精神,更是能提高我们的绘画能力,其中更少不了的就是团结协作精神。我们得知主题后,从找资料、构图、绘画直至结束全程都是我们自己负责,没有老师的帮助。我觉得这样的方式非常好,因为可蒋××同学的评价:

墙报是一个班的良好象征,在班中,为了更好地推进小组合作,让各小组负责一期墙报。而我们组的主题是"缅怀先烈,美德再现"。由于时间紧迫,不得已,我们牺牲了多日的午休时间,只为完成墙报,为班级争光。即使在小组里曾出现过争执,即使墙报也是一而再,再而三地更改,我们也从未放弃过。当时身为组长的我,更是心急如焚,准备资料,设计版面都是亲力亲为。最终"皇天不负有心人",我们的墙报在班中得到了16.57的高分。从中,我们小组全员的画画水平都得到了锻炼,大家的关系都更为和谐,在小组合作出墙报中更渐渐成长。

李××同学的评价:

记得小学时我从来没出过墙报,都是会画画的同学出的。但上了初中后,我可以跟组员们一起出墙报。这又给我们提供了一个很好的合作机会。记得轮到我们组出墙报时,我必须在中午或晚上放学后留下来。我是负责上色的,但我的技术不高,涂得不好看。虽然这样,但我还是尽了自己的力去做,只求做好这件事。随后墙报便在我们的忙碌中完成了。我看着出好的墙报,有一种成就感油然而生。正是它,让我收获到了成功的喜悦,让我学会了努力与坚持。

其次是组际互评。"兼听则明,偏信则暗",组内评价有时受到环境、情感、能力等方面的影响,难免会陷入"当局者迷",那就要通过"旁观者"来理清了。可见,组际互评让学生对合作小组集体作出合理的评价非常重要。评价内容主要从组内分工明确、合作探究的能力、小组合作的态度、发言的情况、创新意识等等方面作出综合性评价,从中可以反映学生集体或个人的发展情况。这样的评价,一改往常老师评学生听,或者"事不关己高高挂起"的局面,促使每个学生积极开动脑筋,勇于反思自己的表现,发表自己的看法，让他们真切地感受到自己是学习的主人，从而使学生增强集体责任感、荣誉感，并进一步提高分析能力。

案例3-6 某班第五小组“赖在梁家的云朵”参与的学期末综合评价（组长：梁××，组员：梁××、赖××、黄××）对第六小组Enjoy Life（组长：蒋××，组员：黎××、诸××、王××）的小组合作的评价：

光阴似箭，日月如梭。转眼间初中的第一个学期即将结束，回首过去的这一个学期里，小组的合作学习促使我们收获颇丰，小组内合作探究的学习方式让我们的成绩有了一定的提升。但是在这一个学期里我们每个小组内也存在不足之处。下面是我们小组对第六小组的评价：

第六小组在合作中分工明确，学习互帮互组，优势互补，成绩有了进步。组内同学能参与学校活动，在值周中公平公正对待每一个小组，不偏袒、不偏私；严格管理，各方面做到以身作则；主题班会设计方案、主持稿清晰、详细，能展示我班班级文化风采，对其他小组起到较好的示范作用……我们小组给予第六小组的综合评价为“良好”。下面是具体陈述：

学习情况方面

优点：①在段考后小组内能够认真总结反思，归纳缺点，并做出修正方案；②在总结反思过后，组内成员认真执行拟定好的修正方案，使得组员学习成绩均有较大提升；③作业均能定时定量保质上交，没有出现迟交、漏交情况。

缺点：①在课堂上不能够积极参与堂上活动，不勇敢举手发言，将举手发言当做一种任务；②在课堂中讨论不够积极、活跃，需要老师的多次提醒才开始进行讨论。

改正方案：学习要有一套适合自己的学习方法，要有正确的学习态度。在课堂上认真听讲，课后认真复习，考后吸取教训。

日常行为表现方面

优点：①全组迟到、请假情况较少，均能遵守学校课堂纪律；②在小组值日中都能做到认真仔细,发现漏洞能及时修补;③在值周工程中做到创新,如负责日常行为规范板块的同学能在放学时提醒同学收拾好书本,拉好桌椅。

缺点:在课外自我管理能力缺乏,开始有些“放松”。

改正方案:在以后尽量锻炼、加强自我管理能力,消灭迟到的现象,在今后的值周中根据此次所发生的漏洞进行更正,努力做到更好。

综合实践活动方面

优点:①班会课能够积极配合、协助工作,在其他几位同学的帮助下开展了一节十分有意义的班会课;

②在校内的“跳大绳”比赛中组内有两名同学参与其中,并与其余参赛同学共同努力获得佳绩;③班会课的准备过程中,组内分工合理,组员主动积极的去选择工作。

缺点:个别组员只按自己的兴趣参与活动,不踊跃参与兴趣以外的其他活动。

改正方案:为了班集体、小组、个人的荣誉以及提高自己多方面的能力应积极参与各类活动,主动报名,配合班干部的工作。

参与日常班级生活方面

优点:个别组员能够主动参加校外的活动、比赛。

缺点:参与人数较少,没有为班集体增加荣誉。

改正方法:没有积极参与校外活动,其中一个原因可能是我们的能力不够,在今后需要多学习,多锻炼,努力提高自己的综合能力,同时为班级、学校增光。

以上是我们小组对第六小组的评价,希望第六小组将优点它发扬光大,努力改正存在问题,建设一个更好的小组。加油!!!

第三是班主任点评。教师作为指导班级建设的导师,在指导参与小组合作的每个成员和每个小组进行自我评价、相互评价的基础上,要及时将各类评价主体的评价意见进行综合，并以相对稳定的形式予以表彰激励。美国心理学家詹姆士说："人最本质的需要是渴望被肯定。"每个学生都有强烈的自尊心，渴望被老师肯定、欣赏。因此，作为教师要有发现美的眼睛，善于发现学生的进步，引导学生从同伴身上吸取发展的动力和智慧，寻找合作中更大的上升空间，激发深化合作、共同探究的欲望。

班主任对小组合作的综合评价，坚持过程评价和结果评价相结合，小组集体评价与成员个人评价相结合，但侧重于过程评价和小组集体评价，意在让学生关注过程，重视合作过程中的全程积极参与，注意与组员间的配合，尊重组员，勇于承担任务，能提供细致、有建设性的反馈等，从而使学生在合作过程中认识合作的方式，意识到合作精神的重要。主要体现在三个方面，即小组合作中的学生个体评价、小组合作过程评价、小组合作效果评价。小组合作成员是一个学习的共同体，学习的成功是基于合作成员的共同努力；小组合作的最终目的是促进每个个体通过小组合作得到发展。因此，进行小组合作的学生个体评价时，要把每个个体放在小组合作的背景下，主要从参与度、沟通能力、合作意识等方面考量，通过这样在组内树立学习榜样，激活组内的竞争，营造一种争先创优的良好氛围。对小组合作评价，主要从小组合作分工是否合理、合作方式是否得当、成员参与度、互补性等方面去考量；对小组合作的效果评价主要看小组合作对每个成员的促进作用、小组合作完成认领项目的水平和质量等方面来判断。

上述三类主体评价的结果通过相关项目予以表彰。如关于小组合作中的学生个体的表彰有"最佳表现奖"、"特别助人奖"；对小组合作过程评价的表彰主要有"积极发言奖"、"合作探究奖"；对小组合作结果评价的表彰主要有"合作学习卓越奖"和"飞跃进步奖"，单项的结果奖还有"班级生活白兰奖"、"课堂学习红棉奖"、"最佳项目成果奖"等。表彰定期进行，并通过多种方式进行宣传。如以海报的形式在班级公示，制作专栏公开展示，或在学生群、家长群极力表扬，或大会颁发奖状等，让学生的心灵在别人的赏识中得到舒展、愉悦，让他们感受到团结合作共同进步的力量。

(三) 旨在唤醒引领的操行表现评价

1. 关于传统操行评议的反思

学生的操行评语是根据教育目标对学生品行发展状态进行语言描述的一种价值评价。要求教师对学生的思想行为进行带有“主观”色彩的质的分析,进而对学生人格各个侧面进行综合性肯定和鼓励。一般由班主任独立完成。评语面向学生本人及其家长,通过描述性语言概述学生某一阶段各方面素质的发展状况及其反映出的学生的个体性格品质特征,进而通过鼓励性的言语激励发扬优点,改正缺点,继续努力。从评价的方式上看,这种描述性评价属于定性评价,基于班主任对学生某一阶段(通常是一个学期)平时的表现、现实的状态的观察和分析,直接对学生做出各方面发展情况定性结论的价值判断,其目的是与学生学业成绩等定量评价相结合,求得对学生更客观更全面的评价结果。这种评价由于普遍存在以下三方面的局限,在学生和家长看来,既没有温度,也没有信度,更没有效度。

首先是表达形式单一。传统班主任评语的形式多年来一直沿用传统的“优点、缺点、希望”三段式描述,甚至简化为二段式,即将缺点省去,将其隐含在希望里面。差不多每个学生的评语中都会有这样的语句:“该生学习努力,成绩较好,讲究卫生,热爱劳动,对人有礼貌,望继续努力,争取更大进步。”这样的评语千篇一律、索然无味,失去了评语应有的激励、鞭策作用,它使学生反感,家长漠视,教师徒劳,并且诸多的评语如同一个模子里倒出来的,放在哪个学生身上都合适。山东省青岛市×××学校的李振村在《关注心灵》一文中讲了这样一个有趣的事情:儿子翻出爸爸当年的“家庭通知书”,结果发现上面的操行评语与自己的只有几个字的差别。这种传统的、固定的评语形式在我国几代人的“家长通知书”上曾拷贝了无数遍。

其次是语言空泛呆板。传统班主任评语的语言呆板、生硬、空洞、乏味,大话连篇,甚至抽象笼统,没有针对性,缺乏人情味,更没有针对性,每个学生的鉴定评语只有几个字的差别,看上去只是一些文字的堆砌,而没有任何意义和情感。湖南邵阳学院的黄立平、罗良华在他们的研究里统计了这样的一组数据：一个班级 52 名学生，52 份评语，所有评语加在一起共用语词 426 个，使用率最高的是“尊敬老师、团结同学、遵守纪律、上课专心听讲……”11 个语词，使用频率总和为 321 次，占全班评语总语词个数的 67.5%！而在这 11 个语词中选择 5 – 8 个语词作为学生评语的共有 13 份，有些词在不同学生的评语中竟能一字不差地反复出现。结果 52 个学生全都是一个面孔，让人读完之后几乎找不出处于同一个学习水平上学生的差异，没有独特的闪光点、特长和个性可言。看起来是为每个人写的评语，其实所写评语中并没有具体的活生生的人。

第三是评价脱离实际。一方面是主观武断。很多班主任平时缺乏与学生之间深层次的心灵沟通，常常居高临下，给学生写评语好似一位检察官给犯人的判决书，教师处于“至尊地位”，评语具有权威作用，教师与学生之间只有事实交往而无感情交流。一些评语中充满了偏见与发泄性的指责，甚至恶语伤人。这种由于缺乏对学生的了解，只顾一时的快意，以个人情感代替客观事实，而一味地以严厉之词对学生进行的批判训斥，往往很肤浅，没有针对性，难以让学生和家长接受，有些学生干脆不让家长看到自己的评语，有些家长一旦看到这种评语就会火冒三丈，对孩子大打出手，无法达到教育学生的目的。另一方面是片面褒奖。在应试教育观念的影响下，为了不影响升学率，尤其是带毕业班的班主任，为了迎合招生学校的要求，故意隐瞒学生的缺点，用赞美之词把学生描述成无可挑剔的完人，缺点部分仅仅用笼统的语言象征性地提出几点要求马虎了事，结果使得招生学校无法对学生做出正确判断，进而择优录取。另有一些班主任充当好好先生，写评语只是例行公事，尽自己的岗位职责，企图在家长和学生的心目中留下好印象，写出的评语不痛不痒，好生差生一个样，反映不出任何问题。

2. 多元操行评价机制的引入

反思传统的操行评价，之所以缺乏育人价值，一个很重要的原因就是评价的单一性。不仅评价主体单一、评价标准单一,而且评价内容、形式都很单一。每学期都是班主任用整齐划一的指标(主要是学业考试成绩)去衡量所有的学生,强调共性,使得学生与学生之间的差别消失了。在这种操行评价中,有的学生考了高分,成为学习的"成功者";有的学生分数不理想,达不到老师期望的成绩,成为学习上的"失败者"。而根据多元智能的观点,每一个学生都具备足以胜任日常生活表现的能力,而对这些能力的评价,很难只靠单一的老师的操行评价就可以获得。由此,多元智能理论为我们定位积极的学生评价观提供了一个理论新视角,即摆脱单一的老师评价模式,实施多主体多角度的多元评价,使得学生的情感、态度、价值观以及多元智能因素都得到关注。因此,我们对学生的评价就不能固守在老师的单一评价上,而应当开放评价主体,拓宽评价指标,从多角度、多方面进行评价,评价内容扩展到除知识之外的道德品行、人际关系、学习能力、兴趣特长等方面;评价主体扩展到除班主任之外的学生自我和小组同伴,尤其是小组成员对同伴的评价是关键的一环。这种评价的多元性主要表现在以下几个方面:

(1) 扩充了评价内容。现在的多元操行评价不仅涉及学生学业和品德两方面的优势和不足,还关注学生的个性和特点等多方面的素质;强调具体生动,有血有肉,真实动人,具有人物素描的特征。

(2) 丰富了评价方法。现在注重质性评价与量化评价结合、结果评价与过程评价相结合。把质性分析评说用等级量化,把量化评价作为质性评价的一种表达方式,使二者有机地结合起来;评价的关注点由鼓励看重结果转为更关注结果形成的过程。例如,对问题的解决,不仅要注重学生提供问题答案的正确性,更要关注学生获得答案的过程,即学生获得答案的推理过程、思考性质、证据的运用、假设的形成等等;此外还有对情感、意志、动机、兴趣、性格等非智力因素的评价。

(3) 增加了评价主体。参与操性评价的主体由班主任,扩展到任课教师,小组成员,以及学生自己。与此同时,我们还加强了评价者与被评价者之间的交流互动,分小组交流各主体的评价意见,这既体现了对学生独立人格的平等与尊重,又提高了学生在评价中的主体地位,使评价变成了学生主动参与、自我反思、自我教育、自我改进的过程,真正发挥了评价的育人功能。

（4）拓展了评价功能。评价不再是选拔和甄别,而是强化了激励和唤醒的育人功能。操行评价作为一种积极的教育行为其育人价值得到了进一步彰显,阅读和聆听身边重要的他人对自己的评价,变成了每个学生的一种期待。

3. 实施多元操行评价的基本要求

（1）突出评价对象的性格特征,写具体写生动,心中有人,以小见大;

（2）坚持发展性评价,以发现、唤醒、激励为取向;

（3）态度认真、诚恳,评价中肯、客观,用语人文有感染力。

（4）评语分为"自我认识"和"同伴眼中的我"、"教师眼中的我"三个部分。每个同学既要给自己写评语,同时也要给组内其他三位同学写评语。

（5）每份评语字数在150字左右。

案例3－8 2014级314班对彭同学的多元操行评价

【自我评价】

我是一个比较沉默的男孩,不够主动与同学交流,上课不爱积极举手发言,学校组织的活动也很少参加。经过了一个学期的努力后,有了很大的进步。举手发言的次数多了,上课能主动参与到讨论中去,性格也比以前开朗了一点。但举手发言依然存在着很大的一个问题,欠缺自信和勇气成为了人生道路上的绊脚石。我还是一个有责任心的人,对工作认真负责。但有时也会比较粗心大意,不够细致。希望在以后的道路上,我能更好地完善自己,发扬优点,改正缺点。

【同学眼中的我】

小组同伴劳××:"沉默是金"一直都是你的人生格言,对比起上个学期和我同为六人小组第九组的你,这个学期明显要少话些。或许是变为四人小组没有那么热闹,又或许是其他原因。作为你本学期的组长,不得不承认:组员中有你是件幸福的事!你的责任感与工作细致让我总能信任地把工作交给你并且毫不担心!希望你能找出其中的原因并努力改正,相信健谈的你一定会比沉默的你更有魅力!希望你能成为更好的自己。

小组同伴黄××:这是我第一次和你同组。以前我只知道你沉默,成绩不错,现在知道你也很负责。值日的时候,我看你任劳任怨地做这样,做那样,觉得好像又看到了以前的自己。现在我不再这样了,可你还坚持,我很感动。只是我觉得你对组的贡献还是不够!上课讨论的时候,只有我们三个,你永远把头转过去;劳姐问你的时候,十句有九句是"不知道"!我很不喜欢!就请你多点发表自己的意见啦。我也算沉默吧?但我也会加入课堂的讨论,歌声也很优美啊。大方点!

小组同伴罗××:威,你是我认为十分踏实的一位男生,我十分欣赏你的这一点,你能踏踏实实完成作业和老师布置的任务。但是在积极举手发言的问题上,你有比较大的问题,这一点希望你要尽快的改进,并且你的学习成绩也很好。如果能改进这一点,我相信你会有更大的进步。

【班主任麦老师的寄语】

亲爱的彭××小朋友:

你好!温顺、乖巧、伶俐的喜羊羊已经悄然离去,聪明机智、自信勇敢、富有激情的小猴子来临之际,小麦与你一起回顾一下这个学期,我们追梦团队取得的各项荣誉吧!

在我校第十二届学生田径运动会中,我们荣获初二级团体总分第一名、体道德风尚奖、50米迎面接力赛第二名;我们团队各项工作表现突出,被评为优秀中队;在初二级班徽班训口号设计大赛中荣获优秀奖;在初二级"我爱我班,唱响青春"的班歌比赛中荣获二等奖和最佳团队奖;在禅城区乐具比赛中荣获一等奖;在九月至十二月日常行为规范评比中荣获"标兵文明班"或文明班的称号;在第一、二次段考和期末考中荣获"学习标兵班"称号;在佛山市第三中学初中部第二届听写能力大赛中荣获初二级第二名……

而你在本学期刻苦学习，努力进取，积极参与各项活动，在多方面取得了优异的成绩：你所在的小组在二段获得卓越组、个人在一段和二段中获得学习标兵三等奖、禅城区暑假读书征文比赛中荣获三等奖、二段获得政治全级第一名和数学全级第三名……

成绩只是代表过去，希望在崭新的2016的猴年里，你能加倍努力，刻苦拼搏，节节上升，超越自己，达成目标！最后小麦送你一句名言：历史使人明智；诗词使人灵秀；数学使人周密；自然哲学使人深刻。

案例3－9 2015级307班对刘××同学的队员操行评价

【自我评价】

我是一个挺爱好广泛的女孩，其实我的缺点自己早已认知，但我却总是改不了或改变一点点，一点点。不过我会尽自己最大的努力去改正他们。我成绩不好，连累小组，心里很不是滋味，我只能向组员说一句："对不起。"我会奋斗地。从同学的口中我得知了一些优点："心灵手巧，为集体着想，活跃，开朗……"我会继续努力。亲爱的同学，我会努力的。等待我的改变吧！

【同学眼中的我】

小组同伴符××：你是一个心灵手巧的女孩，板报前，墙边的装饰物前，都会出现你的身影。心灵手巧的你，通过你那勤劳的双手，为这个班级添加了许多色彩，给我们家的感觉。课堂上，总能看到你那活跃的身影，熟练地回答老师的问题。你不仅在课堂上是活跃的，在生活中亦是如此。阳光，开朗是你的标志。但在学习上，你应该要继续努力，加把劲，为组争光，加油！你能行！

小组同伴黎××：你是一个很有集体荣誉感的女孩，很多的班级活动都能看见到你的身影。你举手发言活跃，常常为组争分，你的美术才能也很棒，每一次的美术作业都能看到你的作品是数一数二的。但是在成绩方面，你还是比较薄弱，也许是你没有掌握好方法复习。在举手发言的时候，希望你能考虑清楚,加油吧!

小组同伴刘××:你是一个为集体着想的人,常常想方设法的为小组加分。他也很热爱班集体,经常主动地去做一些有益于班集体,老师,同学的事情,你也非常热爱主持,经常主动去参与一些需要主持的班会课,公开课,但口才有待提高;你也很喜欢美术,经常美术作品被老师赞扬,而且作为美术课代表很负责任。但学习成绩有待提高。加油!

【小麦(班主任)眼中的你】

在入学教育我就发现了"特别"的你,你剪着清爽的短发,给人一种阳光、自信、干练的感觉。在很多同学认为枯燥无味的讲座课,你却饶有兴趣地认真聆听,认真记录笔记。你的书写整洁美观,批改你的作业是一种美的享受。因此,我无数次地在班上表扬你。在军训中,你吃苦耐劳,在烈日暴晒下站军姿,你表现得那么坚强!汗水顺着你的脸颊直留下来,而你仍挺直腰板,纹丝不动地站着。

嘉玲,你知道吗?小麦喜欢你,欣赏你,不仅仅这些。你身上有太多的闪光点,深深地吸引着小麦了。你善于团结同学,乐于助人,热心班级工作。我清楚地记得你无数次默默地提醒、帮助同桌;我还记得小柔生病不能回校上课,你主动把作业送到她家里;我还记得其他小组不懂得出墙报,你主动地帮助他们;我还记得你积极报名参加班级的整周值岗工作;我还记得在校运会上,你奋力拼搏,为班夺取荣誉……你是一个兴趣广泛,多才多艺的女孩。

你喜欢书法、钢琴、运动、剪纸……我们班级布置得美美的,全赖你的功劳。忘不了,你精致的剪纸,漂亮的书写。你是一个积极进取,永不言败的顽强的女孩。课堂上,总能看到你高高举起的手;课间总能看到你请教同学、老师的身影;自学课,总能看到你专注学习的样子……嘉玲,凭着你那永不服输的精神和对学习的满腔热忱,我相信没有什么困难可以吓倒你的。

嘉玲,最后小麦赠你一句话:当你因受挫折而忧愁时,请以微笑来排遣,那么,你会发觉世界仍是海阔天空,仍是那么美好,从而激起继续奋斗的勇气。加油吧,亲爱的女孩!

这样的评语既形象、具体、生动,又抓住特点,突出个性,可接受性强,具有鲜活的生命色彩。其教育效果远远好于以往班主任空泛、抽象、干瘪、千人一面式的评语,其育人价值就不言而喻了。

4. 多元操行评价的效果

(1) 唤醒了学生自我反思的动力和能力,受到学生的欢迎

在小组合作相互评议的过程中,每一位学生既是评价对象,又是评价主体,有效地调动了学生参与评价的主动性和积极性,他们既反思自己,又在评价同伴的过程中取他人之长,补自己之短,达到自省自悟的教育效果。

案例3-10 以下是部分学生参与评议后的体会。

李××同学:能从同学的评议中认识自己。在写评语时,我们相互交换过意见后就马上奋笔疾书,认真思考,都想第一时间将自己内心所想的马上记录下来,向同学们倾诉自己的想法。我们不会因评价过低而产生自卑心理,也不会因评价过高而产生自负心理,使我们更有勇气、信心走向未来。然而同学们之间互写评语,能更好地正确认识自己,通过别人对自己的意见,发扬优点,从而完善自己,使自己更加优秀。

梁××同学:这个学期,我们举行了一个新颖的活动——小组合作写评语。在组员写的评语中,有对我们的闪光点的肯定,有我们的缺点的提出,还有对我们的鼓励与希望的话语。使我们能更全面的认识自己,将优点继续保持,努力改正缺点,而那一句句殷切鼓励,也给我们改正缺点添加了不少信心,使同学之间的关系变得融洽。真是一举两得!

班级生活使我成长,在班级的生活中,我学到了许多许多,学到了在课堂上学不到的知识,学到了做人的道理。使我在枯燥无味的生活中增添了一份乐趣,在紧张激烈的学习中得到了放松,让我的人生画面能更绚丽。初

中是人生中十分重要的一段时光。

江××同学:在本学期中,老师让我们小组相互写评语,还有自评。在这个活动中,我首先从自己的方面认识了自己,其次还有3位组员对我真诚的评价。从她们的评语里,我得知我是一个爱学习的好孩子,但同时,我还是有些腼腆,对待同学还是不够热情与主动交流。嗯,我会继续努力,扬长避短的!这个活动,有利于我们从各个方面认识自己,知道自己的不足,从而改正缺点完善自己。这个活动让我们在以后的成长道路上能更加认清自己,也能知道各个同学优缺点。真棒!

(2) 强化了教师的学生主体意识,提升了教育实效

教师通过阅读学生评价自我、评价他人的评语,进一步了解了学生自我认识能力和正在形成的价值观、人生观,也发现了学生中所蕴藏的"真、善、美"品格,进而更有针对性地开发和利用学生中生成的教育资源,强化了学生的主体意识。事实进一步说明,教师的教育方式、师生关系和教师给予学生的支持,对初中生的非智力因素的发展和健康人格的培养都具有显著效果。

具有22年班主任经历谭老师看了学生"小组合作写评语"后写下了这样的感言:

看了孩子们交上来的小组合作写的评语,我欣喜地发现孩子们既有一双发现美的眼睛,也有一颗渴望自己或同伴改掉不足的真诚的心。可以说孩子们比我更了解自己,更了解同伴。

一直以来都是班主任写学生的学评语,学生只是被动地从老师的评定中了解自己的优点或缺点。但他(她)是否认同老师的评价呢?他(她)又是如何评价自己的呢?其他同学又是怎样评价他(她)的呢?小组合作写评语,让学生有机会反思、审视自己,并通过同伴的眼中更全面地认识自己,从而促使他们发展自我、完善自我。

小组合作写评语，不只是在一定程度上丰富了评价的主体，更重要的是促使学生关注自己在群体中的形象，让他们更好地学会如何与人相处。

(3) 赢得了家长的理解认同，转变了家长的教育观念

家长都是过来人，他们读书时就面临了各种的操行评语。面对我校实行的操作评价，家长的意见都是高度统一，高度认可。因为他们打心里面觉得，这是全方面帮助孩子认识自我的好途径，也是帮助孩子迅速成长的利器。

案例 3－11 下面是一些家长对小组合作写评语的评价：

邓××爸爸：对于小组合作写评语的做法让我耳目一新。不仅从“我”的角度去看自己，还可以从他人的角度去认识自己并改正自己的缺点。

黄××妈妈：孩子，看了你的自评和同学的评语，我觉得小组合作很好。每个同学都找出你的优点和缺点。对优点不能自满，更要进一步；对缺点要认真地改正。所以，要想取得好成绩，你就必须付出比别人更多的努力和汗水。我相信你一定行！

王××妈妈：接触更多，了解更多。每位组员对你的评价都是中肯的。说明你们之间相互了解的。希望你能综合大家的意见，正视自己的不足，也希望你能说到做到，做一个更好的自己。加油！

陈××妈妈：陈××同学的同学评语我已经仔细看过。看完后十分高兴，比起初一时期的小霖，她长大了！同学对她的评语不是成绩方面的而是全面地总结了小霖的精神面貌方面。除了参与班集体活动不太积极外，和同学相处方面十分融洽，这也是我最欣喜的地方。现代社会不但要求有身体健康，更要求孩子们也有硬的社会心理方面的适应能力。我也曾经为小霖的心理方面伤脑筋，现在在老师和家长、同学们的三方面努力下，陈××同学进步啦！谢谢麦老师！由于您的细心使我们家长了解孩子的方面。真的谢谢您！

郭××妈妈：关于学生同学之间互评的这种方式我很欣赏。学生们在互相间更可以取长补短，相互促进！同学们对文辉的评语，我和先生当晚已经

看了,很赞赏麦老师的做法。由于近段时间确实忙,所以未加意见,望谅解。

雷××爸爸:我觉得同学的评语写得非常好,能指出同学之间真实情况,反映优点和缺点,希望麦老师继续发扬这种做法,多点让学生写出他人的评语,同学间能够取长补短。

在我校,多元操行评价做法得到广大教师和家长的一致欢迎。记得有一次家长会,一个家长兴奋地找到了我。她拿着班主任给她女儿的评语,不断称赞:"主任,你看!你看!我儿女的小组同学对她评价是多么的中肯,有些话连我都说不出来,孩子们竟然一针见血就说出来了,这对孩子的成长大有好处啊!我的孩子真是选对了学校!"是的,我们就是一所追求学生自主发展的学校。所有的改革,并不是做表面文章,学生有需要了,我们就改,学生成长了,我们的改革就成功了!

(四)聚焦全面发展的综合素养评价

1. 评价的思路与方式

通过4年的教育实践总结,目前佛山三中初中部的学生综合素质评价体系包括四大板块:立足诊断改进的学业水平评价、立足互动共生的小组合作评价、立足健全人格的多元操行评价、立足全面发展的综合素养评价。我们就是想通过评价主体的多维度参与,评价方式的多样性,信息化与学生个性评价相结合的办法,以评价促发展,全面落实"三雅"教育的培养目标。而这四种评价方式,分为两大类:针对每个学生个体的学业水平过程性评价和综合素质发展水平评价;针对团体的学生小组的过程性评价和小组同伴的操行评价;每一类的两种评价都是总与分的关系,"分"的管过程,"总"的管结果。这是因为这四种方式既兼顾了个人,又考虑了团体,既体现了过程,又呈现了结果,所以学生的综合素质就能得到了有效的提高。

综合素质评价具有以下特点:一是关注学生的全面发展,注重评价的教育功能;二是尊重学生的主体性,唤醒学生主动性;三是注重发挥学生的潜能，鼓励个性发展；四是关注学生的个体差异性，鼓励做更好的自己。

学生综合素质评价之“综合”不仅仅指的是“素质”的综合，还有评价内容、评价的过程与形式、参与评价的主体、评价的结果呈现，以及评价的监督机制等的多元化和综合化。我们对学生综合素质评价是这样理解的，即综合素质评价是对学生在成长阶段所需要的各项品质和能力进行评估，通过多元评价主体参与的形式来衡量各项因素的发展程度，并以此来说明学生的综合素质的发展状况，最终使综合素质的评价结果成为衡量学生进步与成长的依据。

首先，综合素质评价的内容是将学生作为一个生命整体，对其思想道德品质、学习能力、身体素质、心理素质、审美能力、交流与合作能力、生活与社会实践能力等多方面人格品质的综合考量，不能只偏向学生的学习成绩；其次，综合素质评价的目的不是为了判断学生综合素质表现是否达到了某种“标准”，而是通过评价，了解学生的综合素质已经达到或还需努力的方向，并引导学生努力完善自身素质；再次，对学生综合素质的评估要有多元主体来参与，方可体现评估结果的客观性；最后，综合素质评价的结果一定要体现其价值，即成为学生成长和升学的依据，以此来保证评价的价值引领作用。

2. 学生综合素质过程性评价的体系构建

（1）体系的架构目标。我们的学生综合素质评价系统希望能够全面、深入、真实地再现学生的成长特点和发展趋势，弥补将学业考试成绩作为唯一评价标准的终结性评价体系所存在的片面性，使评价能全面反映学生的品德素养、健康素养等七方面要求，促进学生全面和谐发展。体系架构目标设计如下：

一是在技术设计上做到了架构先进、标准稳定、分层设计、分类评价、集中管理、使用方便、修改简洁，支持数据的自动导入、打包上传以及和其他应用系统标准化数据的互通、导入和整合。

二是要为学校落实中学综合评价工作提供便捷、可靠的保证，该体系要力求做到“操作方便,使用灵活,标准一致,评价规范”。为市、区教育部门对中学生综合素质评价工作提供基于事实记录的基础数据支撑。

三是要对学生的评价实现多元评价,即以学生为中心,让学生、同伴、家长、教师等多主体都可以通过体系参与到评价中。

(2) 学生综合素质评价体系。根据教育部2002年12月27日颁布了《关于积极推进中小学评价与考试制度改革的通知》(以下简称《通知》)规定评价标准主要包括基础性发展目标和学科学习目标两个方面。其中基础性发展目标包括道德品质、公民素养、学习能力、交流与合作能力、运动与健康、审美与表现共六个方面。学科学习目标以各科课程标准为依据。《通知》对每个维度的内容及范围都作了说明,这是各中小学参与课程改革后制定学生综合素质评价体系的基本依据。

参考上海市中小学生综合素质评价方案,再结合我校的“三雅”教育理念,我们以儒雅为取向,构建了反映初中生综合素质的6个一级指标,30个二级指标,并明确了立足过程、及时反馈、科学引导、重在激励、基于大数据的《佛山三中初中部儒雅学生综合素质评价办法》(以下简称《办法》)。

《办法》指出,每个三中初中部的学子在三年的时间里要完成学校设立的基础课程、拓展课程、综合课程。每项课程及格都有相应的学分,累积到达标准,即完成该学年的学习任务,顺利升上高年级。每个得分周期所累积学分,既是每学期期末各类表彰推选的依据;又是确定学生初中阶段教育是否毕业的依据。学分表现优异者,将作为优秀毕业生推荐到优秀的高中。

我们对不同年级的学生设定了不同的学分目标。初一学生的学分绩点是100分,达到者获得三中初中部“文明学生”称号;初二学生的学分绩点是250分,达到者获得三中初中部“文雅学生”称号;初三学生的学分绩点是400分,达到者获得三中初中部“儒雅学生”称号。学分达500分以上者,将获得三中初中部“x星级儒雅学生”荣誉,将会作为优秀毕业生初三优秀毕业生推荐到高一级学校的优先条件。具体评分细则参见《学生综合素质学分制评价指标体系》。

表3-8　学生综合素质学分制评价指标体系

一级指标与权重		二级指标与权重		评价标准	主要观察点
思想品德素质	0.15	爱国爱校	0.02	尊重国旗、国徽,会唱国歌;理解校训,为校争光	1. 升旗仪式的表现 2. 学校大型节日 3. 学生仪容仪表 4. 学生参加团委及志愿者活动 5. 主持班会
		言行文雅	0.03	语言文明、待人有礼;仪表端庄、行为规范、举止大方	
		诚实守信	0.03	守承诺、讲信用;言行一致	
		仁爱友善	0.02	尊敬师长,爱护弱小;心地善良,待人友好	
		遵纪守法	0.03	讲道德;遵纪律;守法律	
		负责担当	0.02	履行义务;言行负责;勇挑重任	
身心健康素质	0.15	身体机能	0.06	体型正常、体质健康、体能合格	1.《国家学生体质健康标准》测试达标 2. 参加学校体育节以及区体育比赛 3. 每天的双操表现 4. 能掌握两项技能 5. 能参加一个社团,出勤率达标 6. 能参加疏散演练,并积极参加学校的各种安全教育活动
		运动习惯	0.05	热爱运动、坚持运动、正确运动	
		运动技能	0.04	有稳定的运动爱好,掌握两项运动机能	
		生活方式	0.06	遵守作息、讲究卫生、饮食健康	
		情绪表现	0.02	性格开朗、热情活泼、心态积极	
		同伴关系	0.02	乐于合群、善于沟通、相处和谐	
人文基础素质	0.25	尊重人格	0.01	尊重他人、关怀同伴、包容差异	1. 阅读量达标 2. 红棉、白兰、卓越奖获得者 3. 学业水平达标 4. 人文学科竞赛
		阅读习惯	0.02	热爱阅读、健康阅读、大量阅读	
		表达能力	0.02	准确生动、思维流畅、语言优美	
		合作意识	0.01	主动合作、善于倾听、乐于分享	
		人文积淀	0.04	知识面广、视野开阔、有一定人文积累	
		学业水平	0.15	基础良好、发展全面、优势突出	

（续表）

一级指标与权重		二级指标与权重		评价标准	主要观察点
科学信息素质	0.20	观察思考	0.03	留心观察周围事物和现象,并有所发现	1. 基础学科竞赛 2. 科技创新比赛 3. 创客活动 4. 物理、化学、生物实验操作考试达标
		提出问题	0.02	能够在观察和思考的基础上提出自己的疑问	
		收集信息	0.05	善于围绕问题和主题多渠道收集整理信息	
		批判意识	0.03	善于反思不盲从,敢于发表自己的见解	
		创新精神	0.03	好奇心强、乐于探究、善于发现	
		实践能力	0.04	勤于动手,善于在实践中发现问题、解决问题	
艺术审美素质	0.15	艺术雅趣	0.04	喜爱各种艺术表现形式和经典艺术作品	1. 掌握一项乐器 2. 参加艺术类的校级、区级比赛 3. 在学校艺术节以及社团文化节的展示
		审美感受	0.04	能从艺术的角度去发现美、理解美、欣赏美	
		艺术表现	0.07	知道常见艺术表现形式,掌握一种艺术表现技能	
可持续发展素质	0.10	尊重自然	0.03	尊重生物的多样性、尊重资源、尊重自然生态环境	1. 参加学校组织的综合实践活动 2. 参加新生军训 3. 参加校本课程的学习 4. 能垃圾分类
		节能环保	0.03	有基本的节约意识和节能习惯。自觉保护环境	
		绿色生活	0.04	坚持绿色出行、绿色消费、低碳生活	

（五）实施学生综合素质过程性评价的效果及反思

经过四年励精图治的发展，由四大模块构建的学生综合素质过程性评价体系的实施效果令人满意。全校学生品行端正，具有良好的行为习惯、积极的学习态度和较强的自我发展意识，基本实现了校园生活的自主管理；身心发展健康、兴趣爱好广泛，参加学校各项文体活动、社会公益活动态度积极、责任感强；在校内外体育、艺术、科技、信息等竞赛活动中表现出良好的合作意识、探究能力和拼搏精神。其良好的素质基础和发展潜能，受到高一级学校的普遍欢迎和社会民众的一致青睐。

1. 综合素质评价体系促进了学生健康人格养成

因为我们的综合素质评价体系不是单纯的一个机制，而是四个机制的综合体。里面既包括个人的发展，又考虑班级成员之间的相互作用、共同进步，因此，学生在本体系中，人格的健全性就充分体现出来。当然，在整个体系中，我们也是有三个点是重点去把握的：

一是制定儒雅学生培养目标，引领学生主动发展。根据“三雅”教育理念和初中阶段学生身心发展与个性发展特点，我们制定了三中初中部儒雅学生综合素质评价目标体系。我们的目标很明确，就想让每个学年的学生知道自己的定位和追求，让每一位学生成为有自信、敢担当，谈吐文雅、举止优雅、情趣高雅、气质儒雅的现代公民。现在每个三中初中部的学子都是很清楚自己每个阶段要缺什么，做什么，怎么做。

二是细化年级教育主题，促进人格逐步完善。初中三年是学生由童年到青年的成长过渡期，其身心特点和个性品质每一年都会发生巨大的变化。为帮助学生平稳过渡、健康成长，我们针对每个年级学生成长的主要特点和突出问题，构建了三年递进式的主要教育目标和重点教育内容，统一班级、年级、学校的教育主题，统筹学生、教师、家长的教育行为。初一以“知范向雅”为目标，着重进行文明礼仪和学习生活习惯的养成教育；初二以“唱响青春”为目标,着重进行心理健康教育、珍爱生命教育和青春风采教育;初三以“卓然而立”为目标,着重进行理想前途教育、学习方法教育。这样循序渐进的教育,既避免了各年级教育内容、教育方式的重复和一刀切,又增强了各年级之间的连续性和梯度性。各年级教育主题以本年级学生的成长特点和发展需求为轴心,突出重点,纲举目张。

三是开展系列主题班会,激励学生健康成长。初中阶段是学生自我意识迅速发展又亟需及时引领的一个阶段,解决这一矛盾最有效的教育方式就是开展系列主题班会。我校充分发挥“麦艳贤省名班主任工作室”的引领作用,组织班主任利用每周班主任教研活动时间,交流和研讨如何针对学生成长中可能出现的阶段性问题,设计系列主题班会,如:初一上学期有的班主任为了让来自不同学校的新生迅速融入新集体,增强班级凝聚力,设计了以“爱”为主题的系列班会,把成长中的问题直接作为班会主题交给学生去讨论,让学生在问题解决中唤醒主体责任意识。初三有的班主任为激励学生勤奋学习,以“拼搏提升,实现梦想”为主题,组织了《人生能有几回博》、《放飞理想,寻找人生目标》、《超越梦想,一起飞翔》等系列主题活动。目前全校各班召开的主题班会,基本上做到了序列化、主题化。这样的主题班会有效解决了班主任工作“按葫芦”、围着问题转的被动局面,使主题班会引领学生在自我教育中成长。

实施综合素质评价体系以来,全校学生的精神面貌焕然一新,对待学习和学校生活态度积极主动,对待师长和来访客人热情有礼,对待公益和文体活动自觉认真。学校连续多年无安全事故、无违法犯罪,校团委还被评为省的红旗团委,学校志愿者社团成为全省示范单位,学校成为广东省心理健康教育示范学校。

2. 综合素质评价体系夯实学生基础学力

“让每一位学生成为学习和成长的主人”的管理理念和“在开放互动的探究、对话和体验中实现师生的自主成长”的教学理念,使各种自主发展机制成为深受学生欢迎的成长平台，学生在这样的平台上基础学力进一步加强。

前面我们提到学习评价系统中，比值的应用具有重要的参考价值。我们来看一个实例：2014 级 01 班和 2014 级 14 班各学科进步指数比较（如下图）。

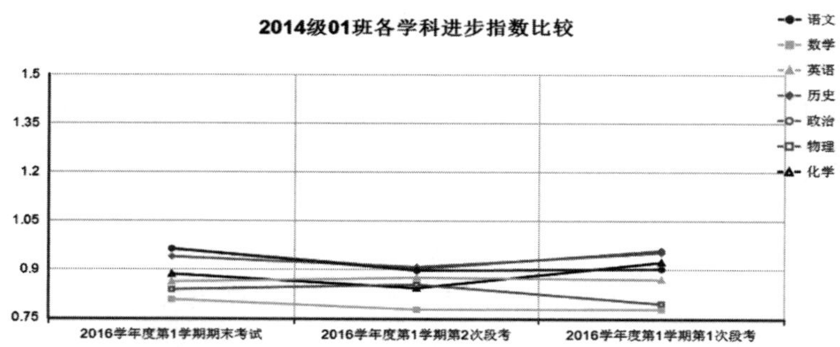

图 3－9　2014 级 01 班各年级进步指数比较

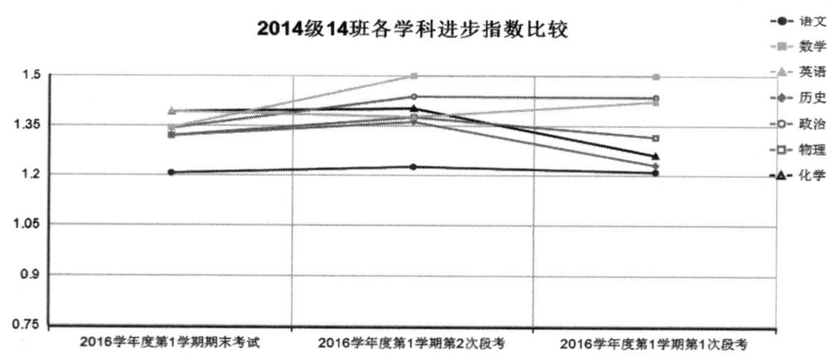

图 3－10　2014 级 14 班各年级进步指数比较

分析：301 班和 314 班是初三年级中成绩最落后和最领先的班级。如果我们仅仅从一分三率来分析这两个班，基本看不到他们的变化，因为好的永远是第一名，而差的却保持着最后一名。这样评价班级，这两个班也看不到任何前进的动力了。但是我们来初三的三次考试的比值作分析,情况就大大不同了。301 班虽然总体成绩还是在最后,但是其实它的历史、政治、化学都出现了不同程度的上升,班内的总体变化是向好的;但 314 呢? 除英语以外,物理、化学、历史都在退步。这样我们就可以根据每个班的班情来确定中考备考的策略,比值的意义就正在显示出来了。

"学习导纲"和"小组合作"让学生成为学习的主人。以问题引领和学法指导为核心的"学习导纲",在指导学生的前置学习中发挥越来越大的作用,自主学习、探究学习渐渐成为习惯;特别是小组合作机制,让学生学习的成果有机会展示,不懂的问题有同伴帮助,学习成功机会的增加,明显提高了学生学习的自信心和自觉性,爱学习的风气越来越浓。

自学互教和依学施教让学生成为知识的主人。随着课堂教学理念和方式的转变,课堂教学的重心由过去集中在老师和少数优秀学生转向了全班每个学生,学生主动经历知识形成过程的兴趣和机会大大增加,在对知识进行合作探究、同伴分享的过程中,运用已有知识分析问题、解决问题的能力也明显提高,因而学业成绩也明显上升。在 2016 学年上学期的期末区统考中,初一上升到全区第四名,初二上升到全区第二名,初三则历史性地上升为第三名,物理和英语学科教学质量在全区处于绝对优势的地位。

3. 综合素质评价体系激活了学生发展潜能

因为学生有了目标,所以三中初中部的学生非常清楚自己的追求,他们为了成就卓越的自己,在综合素质评定的 6 大一级指标,30 个二级指标的引领下,大胆地参与了学校的各项管理,踊跃地参与学校的各项社团活动,主动发展成为常态。

一是主体性明显增强。自觉参与了校园日常管理、志愿服务。目前学校共有学生志愿者 730 人,达到在校学生的 1/3. 他们经过岗位竞争,参与年级学联会、学生会、团委会工作的学生达 122 人。每周轮换的国旗班训练、每周值周班岗位培训、每周星期一的颁奖礼仪、每次大型活动的会务组织、每天两操一活动的检查评比、每天午餐秩序的维持等校园日常生活已全部由学生自主承担;校园生活的学生自主管理实现了常规化、秩序化、制度化,多数班级形成了人人有事做、事事有人管机制。同学们在帮助别人的同时提升自己。

二是崇尚运动,体育节成为学生追捧的盛会。为适应学生个性发展的需要,我校将过去一天的运动会,变成了三个月的体育节;比赛项目由过去单独的田径项目发展为田径项目与其他形式竞技项目共存,集体项目与个人项目兼顾;参与人数由过去少数代表变成学生全员参加、老师与家长选择参加的大型体育文化节。体育节期间,校园天天有赛事,周周有颁奖,体育节成为展示学生体育特长和每天 1 小时体育锻炼成果的重要舞台,学生体育运动水平明显提高。2016 学年,学校先后获得区体育运动突出贡献奖、学校体育飞跃进步奖、年度体育竞赛总分第四名的好成绩。校啦啦操队、足球队、游泳队、田径队分别代表禅城区参加市赛和省赛,捷报频传。与此同时,每天的课间跑操也成为校园一道亮丽的风景。操场班旗飘扬、队伍整齐,学生个个精神饱满、口号响彻校园,学生体质健康水平也年年提升。

三是学生个性在社团活动、艺术节、达人秀的舞台竞相绽放。在学生处和艺术组的号召下,每逢艺术节到来,各年级学生踊跃报名,既当演员又当志愿者,校园歌手大赛、舞蹈大赛、器乐之星大赛、主持人大赛、现场素描比赛、现场书法比赛、汉字听写大赛、演讲比赛以及书画展览活动此起彼伏,历时一个月。仅参加学校决赛的选手就达 670 人之多。每年的校园艺术节也成为学生校园生活中备受关注的文化大餐,孩子们在丰富多彩的人文艺术活动中,放飞梦想,展示才华,陶冶性情,快乐成长,有力促进了社团活动的开展。学校获得 2016 年禅城区艺术比赛总分第一名,三位学生分别获得独奏、独舞、独唱特等奖,校园剧社、演讲团的表演也接连获得市区大奖。

四是学生踊跃参与科技信息等创新实践活动。学校科技节除传统的“四小”评选和“三模制作”外,近两年有增加了动画制作、影像作品评选、机器人、水科技等备受同学们亲睐的项目。去年新增设的学生创客嘉年华,参与人数是历届之最。我校的同学的发明创造“足球机器人”更是嘉年华活动中一颗靓丽的明珠。2017 年 311 班学生王进勇夺全国 2017 年“丝绸之路”挑战青少年节水大赛唯一一等奖,荣誉当选 2017 禅城区年度十大新闻人物。2018 年,我校冯荧荧再接再励,再次获得该奖项的全国总决赛一等奖第一名。而这一切一切的发生,正是三中初中部芸芸学子综合素质提高的标志。

初中生综合素质评价改革既是素质教育的本来要求,也是推动课程改革的强大动力。我校开展学生综合素质评价以来,学生校园生活状态发生了根本变化。不仅对当下的学习、生活、做人、做事更加主动自觉,对未来发展的方向、目标也逐渐清晰,发展动力更足,主动发展慢慢成为绝大多数学生的一种自觉。与此同时,评价也带来了教师教育观念和行为的悄然变化。以育人为根本,以学生为主体,关注人格培养、关注个性培育,关注潜能开发,慢慢成为教师的专业自觉,教育的人文价值日渐彰显其魅力。学校文化也因此更富有育人的味道,一个平等、尊重、和谐、进取的教育生态已经呈现,学生逐步站到了学校教育的正中央。

当然,本研究也存在一些明显不足:第一,本研究选择的样本比较单一,只研究了部分班级,没有对其他的班级深入调查,代表不了所有初中生综合素质过程性评价的实施现状;第二,资料的收集有欠缺。虽然我校很多班级都开展关于初中生综合素质过程性评价研究,但由于老师的时间和能力有限,难免收集材料和提取信息不能及时反馈,影响本研究;第三,与信息网络公司合作开发的学业评价系统还有待完善。虽然合作已经有一段时间,但是开发进度还有比较缓慢,一些细节还有待加强,一些参数的开发还要加强实用性;最后,关于小组合作的过程性评价,现在参与研究的主要是班主任,还未能吸引所有老师都参与进来。所有这些,都需要我们的评价从理论到实践做进一步的深化和完善。

我们认为,推动初中生综合素质评价改革,需要的不仅仅是技术手段的创新,真正需要的是办学思想、教育观念和教学行为的根本转变,是教育观、质量观、学生观的重建，是学校文化的根本转型。健全初中生综合素质评价也非一日之功，但万涓成海、星火燎原的历史必然是任何困难都无法阻挡的。当我们面向大海，眼前升起的一定是冉冉升起的太阳。

第四章　运筹之策:治理优化与动力内生

面临全球化、信息化的挑战与渗透,当前学校办学过程中的种种不适应症逐渐暴露,转型问题也就被越来越清晰地凸显。与教学领域的变革相比,学校管理的改革明显滞后,自上而下的权力控制仍然是许多学校领导的主要管理方式,拍脑门定决策的现象屡见不鲜。学校管理改革的滞后,已经成为制约新课程改革和素质教育实施的一个瓶颈。前面的几章,已经从学校的价值凝练与文化生成,课程重构与教学重建,学生工作与学生发展等方面阐述了我校五年来的教育教学改革。本章转向“三雅”教育办学理念统领下的学校管理变革。变革的最终目的是促成学校基质由传统转向现代,主要体现在办学价值取向由为当下“育分”转向为未来“育人”;管理模式由面向“尖子层”的层级管理转向面向“每一个”的扁平化组织;发展方式由外力推动的被教育被发展转向来自内需的自主经营、主动发展。

一、价值转向:从被动“育分”转向主动“育人”

每一次教育政策的更新,其背后都是教育理念的发展,只有将“新理念”转化成“新机制”,学校才能更好地实现可持续发展。《国家中长期教育改革和发展规划纲要》从国家战略上体现了从“重点发展”到“均衡发展”的转向,在其背后,则是教育发展价值观的总体取向发生了从“重效益”到“重公平”的关键性转变。这种变化关注社会与个人相互依存、相互促进,从而形成个人与社会“你中有我,我中有你,互动共生”式的“融合共生”理念及相应的行动取向。传统的学校管理理念很难实现这样一种变化,学校管理的变革必须顺应时代发展的呼唤和教育价值的变化重建新的管理理念。

(一) 初中教育变革的时代特征

1. 学校发展由“规模扩张”转向“内涵发展”

进入本世纪以来,我国城乡义务教育全面实现,办学条件显著改善,我国实现了从人口大国向人力资源大国的转变,城乡适龄儿童“有学上”的问题已经基本解决。随着互联网时代的来临,当今的世界正处于不断的变化之中,我们生活在一个充满了随机性和不确定的复杂世界中。著名学者叶澜、杨小微等人二十多年前似乎就预见到这一点。当前,“我国社会已经从相对缓慢、稳步的发展时期转向变化加速、加快、幅度加大的发展、取向急剧多变的发展时期,也是信息化、全球化背景下社会主义现代化建设的加速时期。它要求教育在整体上发生变革,以适应快速发展变化着的世界和社会的需要①。”《国家中长期教育改革和发展规划纲要(2010—2020年)》指出,面对前所未有的机遇和挑战,必须清醒认识到,我国教育还不完全适应国家经济社会发展和人民群众接受良好教育的要求。教育观念相对落后,内容方法比较陈旧,中小学生课业负担过重,素质教育推进困难;学生适应社会和就业创业能力不强,创新型、实用型、复合型人才紧缺;接受良好教育成为人民群众强烈期盼。中国基础教育正面临新的历史挑战,即从外延规模扩大转向内涵质量提升。质量崛起的关键是每一所学校焕发活力。

初中教育尤其如此。长期以来,初中一直被称为基础教育的“軟腰”,办学缺乏活力,教改较为沉静,师资力量也相对薄弱,教育质量与教育事业发展的步调不相适应,相当多的初中办学缺乏准确而清晰的定位。学校管理改革的滞后,已经成为制约初中发展的一个瓶颈。在这种情况下,要么是学校为了生存,为了适应不断变化的环境,不得不进行变革;要么是学校组

① 叶澜:《千舟险过万重山——改革开放30年中国基础教育发展研究概述》[J].基础教育,2009

织内部出现严重问题,降低了学校组织的效能,从而提出变革要求。无论是为了适应,还是为了生存,主动地参与变革已经成为当前学校的主题,变革的战略选择就是走内涵发展的道路。正如《国家中长期教育改革和发展规划纲要(2010—2020年)》所要求的那样,“把提高质量作为教育改革发展的核心任务。树立科学的质量观,把促进人的全面发展、适应社会需要作为衡量教育质量的根本标准。树立以提高质量为核心的教育发展观,注重教育内涵发展,鼓励学校办出特色、办出水平,出名师,育英才。建立以提高教育质量为导向的管理制度和工作机制,把教育资源配置和学校工作重点集中到强化教学环节、提高教育质量上来。”

我校作为中心城区的老牌名校,也面临着因社会转型而带来的内外两方面的压力。一方面,随着城市中心的南移、周边民办学校快速崛起,原有的生源优势快速削弱;另一方面,因学校本身的拆并和管理的僵化,办学陷入了困境。老牌名校如何重现生机,是摆在学校面前的严峻挑战。我们只能顺应当代社会公办初中学校改革发展的趋势,提升育人价值,丰富办学内涵,提升教育质量。

2. 学校教育由“传统”转向“现代”

初中学校的内涵发展必须致力于从传统向现代的转型。一直以来,处于基础教育中间段的初中学校都处于“夹心层”的尴尬状态。教育资源配置遵循义务教育的低要求,教育质量要求又套用中学教育的高标准。“一考定终身”的高考中考“指挥棒”也将本该丰富多彩的初中教育绑上“应试教育”的战船,办学思想固化,学校生活僵化,人格教育弱化,培养对象“尖子”化。与轰轰烈烈的“为孩子终生发展奠基”的小学素质教育变革相比,初中学校的变革尤为苍白,一直在“知识教学”、“升学应试”的传统道路上徘徊。学校办学远离时代发展需要、游离在社会发展之外、脱离师生现实生活,封闭在“应试”的校园里。学校被动应对,教师被动教书,学生被动读书。这样的学校发展状态,不仅与快速发展的社会经济发展要求不相适应，而且与现代社会公民素养要求和国家建设者的素质要求不相适应。

作为基础教育承上启下的初中教育，应该有自己清晰而明确的发展定位，应该承担为身心快速发展的初中学生奠基导向的历史重任。初中应该有自身明确的发展目标，有促进学生全面发展的课程计划，有面向社会、面向未来的教育资源。学生热爱学习，主动发展；教师乐育善教，注重专业发展，充分发挥自身的主动性和创造性[①]。因此，有学者主张，学校的“转型性变革”，应该顺应当前社会整体的结构转型及相应教育机构、功能转型的大趋势，强调通过学校整体面貌、内在机制和实际形态的变革，实现近代型学校向现代型学校的转变[②]。所谓“现代型”学校主要体现在以下几方面：学校办学的价值不只是传承人类已有的知识和文化传统，而是为每一个学生的终身发展服务；教育的内容不应该只是对升学有用的知识技能，而应该是学生终身受益的核心素养；培养的对象不只是少数升学有望的精英学生，而是每一个受教育的适龄学生；学校管理的重心应该回归到激发每一位教师和学生的发展主动性；与此同时，学校不应该只是封闭在书本知识里的象牙塔，而应面向社会、面向互联网、面向师生的现实生活和精神世界；学校改革发展和师生成长的动力不是来自外部的压力和功利，而是来自自身日臻完善的内在需求，主动实施由传统到现代的“转型”。而这一过程，将面临前所未有的整体性、系统性和复杂性。

面对教育改革发展的时代要求，我校及时启动了以“三雅”教育为内涵的整体性转型变革，并将“文化价值与文化生成，课程重构与教学重建，学生需求与学生发展，组织重建与机制创生”等五大领域的变革内容转化成学校五年发展规划，以课题研究的方式，从顶层设计到系统构建，从战略统筹到分步实施，一步步有序展开。虽然转型之路艰辛而且复杂，但改革的效

① 张爽：《学校变革中的校长领导力》，教育科学出版社，2010.10。

② 朱乃楣：《互动与共生》，教育科学出版社，2014.3。

应显著而且深刻。

3. 办学模式由“单向管理”走向“多元治理”

（1）效益取向下的学校管理

可以说改革开放30多年来，约2/3的时间内办学是以“效率”为优先对象的，而“升学率”一直以来就是教育管理部门用以评价学校办学效率的唯一标准。学校也一直以来为了“中考升学率”而疲于奔命，与“教育”的初衷似乎越来越远。在效率（行政效率和经济效率）至上的价值追求之下，无论给人以多少“恩惠”，也始终无法改变人在组织中作为“成事”工具或手段的被动命运。这便是当前学校以“控制”和“规范”为取向，以效益最大化为目标的学校管理的“群像”。

说起学校管理，有人说：“管理，管理，你不管他就不理”。言外之意是领导“管”、师生“理”，领导是绝对的权威。也有人说：“管理就是管住人，理顺事”、“管理”就是制度上的约束，建章立制，依规行事。于是，实际办学过程中就演绎出与这种逻辑相一致的三种基本“管理”模式。一是“经验”模式，即以校长的绝对权威，在严格的层级管理组织中，一级管一级的执行，每一个人都对自己的上一级负责，全校对校长负责；二是“法制”模式，即以苛刻的规章制度和严厉的奖惩制度，实施类似军事化的管控，制度面前没有例外，强调统一标准、统一规范；三是“关系”模式，即依靠校长的个人“魅力”在校内外建立紧密的人际关系（以利益关系为主），对外争取“背景”和“后台”，以赢得更多的资源和政策，对内培植“亲信”和“朋党”，以获得绝对忠诚和服从。

这三种“管理”模式下的学校都有一个相同的组织文化特点，即发展的价值取向是为了“效益”或“利益”，而不是为了师生发展，事业发展。学校行动者本能的将自己置于客体的地位；学校的发展动力是外推而不是内生；管理的思维方式是控制而不是创生，学校的行为方式是被动而不是主动。

（2）治理理念下的社会发展

随着全球化、互联网的快速发展，“效益”取向下的管理模式逐步被“融合”取向下的“治理”思维所替代。这一词的应用范围很广，它涉及政治秩序（包括效率和合法性）的基本问题，同时又与国家之间没有必要的联系，因此，在过去十年关于发展问题的辩论中，越来越多的参与者使用这个词。那些强烈感到国家在经济和社会生活中导向作用过强而需要减少的人，已经将部分公共事务的讨论从“政府”的行政范围更多地转向“治理”。“治理”这个概念在近二三十年被赋予了许多新的内涵。与传统意义上的“管理”相比，现代政治学和行政学等研究将“治理”拓展为一个内容丰富、包容性很强的概念。

党的十八大以来，习近平总书记提出了国家“治理“一词，形成了治国理政新理念新思想新战略，为在新的历史条件下深化改革开放、加快推进社会主义现代化提供了科学理论指导和行动指南。提出：“全面深化改革的总目标是完善和发展中国特色社会主义制度，推进国家治理体系和治理能力现代化。”这是我们党首次提出“治理体系”和“治理能力”的概念。全球治理委员会对“治理”做出了界定：治理是各种公共的或私人的个人和机构管理其共同事务的诸多方式的总和。它是使不同利益得以调和并且采取联合行动的持续过程。治理有四个特征：治理不是一整套规程，不是一个活动，而是一个过程；治理过程的基础不是控制，而是协调；治理既涉及公共部门，也包括私人部门；治理不是一种正式的制度，而是持续的互动。

（3）学校管理的嬗变：由“管理”转向“领导”

“学校是社会的缩影”，优化学校内部治理是推进国家治理体系和治理能力现代化的必然要求。《中共中央关于全面深化改革若干重大问题的决定》指出：“深入推进管办评分离，扩大省级政府教育统筹权和学校办学自主权，完善学校内部治理结构。”从“管理”到“治理”，一字之差，却凸显了执政理念的升华。相对“管理”而言，“治理”更强调主体的多元性、参与性、协同性，它要求学校建立从人治走向法治、从封闭走向开放、从控制走向协调的治理体系,优化内部组织结构,完善制度体系,不断提升治理能力,推动学校向现代转型。学校治理文化的特点是强调多元主体管理,民主型、参与式、互动式管理,而不是单一主体管理。在整个国家治理体系和治理能力现代转型的大背景下,学校也要明确认识到完善学校内部治理的重要意义,坚持依法治校的基本原则,转变办学和管理的理念、思路、方式与手段,适应社会和时代提出的新要求。

学校管理不同于企业管理。企业管理显性的成分多,它可以通过量化计件管理,从而起到立竿见影的效果,产品数量与质量得以提升。而学校管理是对"人"的改变,是一种意识形态领域的管理,教育的"产品"质量不仅仅是学生成绩,更重要的质量是学生的素质、学习力和创造力的培养和提高等等,而这些所谓的"收效"在短期内是看不到的,尤其初中更是基础教育的基础,不可急功近利。再则,老师的工作也不能全用量化考核,他们做的事既要培养学生的学习力,又要塑造学生的灵魂,既有显性的又有隐性的。因此,学校管理必须思想引领与行动指导兼顾,制度与情感结合,刚性与柔性并举,形成他律与自律互补的管理文化①。

治理理念下的学校管理,是"管"中有"理",重在"理"。"理"突出"导"与"真"。"导"是思想的引领,心灵的疏导,专业的培训。"真"是规律的遵循、专业的尊重和规则的遵守。只"管"不"理"不能体现学校教育的品质。无论是学校的办学理念,还是规章制度,都要让老师们真正地认同,内化为自己的行动,才能在工作中得到全面、深入的落实。学校理念的形成,学校文化场的磁力不是控制、灌输出来的,而是一点点培育、疏导出来的。这便是"领导",这种"领导",体现出治理主体多元性、治理对象公共性、治理过程对话性与合作性,以及治理目标的促进学校公共管理的改进和发展等特征。在新的管理理念下,管理就是服务的思想越来越为更多的管理者所接受,以人为本的管理,强化服务意识,注重师生的主体意识已成为学校管理

① 李来昌:《初中学校管理的实践与思考》,高平市教育网,2015.4。

者的共识,过去的“权威式”的行政管理逐渐走向责权下移,多主体共同谋划学校发展的“领导”。

“以人为本、办人民满意的教育,与时俱进、为学生终身奠基”越来越成为了初中管理者领导学校的共识,以往的唯中考分数论的管理思维已不适应当今的初中学校发展。治理理念下的管理,要为教师松绑,创设民主、和谐、宽松的氛围;为教师提供一个创造性发挥教育智慧的空间,给学生创造一个健康成长的发展环境;把学校管理的重心逐步转移到帮助师生建立和完善自我约束、自主创新机制上来。治理理念下的学校管理,就是要“把课堂还给学生,让课堂充满生命活力;把班级还给学生,让班级充满成长信息;把创造还给学生,让教育充满智慧的挑战;把精神发展的主动还给师生,让师生充满勃勃生机①”。“四个还给”是学校办学由“管理”走向“领导”的具体体现,是更新办学理念、管理理念、课程理念、教学理念、评价理念的行动表达。

(二) 学校管理变革的价值引领

顺应国家教育改革和发展宏观战略的转移和初中教育改革发展的时代特征,现行初中教育要摆脱学校因社会转型而带来的文化冲突、价值迷失、管理僵化、质量下滑等多方面困境,必须变革。如何变?“革”什么?改革开放四十年教育改革的实践经验告诉我们,众多点状和线状的变革虽然对学校工作的某个或多个方面有所触动,如校舍改善、技术更新、课程重建、方法创新以及体育艺术科学教育发展等,但学校办学的内在基质和整体形态并没有得到提升,学校文化的底色依然如故。考虑到学校作为一个整体性的教育单位和学校教育中多因素相互作用的复杂性,我们选择了整体性、系统性“转型”变革之路。在顶层设计、整体构建、系统推进这一系列复杂的变革过程中,学校管理变革具有“提纲挈领”的作用,管理的价值取向决定

① 叶澜:《21 世纪社会发展与中国基础教育改革》,载《中国教育学刊》,2005 年第 1 期。

着变革的方向、路径及其方式,是指导变革的核心和灵魂。为此,我们以学校管理的价值提升为目标,着力从组织结构和体制机制两方面,构建了学校治理体系。

1. 学校办学的价值提升,由“应试谋名”转向“促进师生主动发展”

一直以来,相当多的初中学校办学的价值取向存在着迷失或偏失的问题。大多数初中学校是以谋取“功绩”或“名利”为取向的。所谓以“功绩”为取向,就是学校办学完全围绕各种创建和各类比赛“转”,今天创这个,明天评那个,年复一年为得奖和排名拼搏,本来有“规”有“律”的学校教育,变成了盲目跟风,随波逐流。这类学校,假如一天没有了“评”和“比”,学校会不知所营,不知去向。所谓以“名利”为取向,就是整个学校办学完全围绕升学率的排名而奋斗,全校上下为了少数升学有望的尖子学生,全力以赴地传授和训练对升学有用的知识技能,学校教育被中考“绑架”,考试年年有,学校年年“应”,本该丰富多样的办学实践,最后窄化为单一的中考备考。这类学校一旦中考取消,也会不知所营,不知去向。

这两类学校办学的价值观之间的共性就是重“事”轻“人”,重“绩”轻“业”。重视了创优和备考之事,忽视了“为事之人”(教师和学生),当然也就忽视了“人”与“事”之间的内在关联。重视了升学率和获奖率之绩,忽视了成“绩”之“业”。“业”,“这里理解为职业、专业或事业,如果将人置于中心,则职业是一种责任,专业是一种智慧,事业是一种追求[①]”。这里的“绩”就是功劳和名利,以成“绩”而为之“事”,一定是眼前之事,表面之事,局部之事,于学校整体提升无益。

这种片面谋事,人事分离的办学追求,显然有悖于时代发展对教育的需要,也有悖于学校的教育哲学。人们常说,“事在人为”,“谋事在人”,然而人们行事的时候常常忘了事背后的人。但是,无论是办学,还是教育,我们

① 杨小微著,整体转型,当代学校变革“新走向”。第46页,江苏教育出版社,2012年3月

最不应该忘记的就是“人”，是发现人，培养人，成就人。以成事为载体，以成人为根本，以人的素质提升，改善为事的品质。正如叶澜教授指说“在成事中成人，用成人促成事[①]”“在成事中成人”是指学校的日常教育实践和学校变革的实践是造就新型教育者和学生的根本路径；“用成人促成事”要以“在成事中成人”为基础，所成之人主要指教师，所成之事首先是指“学校转型性变革和新型学校创建”之事。学校管理者建立了这样的关系思维，就不仅能在指向他人的管理活动中注意成事与成人的关系，而且能在从事管理实践的过程中关注和努力实现自身发展。成就学生、成就教师、成就管理（领导）者这一“成人”取向，应当成为学校一切工作的最高目的，成为学校要追求的最核心的价值[②]。

基于上述“为事之理”和“成人之道”，我们对学校发展的价值取向做了这样的整体定位，即“为每一位师生卓异而立创设优质而适性的教育环境”。这一价值定位，符合“成人”与“成事”相互促进的辩证关系。包含以下四重要义。

首先是确立了师生发展在学校组织中的核心地位。师生既是学校办学的主人，也是学校管理的主体，更是学校培养发展的对象，让他们站到学校的正中央，符合教育的规律，符合国家教育改革“立德树人”的战略主题，促进师生发展是学校办学的根本目的。为此，我们制定了师生发展的具体目标。即教师要成为有情怀、爱学生，身正学高、勤于研修、善于合作、勇于创新的儒雅教师；学生要成为有自信、敢担当，气质儒雅、内涵博雅、谈吐文雅、举止优雅、情趣高雅的“现代中学生”。

其次是明确了学校办学要面向每一位教师和学生的发展。初中作为义务教育，促进每一个学生主动发展、全面发展、个性发展（卓异而立），是时

① 叶澜，“新基础教育”论——关于当代中国学校变革的探索与认识[M]．北京：教育科学出版社，2006

② 杨小微著，整体转型，当代学校变革“新走向”。第58页，江苏教育出版社，2012年3月。

代和社会赋予的历史使命,而绝不是为了少数“精英”的升学成名。

第三是规定了学校办学就是为师生成长营造优质而适性的环境。这里的“环境”包括文化氛围、组织机制、人文环境等,它们共同构成学校的“小生态”,它必须是优质的,是适应师生发展需要的。如同园丁为植物生长提供的阳光、水分、空气、土壤等生态环境一样,必须与植物的生命特点和生长要求相适应,适性的才是有效的。

第四是提出了初中教育必须尊重生命主体性的“农业教育观”。做教育类似于做农业,就是为每一个不同生命的种子提供适宜的生长环境,尊重生命主体的主动性,尊重不同个体的独特性,静待花开,使之成为最好的自己,而不是千军万马在同一条跑道(课程)上去冲刺同一个目标(中考)。

2. 管理变革的价值引领,由“被动执行”转向“主动立序,自主运行”

为了保障“促进师生主动发展”的价值取向能够转化为具体的组织行为,我们依据管理变革的这一价值追求,提出了“让每一位学生成为学习和成长的主人,让每一位教师成为研究和创新的主体”管理理念,旨在将长期处于被动执行地位的教师和学生解放出来,使发展成为他们自身的内在需求。为此,我们一方面通过学校组织结构的重建,推动学校管理重心下移,赋予他们主动发展的地位和自主发展的权力,使他们有舞台、有空间主动参与为学校发展和自身发展立序的教育实践;另一方面,通过体制机制的创生,为他们的主动发展搭建平台、创造机会,使其积极性、主动性、创造性得以充分发挥,自主自觉地为学校发展和自身发展贡献自己的智慧,从而推动学校管理的发展动力内生。这一变革思想,具体体现在以下十个方面的改革实践。

(1) 唱响“卓如红棉,雅如白兰”的学校精神,弘扬“卓雅”文化。以“卓雅”为核心价值的红棉文化,以其深厚的人文底蕴和广泛的价值认同,成为全体“三中人”共同的价值观,在“合并校”的转型变革过程中,在凝心、聚力、导向三个方面发挥了极其重要的作用,其弥散性、渗透性、持续性特点成为推动学校管理变革的强大精神动力，引领学校管理进入了“文化”兴校的新境界，现已成为学校办学理念和学校管理文化的内核，以此为核心价值的学校精神文化、师生行为文化、校园环境文化的形式不断发扬光大。学校现已整理了以“卓雅”为核心价值，以红棉文化为主要内容的《红棉梦》文化手册；构建了优秀教师“红棉杯”系列表彰机制和学校红棉主题的系列教育活动。“以文化人，文化兴校”成为推动学校转型变革最成功的办学策略。

（2）建设“厚德博学、乐育善养”的教师团队，培育儒雅之师。教师团队既是推动学校管理变革的主体力量，也是学校管理要转变的主要对象。在学校转型中，可谓“成也萧何，败也萧何”。我们根据学校管理变革的价值取向，把发展教师、唤醒教师、激励教师、成就教师作为教师管理的出发点和落脚点，按照“让读书成为一种生活习惯，让研究成为一种工作方式，让创新成为一种专业自觉”的教师发展理念，逐步构建了以落实个性化教师专业发展规划为抓手，构建了从教学新秀、教学骨干到教学名师、特级教师的成长机制；完善了以“红棉杯”优秀教师表彰，教育教学成果“白兰奖”评选，学校名教师、名班主任评聘为主要内容的教师激励机制；建立了新老教师拜师结对、外出交流培训自主申报、学科分课型专题教研、校本教材集体开发、学校教育教学年会、教师职业生涯分享等融教、研、训于一体的校本研修机制。五年来，物理、英语、生物、地理三个学科教研组先后成为省市区示范教研组，麦艳贤成为“广东省名班主任工作室”主持人，四位中层干部先后走上校级领导岗位，两位教师先后评为省特级教师和中学正高级教师，近30位教师成为市区名师和骨干教师，学校作为广东省中小学校长、骨干教师培训基地，每年接待来校跟岗学习者近200人。一支由能谋划、善决策、会沟通、有担当的管理干部和勤学习、善教育、能合作、敢创新的学习型骨干教师队伍以及爱生敬业、乐育善养的专业型班主任队伍构成的儒雅教师团队已经形成，并成为推动学校管理变革的主体力量。

（3）培育“敏行好学、正己达人”的学习风尚，鼓励卓异而立。学生的发展既是学校管理变革的出发点，也是落脚点。我们以学生发展为关注焦点，推动了学生工作的系列变革。在管理变革正式启动的2014年9月,我们在全校教师会上响亮提出,学生工作要由管控转向引领,把发现、唤醒、激励每一个学生自觉自立、追求卓越作为学生工作改革的价值取向。先后开设了以《初中生成长指南》(校本教材)为载体的成长指导课程,整合校内外教育资源开设了70余个学生自主选择的社团,建立了校园达人秀、慈善一元捐、体育节、艺术节、科技节、读书节六大主题文化活动的循环机制,搭建了团学联社、校园志愿者、学生领袖营等三个常态化的学生自主性组织,并在全校开展了旨在引导学生自主自立的基于小组合作的"班级五项基本建设"专题研究。与此同时,各班还开展了切合年级教育主题的系列主题班会研究、民主型班级岗位建设、自主性班级文化建设、全员导师制等创新性活动。应该说,这些实践探索,对于正值成长转折期的初中生来讲,有效地唤醒和激励了他们的自信、自强的主体人格,主体责任和主动意识得到有效培养。我们高兴地看到了学生与传统课堂完全不一样的精神面貌,校园成为学生主动发展的快乐舞台,敏行好学、正己达人、卓异而立成为学生自觉追寻的成长目标。

(4) 构建"关注全人、唤醒卓异"的课程体系,践行博雅教育。学校的课程结构体系是学校办学思想和育人模式的具体体现,课程管理是学校办学思想能否落实生效的关键。我校在博雅教育思想指导下构建的"三雅"教育课程体系,旨在促进每一位学生全面发展、主动发展,个性发展,具体体现在三个方面。第一,营造与初中生身心发展特点和成长需求相适应的课程文化体系,融环境育人、课程育人、活动育人为一体,建设有利于每一位学生卓异而立的优质教育环境;第二,深化国家课程的校本化实施,密切课程内容与现实生活、学生经验、信息技术的整合,形成基础学科课程、拓展体验课程、综合实践课程有机结合的博雅课程结构体系;第三,探索以国家统编教材为主体、以"学习导纲"为辅助,以校本课程和现代互联网教育资源为补充的课程资源体系。

(5) 构建"灵动精致、舒展高效"的智慧教学,转变教与学的方式。依据博雅教育思想,我们总结形成了课内课外兼顾、自主学习与合作学习融合、知行合一的“探究/对话/体验”式教学方法。这一方法包含以下六个方面要义。一是坚持学为主体、先学后教、依学施教、互动生成的教学原则；二是贯彻课前自学，课中互学、助学、展学、评学，课后延学“三位一体”的教学思想；三是弘扬平等尊重、自然舒展，掌声、笑声、辩论声相融相生的课堂文化；四是实施基于互联网和“学习导纲”的小组合作学习，注重师生之间、生生之间、师生与文本之间的相互作用；五是执行“单元双向细目表”指导下，“长程两段式”单元整体结构教学；六是追求感官自然进入、思维主动投入、情感积极卷入、认知逐步深入的课堂效果。

（6）营造“问题即课题、工作即研究”的教研文化，变为活动而活动的被动教研为教研训一体的自主教研。为了真正体现教研的校本化，我们提出了“问题即课题、工作即研究、转变即成果”的教研工作理念，着力引导教师将日常工作置于研究的状态之下，自主进行基于日常工作改进的研究性变革实践，建立求“真”务“实”、合作创新的教研文化。我们推进了四项改革：一是坚持问题导向。要求全校教师直面本岗位本学科教育教学工作长期困扰的“真问题”，将问题转化成小课题开展合作公关，“解自己的题，种自己的地”，不做外来课题；二是强化课题引领。一方面是引导各岗位教师将自己的小课题置于学校“岭南文化背景下初中三雅教育模式研究与实践”总课题思想指导之下，以学校办学理念和博雅教育思想为指导开展研究，避免个人研究游离在学校办学理念之外；另一方面是按照课题研究的逻辑程序做“真研究”，将随意的常态教研转化成严谨的课题研究；三是完善研究机制。教学类课题我们建立了课型——典型课例——同课异构（课堂重建）——总结反思——课型研究报告的学年教研机制；教育类课题我们建立了问题——反思——重建——实践——再反思——再重建的工作改进机制。两方面的研究成果我们以“学年教育教学年会”的形式组织交流分享，务求教研的“真效果”，切忌形式主义走过场；四是固化专业指导。为了避免一线教师教研浅层、低效、重复的问题，我们与华东师范大学基础教育研究所签订战略合作协议，聘请杨小微、徐冬青、李家成三位专家跟踪指导

(三年一个周期)学校管理、课程教学、学生工作三大领域的变革实践,将自主研究、同伴互助置于专家的引领之下,让教师越做越专业、越做越智慧、越做越有效,达到"成人与成事"的协调统一。

(7) 营造"精致典雅、智能人文"的教育环境,培育典雅的环境文化。创设优质适性的教育环境,满足学生多元发展需要是我们理想的办学愿景,以文化人、环境育人是学校"三雅"教育的重要组成部分。为此,我们按照用"三雅"润泽校园、让环境感召生命的学校文化建设指导思想,精心研制了《学校文化建设整体规划》,按照软硬兼施、显隐结合、在传承中创新的原则,着力推进了三个"环境"的建设:一是精致典雅的校园文化环境,让校园的主体建筑、主要景观、重要空间彰显以"雅"为核心价值的"典雅"品质。从楼宇、道路的命名,到楼道、楼层环境主题定位,从园、厅、廊的空间布置到雕塑、橱窗、标牌的主旨表达,从班级人文环境到专用场室的文化氛围,都力求体现"三雅"教育理念与中华优秀传统文化、岭南特色文化以及学校人文传统的有机融合;二是高效便捷的信息网络环境,实现教育教学的信息化、资源与管理的网络化。从学校云办公平台到学科云教学系统,从师生校园生活服务系统到数字校园的整体建构,都力求贯彻互联互通、合作共生的思想;三是儒雅和谐的人际关系环境,营造以校为家,倡导尊重、理解、关心、包容的"家"文化,力求教师雅正,为人师表;学生雅行,举止文雅;家长雅量,包容仁爱。一系列基于日常工作需要的教师自组织相继诞生,如基于互联网的同行阵线、红棉家园、和雅社、三雅舍、卓立园等,基于日常校园生活的"英姿"瑜伽组、和雅太极社、羽飞羽毛球队等。

(8) 构建"关注过程,重在激励"的多元评价机制,让每个人成为自主发展的"发动机"。学校事业发展中起关键作用的人是教师。教师的发展需要不断的变革自身,而变革自身的动力,主要是自我发展、自我需求以及自我价值的实现,从中体验到职业的内在尊严和快乐。我校始终把教师和学生作为最可开发可利用的教育资源予以培育,逐步构建了"关注过程、重在激励"的多元化评价机制,长期稳定,一以贯之,成为一种文化。教师方面主要有每学期一次的备课组教学质量过程奖、教改先进个人奖，每年一度的“红棉杯”先进单位及先进个人评选表彰、教育教学成果的“白兰奖”评审奖励，三年一次的“青蓝工程”考核表彰、学校名师工程（新秀、骨干、名师、首席）评审认定等；学生方面构建了个人、小组、班级、年级相互关联的评价体系。相对稳定的长效评价机制主要有立足过程诊断的学业水平评价、基于合作共生的小组合作评价、唤醒健全人格的多元操行评价、聚焦全面发展的综合素养评价，此外，还有学生会和校团委每学期组织的面向学生干部、优秀团员等学生领袖类评选表彰。其中班级内部每周一次的小组成员捆绑考核、年级内部每月一次的文明班级积分制考核和全校范围内分阶段进行的学业发展水平诊断分析（包括个人、学科、班级多个维度）三大评价机制，成为激发每个学生和每个小团队发展内动力的重要杠杆。

（9）推动家校的互动合作，构建共育共生的新型家校关系。家长作为学生成长的第一任老师和终身导师，是影响学生最深的重要他人；家庭作为学生成长的第一所学校，是学生思想品质、性格特点和行为习惯养成的重要土壤，是学校教育最重要的基础。学校的教育思想若能转化成家校之间的教育共识，彼此之间形成互动合作、共育共生的良性机制，家长即可成为学校最忠实的合作伙伴，家庭即可成为学校最宝贵的教育资源。基于这样的理解，在学校转型性变革中，我校始终把转变家长的教育观念，建立合作互动的新型家校关系作为重要办学行为予以推进，家校之间关系由最初的监督对立转向互动合作，并逐步走向共育共生，一套完善的家校合作共育机制已经形成。

一是三级家长组织结构完善。班级家长联谊会、年级家长委员会、校级家委联席会三级家长组织，不仅组织完善，职能清晰，而且内部各工作小组有分工有合作，已经成为组织动员全体家长参与学校管理、服务学生成长的必不可少的纽带。班级家长联谊会负责动员全班家长参与班级建设、服务学生教育教学工作、组织学生校外社会实践；年级家长委员会负责管理年级家长学校、参与组织年级重大集体活动、宣传贯彻年级重大教育改革举措；

学校家委联席会负责代表全体家长参与学校有关学生工作的咨询与决策、参与学校年度教师师德表现的考核评价、组织一年一度的家长代表大会。（家长代表大会主要是学校向家长报告一年来教育改革情况，听取家长对学校办学的意见、总结交流一年来家校互动合作的工作经验、表彰参与学校教育和引领孩子成长的优秀家长、改选新学年三级家长组织）。

二是家校之间互动合作的工作机制健全。如制度化的班级家长沙龙、家长座谈会、全班家长会、家长开放日、家长接待日；日常化的家校校讯通平台、班级家长和任课教师 QQ 群、班级家长微信群等联系渠道；随机性的校园家长志愿者服务、学校重大仪式和集会家长代表参与、学校重大来访和校庆系列活动的家长接待等。

三是家长深度参与学校教育和管理的工作平台日渐宽阔。根据博雅教育思想，为了尽可能满足学生个性潜能发展需要，帮助学生及时了解现代社会生产生活、现代科技发展、岭南优秀文化传统，使其视野开阔、识见通达，我校在校本课程中开设了半月一期的《经纬讲坛》和近 70 个学生社团，一批食品卫生、医疗保健、消防自救等专业岗位和气象、地震、金融、交通、司法等专业领域的家长，以志愿者身份应邀走进课堂，以他们丰富生动的亲身经历和专业实践，成为深受学生欢迎的兼职教师。特别是佛山功夫、佛山剪纸、青少年法治教育、消防演练等领域的兼职教师辅导学生取得多项全国和省市教学成果。此外，还有众多家长以食堂监督员、校园治安协管员、晚修轮值员、大型活动宣传员的身份参与学校日常管理。广大家长在互动中理解学校教育，在合作中参与学校教育，在参与中提升自身素养，家校合作已经成为学校转型性变革中的一张闪亮名片。

（10）引进可持续发展教育理念，提升学校教育品质。随着可持续发展教育成为新时期国家教育改革和发展的“战略主题”，促进人的可持续发展和社会的可持续发展成为国际视野下教育改革和发展的重要价值取向。以促进人的主动发展、和谐发展、可持续发展为终极目标的“三雅”教育，就成为可持续发展教育的题中之义。为了将“三雅”教育创建成可持续发展教育育人模式，我们对“三雅”教育办学体系进行了以下三个方面的完善和提升。

一是将学校办学目标由“创办具有‘三雅’教育特色的现代城市初中”提升为“创办具有‘三雅’教育特色的可持续发展现代城市初中”，可持续发展教育成为学校最核心的办学理念，更强调对生命与环境的尊重，对人的差异性的尊重，对人、教育与环境的相互作用。

二是在教育教学内容中强化学生可持续发展所需要的核心知识、关键能力、重要品格和现代生活方式的培养。如各学科更加注重学生对陈述性知识和策略性知识的理解，收集信息处理信息、口头表达、合作探究、解决问题等能力的培养，尊重、包容、担当、社会责任感等品格以及节能环保等低碳生活方式的养成。

三是大力推进有助于学生可持续发展素养提升的学科“探究/对话/体验”式教学和跨学科的综合实践活动。如构建可持续发展教育新型课堂，开展环保领域科技创新活动，加强中华优秀传统文化教育和国际理解教育等。

四是加强学校教育与社区的互动融合。学校是社区的重要组成部分，社区是学校教育的外部环境，学校教育不可能是社区孤岛，而应是社区文化建设的高地。为此，我们一方面加强了与社区相关职能部门的互动配合，与居委会、交警支队、社区派出所、辖区食品卫生监督所等相关部门建立了联席会议制度，共同治理学校周边环境，消除学校周边治安、食品卫生安全隐患；另一方面加强与周边单位的交流合作，如聘请市二医为学生卫生健康教育指导顾问单位，与志愿者协会共建志愿者服务项目，与地质局、信访局等单位开展职工文体活动等等，跨行业的交流密切了学校与现实社会的联系。从 2014 年学校被确定为中国可持续发展教育项目实验学校开始，至 2019 年底，可持续发展教育理念在我校已经深入人心，并成为指导学校管理变革、课程教学改革、学校文化建设、校园环境建设、师生生存方式转变的重要价值取向，多项研究成果和教学案例在全国获奖。2017 年 11 月，学校被中国可持续发展教育全国委员会授予全国可持续发展教育示范学校称号。至此,学校办学在完成由随波逐流的被动办学向主动建构的自主发展转型的基础上,走上了可持续发展的特色品牌建设之路。

二、重心下移:从"各自为政"走向"和谐融通"

现代管理学认为:当组织规模一定时,管理幅度与管理层级成反比关系。管理幅度越宽,层级越少,其管理组织结构的形式呈扁平化①。扁平化组织结构有利有弊,其优势在于由于上下联系渠道短,可以减少管理人员,节省管理费用;有利于信息沟通,并可减少信息失误,有利于提高管理效率;由于扩大下级管理权限,有利于调动下级人员的积极性、主动性和提高下级人员的管理能力。其劣势在于管理幅度加大,会增加横向协调的难度,使组织领导者陷于复杂的日常事务之中,无时间和精力搞好事关组织全局的长远发展战略管理②。我校依据学校转型的价值取向,为推动管理重心下移,选择了从"宝塔式"层级管理转向"扁平式"网状管理的管理结构变革。但在扁平化管理中如何扬长补短,真正促进学校办学的价值提升、管理的重心下移、发展的动力内化? 我们作了有益的尝试和探索。

(一) 科层制组织结构导致高管控低自主弊端

长期以来,学校的行政运作机制——科层制结构形式往往被看作是一种理所当然的存在。但现代学校是一种"制度保障的组织",却不必是"制度化"。现代学校组织的建立和发展并不必然要落入韦伯所谓的"合理性"(即手段—目的的合理性,或者可以说是工具理性)的原则支配之中,也就是形成"科层制"。

制度是学校教育系统存在与发展的必要前提,但"无视人的存在"的制

① 张济正,学校管理学导论(修订本)[M].华东师范大学出版社,1990.6.

② 王绪君,管理学基础[M].中央广播电视大学出版社,北京,2003.6.

度化并非学校组织的必然特性①。

1. 原有的"金字塔"式管理模式已成为学校发展的绊脚石。

学校管理是学校管理者经过一定的机构和制度，采用一定的手段和方法，带领和引导师生员工，充分利用校内外资源和条件，有效实现学校工作目标的组织活动。近年来，随着教育现代化步伐的加快，各地纷纷优化教学资源，明显的标志就是学校规模的扩大。特别是联村办学、撤并办学，人员复杂，困难重重，对学校行政特别是校长提出了严峻的挑战。许多中小学校长深感原有的金字塔式的层级式组织管理越来越不适合大型学校，试图从组织创新入手寻求突破口。

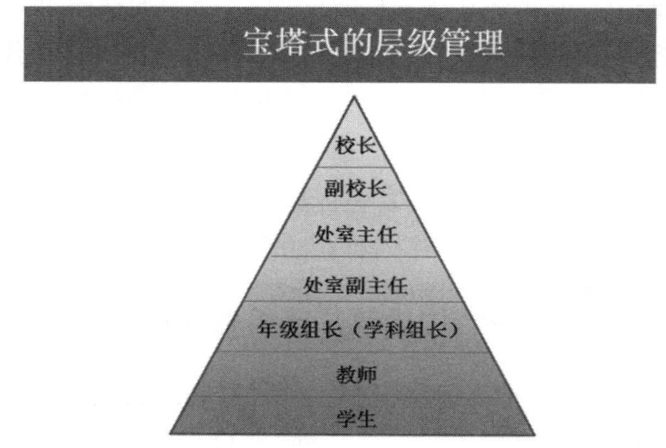

图 4－1　宝塔式(科层式)管理结构

佛山三中初中部是自 2004 年三校合并的一所大型初中，学生人数达到 2000 多人，教职工人数 150 多人。一直以来组织结构模式采用的是金字塔式的层级组织结构，学校办学管理体制僵化，缺乏发展活力。

① 张立新:《组织变革:重建学校管理"新关系"》,江苏教育出版社,2011 年 4 月

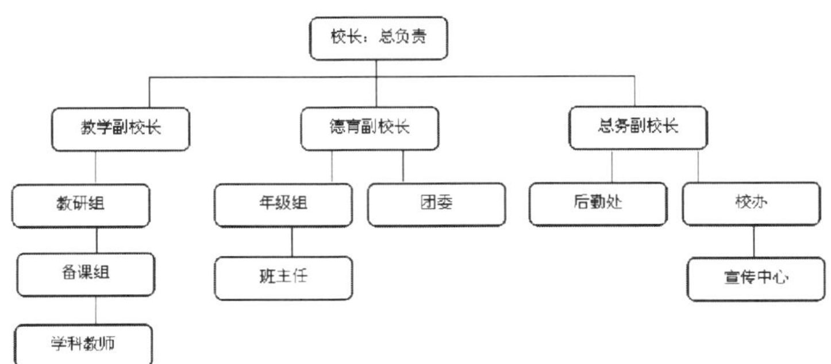

图 4－2　日常运行机制

2. 自上而下的“命令－执行”模式使学校工作缺少生成性

学校的组织架构，从校长到普通教职员工，中间有副校长、中层处室主任、副主任、年级组长（或教研组长、备课组长）四五个层级。这种“校——处（室）——级（年级）——组（教研组）——人（师生）”的管理线，下级对上级负责，责任逐层分解落实，管理跨度小。虽然有管理严密，较易协调，执行力强等优点，但是面对着不断变化的外部环境、逐步深化的教育教学改革、人财物事相互作用日趋紧密的事业发展，过多层级设置在一定程度上导致以下问题：

① 管理重心上浮。对上负责的管理逻辑，使得管理者眼睛向上，容易产生上级决策脱离实际，基层矛盾得不到及时解决，实际工作由中层各自为阵的问题。与面向基层、服务一线的管理价值取向相背离；

② 管理效能低下。一方面由于管理层级多，导致信息传递周期长，信息衰减比例高，使决策容易出现执行中的变味或变形。另一方面纵向条状管理链条，使得处在交叉领域、新兴领域的学校工作出现相互推诿扯皮，导致执行难、问责难。

③ 行政关系紧张。逐级分解传达的行政体制，形成了一级对一级负责的权利关系，虽然明确了分工，但不利于合作，工作协调难度大，容易滋生部

门利益凌驾于学校利益之上的狭隘本位主义，导致学校工作出现过度行政化倾向，教育的专业性得不到应有的尊重与重视。不利于形成管理团队的凝聚力和战斗力，与学校教育工作整体性、综合性强的特点相矛盾。

我校在三校合并以后的最初十年，因沿袭组织结构相对封闭的层级管理，在面临生源较少，教学质量遭遇滑铁卢的严峻危机时，虽然办学历史悠久，教师个体专业能力较强，但由于人员结构复杂，学校文化价值迷失，教师队伍缺乏发展动力和团队凝聚力。教育质量倍受质疑，教师团队磨合成为制约学校发展的瓶颈。

（二）“扁平化”管理变各行其是为协同融合

2013 年 9 月，在推进新的学校发展五年规划初期，我们依据学校转型性变革的顶层设计，启动了学校内部组织从机构设置到管理体制、运行机制的系统化变革。

1. 减少管理层级，强化基层组织

在学校过去的层级管理组织中，中层职能处室在学校办学过程中具有举足轻重的作用。部门负责人一般根据部门工作的常规、自身对校委会决策的理解和上级业务部门的指令，在学校日常工作中发挥着组织、指挥、管理的职能，而真正身处教育教学工作一线，直面教师和学生发展各种矛盾的年级组和学科教研组，常常是在中层处室的指挥下被动执行，盲目应付。中层处室的处事原则是服务“上面”（校级领导）和“外面”（上级业务主管部门），而其真正应该服务的年级组、学科组则被忽略。部门之间缺少横向协调的机制，有些跨部门的工作存在相互推诿的管理真空。在整个学校管理体系中，从上到下渲染的是一种“只唯上、不唯实”的执行文化。这种学校管理的价值取向与学校转型所追求的价值取向显然相背离。为此，我们确定了学校内部管理改革的四项基本策略，即减少层级、降低重心、强化基层、优化职能。

首先,建立扁平化、低重心的两级决策和管理组织。即以校长为首席的校委会和以副校长为首席的年级管理委员会,简称年管会。每一名副校长领导一个年级,各年级管委会由一名副校长、年级主任(由处室主任或副主任兼任)、级长、级长助理四人组成。年级组长享受中层主任待遇,出席学校校委会。如图4－3扁平化网状管理结构图。

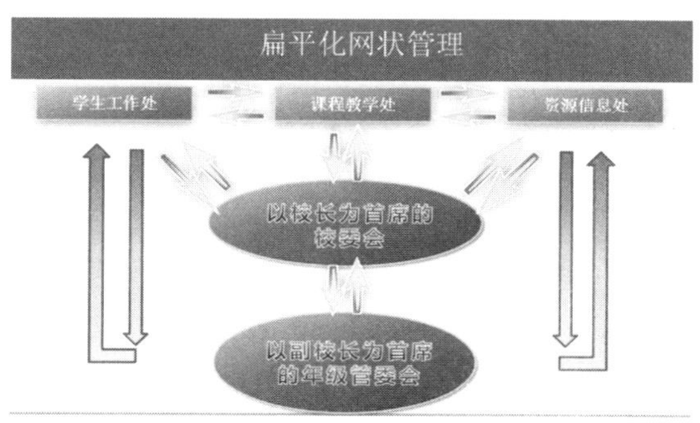

图4－3　扁平化网状管理

其次,转换中层职能、为基层组织赋权、让管理权责重心下沉。学校党委明确要求,每一位副校长分管一个方面(课程教学、学生工作、后勤保障),领导一个年级;每一位中层干部横向协调一个方面(四个职能处室和三个年级组),纵向指导一个学科,强化深入基层,服务一线的管理理念。学校全局工作和阶段重点工作由校委会集体决策,师生日常工作以年级组为管理单元,课程教学教研以学科组为业务主体。在校级和年级两级决策与管理部门之间设置党政办公室、课程教学处、学生工作处、后勤服务处四个职能处室,负责对外协调,对内服务,淡化其组织指挥职能,四大处室与年级管理委员会同属于学校中层机构。

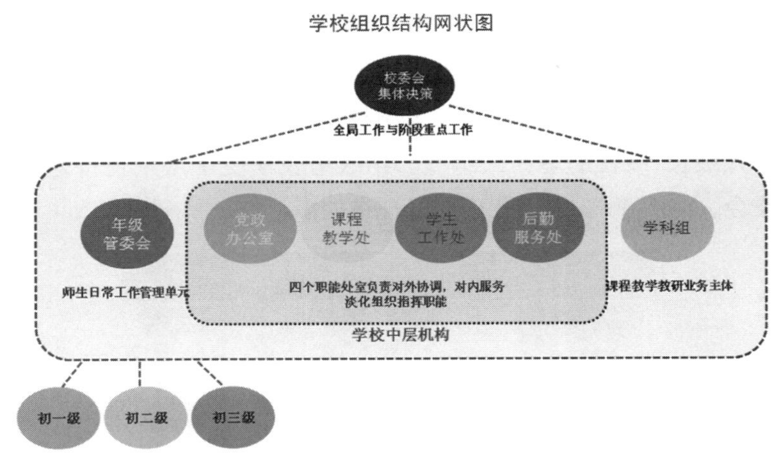

图 4 －4　学校组织结构网状图

2. “行政权力”去魅化——赋权与职能转化

（1）赋权——给基层组织和个人以空间

为了尽可能给基层组织和广大教师自主发展的空间和平台，校委会向学校基层组织和个人实施了三重赋权。

一是向年级管委会赋权。把常规的的教育教学业务管理、具体行政事务管理的权力下放，赋权于年级管委会，年级管委会在教师的任用、调配、考核、评价和级组的教育教学工作各方面享有独立的组织管理权，对年级师生管理、教育教学秩序、教育教学质量全面负责，与学生发展同步，三年一循环。完成分权的过程是基层组织负责人能力再生产、从被动到主动的过程。从近四年的管理实践看，新体制下年级管委会工作完全由被动执行转向了主动谋事、积极干事、创造性的想事，表现出极强的活力和战斗力。他们对上是参谋部，对下是指挥部，承上启下，立足基层，着眼实际，在学校转型性变革中发挥着举足轻重的作用；同时也成为学校干部队伍成长的重要舞台。近三年，先后有四名年级组长走上学校校级或中层管理岗位。

二是向学科教研组赋权。在学校管理手册中我们明确规定，学科教研组在分管行政的指导下，负责本学科教学秩序的组织、教学常规的执行、教师发展的指导、教改教研的推进、教学质量的提升。学科教研组长作为学校学术委员会委员，参与教师职称评审、学校名师推荐、教师业务考核、教学成果鉴定，具有推荐教师外出培训人选，提名邀请教学指导专家，申办学科教研活动的自主权。这一职能的转换，不仅强化了教研组的专业指导责任，也提高了教研组的业务指导权威，有效营造了尊重专业、崇尚学术、倡导研究的教研文化，极大地提升了全体专任教师专业发展的自觉性、投身教改的主动性和改进质量的创造性。自觉参与继续教育的教师达98%，主持或参与区级以上小课题研究的教师达46%，区级以上名师骨干教师达15%，有特级教师、正高级教师发展潜质的教师正快速成长。

三是向一线教师赋权。我们明确提出，在学校教育教学和后勤服务工作中，相对具体的学生而言，每一个岗位都是唯一的，每一位教师在本职岗位的工作水平其实就代表学校的水平。所以，每一位教师既是本岗位工作的第一责任人，也是相关岗位的合作者。因此，需要全校教职工对本职岗位的工作，在遵循学校基本岗位工作规范的前提下，都应该依据学生的成长需要，发挥自己的主动性，创造性开展工作，尽到第一责任人的职责和义务，一不等，二不靠。对相关岗位的工作，如任课教师对班主任工作、科任教师对备课组工作、后勤人员对教育教学工作等，都要热情支持，积极配合，有求必应。因为，人的教育和培养是一项需要多方面力量、多种因素紧密配合才能做好的事业。为贯彻这一岗位工作思想，学校专门针对各方面岗位工作的特点和要求，制定了具体的《岗位工作说明书》，以此明确每一个岗位责任人的基本职责、基本权利和工作的基本要求，以及自己可以发挥的空间。

（2）转变职能——明确部门和岗位角色定位

① 转变“中层处室”的职能。不仅要求中层处室转变工作的内容和方式，而且要求转变工作指导思想。基本要求是按照重心下移的要求由过去的组织、指挥、管理转向协调、指导、服务，用服务学生全面发展的思想和培

养“全人”的观念做好部门工作,改变过去工作的片面性和割裂式。这一转变在处室名称命名上就得到体现。

将原来的“德育处”改名为“学生工作处”;旨在强化以学生发展为中心,关注学生作为一个完整的“人”的成长需要,强化学生立场,让学生真正站到学校教育工作的正中央,克服孤立德育、片面德育的传统倾向;同时处室工作的职能由原来的对学生工作的管控转变到对级组、班级工作的协调、指导、服务。引导教师着力去发现学生,唤醒学生,激励学生,给班主任和年级组针对具体学生发展需要实施有针对性教育的权利。

将原来的“教务处”改名为“课程教学处”;一方面是强化课程意识,将教学业务指导放在课程纲要、课程计划、课程标准的指导下,课程和教学一起抓,引导全体教师既要脚踏实地,还要仰望星空,改变课程和教学两张皮和孤立抓教学的偏向;二是逐步下放学科建设的规划权、教研活动的组织权、教师发展的指导权等,由直接的行政管理、过程管理转变为目标引领、过程指导、全程服务。

将原来的“总务处”改名为“后勤服务处”主要负责校舍和教育设施设备的配置、维护和安全运行,各类教育资源的供给、协调,以及师生员工的校园生活服务,强化保障供给的主体责任,落实以服务为取向的工作取向,明确为教学一线服务、为师生发展服务的工作定位,促进工作作风由推诿、应付转向主动帮助、热情支持。

转变职能后,各处室每年末接受群众的评议,各处室主任在全校教师大会上进行述职,然后由对应的管理人员、部门人员、直管领导等,根据处室主任的《岗位目标责任》,对其工作绩效进行考核。以下列举了课程工作处、学生工作处、后勤服务处的岗位说明书部分内容。

② 形成了校长负责宏观决策,副校长面向基层实施专业领导,“三处一室”协调指导,年级组长抓好日常管理,教研组长、备课组长则对教学质量负责的三级交叉式“扁平化”运行方式。

③ 学校扁平化管理组织结构分为决策、管理、执行三级,决策层由校长

和副校长组成,管理层由副校长、中层处室和年级组长组成,执行层由年级组长、备课组长和教师组成。

表4-1　课程教学处主任/副主任职责

岗位名称：课程教学处主任\副主任　岗位类别：行政管理　工作部门：课程教学处　岗位序号：

	岗位职责	目标任务	考核标准	考核分值	考核评分
1	执行学校课程与教学计划	全面落实课程、教学计划，审阅教研组、备课组计划与总结，完善教学工作管理机制	课程、教学计划执行良好，各类计划有效落实，教学工作制度形成体系	10	
2	推动教研组建设	制定教研组建设规范，建立与学校教改项目相一致的校本研究制度	学科建设各项指标达标，科长、备课组长能力明显提高，校本教研有主题、有计划、有实效	15	
3	负责课程和教学常规管理	提高课程设置、编排与作息制度的科学性，建立与学习导纲和合作学习相协调的各学科教学管理常规，完善以学生全面发展为关注焦点的教学质量评价机制	课程和作息时间设置体现学校办学理念，各学科备课、上课、作业批改、考试（考查）、评价制度完善，形成以学生全面发展为取向的教学质量评价机制	25	
4	指导和推动教科研工作	组织和指导各类课题的立项、实施与结题，负责课题成果的总结与推广，管理课题研究档案；	课题思想与学校办学理念相一致，研究推广的项目与学校教改内容相协调	10	
5	指导教师专业发展	着力实施教师专业发展“六个一”工程、名师工程、蓝青工程	中青年教师人人有专业发展三年计划，年度专业研修项目落实，青年教师和骨干教师成长迅速	15	
6	管理学校体育、艺术、科技、信息教学工作	加强各类竞赛指导与管理，规范体育、艺术、科技、信息教育的教学与教研工作	体育、艺术、信息学科竞赛水平进入全区前三名，科技竞赛水平有明显提高	15	
7	管理各类教育装备和学生学籍	完善教育装备和专用室管理制度，规范学生学籍管理	教学设施设备、场地和学籍管理有序，利用率高	10	
总分					

表4-2　学生工作处主任/副主任职责

岗位名称：学生工作处主任\副主任　岗位类别：行政管理　工作部门：学生工作处　岗位序号：

	岗位职责	目标任务	考核标准	考核分值	考核评分
1	落实学校德育工作计划，推动学生工作改革	依据学校德育计划，指导和检查年级组、团队和班主任工作计划执行情况；	学校德育工作重点突出，推动有力，发展有序	10	
			各方面工作计划有效落实	10	
2	指导年级和班级建设	完善“三风”建设的制度与措施，建立班级、小组、个人评价机制	班级建设导向明确，小组建设取向一致，学生发展平台多样，班级建设课题研究成果得到推广	15	
3	推动班主任队伍建设，指导“名班主任工作室”工作；	发挥名班主任工作室引领作用，完善班主任选拔、培养与考核机制，	班主任队伍整体水平得到提升，优秀班主任经验得到推广	10	
4	负责团队工作和学生组织管理	提高团队自主管理水平，发展学生社团组织	学校重大集体活动组织有序、主题明确，学生领袖成长迅速，社团建设成效显著	15	
5	做好学生日常校园生活的指导与管理，推动文明创建	加大制度和规范的学习、培训、执行力度，强化礼仪教育和学习习惯训练，完善问题学生和偶发事件的协调处理机制	校园日常学习、生活、活动、卫生秩序良好，学生文明礼仪和学习习惯明显改善，问题学生明显减少，学生安全教育落实	20	
6	做好校外教育指导工作	完善各级家长组织，提升家长素养，协调校园周边环境治理；	家谊会、志愿者、讲师团成为提升家长的重要平台，家校互动合作	10	
7	做好心理健康教育工作	开发心育校本教材，推动阳光心育	心育工作体系不断完善，学生心理问题减少	10	
总分					

表 4 – 3　后勤保障处主任/副主任职责

岗位名称：后勤保障处主任\副主任　岗位类别：行政管理　工作部门：后勤保障处　岗位序号：______

	岗位职责	目标任务	考核标准	考核分值	考核评分
1	负责制定与执行学校后勤保障工作计划，管理校舍安全	协助校长实施校园整体建设规划，提高后勤保障与服务水平，保证校舍安全	基建工程和校舍维修工作保质保量，校舍管理安全有效	20	
2	做好临聘人员管理工作	完善临聘人员岗位聘任与考核制度	临聘人员管理规范，使用有效	10	
3	负责饭堂管理，保障校园食品卫生安全	完善饭堂的经营管理制度，落实食品卫生监督机制	饭堂经营与服务满意度达 75%以上，食品卫生安全零事故	15	
4	做好校园环境卫生工作	提高校园绿化、卫生水平，加强卫生室管理，提高疾病防控能力	校园绿化、环境卫生监管有效。	10	
			杜绝流行性疾病和中毒事故的发生。	10	
5	负责校产管理、物质采购和工程监管	严格落实各类物质采购和工程管理制度，杜绝浪费现象	采购和工程管理流程规范，监督有效，校产资源得到有效利用。	15	
6	协助校长做好财务管理工作	严格经费预算、审批、收支管理；	财务预决算合理，财会制度执行严格，合理使用各项经费，定期审核公布财务收支情况	10	
7	推动教育装备和信息化建设	完善信息技术设施的装配、培训、管理与维护机制，不断完善教育装备	各类教育技术装备管理规范，培训及时，使用效益高	10	
总分					

3. 构建条块结合的结构形态，推动纵横融通

① 条块交叉运转

随着管理职能和价值取向的转变，学校行政人员的工作方式由事务型转向专业型，由上传下达转向自主引领，由各行其是转向分工合作也就应运而生了。每一位行政管理人员形成了自觉找准本职工作在纵向与横向两个维度、学校和部门两个层面的工作定位的思维方式。为帮助行政人员准确把握本职工作的责任“点”、与管理“线”和指导“面”三者之间的关系，我们在工作分工上不断构建了点、线、面交叉融合的网状组织结构，明确主要业务管理岗位的中层以上干部不管处在哪个层面，都要负责一个管理节点(岗位)、指导一条线(学科)、领导一个面(工作领域)，以点为岗，上下联通，左右融合，立足节点，眼中有线，胸中有面，树立整体意识、系统思维，形成高效优质的学校网络管理机制。详见表 4 – 4 领导班子和中层干部的条块分工。

表4-4　领导班子负责的条块分工表

	指导年级	指导处室	指导学科教研组
校长	全面负责	校长办公室	与个人专业相关的学科组
教学副校长	初三	课程教学处	与个人专业相关的学科组
学工副校长	初二	学生工作处	与个人专业相关的学科组
总务副校长	初一	后勤保障处	与个人专业相关的学科组

表4-5　中层干部指导条块分工表

块工作 条工作	校长办公室	课程教学处	学生工作处
政治教研组	主任		
语文教研组		主任	
数学教研组		副主任	
物理教研组		副主任	
历史教研组			主任
地理教研组			副主任
艺术教研组			副主任
信息教研组		副主任	

交叉网络化运作的结构形态,不仅压缩了管理层级,减少了管理人员,还确实落实并加强了年级组的职能和地位。随着办学布局的调整、学校规模的增大,学校工作责任的重心将必然地下降至年级组,需要年级组更多的发挥微观管理的功能,也就是说年级组的职能将毫无疑问地越来越重要。由中层正、副职兼任年级主任,使年级组长加入了学校的管理层,参加学校的行政例会,这无疑对学校管理工作重心下移,提高管理中执行落实的效能有着积极有益的意义,也解决了长期困绕中小学管理者的对年级组的建制地位不明,身份不清、责权不符的矛盾。

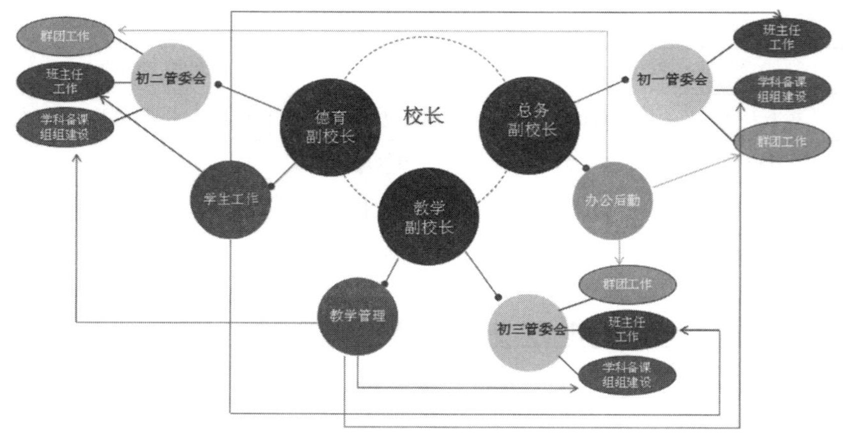

图 4－5　佛山三中初中部管理网络化结构形态

② 纵横融通——分工负责与协作推进

学校组织经过了结构重组、职能调整等之后，部门之间、单位之间、岗位之间的分工协作机制显得十分重要。首先是中层单位与部门之间的分工协调。各部门都有自己“分工负责”的工作领域，职责得到了进一步增强，管理重心进一步下移。随着学校变革工作的持续推进，我们感到每个人所承担的任务都与其他人的工作联结成一个整体，“协作推进”便成为了重要管理理念。各中层职能部门在工作中，既承担自身的“分工负责”的工作，又与其他部门和团队负责人“协作推进”着学校的各项工作。

另一方面，岗位之间的“分工协作”，包括激发每一位教师的“分工负责”和相互之间的“协作推进”。作为中层领导，他们不只是上传下达，布置任务、督促完成，而是以研究性变革的工作方式，拓展工作的视野和思路，他们必须兼顾上下、整体策划学校各层面的相关工作，并“协作推进”其他人员，纳入自己的“分工负责”范围内①。各学科教师形成团队，共同把握同一

① 朱乃楣：《互动与共生》，教育科学出版社，2014.3

年级学生的共同特征,参与策划学生发展活动。年级之间、教师之间出现相互联结,相互协作,使到学校发展逐步实现整体转型。

实施“扁平化”管理以后,原有的科层管理机制被打破,中层部门主要是做好各项服务、指导工作和年级、处室之间的协调工作,处置公共资源,代表校长室制定各项内部规章制度。副校长对主管工作和年级工作宏观指导,协调复杂疑难重大事项,学校后勤服务逐步实现社会化管理,学校的管理活力大为增强,可谓政通人和,增效提速。

(三) 非行政性组织为师生搭建更多互动平台

扁平化管理来自于实践的发展和理论的创新,实施扁平化管理需要建立真正的人本管理的管理思维,同时需要构建一个不可或缺的协作型团队组织系统。在管理权下放的过程中,一些非行政性组织也应运而生。学校的非行政性组织就是为实现学校和教师的主动发展所创造的一种新型组织形态和机制,是学校在进行学校管理改革过程中的一种组织创新。

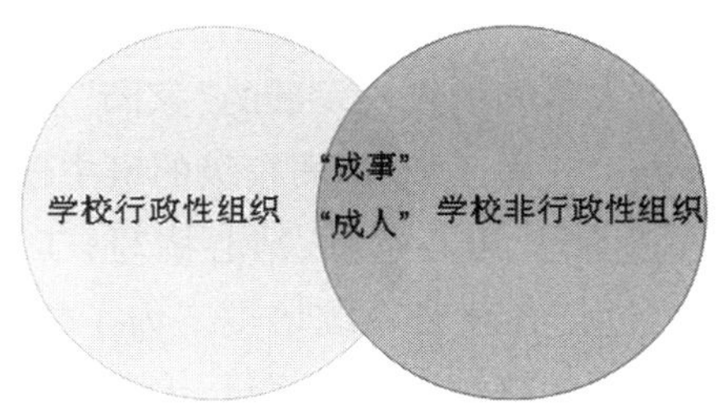

图4-6　非行政性组织的建设

1. 来自两方面的非行政组织建设

(1) 促进原有专业组织价值提升的非行政组织

学校原本就存在着一些行政专业组织,如科组、备课组等。但由于科组、备课组建设参差不齐，科组、备课组长的个人专业素质也存在差异，还因为教改观念的滞后，科组、备课组并没有完全发挥专业研究、专业引领、专业推动的价值。因此，在学校进行管理变革的背景下，学校需要推动非行政性组织的建设，以非行政组织推动专业组织实现价值的提升。不仅为骨干教师研究的日常化，教师群体的自主发展提供组织支持，也为改变教师日常的生存方式提供了新平台，推动教师教学改革研究的日常化、本土化，培育新的组织体系。

①“班主任工作协作组”

我校有广东省名班主任麦艳贤老师主持的“麦艳贤名班主任工作室”。为了更好地帮助、引领一线班主任形成较系统的班级建设思路，促使班主任队伍工作由应付性向研究型教师团队转变，我校组建了“班主任工作协作组”。在“工作室”的示范、引领、指导和辐射作用下，坚持“成事”与“成人”相结合，研究与实践相结合，团队协作，不断优化班主任工作与共享教育资源。“工作室”坚持每月一次业务学习的例会制度，研究工作和学习，交流经验和体会，从而实现共同发展。每次的例会上都有一个中心话题，并由“工作室”成员或学员轮流主持、主讲，其他成员参与讨论，互相启发，并在成熟的时候对来自“工作室”协作组外的班主任开放，使“工作室”真正成为班主任研究教育、切磋育人本领的成长发展的“家园”。以“工作室”协作组为核心，我们成功地举办了三届区级、六届校级的班主任能力大赛。协作组核心成员多次碰头，热心商讨、用心选题、精心撰写《工作室班主任能力大赛培训资料》，并对选手进行各环节系统培训。为了能更好地指导组员日常工作，同时使班主任能力大赛的培训更系统、专业，在“工作室”协作组利用了半年的时间整理出了四十万多字的《班主任素养大赛案例集萃》。在市、区初中组优秀班主任能力大赛中，参赛的工作室学员皆获得优异的成绩。获得综合一等奖市级 2 人，区级特等奖 5 人，一等奖 2 人，二等奖 4 人。

②“语文主题学习”实验小组

如何将语文教研团队的建设向更深层次推进？语文组部分老师在“主

题”学习方面进行了尝试。实验小组由落科的主任、语文科组长、部分的初一、初二语文老师组成。2014 年秋季开始“语文主题学习”实验,现已在全校三个年级全面展开。实验的主要内容和要求是改革语文教学,构建高效课堂,丰富学生语文积累。实验主要从三方面开展:

首先是改革备课模式。打破逐篇课文备课的模式,根据单元教学主题需要从单元整体出发,围绕单元教学主题,将教材与“语文主题学习”配套的文本进行整合,进行单元整体备课。

其次是实施单元主题教学。语文教学必须按照“反三归一”或“举一反三”的思路,把讲和练的时间压下来,把时间留给学生课内大量阅读,丰富阅读积累。单元主题教学的流程是:单元导读——单元整体识字——以文带文——群文阅读——有体验的习作指导。要求所有语文教师把“1 + x”模式作为基本模式,让每一位教师都会做。

第三是强化五项训练,提升语文素养。实验通过分主题有计划地针对性学习训练,让学生逐步形成读一系列美文,写一笔好字,写一手好文章,练一副好口才,培养一种好习惯等五项基本素养。

语文课堂教学改革是重点围绕如何引导学生自主进行“主题”阅读展开研究,反对进行肢解性的讲解和僵化的训练。实验小组认真探索“反三归一”的教学方法,立足爱阅读、会批注、善分享、勤体悟的教学要求,围绕单元主题,精选“三”,从思想、情感、语言、表达等方面悟好最能体现“主题”的“一”,把课堂真正“还”给学生。

③ 英语基于小组合作的“探究/对话/体验”式教学研讨组

英语科的专项研讨组由初一备课小组老师组成,着重于开展基于“核心素养”背景下的初中英语教学探索活动。这种自发的思考、改变渗透在备课组的活动中。开学初,负责英语科组的谢雪梅副校长就对组内人员进行基于核心素养下的初中英语教学活动的相关培训,为未来三年一盘棋作了部署,指明了英语教改的方向。要求成员要以“核心素养”为导向开展英语课堂教学改革,在教学过程中落实“立德树人”的根本任务。在研究的过程中，专项研究组老师通过英语课堂教学的人文化、个性化、交际化及文化素养等培养来达成英语教学的核心素养——引领学生树立正确的价值观、启迪学生多向思维、塑造学生完整的品格，促使培养出的学生能够适应21世纪对人才培养的总目标的要求。这种研讨提升教育理念，明确英语学科的育人价值，使有效课堂落到实处。

在英语课堂中，初一英语研讨组以“学习导纲”为载体，运用“探究/对话/体验”课堂模式，开展“导学展评练”小组合作活动，培养学生在互助互学的过程中形成自主探究知识的能力。小组合作的模式对培养学生外语的交际化素养起到了关键的作用。以下摘自初一英语小组合作学习模式研讨组基于“学习导纲”的“导—学—展—评—练”教学模式：

导（课前）——“学习导纲”的问题引领，关注点是问题链（知识问题化、问题层次化）；

学（课前或课中）——“学习导纲”指导下的前置学习，关键是与教学内容相伴随的学法；

展（交互学习）——小组层面、班级层面的交流与研讨。一般问题、个性问题组内呈现并解决；疑难问题、共性问题全班呈现并解决。关键是表达充分而不重复，倾听仔细而有思考。

评——对交流与研讨情况的归纳点评。组内点评一般由组长进行；班级点评一般由优秀小组的成员或教师进行（突出问题）。关键是精当、简明、本质、深刻，对小组学习形成的认识进行质疑；

练——包含巩固练习和拓展练习。巩固训练是对学生学习情况的一种基础性、多元化、多样化的反馈；拓展练习是学生运用教师提供的相关新资源所进行的拓展性探究学习。

“导—学—展—评—练”的课堂小组合作活动，经过“学习导纲”导学，“小组合作”对话、探究、交流碰撞，学生对学习的知识不断明朗、认识不断深化、视野进一步开阔、思维也更加敏锐和深刻。在此基础上，英语科组不断探究“问题引领下的小组合作学习策略”通过针对学习目标的系统检测和及时、有效的反馈,实现知识、能力的整体优化和全面整合,促进学生个性化的知识构建和学习目标的达成,使学生感受到自己的进步与提高,从而更加坚定学习的信心,不断向着更高层次的目标迈进。

④ 物理“‘学习导纲’研发组”

物理“‘学习导纲’研发组”是一个以老、中、青年结合的研究型团队。秉承“以物探理,以理创物,促进学生全面发展”的教研理念展开教学和教研工作。研发组正确定位“学习导纲”的功能,把导纲定位为教与学的校本资源。“学习导纲”的编写突出学科性,实效性,问题的整合性和引领性。在使用过程教师进行相关资源的整合,借助多媒体课件和实验器材合理安排教学环节和教学策略,或小组交流,或演示实验,或分组实验,或教师讲解等。四年来,物理导纲研发组“以“学习导纲”为载体,构建专业高效课堂”,不断发现新问题,研究新问题,解决新问题,着力丰富学科资源建设,抓实学科常态教研,回归学科核心素养,努力构建专业高效课堂,让学生在快乐中学习。

这些非行政性业务组织,有效弥补了学科教研组工作面大、人员结构复杂、研究问题难聚焦等不足,进一步凸显了小团队灵活机动、问题精准的特色。例如语文科组借助主题阅读的专家指引,有效地促进了整体水平的提高;英语科组从专题研究入手,以听、评课为研究手段,从团队到个体提升了教师独立实践与研究的能力,成为了市英语学科教研基地;物理科组以老带新,使青年教师快速成长,拜师三年已可独当一面,挂帅初三。物理科组也因为成绩突出被评为了广东省优秀示范科组。班主任团队也逐渐通过骨干引领,梯队渐进,提升了教师研究学生、服务于学生主动健康成长的意识和能力。

(2) 依据学校转型需要而形成的事务性非行政性组织

顺应学校管理重心下移、发展动力内生的客观需要,一些跨学科、跨部门、跨组织的事务性非行政性组织应运而生。有的经过一段时间的运行后长期稳定下来,在学校管理、师生发展中发挥着重要的协调联络作用。代表性的组织有学校学术委员会,校级、年级、班级家长组织,校园周边环境综合治理联席会议，学校重大工程采购项目监督小组等。我校的非行政性组织及其职能见表4－6。

表4－6　非行政性组织及其职能

名称	职能	人员构成	影响
佛山三中初中部学术委员会	负责学校重大发展规划、发展战略的咨询、评议；对外文化交流等重大项目合作。具有对学术事务的咨询、评议和决策权。如学校教育教学研究成果“白兰奖”的评选、学校名师和名班主任工作室的设立、管理与评价、重大科研项目的立项、招标以及教师聘任的业绩认定等工作。对外推荐申报优秀教学、科学研究成果奖励；职称聘任人选，推荐各级政府部门人才选拔培训计划人选。	轮值主席一名，副主席一名，委员五名。民主选举产生。每届任期三年。	以专业权威来带动全体教师的教育研究与主动发展，提升了学校教师专业发展水平，创建出学习型、研究性教师团队，使“让读书成为一种生活习惯、让研究成为一种工作方式、让创新成为一种专业自觉”的教师发展理念进一步落实。
学校周边综合治理联席委员会	为校园周边的交通、治安、商业等问题提供指导性意见和协调解决方案，协同共治。	社区派出所、巡警大队、交警大队、居委会等共建单位负责人	对如何做校园安全综合治理有明确的方向和清晰的思路，共同探讨解决问题的方法。为未成年人的健康成长保驾护航，让三中初中部的学子能够茁壮成长。
三级家长委员会：学校家长联席会/年级家长委员会/班级家长联谊会	学校家长联席会：策划大型活动、参与学校管理、督导家长学校、培育校级学生社团；年级家长委员会：策划级组活动、参与志愿服务、指导班级家委、培育年级学生社团；班级家谊会：组织主题活动、参与班级服务、服务学生成长、密切家校关系、普及育子经验。	由学校家长代表大会推选产生，家长委员会每三年换届，每年增选一次	代表家长参与学生教育、学校管理的决策工作。对一定时期学校教育教学工作提出建议，对学校的中长期发展规划、学校的章程提出修改意见。每年召开全校家长代表大会，为下一阶段创造性开展家委会工作规划筹谋。

（续表）

名称	职能	人员构成	影响
重大工程、采购监督验收小组	对学校的工程建设项目、招投标情况、建设进度和验收结算情况，设备购置进行监督、管理。对学校单次5万元以上的工程、采购项目，每项（次）在监督小组中选5至7名组成本项目监督组，参与项目预算评议、监督工作进程、项目质量验收预结算等工作。	校长、主管后勤副校长、财务人员、部分级长、科长及一线教师组成	近年对学校的消防工程、办公室改造工程、校园安全工程进行了35次的竣工验收工作。验收小组成员及时对群众反映进行处理。验收完成后，小组将验收结果、资金使用情况在公示。使工程合理透明。

2. 非行政性组织对学校发展的推动作用

两类的非行政性组织分别以教师的专业发展和学生的思想教育为关注对象和工作侧重点，发挥了对学校发展的推动作用、对行政组织的补充作用、对教师专业化发展的引领作用，这些作用的产生不是来自于行政管控，而是学校育人价值提升后对每个团队成员事业心和责任感的激发。他们以教师发展和学生发展的真实需要为取向，不计得失，不计名利，只为工作的改进和管理的优化。就这一点而言，非行政性组织的作用是行政性组织所不可替代的。

（1）促进领导和教师思维方式与行为方式的转型

非行政性组织的出现，打破了学校原有的组织结构，使学校管理机制发生了结构性变化，这种变化同时又带来了学校从领导到教师各个层面价值观念、思维方式和行为方式的转变。相对于学校行政性组织而言，非行政性组织中的人际关系更为紧密和谐；从组织功能的角度看，非行政性组织更具有专业思维和跨界思维，他们与学校的行政性组织形成互补互动的关系，充分盘活了中层部门、年级组管理及科组教研的联动关系，激发了教师参与学校事务的积极性和主动性①，促进了领导和教师思维方式与行为方式的转

① 杨小微，“新基础教育”学校领导与管理改革指导纲要［M］. 桂林：广西师范大学出版社，2009：38.

型,实现了“成事成人”这一学校管理价值观的更新。

(2) 管理价值观的更新

有了非行政性组织,并不等于行政管理的要求降低了。相反,对行政管理的要求更高。首先,校长和行政干部要清晰自己的角色定位,即在非行政性组织内外,自己既是领导者、管理者,同时更是先进教育思想的传播者、先进教育理念的实践者,要学会转变角色,在有的场合是行政干部,在有的场合又是非行政性组织中的一员,要善于接纳和包容非行政性组织的意见和建议,认识到行政管理已经不是单纯地发号施令,而是一种教育服务和专业引领。

教育和教学相对独立但又具有双边共时性,行政性组织的双线管理格局能保证学校教育和教学工作的有效落实,但不能高效地发挥教育和教学之间的“交集融合”所产生的合力作用。非行政性组织的建设旨在弥补行政管理上部门分割的弊端,从而呈现“1 +1 >2”的态势,实现学校教育和教学发展的有效互动与双赢[①]。

三、动力内生:治理机制从单一垂直到多元共生

“任何事物真要长大,真要有力量,必须要有内生力[②]。”

叶澜教授在谈新基础教育时详细阐述了“学校要做到 4 个读懂,教师要处理好 4 个关系”。所谓四个读懂,即读懂时代,唤醒投身教育改革的自觉;读懂学校,明晰研究性质为整体转型的自觉;读懂教师,提升教师转型发展的自觉;读懂理论与实践的关系,双方致力于建构新型关系的探究自觉。四个关系即教师与变革的关系、教师与学生的关系、教师与学科的关系、教师与自我关系。

① 孙联荣:《非行政性组织的创建——学校组织变革的实践探索》,来自网页。

② 叶澜:“新基础教育”内生力的深度解读,《人民教育》,2016 年,第 03 - 04 期。

学校为了提升学校的教育教学质量总是习惯于在评估和监管方面下功夫,但是收效并不理想。其实,提升学校的教学质量不仅仅要加强教学工作的评估和监管,更要激发师生投身教与学的内生动力。无论是学校,或是老师学生,更需增强自觉意识。有了自觉,才会有创新。而自觉,源由内生动力的激发。

(一) 基于师生发展需求的制度更新

以往的学校管理中,制度从制定到执行,较多地呈现的是一种"管"的理念,而不是"理"的体现;较多地反映出"堵"的意图,而不是"导"的措施。如《学生奖惩办法》《教师考勤制度》等,只强调制度化约束,缺乏对师生权利和义务的人文关怀。结果,老师把通过管理流程中的一次次检查当做目的,不愿意主动发现问题,更不用说去创造性地解决问题,甚至翻炒备课笔记,照搬教学随笔,丧失了自我发展的欲望和动力。这些制度及管理,只关注结果性评价,缺乏对过程的关注和指导,结果是对教师的评价呈单一的、片面的、单向的主观性判断,缺乏对各种因素的综合考虑,容易造成不公平、不公正。作为评价应有的导向、规范和激励功能,都无法体现出来。重"管"轻"理",只强调了教师教学现状的薄弱点,却不能分析出教师专业发展的症结所在,导致了教师要么在教学中急功近利,违背教育规律,只关注尖子生,缺乏师生间的情感沟通。或者导致教师怨天尤人,单打独斗,没有体现出职业生命的价值与意义。而教师的行为,也直接导致了学生缺乏主动性和探究性。

以往的学校制度管理下,导致学校以前经常会出现这种情况:教导处负责教务,教科处负责科研,遇到市、区两级公开课研讨、教学评比等,教导处全程包揽,教科处则无事可做;而逢区里科研成果评比或小课题申报时,则教科处负责收集论文、材料、再进行指导、润色,教导处则事不关己。艺术节临近,音乐教师分身乏术,甚至占用别的学科时间进行排练;区运动会召开前夕,体育老师早出晚归、突击训练……。这样的管理可能会带来一些眼前利益,但对师生长远发展不利。如此“疲于奔命”,加重了负担,降低了工作效率。这种管理追求的是短期效应,“目中无人”,忽略了管理的育人作用①。

1. 从正确的师生发展需求观出发,重构制度文化的价值观

随着一些管理制度深层次矛盾和问题日益显露出来,我们认识到问题和困难既是挑战,也是发展的空间;意识到学校管理的水平,教师队伍的素质,直接决定了学校能否可持续发展。制度文化突显了学校的价值观念和风格特色,其建设与实施过程中折射的价值取向和行为准则,有利于实现文化的传承和理念的渗透,铸就鲜活的文化实体。五年来,在“三雅”办学理念的引领下,我们对原有的制度进行重建。如教研制度的重建、师生日常班级生活的重建、师生质量评价体系的重建等。使其价值取向由为活动而活动,为完成量化的工作任务而弄虚作假,转向“解自己的题,种自己的地”,强调教研与岗位日常实践需求结合,与自身工作的真实问题结合。

我们通过重构制度文化的价值观,一切从师生发展需求出发,创新制度的产生形式,完善制度的文本内容,优化制度实施的策略,使学校制度成为师生自我约束的内在规范,自主发展的内在动力,从而达成人本属性与科学规范并重的良好氛围。

2. 在互动中寻求学校内部制度的更新

(1) 明确制度改革的问题、原则与方向,从外部强加转向内部生成

在学校的制度建设中,我们应该看到的是学校中教师、管理人员的成长需要和成长可能,不是把他们视为需要简单管束、紧密制约的个体,而是有着内在的生命活力和成长需要的个体;看到了他们的集体性和丰富性,学校

① 上海市闵行区 HP 小学,“新基础教育基地学校建设中期评估报告”,2006 年 10 月。

的制度改革,应具体针对自己学校的特点和人的成长需要①。

于是我们重新梳理体系,整体构建学校制度。学校的日常运作制度,关系到教工切身利益和学校办学质量。学校制度建设的实践路径不是事先设计好的,也不是按图索骥,而是一次次直面问题探索实践,最终水到渠成。我们运用建立愿景、统一认识、整体策划的思路,组织相关人员,对制度定期审核,进行删除、修改、合并、补充。通过一年多的努力,基本完成了对学校内部制度的梳理与重建,构建了由六大板块组成的学校制度系统,并开始正常运作起来。

第一板块,依据教育法规、教育规律和办学规律,通过构建共同远景来培养团队共同价值观的制度,包括《学校校风、教风、学生》、《学校章程》、《近三年学校发展规划》这些全局性的重要制度。

第二板块,依据现代学校治理的基本规律,通过制定内部成员及其职能部门共同遵守的行动逻辑来完善组织内部管理体制。包括《佛山三中初中部岗位说明书》、《佛山市第三中学初中部校务公开制度》、《佛山市第三中学初中部民主决策制度与程序》、《教师代表大会制度》、《家长代表大会制度》等,这类制度旨在完善法人治理结构,保障民主管理的落实。

第三板块,依据教学规律和教师发展的规律,通过创生新的内部组织机制,激发教职员工主动发展内驱力的制度。包括《佛山市第三中学初中部"青蓝工程"实施方案》、《佛山市第三中学初中部"三名工程"实施方案》、《佛山市第三中学初中部学年工作先进单位、先进个人"红棉奖"评选表彰制度》、《佛山市第三中学初中部优秀教育科研成果"白兰奖"评选办法》、《佛山市第三中学初中部教职员工年度工作绩效考核方案》、《佛山三中初中部优秀级组、科组(备课组)学年考核评选方案》。

第四、五、六板块则是依据教育教学、学生工作和校园管理三大领域内部工作节律,由中层职能处室牵头逐步完善的内部工作规范。包括《学科

---

① 张立新:《组织变革:重建学校管理"新关系"》,江苏教育出版社,2011 年 4 月。

教学工作常规》、《集体备课制度》、《科组教研工作制度》、《班级五项基本建设规范》、《学校行政和教师值日制度》、《会议室、办公室管理制度》等，通过引导、规范师生行为来提高师生校园生活质量和学校教育质量的制度。

(2) 从学校章程建设入手，让决策机制从行政主导走向民主决策

学校旧的章程制定于2004年，沿用多年后，原有章程中的学校文化、办学愿景、治理结构、管理机制等与学校发展实际及现代学校治理要求相去甚远。从2014年起，经过了章程修改预热，引发全体教师思考；广集多方意见，选准办学方向；整体构思，分工负责；实践检验、动态更新，五易其稿，《佛山市第三中学初中部章程》终于在2015年12月16日经教代会会议审议通过，并经禅城区教育局同意备案后自2016年1月1日起正式生效。章程建设几乎涵盖了学校管理工作的方方面面。它包括了总则；学校文化与办学愿景、办学理念；学校治理结构；学校管理体制；课程与教育教学管理；人力资源管理；学生管理；财产财务管理；学校、家庭、社会等十大部分。

章程有两个独具特色的章节。一是第二章，明确提出学校以“雅”为核心的学校文化，学校践行“办典雅之校、行博雅之教、育儒雅之人”的办学理念。通过“承书院墨香、显岭南文脉、扬红棉精神、蕴白兰品质”的典雅文化和“营自然舒展之境、引丰富多样之源、取探究对话之径、养高雅灵动之性”的博雅课程，培育“德才兼备、内外兼修、知行合一”的儒雅教师和学生。

二是第六章，人力资源管理部分。如第四十七条学校建立健全班主任选配、聘任、培训、考核、评优等制度，加强班主任队伍建设，提升其敬业精神、育人理念和业务能力。第四十八条学校每学年制定教师专业培训计划，支持、鼓励教师参加专业学术团体，开展教育教学研究、学术交流和进修培训。第四十九条学校每学年定期组织教职工师德考核。建立教师师德档案，将师德表现作为教师考核、职务评聘、进修深造和评优评先的首要依据。第五十条学校建立科学、公正、系统的教职工评价体系，每年对教职工的职业道德、能力态度、工作绩效进行考核，考核结果作为续聘、转岗、解聘、晋升、奖惩等的依据。学校每学年按时组织“红棉杯”优秀教师表彰和“白兰

奖”优秀教育科研成果的评选,对在教育教学、科研、管理服务等方面表现优异、业绩突出者予以表彰和奖励。第五十一条学校坚持按劳分配、按岗取酬、绩优酬高、薪随岗变的分配原则。每学期对照《佛山三中初中部岗位说明书》组织教师进行工作绩效考核。

当一切都有章可循,凡事也就尽在规律、规范之中。学校元制度的不断完善,让三中初中部渡过了危机,教育教学迅速步入正轨。如近几年的区教育局进行人事制度改革的几项措施,教师双聘工作及交流轮岗工作,这是一个涉及每名教师切身利益的事情,很敏感,有些学校为此闹得不可开交。我们有 140 多名教师,改革工作却进行得有条不紊,没有接到一宗投诉。就因为我们充分听取教职工的意见,并且有完善的职工代表制度。我们按照学校的章程,坚定贯彻学校治理理念,自下而上地收集、汇总意见,既广泛听取建议,也践行“少数服从多数”的原则。棘手问题在民主与集中的交互作用中有效解决,较好地体现了“谋在于众、断在于独”的管理思想。

(3) 以《学校发展规划》研制为抓手,总览全局,厘清学校发展方向

学校发展规划是一所学校发展的理论模型和实践蓝图,它犹如一面旗帜,统摄和引领着全校教职员工按照规划所确定的目标共同奋斗,是学校发展的宣言书、学校改革的动员令,学校建设的航标灯。科学制定学校发展规划是推动学校科学发展、引领学校整体变革的重要办学行为。一般专业的校长都会充分利用学校发展规划研制的过程来引领学校摆脱发展困局,步入创新发展新境。

《佛山市第三中学初中部 2013. 9—2018. 9 学校发展规划》是在上海华东师大基础教育研究院的杨小微、李家成教授、复旦大学的徐冬青教授等专家的指导下,通过教职员工广泛参与、从自上而下到自下而上生多轮讨论、历经八个月的反复论证后,于 2014 年 1 月 13 日经学校第三届第一次教师代表大会讨论通过。

第一部分“背景与基础”。让三中人看到了自己的不足、存在问题,与不利因素。但也让我们看到了学校的发展优势,挑战与机遇并存。

第二部分“理念与目标”。卓有创意地为学校今后的发展做出了切合校情、学情的顶层设计,制定学校发展的五年规划和年度分目标。确定了以“创办具有‘三雅’教育特色的可持续发展的现代城市示范初中”为办学目标;提出了“让每一位学生成为有自信,敢担当,谈吐文雅,举止优雅,情趣高雅,气质儒雅的现代公民”的培养目标;努力追求“为每一位学生卓然而立创设优质而适性的教育环境”的办学愿景。

第三部分“项目与措施”,从七个方面对学校未来发展进行整体部署:①深化内部管理,激发办学活力,着力塑造“卓如红棉、雅如白兰”的学校精神;②优化队伍结构,提升专业素养,精心打造“厚德博学、乐育善养”的儒雅教风;③创新学生工作,构建儒雅德育,大力弘扬“敏行好学、正己达人”的优良学风;④关注全人教育,完善课程设置,努力探索全面发展、唤醒卓立的博雅课程;⑤优化教学过程,聚焦课堂教学,打造“灵动精致、舒展高效”的智慧课堂;⑥强化科研意识,深化校本科研,不断深化“问题即课题、工作即研究”的校本科研;⑦整体设计,有序推进,努力建设典雅、舒适、人文的校园环境。

可以说,学校的发展规划是在发展过程中顺势而生的,是全体教师的共同参与制定的,是全体人员的思想结晶。在制定规划的过程中,全校师生建立了共同的办学愿景,明晰了办学方向,坚定了学校要变革的信念,规划的研制过程,达到了凝心聚力的效果。

(4) 以《岗位说明书》的编制为抓手,激活教职员工主动而有创意工作

我们还把有关岗位工作目标与规范的制度整理成册,印制了人手一份的《岗位说明书》,教职员工通过对照说明书里的职责进行自我评价,进一步增强做好岗位工作的自觉。有些制度在实施与评价时,显得薄弱,较随意,于是,我们运用“重心下移,民主参与”的策略,在实践中通过履行《岗位说明书》的岗位职责,使“人人有职责、个个负责任”,实行“谁分管谁负责”、“谁的岗位谁负责”、“谁的班级谁负责”、“谁的课堂谁负责”的岗位责任制。人人成为岗位的第一责任人,也使教师以“第一责任人”的角色主动参

与学校管理,主体责任显著加强。《岗位说明书》让每一个教职员工真正明确,“我的工作”在学校管理体系中是唯一,“我是谁?”“我应该做什么?”“我做得怎么样”三个基本问题,不断唤醒教师主动发展、创新工作的内生动力。

现在回头看,从章程修订出发,制度建设跟上,到编制学校发展规划、实施规划、规划实施的中期论证,直至接受第三方优质学校评估,办学行为、学校发展形态逐渐逼近办学愿景,“三雅”教育办学内涵逐步丰富,“以文化人、文化兴校”办学特色逐步彰显。应该说,学校不断发展的过程,就是现代学校制度不断完善的过程。在这个过程中,为了避免制度的交叉重叠,我们遵循常态工作制度化、临时性事件项目化、重复性事件流程化的原则,对学校有关人、事、财、物的管理制度进行了分类梳理,形成了重复性事件的基本操作流程。这些流程既是规则的固化,也是规律的体现。如学校重大事项民主决策程序;学校教师外出培训审批程序;骨干教师评选程序;新生入学教育培训流程;备课组集体备课流程;典型课例公开课研究流程等。

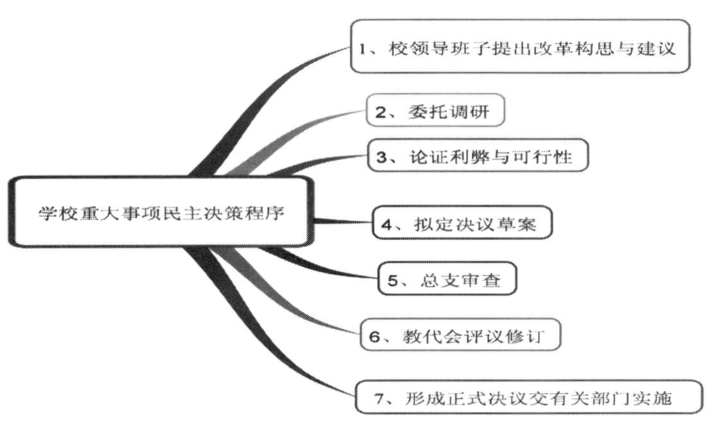

图4－7　学校重大事项民主决策程序

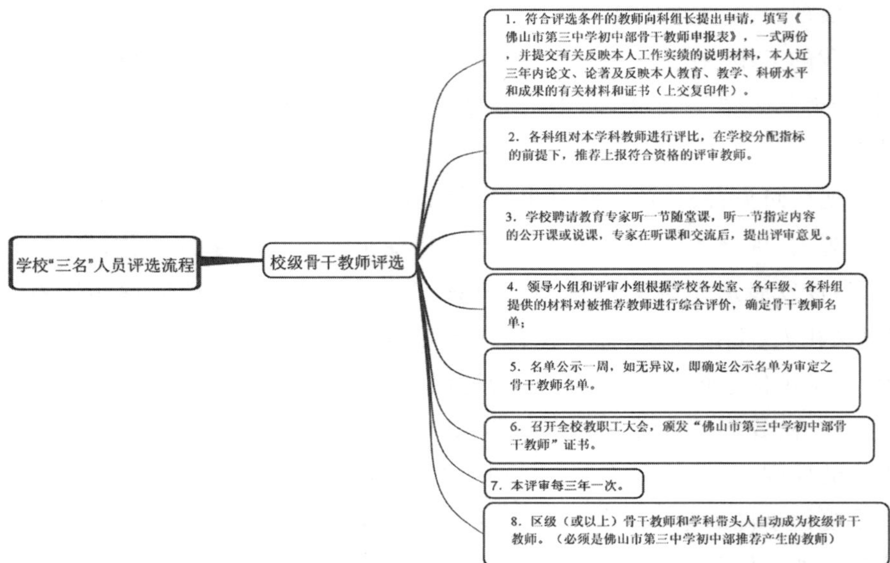

图 4－8　学校“三名”人员评选推荐流程

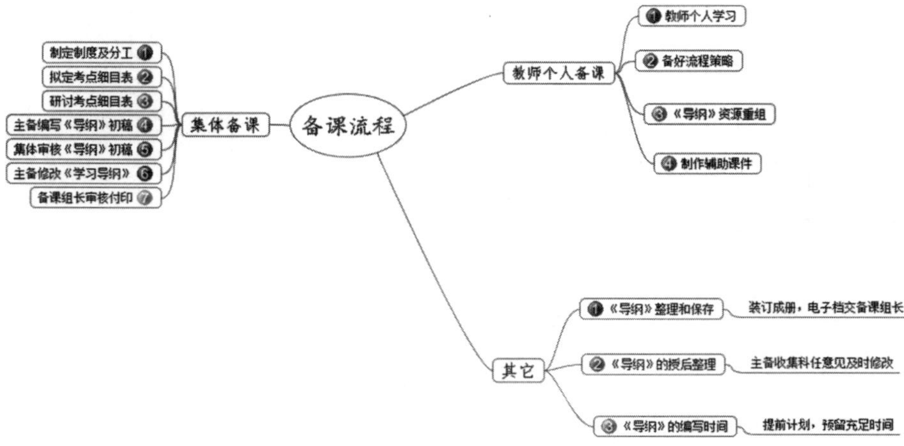

图 4－9　备课组集体备课流程

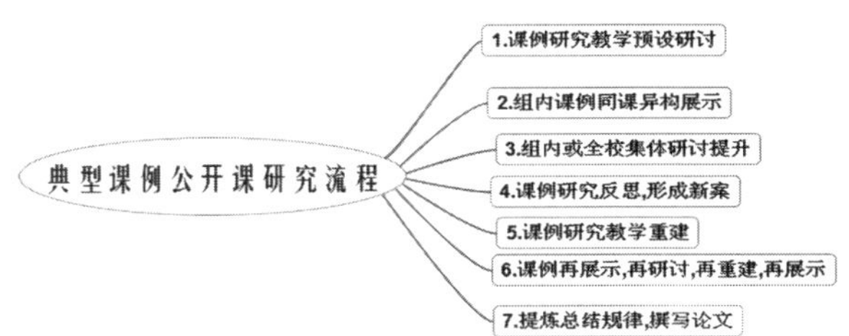

图 4－10　学科组典型课例教研流程

(二) 学校治理机制的内部优化

1. 从制度变革走向机制创新

学校对制度的变革总体上应呈现如下变革趋势:第一,从琐碎、重复、交叉走向系统、集约;第二,将有效的创新举措转化为常规化制度加以固化;第三,减少约束性制度、增加激励性制度;第四,建立保证新的组织、新的制度、新的文化形态得以持续存在和发展的新机制。

特别是当学校实行管理责权下移的时候,制度的更新更是成为每一个学校员工自己的事情;每个人都不再是制度的受制者或被动执行者,而是制度从制定到执行全过程的参与者和受惠者。制度变革的意义在于:将适合原有管理构架的制度秩序打破,并在改革带来的变动中寻找新的秩序,建立新的系统的规范。

基于学校的办学理念,成人成事的价值观引领,通过创新制度的产生形式,完善制度的文本内容,优化制度作用的事理结构,突出制度的科学与人本,管理由制度变革走向机制创新,成为师生自我约束的内在规范,自主发展的内在动力。

2. 民主的治校机制,为教师敞开参与的空间

随着教育改革的深入推进与学校各领域工作的整体性系统化转型,学

校的办学决策也必须由经验感性向科学理性转变，由零散随机型向系统程序型转变，由独断随意型向民主参与型转变①。

（1）从“教代会”制度的强化开始

校长负责制是一种现代学校管理体制。在这种管理体制中，党委、校长、教代会三个要件应既相互制约又相互协调，充分发挥各自功能。

教代会制度是学校民主政治建设的基础和载体，其工作具有相对独立性和不可或缺性。学校党组织、校长、教代会三者依法运行，和谐发展，才能构成现代学校民主政治的基本框架，才能促进学校决策的科学化、法制化、民主化。发挥教代会民主参与，民主管理的功能，就是以教代会为平台和载体，使教代会民主管理形式和学校其它管理形式相互补充，形成民主科学的管理机制。

在加强教代会制度建设中，我们首先创新工作模式，大力倡导“平等对话”。议案答复得到教职工的理解和信任才容易通过，才具有执行力。如在《三中初中部教师半年考核方案》征求意见中，通过对话和听证会与教代会代表沟通交流，将议案的政策背景、学校的实际情况、考虑问题的出发点等议清、议明、议深、议透。教代会还采用“问卷调查、预投票、逐条投票”的形式，使学校领导对教职工代表的意见了解得更全面、更细致、更深入。如在《佛山市第三中学初中部关于双聘工作的实施办法》征求意见时，我们采用了三轮的问卷调查，召开了三次教代会会议，逐条投票，使修改议案更具针对性和可行性，决策更合民情顺民意。我们还设立“提案金点子奖”，建立优秀提案评奖形式。如在《佛山市中初中部学校品质校园建设方案》金点子奖评选中，学校教师纷纷出谋划策，想出了很多提高校园品位的金点子。优秀提案评比奖励可促进提案质量的提高，激发教职工民主参与、民主管理的积极性和创造性。

---

① 杨小微，“新基础教育”学校领导与管理改革指导纲要[M]. 桂林：广西师范大学出版社，2009：38.

（2）让常态的各项例会更加严谨规范

在日常的会议制度中，我们改变传统的、上传下达、布置工作式的会议方式，形成以研讨学校改革发展中现实问题为中心的会议方式，集聚多方的意见，汇聚教师和管理人员智慧。会议时间相对固定、议程提前确定，重要议题牵头部门先拟出方案。并设立各基层部门、分管领导先发表意见，主要领导最后表态发言的决议机制。要求参会人员讲存在问题必讲改进思路，讲成绩经验必讲典型案例。

"改变"从行政会议制度改革开始。参会人员从全部行政参加改为部门负责人及三个年级级长参加，减少了冗余人员，提高了议事效率；议事程序由领导直接布置，改为牵头（主管）部门在调查研究先提出解决办法和方案。与会人员充分发表意见，在议清议深议透的基础上，本着民主集中制的原则，由校长做出科学决策；行政会议决策事项的结果，应于下次校长办公会或会议决定完成的时限内，由主管领导汇报执行情况。同时由办公室负责催办、及时掌握进展状况。

会议安排上也进行了改革。凡涉及到多个部门人员参加的会议或由于阶段工作需要临时召开的会议，会议召集部门应在召开前1－2天经校长同意后，报办公室行政进行统一安排，方可召开。校长办公会例会两周一次，年级管委会例会半月召开一次，全校教师大会每月一次，时间、地点、主持人相对规定，学校工作例会必须编制会议计划和会后工作备忘录，确保会议布署的各项工作按时保质完成并对工作结果负责。各部门工作例会必须服从学校的统一安排，局部服从整体的原则。

（3）出台《佛山市第三中学初中部民主决策制度与程序》，确保民主科学的管理机制得以实行

遵循民主集中制的原则，按照"从群众中来，到群众中去"的方法，我校建立起一套民主议事，民主决策的制度，规范学校管理。民主决策的组织机构包含有：

决策机构：校长办公会议或校务委员会。组成：正副校长、各处室主要

负责人。职能:研讨学校重大问题,形成决策,组织实施。

审核机构:党委会议。组成:全校党委委员。职能:审议决策(“三重一大”项目必经党组织会议审议)

评议、监督机构:教职工代表大会。组成:工会主席、工会委员、各工会小组组长。职能:收集意见,提出建议;评议校领导的决议草案,并提出修改意见;监督已生效决议的执行情况。

咨询机构:各有关处室、学校家长组织、学校办学专家指导组。组成:相关处室负责人及有关责任人。职能:咨询。在接到校领导委托后,对教代会建议进行调研和论证,向校领导提出调研报告,陈述利弊;在接到委托时,为校领导草拟议案等。

执行机构:学校各职能处。组成:学校各职能处室负责人。职能:具体执行与本部门相关决策。

学校每次的重大决策,我们都严格执行决策程序:校领导班子或职能部门提出改革构思与建议——委托调研——论证利弊与可行性——拟定决议草案——党委审议——教代会评议修订——形成正式决议交有关部门实施。《佛山市第三中学初中部民主决策制度与程序》的实施,唤醒了教师积极参与学校发展重大事项决策讨论的自觉性和主动性,既保障了各项决策依法依规,又保障了决策切实可行。决策从开始就具有广泛的群众基础,增强了学校工作的透明度。

(4) 规范《校务公开制度》

校务公开是学校收集民意、吸纳民智、了解民情的重要决策监督机制。如何发挥这种机制的实效和张力,让“校务公开”成为教职员工参与学校管理的有效平台,实践中我们进行了三方面的规范。

首先是规范公开的内容。学校规定,有关“三招”(招聘、招生、招考)、“三评”(评职、评先、评优)、“三费”(大宗采购与基建维修费、办公费、招待费)、“三案”(学校重要工作改革方案、学校人事任免和教师交流轮岗方案、教师绩效工资分配方案)的内容必须公开;依据上级文件要求必须公开的有关政策法规必须公开。其次是规范公示的形式。学校明确校务公开工作由校长办公室一名副主任归口管理，凡需要公开的内容必须同时通过“校务公布栏”和“校园办公网”两条渠道同时公开，明确接受投诉和咨询的部门负责人电话，公示时间一般不少于五个工作日。

第三是规范投诉受理程序。公示期结束，校办按规定对公示情况向校委会进行口头汇报。对于在公示期内的实名投诉和咨询，校办必须将投诉内容书面整理，由学校党委监察委员责成有关部门在三个工作日内作出书面答复，必要时向投诉人当面说明；对有理投诉应责成相关职能部门及时改正或改进，使决策更加完善。对工作时间较长、过程和结果受控因素较多的事件，还有事前公示和事后公示，确保教职员工对整个事件的知情权和参与权。

3. 夯实执行机制，每个人当好所在岗位的第一责任人

（1）部门负责人从“事务型”转向“事业型”

以前各处室部门主任只是简单地执行上级（学校领导和上级主管部门）布置的任务，对教师则是行使着指挥权、管理权、监督权、评价权等职能，机械地扮演者上情下达、下情上传的角色，不主动研究问题和解决问题，自实施“扁平化”管理以后，随着管理重心下移。学校中层管理者的思想及思维方式要发生变革悄然发生改变。他们需要以部门的第一责任人意识，独立思考，自主策划，由事务性管控发展到读懂校长办学思想、读懂教师和学生发展需求，结合实际为促进他人和自己主动发展做好协调、引导和服务。

兼管志愿者工作的德育副主任是这样描述她的思维变化的：

这学期，通过组织社团活动、艺术节活动、学生义卖活动、志愿者校庆服务、开放周、家长接待日等服务工作，为学生搭建自主管理的舞台。值周生管理是培养学生自主管理的小天地。让更多的学生自觉主动地参与到学校的各项服务岗位中来。看到学生们渐渐变得自信大方，富有责任心，在活动中渐渐地成长。而我的思维与工作方式也随着学生一起成长,我会主动钻研每一次活动背后的意义,不盲目行动,在活动前系统地、全局地思考问题,与各部门提前做好沟通,在活动中不断修正出现问题……

"事业型"管理者意味着他会系统全局地思考问题,其行事的价值取向与学校的育人价值、培养目标高度切合,能从全校的范围来考虑自己的工作,形成部门之间的合作和良性竞争,形成对大局的责任意识,增强独立的判断能力和处置能力,坚持以促进人的主动发展来"读"人。

(2) 强化岗位负责人"第一责任人"意识

中层部门负责人担负的是一个团队的发展以及对学校发展某一方面的促进作用,因此他除了应该具有全局性、整体性的思考方式,领导管理理念外,还要有促进每一位教师主动发展的生命关怀。尤其是一所大规模的学校发展,必须有一支执行力与领导力兼备、事业性和责任感同行的中层团队①。

自开展"扁平化"管理,改变处室职能方式后,各中层部门的主任们便以"第一责任人"的角色开始直接负责课程教学与教师发展领域各类方案的策划、设计、调整等。如 2016 年初三"青春礼宣誓",就是在初三年管会指导下,由下级主任、级长协力主办的。一方面他们要负责具体活动方案的制定与推进,另一方面,活动中要关注学生及老师们的成长与发展,要有精神的凝聚。在这样一种既赋权又赋责的管理实践中,他们懂得了在实践中去思考和关注活动过程中的教育意义与价值。中层人员的主体责任意识与领导意识得到激活,他既是管理者,更重要的是要成为一名岗位业务领域的领导者。

(3) 协作推进,团队成员之间形成良好的合作关系

学校是由不同个体、不同群体组成,特别像我们这样由三所学校组建而成的初级中学,在学校变革中,不可避免地需要教师改变固有的、不合时宜

① 张立新:《组织变革:重建学校管理"新关系"》,江苏教育出版社,2011 年 4 月。

的原有价值观和行为习惯。传统的教师角色认为教师就是学校任务的执行者，书本知识的传播者，成为“经师”。这种认识不仅限制了教师的个人发展，还压制了教师在学校其他工作上的主动性和创造性。学校文化新生态的生成需要教师改变原有的价值观念，内化新的价值观念。教师成为一个鲜活的生命体的时候，他就会有思想，有创造，他不再是学校文化的被动接受者①。因此，学校应该为教师的创造提供许多的机会，让他们在参与中改变行为和生存方式，实现自身的成长。

学校的管理重心下移到年级组和年级备课组后，实行了“下科行政负责制”，中层处室主任参与到年级教研，年级备课组，负责抓好本年级学科的教学质量。年级在教师办公室的座位安排上科学地将同学科的老师编组，教师办公座位的编排由管理取向改为专业取向，深受教师的欢迎。这样一来，年级备课组老师在一起的时间、空间相对较多，随时可以开展问题探讨，研究不选地点、不拘形式，大小教研组也交替开展活动，有分有合，团队成员之间形成良好的合作关系。备课组长、学科的骨干也带动了身边的老师，更好地促发了教师的行为自觉。教师由被管控的执行者变成了有思想受尊重的专业人员。

“年级组长负责制”扁平化结构下，各年级负责组织日常教学、教育科研、教师培训、学生发展、文化建设等工作的实施与评价。他们发现：如此加强年级组建设，除了能有效维护正常的教育教学秩序外，还能在学生发展研究，特别是关注学生成长需求、策划符合本年级学生年龄特点和认知水平的成长系列活动中显示独到的优势。

4. 不断完善的反馈激励机制，让自主发展内生动力

（1）为年级组自主管理、自主发展赋权

我们对年级组阶段性的教育教研进行过程性奖励，如学年优秀年级、学

① 朱乃楣：《互动与共生》，教育科学出版社，2014，3。

科优秀团队等，在学校的半年考核及年度考核中，也引入团队的捆绑考核，以备课组为单位进行考核。这种不断地探索的过程，就是学校不断发展的过程，这一动态变化过程的内在激励，催生发展的内在动力。通过不断完善评价反馈机制，使团队工作焕发生机。以下是一个年级组在评价机制中的运作模式：

① 年级设年级主任，年级主任负责全年级日常工作，他们拥有对本年级所有教师的工作分配权、考核权、评优推荐，直接对校委会负责；同时他们又接受学校职能处室的指导和监督。

② 年级主任根据学校工作计划，制定本年级计划经年级管理委员会集体讨论通过后，独立实施，在实施过程中，校委会给予监督检查考核。

③ 学校每月组织一次级部工作交流会，分享级部工作开展情况，交流经验，取长补短。会后上交总结反思，落实改进措施。

④ 各级部建立例会制度，每两周召开一次级部会议。会议内容不仅仅传达学校工作精神和要求，更主要的是总结反思本级部的教育、教学、教研和教师发展。会议发言不仅有级部主任，更要有级部的教师。学期结束由级部即向学校上交级部会议纪要。

⑤ 各级部定期召开班级联席会议，研究班级管理中的问题，明确每位教师的管理目标。班级管理不再是班主任一个人的事。

（2）为每一位教师的自主发展提供可选择的平台和空间。

一是“教师专业迭代发展计划”。我们针对不同年龄阶段教师专业发展的不同需求，引导教师从专业成长的新苗级、新秀级、骨干级、能手级、导师级五级发展阶梯中，自我定位、自定目标、自主发展、自我实现。

二是“名教师、名班主任”培养计划。学校配合区教育局“三名”工程，启动了校内名师培养计划，设立骨干教师、名教师、首席教师，骨干班主任、名班主任、首席班主任两类三级评选制度，每年申报评选一次，每三年向市区级推荐一批。

三是设立上学期评选“最受学生欢迎的老师”、学年举行“红棉杯”先进单位、先进个人表彰的激励机制。每年六月下旬,学校都要结合学年工作总结,按照30%的比例,评选学年先进单位(年级组、学科组、备课组)和先进个人(优秀教师、优秀班主任、优秀教育工作者),在当年"教师节"邀请家长代表、社会有关人士、主管部门领导参加举行隆重的表彰仪式,特别优秀者推荐区教育局统一表彰,以此塑造教师职业的光荣感和神圣感。

四是优秀教学教研成果"白兰奖"评选。在每年九月,学校都要结合学年工作总结,组织教师申报一年来取得的教学教研成果,参加学校学术委员会组织的"白兰奖"评选,在"教师节"统一表彰。每三年还要将获奖成果结集印发,鼓励教师在专业发展上创优争先。

五是助力青年教师成长的师徒结对三年跟踪指导计划。我校充分发挥学校骨干教师的指导作用,及时将近三年分配到校的六位青年教师纳入师徒结对三年跟踪指导计划,让师傅从班主任工作和学科教学两方面进行指导,学校定期举行项目考核验收。这一计划,有效加速了青年教师的成长,六位青年教师已有四人担任初中循环教学。并在兄弟学校执教公开课,两人获得市优质课竞赛一等奖,一人获得市班主任素养大赛特等奖。

围绕着评价反馈与激励完善的发展思路,我们把评价公平与建设智慧型团队相结合,强调在学习中提高思想境界和理论素养。近三年,我校编辑成书的《教师读后感》(读《把信送给加西亚》、《第56号教师的奇迹》读后感)和论文集《臻诚漫笔》是一批反思型教师的实践耕耘记录。其中不乏教师独到的见解和富有智慧的实践,也不乏严谨的求索和理性的思考。老师们用自己的思考和实践去努力创造适合不同学生发展需求的教育,他们凭着自己的专业理解,从微观的教育实践出发去思考教育的问题。他们有的身处教育教学一线,将自己的教学主张转变为教育行动,进行卓有成效的改革探索;有的自主开展基于"探究/对话/体验"式教学的行动研究——《行动·研究·行动》,实录了老师们敬业精神、求真态度和执着追求,显示出我校教改基于问题解决的发展之路、基于学习方式转变的优质育人之路、基于观念创新的教师成长之路。从教师的论文中，字里行间，读出的是每一位教师所经历的“学习、实践、困惑、求索、反思、再实践、再反思”的自我更新过程。

营造让每一位师生主动发展、卓异而立的氛围、平台和机会，向师生敞开学校发展和个人成长的愿景、路径和时空，是推动学生发展、教师发展、学校发展的内生动力和成长机制，也是推动学校转型的根本价值取向。

（三）治理文化的伴随性形成

学校所有的管理变革是文化引领的过程，也是创造新型管理文化的过程。经过几年的学校管理变革，治理文化彰显了学校的价值观念和风格特色，其建设与实施过程中折射的价值取向和行为准则，无不彰显出“为了人、尊重人、发展人”的人文精神。有了明确的学校文化定位和导向，才有学校各个组织与各种制度的文化设计与实现，才会形成育人为本的个体或团队文化。学校文化的传承、转化和创新等诸种效应才得以在日常实践中真正实现。对传统管理文化的深刻反省和对现实人文精神的积极追求，促成新的学校治理文化观形成，而新的文化理念在不断更新的组织、制度和机制创生中，不仅有效地转化为行动，也成为新组织、新制度、新机制持续不断生成的精神沃土。

1. 追求以文化人、以雅育人是学校管理变革的价值追求

学校“雅”文化所蕴含的“正、美、真、卓”四重要义，每一个字都鲜明地标示出学校管理的价值追求。“卓如红棉、雅如白兰”的校训，“三雅”教育的办学理念，“创办具有‘三雅’教育特色的可持续发展的现代城市示范初中”的办学目标，每一项办学追求都明确表达了对“以人文本、主动发展、追求卓雅”的热切呼唤。学校发展规划，推动有目标、有计划的学校文化建设，文化建设全面引领和促进管理文化、课程文化、活动文化、环境文化、教师文化、学生文化走向人本。

漫步在绿树成荫、古韵流芳的校园里,我们看到“三雅”文化的形象标识无处不在。在这里,似乎每面墙、每个阶梯、每个连廊都成了学校“三雅”文化的“代言人”。学校文化活动主题突出,形式多样,全体师生广泛参与,已初步形成鲜明的学校特色,为师生所认同。“三雅”教育理念逐步深入人心,以“雅”为核心价值的学校文化逐步彰显。

(1) 尊重人文传统是一脉相成的价值追求

在200多年的办学实践中,学校“传”、“承”、“扬”、“纳”,培养了一大批文化名人和社会栋梁,积淀了深厚的书院文脉和儒雅文化,传承了卓异而立的红棉精神和求真尚雅的白兰品质。

优美的校园环境是学校文化建设的重要载体之一。走进佛山三中初中部的人们会被典雅怡人的校园环境所打动。三中初中部校园充满儒风雅韵——以红棉树、白兰花、傅公祠、春晖园为标志的校园景观;以梁启超、梁士诒、黄家驹、曾慧、梁玉嵘等为代表的校友人脉;以儒家经典为主要内容的走廊文化和以优秀学生及其体艺科技作品为表征的教改成果,正逐步让这座校园彰显出书院墨香、岭南文脉、红棉精神和白兰品质。学校校园环境宁静优美,典雅大气,无不让莘莘学子们随时随地感受到学校文化之厚重与儒雅。

(2) 以“雅”育人是学校治理的行为自觉

在制定学校新的发展规划时,针对学校人文积淀厚重但办学价值取向和发展思路尚不够清晰的发展现状,学校班子人员在充分调研的基础上,经过激烈的“头脑风暴”,提出了“价值引领、文化兴校”的办学思想,明确以“雅”为学校文化的核心价值,践行“三雅”的办学理念。为了全面推进以“雅”为核心价值的学校文化建设,学校制定了《学校文化建设方案》,围绕“理念先进、雅为核心、环境典雅、课程博雅、师生儒雅、中华传统文化氛围浓厚”的文化建设总目标,从理念文化、品牌形象文化、环境文化和行为文化四方面逐步实施。学校文化的标识功能、凝聚功能、激励功能和教育功能,逐步浸润在全体“三中人”的思想风格、内隐规矩、言行举止和仪容仪表之中，正成为学校推动学校持续发展的内生动力。

（3）以文“化”人是学校鲜明的办学思想

鉴于学校深厚人文精神传承和现实文化价值迷失的双重需要，校长谢先刚以深刻的教育洞察力响亮提出了“以文化人、文化兴校”的办学思想。他带领校委会一班人，通过对学校办学历史、文化传统、现实状态的深度调研，提出了以“雅”为核心价值的学校文化建设三大体系：一是价值观念体系，包括价值观、思想、理念、故事、轶事、校训等；二是行为规范体系，包括制度、规章、教风、学风、校风等；三是物质风貌体系，包括人文景观、雕塑、校徽、校歌、校树、校花、校园环境、建筑风貌等。并充分利用研制学校发展规划这一战略契机，完善学校文化顶层设计。一方面，针对初中阶段学生快速发展的个性特点，赋予校训“卓如红棉、雅如白兰”的独特的学校内涵：勉励全校师生努力培植卓异而立的红棉精神和求真尚雅的白兰品质。另一方面，根据初中阶段的教育使命，提出了“让每一位学生成为有自信、敢担当，谈吐文雅、举止优雅、情趣高雅、气质儒雅的现代公民”的培养目标，“雅”文化像空气一样弥漫于校园，润物无声作用于师生的思想观念、价值取向、行为方式。通过日复一日的养成，真正内化于心，外化于行，彰显于师生的人格品质和行为方式。三个年级递进式的德育工作主题、心理健康辅导、社团活动和主题文化节成为学校培育“雅”文化的重要载体。初一“知范向雅”、初二“唱响青春”、初三“卓异而立”，雅言行、雅气质、雅人格的塑造一脉相承。20 多人的专兼职心理教师队伍，对处于心理骤变期的初中学生常态化心理辅导，如春风化雨，让优雅大方的绅士淑女成为男女学生崇尚的人格形象。如：七年级开展以人际交往为主题的心理活动课，引导孩子学会如何向父母表达自己的想法；八年级开展了异性交往的主题活动课程，引导学生在青春期掌握正确的交往方式。学校 30 多个社团和四大主题节日活动的课程化、主题化、序列化，让学生在活动中学会独立思考、自主选择、自主参与、自我提高，是以文“化”人最坚实的实践探索。

(4) 践行可持续发展教育是学校治理的深层价值追求

可持续发展教育的育人目标要求在学校教育中帮助学生形成可持续发展价值观、掌握可持续发展科学知识、提高可持续学习能力、践行可持续生活方式、关注和参与解决可持续发展实际问题。我们将这一要求有机融入学校博雅课程体系,相机渗透。在课程设置方面,学校基于岭南社会、经济、文化、自然丰富的人文和自然资源自主开发的拓展性校本课程重点在初一、初二年级开设。如《初中生成长指南》、《初中生学法指导》、《阅读认证手册》、《初中生安全教育读本》、《佛山武术》、《生活与环境》、《足迹岭南》等特色课程,还有"佛山剪纸"、"佛山武术"、"陶艺"、"粤剧"等佛山文化社团,增加"社会——文化"和"资源——环境"专题教育,强化多元文化理解、绿色环保教育、低碳生活方式,让学生在地区文化的体验学习中知行统一,强化尊重历史、尊重文化、尊重自然、尊重环境,和谐发展的可持续发展价值观。在教学实施方面,我们大力倡导以分组学习、分层教学、分类辅导的"三分教学"的教学策略。课堂学生分组学习,学习资源和训练检测分层推送,复习备考按知识板块分类组织辅导,努力将尊重需求、尊重差异、因材施教的思想贯彻在教育实践中。在学校管理中,我们着力强化尊重、对话、合作的思维方式,增强全体教职员工对学校各岗位工作的独特性、联系性特点的理解,提出每一位教职员工既是本岗位的"第一责任人",又是相关岗位的"合作者"的"双角色"意识。例如,对一个班级而言,每一位学科教师既是本班任教学科的"第一责任人",同时又是相关学科教师和班主任的"合作者",都必须对学生的全面发展负责。学校教育是一个综合性很强的整体,各个部门既相互联系、相互影响,又相互作用、相互制约。

2. 强化平等合作,营造共建共治共享共生的治理文化

(1) 营造和谐发展、可持续发展的共建文化

共同价值目标指引下的"合作共生",既是现代学校治理文化的本质,又是可持续发展教育理念的精髓。佛山三中初中部实施国家可持续发展教

育(ESD项目)实验四年来,ESD项目助力学校品牌发展。学校坚持以可持续发展教育作为办学的核心理念,构建"典雅—博雅—儒雅"特色课程,开展可持续学习课堂与可持续学习实践的实验研究,着力开展教育质量与学习质量综合评价以及学生社会实践活动指导,助力学生终生的可持续发展。以实施可持续发展教育为抓手,我们重点在课程管理中强化学科核心素养教育,融合优秀岭南文化,吸纳外来先进文化,强化国际理解教育;在教学管理中着眼学生可持续学习能力的提升,引导教师将学生的课前、课中、课后纳入教学指导,强化探究、对话、体验等主动学习方式的指导。与此同时,还强化了学生课外社会实践互动和绿色低碳生活习惯的培养,学生走出课堂,走向社区,走向自然,使学生的生活圈由家庭和书本通向了鲜活的现实社会和丰富多彩的大自然。这样,一方面使可持续发展教育理念在学校教育实践中落地生根,另一方面也使得学校各方面工作取向更高远、目标更集中,力求为探索可持续发展教育特色的优质教育之道有所作为,也逐渐形成了具有可持续发展观的学校管理文化。在学校管理中,通过非行政性组织。大力营造平等对话的氛围、平台和机制,以对话达成发展的共识,创生共建的行为。如班级家长联谊会平台,让众多家长服务学校管理、参与孩子教育的愿望得以实现,每学期各班各班家长委员会都会以AA制形式组织学生的亲子社会实践活动深受学生和家长欢迎,成为名副其实的"第二课堂";校园周边综合治理联席会议制度,让社区、交警、片警、司法、城管等多个社会组织名正言顺地参与到学校办学服务中来;信息技术与教学融合教育共同体,让我校信息技术融合创新项目在与跨地区合作学校的教改对话与交流中,推动传统课堂教学实现了真正的翻转;我校作为中国陶行知教育研究会教学法分会理事单位和"全国K12城市初中质量改进联盟"的发起单位,在与全国各地同类学校的长期交流与合作中,不仅学校办学经验得到及时传播,而且他山之石带给我校教改实践诸多有益启示。共建文化无论是对学校办学,还是教学改革、教师发展,都成为一种促进裂变的催化剂。

（2）平等尊重、团队协作的共治文化

在年级层面，年级管委会、年级党支部、年级工会小组“三位一体”，备课组、学联会、家委会“三力合一”的年级教育管理体制是一个融合党、政、工三类管理力量，密切教师、学生、家长三方教育主体的和谐团队，虚实结合、刚柔相济、上下融通，使学校的育人目标、学生的成长需求、教师的教育理解、家长的服务需要在年级组这个节点得到有效及时的统整。学校层面成立课程教学指导中心，全体行政和教研组长都汇聚到由课程教学处牵头的课程教学指导中心，共同关注课程、聚焦课堂。课程教学处的主要职能由指挥与管理转向指导与协调；让每一位行政干部联系一个学科，每一个学科教研组主导本学科教学业务，把常规教学管理和研究向学科组赋权。这种转变有效调动了科组长、备课组长及全体教师的主人翁责任感、激发了他们主动地探索进取，不断改进和提高课程教学效益。以上种种机制创新，目光向下、重心下移，使常规教育在日常工作中遇到困难和出现问题，都能在第一时间及时发现，从容应对，作出科学合理的决策。纵横协同、内外联动，使学校管理不再单打独斗。

（3）家校合作、内外联动的共生文化

学校是由校长、教师、学生、家长、社区等多元主体组成的教育共同体。由校内外相关单位联合形成的学校治理组织体系，其治理主体的多元性营造了民主协商、互动合作的协作文化。学校内部各组织形成了决策权、执行权与监督权既相互制约又相互协调的合作机制；学校外部各有关方建立了既相互关联、又相互配合的互动机制。有效的内外协作机制保障了学校调动各方主体参与改革、支持改革的途径和方式，让学校改革符合教育规律、学生成长规律和绝大多数人的利益。共同体内部各方面力量为了共同的目标，相互支持、相互制约、相互促进，相得益彰。

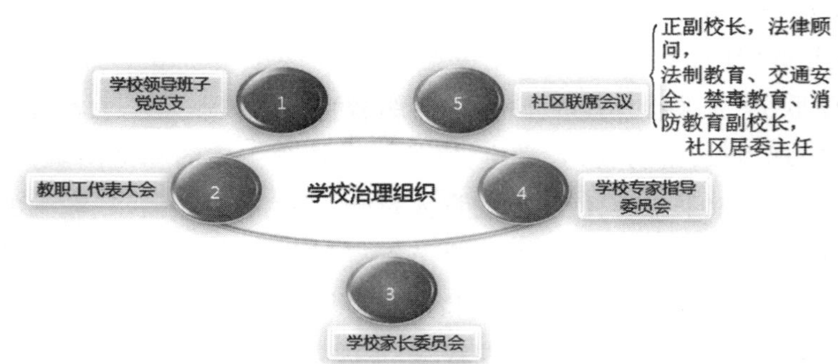

图 4－11　家校合作、内外联动的共生组织

（4）尊重专业的管理文化滋生专业发展新气象

尊重专业、自主发展是现代学校治理的重要特征，也是学校改革发展的必然趋势。在对学校内部组织机构变革的研究过程中，学校领导看到了专业性非行政组织所带来的活力。设立了学校学术委员会这一非行政性组织，在机构设置和职能上，实现行政权力与学术权力的相对分离，保障学术权力按照学术规则独立行使职权。让其拥有指导教育教学改革和教师专业发展的话语权，同时赋予学术委员会对教师专业发展指导、教研成果评价、职称考核、岗位聘任等专业领域的管理职责，学术委员会成员以他们的专业权威来带动全体教师的教育研究与主动发展，提升了教师对专业发展水平的认识，对创建学习型、研究性教师团队发挥了积极有效的推动作用。在学术委员会的引导下，教师岗位研修的自觉性、开展小课题研究的主动性、争当骨干教师和学科名师的积极性、自觉进行教学改革的创造性大幅提升。在首批全区“特支”计划“三名”人才评选中，我校成为禅城区名校长、名教师、名师工作室、骨干教师、教师新秀人数最多的学校。

3. 治理过程中师生生存方式、行为方式的改变

（1）焕发团队发展活力，促进教师的专业成长，实现教师生存方式的

改变

学校始终坚持“办学以教师为本、教育以学生为本”的工作方针，着力于教师队伍的岗位研修、实践历练。管理团队有思想、有胆识、有能力、敢于创新；教师队伍爱学生、爱学习、爱研究，勇于实践。教师队伍中，特级教师、省名班主任工作室主持人、省百千万工程名师培养对象、区名校长、名教师、区骨干教师、中学高级教师占43%，经验丰富、优秀均衡的教师队伍为学校内涵式可持续发展提供了强有力的师资保证。

通过弘扬重专业、尚学术的学风，改善教师学习工作环境，建立教师外出学习培训指导机制，多方位营建教师自主发展的环境，构建教师发展的平台，让学校教育教学工作成为教职工进取发展、展示自我成功的舞台。

从课堂管理入手，努力打造具有三中特色的“三声”（掌声、笑声、辩论声）课堂，形成一个同伴互助、专家引领，随机督导的开放的课堂环境，让老师们自觉地将自己的课堂变成艺术的殿堂，从而在活动中享受学习、享受教育、享受成功、享受发展。

从教科研工作着眼。“问题即课题”“行动即研究”“发展即成果”在校内已成共识。老师们具有了科研意识，才能构建人才资源发展最佳环境。也才能形成教科、教研、信息技术发展相沟通的业务指导网络，营建有利于教师的发展环境。

(2) 自主发展的机制夯实学生基础学力，实现了学生学习方式改变

“让每一位学生成为学习和成长的主人”的管理理念和“在开放互动的探究、对话和体验中实现师生的自主成长”的教学理念，使各种自主发展机制成为深受学生欢迎的成长平台，学生在这样的平台上基础学力进一步加强。

班级文化建设让学生成为班级生活的主人。近两年来，各班都把班徽班旗的设计、班规的制定、班级服务与管理岗位的选择、主题班会的组织等班级文化建设的基本内容，有意识地教给学生来完成，学生在参与这些活动的过程中，不仅表现出极大的热情和充满智慧的创意，而且表现出强烈的主

体责任感和班级荣誉感。例如各班在校运动会入场式的队列编排、服装选择、道具与造型设计活动中,学生表现尤为突出。目前学生人人有成长计划、个个有学习目标。

"学习导纲"和小组合作让学生成为学习的主人。以问题引领和学法指导为核心的学习导纲,在指导学生的前置学习中发挥越来越大的作用,自主学习、探究学习渐渐成为习惯;特别是小组合作机制,让学生学习的成果有机会展示,不懂的问题有同伴帮助,学习成功机会的增加,明显提高了学生学习的自信心和自觉性,爱学习的风气越来越浓。

自学互教和依学施教让学生成为自我发展的主人。随着课堂教学理念和方式的转变,课堂教学的重心由过去集中在老师和少数优秀学生转向了全班每个学生,学生主动经历知识形成过程的兴趣和机会大大增加,在对知识进行合作探究、同伴分享的过程中,运用已有知识分析问题、解决问题的能力也明显提高,因而学业成绩也明显上升。在每学年区统考中,初中三个年级均进入区前三名。

(3) 管理重心下移,提效增速,推动了学校内部组织管理方式彻底改变

学校改进会议制度,减少全校性的行政会和教师大会,加强每周一次的科组教研会、间周年级班主任研讨会,使学校管理由行政事务布置向业务研究与问题改进转变。这样的机制创新,使得管理重心下移,问题解决及时,决策科学合理,做到了任务具体化、责任明确化、管理精细化,实行了人员"用"、"管"、"评"的统一。

学校内部层级管理模式的突破,改变了过去上级指令简单下达、下级被动接受执行、指挥管理不切实际的弊端,取而代之的扁平化管理机制,实行学校日常工作以年级组为管理单元。各年级由分管年级的副校长、中层干部、年级组长组成管委会,建立了以年级管理委员会为核心,年级党支部、工会小组支持配合的"三位一体"框架结构,使党政工在年级基层合为一体,加强了沟通交流,利于有针对性地研究不同年级的日常工作,采取最行之有

效的措施实施管理,极大提高了管理的实际效果。

(4) 引丰富多样之源,激发学生发展动力内生,实行了学生校园生活状态的改变

一是把校园日常管理、志愿服务交给学生。目前学校共有学生志愿者570人,经过岗位竞争,参与年级学联会、学生会、团委会工作的学生达142人。每周轮换的国旗班训练、每周值周班岗位培训、每周星期一的颁奖礼仪、每次大型活动的会务组织、每天两操一活动的检查评比、每天午餐秩序的维持等校园日常生活已全部由学生自主承担;校园生活的学生自主管理实现了常规化、秩序化、制度化,多数班级形成了人人有事做、事事有人管机制。同学们在帮助别人的同时提升自己。

二是将运动会改成体育文化节。为适应学生个性发展的需要,我校将过去一天的运动会,变成了三个月的体育节;比赛项目由过去单独的田径项目发展为田径项目与其他形式竞技项目共存,集体项目与个人项目兼顾;参与人数由过去少数代表变成学生全员参加、老师与家长选择参加的大型体育文化节,体育节期间,校园天天有赛事,周周有颁奖,体育节成为展示学生体育特长和每天1小时体育锻炼成果的重要舞台,学生体育运动水平明显提高。学校先后获得区体育运动突出贡献奖、全区中小生田径运动会总分第二名、年度体育竞赛总分第三名的好成绩。校啦啦操队、足球队、游泳队分别代表禅城区参加市赛和省赛。

三是以小组合作为载体的“班级生活重建”。以小组合作建构起学生日常生活的结构与形态,通过丰富多彩的日常生活,如班级文化生活、班级主题生活、班级生活与学科学习整合、班级与自然世界交互作用等使学生在班级日常生活中既是参与者,又是享用者、创生者。小组合作在班级生活中从行为、思维、精神方面促使学生发展。通过小组合作形式,对初中生各阶段班级生活组织、制度、文化、活动的创建,营造与初中生成长规律相协调,有利于学生自信、自觉、自强的新型班级生活,形成班级阶段生活(班级发展目标)自主规划,日常事务(班级发展机制)民主管理,主题活动(学生发

展情况）自主策划的班级生活体制。

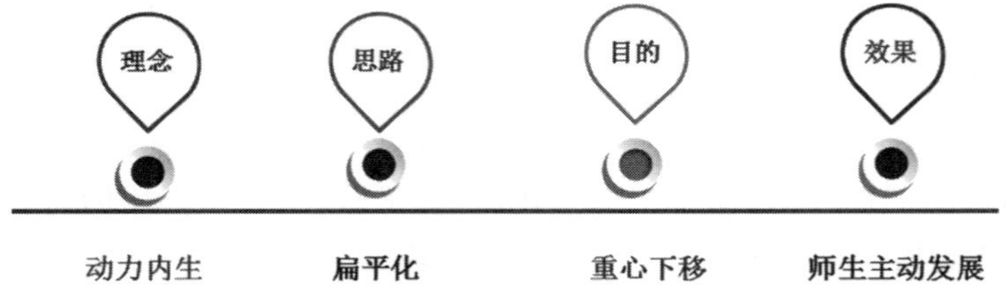

图 4－12　自主策划的班级生活体制

4. 在学校文化更新过程中提升文化自觉

学校文化对组织成员的改变，既内化为精神气质、又外显为行为方式，具有弥散性、渗透性和整体呈现的特性。研究与实践表明，一所学校有了明确的学校文化定位和导向，才有学校各个组织与各种制度的文化创生与实现，才会形成某种特质的个体或团队文化。

学校文化是教师文化、学生文化、课程文化、家长文化等的聚合，它的建设必须围绕教师专业发展的自觉、学生自主发展的自觉（成长计划与发展规划）、家长改变提升自己的自觉、学校深化变革实践的自觉四个维度来营造。

（1） 以目标引领教师专业发展自觉

基于这一认识，几年来，三中初中部致力于引导教师建立以自我觉醒、自我反思、自我创新为主要特征的文化自觉。《学校的发展规划》对学校的教师文化建设作了这样的描述：以“主动发展”的专业精神和“以人格养育人格，用智慧启迪智慧”的发展理念，着力建设“让读书成为一种生活习惯，让研究成为一种工作方式，让创新成为一种专业自觉，让教育成为一种人生追求”的教师文化。针对不同教师的教育经历，指导教师制定个人专业发展的三年规划，实施年度专业发展的“六个一”工程（即每年研读一本教育专著、研究一个小课题，执教一节典型课例公开课、撰写一篇教学经验论文，辅导一个学生社团，提升一项专业基本功），引导教师根据自身实际，向骨干教师、名师、首席教师、特级教师方向发展。

（2）以儒雅为取向，构建学生成长目标体系

在培育“敏行好学、正己达人”的儒雅学生的育人目标引领下，学校着力建设以学生成长为关注焦点，以班级为组织单位，以班主任为核心，学生、各科教师、家长共同参与的“教育共同体”，形成以班级小组合作和年级学联社团为基本组织形式的学生自主管理机制，培育自主卓异的学生文化，形成“敏行好学、正己达人”的儒雅学风；让教师、学生和家长全面彰显儒雅风范。

以“卓如红棉、雅如白兰”的主体人格为基本内涵，依据初中教育的培养目标，构建儒雅学生的成长目标体系，我们编制《佛山市第三中学初中部学生成长指南》，唤醒学生自主发展自觉，引领学生自主成长。

（3）构建家校关系重建共育机制，引导家长自我提升

家校隔离⟶家校互动⟶家校合作⟶家校共育，这是我校家校关系理念渐进式转变的轨迹，也是家校工作制度和行为创生的基本路径，其背后带来的是学生和家长的共同成长。

经过两年探索实践，我校逐步形成了规划共谋、课程共建、学校共治、学生共育、文化共营五项家校共育机制，使家——校真实互动起来。以“一主两翼”（即“班级教育共同体”和“家长联谊会”“家长学校”）为抓手，重建家校共生共育的研究现场，培育理解家长和理解学生的学校文化的主阵地——“家长沙龙”，为家长改变自己提供广阔的舞台。

家校共育需要行动一致，目标一致，信念一致。让家长明白要参与教育，承担起教育的责任，并为家长提供有效的沟通途径显得尤为重要。从传统的家访、家长会、学校网站过渡到微博、微信等沟通方式，家校沟通不再是居高临下的命令，而是平等的对话与合作。通过两年来的实践探索，我们发现家长从旁观者走向了参与者，实现了实质性的转变：融入活动，打破教育角色的单一性；投入管理，逐渐显现教育的合作性；参与策划，发挥潜在资源

的主动性。

(4) 探索“关注全人、唤醒卓异”的博雅课程体系

五年来的学校深化课程改革的实践,我们努力建设与初中生身心发展特点和成长需求相适应的课程文化,营造有利于每一位学生卓异而立的教育环境;深化国家课程的校本化实施,密切课程内容与现实生活、学生经验、信息技术的整合,形成学科课程、活动课程与学校生活融为一体的博雅课程体系;探索以“学习导纲”为载体,以“小组合作”为基本形式,以探究对话为主要方式的学科教学策略和评价体系。

打造“灵动精致、舒展高效”的差异化、个性化智慧教学。以学生为主体,着力建立平等、尊重的师生关系,营造自然舒展、主动好学的课堂文化;聚焦课堂,着力研究以探究对话为主要教学方式、与学科特点协调一致的课堂教学方法;严格执行教学过程的“五精”管理,即精心备课、精致教学、精选练习、精批作业、精心辅导,提升教学的实践智慧;着力实施以“单元双向细目表”、学科分层训练题库、教学质量评价与分析为主要内容的质量改进计划,提高教学工作的质量与实效。

强化科研意识,树立探究“真问题”、经历“真过程”、追求“真效果”的科研价值追求,引导教师将日常工作置于研究的状态之下;以“岭南文化背景下初中‘三雅’教育实践研究”为总课题,统筹各学科、各部门的行动研究,共同构建“三雅”教育研究课题群,力争人人参与课题研究,培养一批教研骨干;建立专家引领、同伴协同、校际联动的校本行动研究机制;加强课题研究的骨干培训、过程管理和资料积累,边实践、边交流、边总结,变推广,逐步形成“三雅”教育特色成果。

5. 治理过程中的办学思考沉淀

治理理念在学校“三雅”教育办学实践中的逐步建立,既推动了校长由行为管理到思想领导的工作重心转移,也唤醒了基层组织、教职员工、学生及其家长的主体责任和行为自觉;同时也激发了周边单位和相关职能部门

对学校发展的关注、参与。随着改革的深化,一些新的思考和挑战也应运而生。

(1) 培育平等尊重的对话机制

作为学校领导要站在更高的层面,以更前瞻的办学思想和教育理念,推动学习型组织的建设。要不断调整管理的决策和措施,通过制度化建设,在学校形成一种尊重学术、崇尚研究的氛围,营建共同体内部成员之间相互理解、相互悦纳、真诚帮助、平等切磋的对话机制,使学校不仅成为学生成长的场所,同时也成为教师成就事业,不断自我的学习型组织。

(2) 强化共同价值下的行为自觉

一种先进文化的传播,最终依靠的一定是组织内部成员在共同价值引领下的行为自觉。在新的治理体系中,一方面要增进价值认同,强化价值引领,学校管理人员更主动地关注个体差异、尊重不同个体的发展需求,要将管理的视角更多地转向方向引导、发现经验、具体帮助和创追条件上,强调人文关怀;另一方面,要强化各岗位各责任主体自我管理、主动参与、合作共生的经验总结和案例分享,推动更多的行为自觉应运而生。以此推动学校治理真正从关注"事"向关注"人"转变,从经验思维向系统思维转变,从批判思维向赏识思维转变,从主导性思维到促进性思维转变①,最终淡化学校组织的行政性,强化专业性,实现学校管理真正"基于学校、为了学校、在学校中"的校本化。

(3) 温暖入心入情的人文关怀

教育本身就是一项极富人文情怀的事业,既劳心又劳力,繁琐而复杂。要让每一位教师真正"静下心来教书、潜下心来育人",除了外部教育生态的改善外,离不开学校治理体系中入情入心的人文关怀。学校领导要善于将以人为本的教育思想转化为尊重每一个、解放每一个、发展每一个,让差异成为资源,让潜能得以激活的领导艺术,注重师生的主客观需要,努力探

① 宋茂盛:《转变校长思维方式让管理"目中有人"》,中小学管理,2016 年 08 期。

求教师工作与身心愉悦的最佳链结，营造和谐愉悦的人际关系，营造师生培养和发展的最佳环境，让师生在工作中常常享有更多的“感动”，力求最大限度地激发教职工发自内心的工作热情，以此点燃每一位教师充满教育智慧的创新激情，让“三雅”教育绽放更加迷人的魅力。

学校退休教师职业生涯分享就是这样一种机制。过去学校每年教师退休，除了例行的政策落实外，教师就不声不响地离开了工作一辈子的教坛，退休教师所在岗位的工作经验和教师职业生活人文精神，随着人的离开也自然流失。为强化办学思想的积淀和学校人文精神的传承，四年来，由学校工会带头，我们组织一年来的几位退休教师一起，与全校教职工共同举行“职业生涯分享会”。一方面将记录教师真实教育生活的图片制成电子像册在全校教师会上分享，制成精美的影集送给退休教师本人，并将退休教师工作中形成的论文、优质公开课教案等文字成果刻录成光盘送给退休教师。另一方面，约请他们最得意的徒弟和学生回来一起讲述当年的故事，最后由退休教师本人谈教育生涯感悟，工会送给相关退休纪念品，校长宣读每一位教师的生涯点赞词，并与之合影留念。

每年的这个时候，都是全校教职工最感动的场面。鲜花、掌声、拥抱、热泪、思想……一切都在感动中入心入情。

第五章　红棉之卓:绽放百年名校的蓬勃生机

在实施学校“三雅”教育五年发展规划(2013.09—2018.8)的过程中,古镇佛山敢为人先、开放务实的文化基因,百年名校尊师重教、薪尽火传的广博人脉,改革开放前沿城市海纳百川、改革创新的开拓精神,为“三雅”教育注入了不竭的动力和活力。我们凭借对学校“雅”文化的高度自信和以改促变、以革求新的责任担当,以整体改革的思维,从文化建设、治理机制、课程教学、教师发展、学生成长等多方面同时发力,推动了学校办学从内在基质到外部形态的整体转型,学校发展焕发出现代城市初中主动发展的蓬勃生机。

一、文化嬗变　催生发展内力

著名社会活动家费孝通先生指出,文化是人们早已习惯化了的生活方式、行为习惯和价值观念的总和。纵览中外历史不难发现,一个强大国家的兴起,往往都会在国际上掀起相应的文化潮流,形成一股强大的国际文化影响力。如马其顿的崛起,将希腊文明传递到从地中海到印度河流域等欧亚非广大地区。我国“正心、诚意、修身、齐家、治国、平天下”的儒家文化,不仅根深蒂固地影响着一代代中国人的思维方式、行为方式,而且成为众多东南亚国家和人民治国、理政、安家、立业的行为取向。同样,一个单位的发展也是这样。一旦形成相对稳定的组织文化,其影响力将深刻久远地作用于其成员的价值观念、思维方式和行为方式,成为发展的核心竞争力。

我校以“雅”为核心价值的学校文化,通过理念倡导、制度保障、行为外化和环境物化等多渠道的传播和生成,现已外化为“红棉精神”和“白兰品质”，融入学校的办学行为和师生的日常生活，逐步彰显出“正”“美”“真”“卓”的价值取向。从“卓如红棉、雅如白兰”校训到儒雅教风、卓雅学风、文雅校风，从博雅课程到和雅班级、卓雅课堂，从“红棉杯”优秀教师表彰到教育教学成果“白兰奖”评选，从红棉校树到白兰校花，从红棉杯体育节到小白兰艺术节，从红棉广场到伯雅楼、仲雅楼、季雅楼……“雅”文化日渐作为一种潮流，弥漫整个校园，成为一种文化自觉，存在于师生的日常言行举止中，作用于学校整体变革的各个领域。无论教师还是学生，也无论是家长还是校友，都浸染其中，催生出一种主动发展的内在动力。

伴随着“雅”文化成长起来的2015级八年级学生欧阳颖君，在她的日记中对学校“雅”文化留下了这样的体悟——《红白奏鸣曲》

红白奏鸣曲

湖面之上，鸭儿戏水；蓝天之下，纸鸢飞起。春末夏初，一个多么美好的时节。不仅因为这戏水鸢飞，更因为那一树树的花开，一个个的期盼。

——题记

那棵红棉，就种在我们学校图书楼前的空地之上。

那片空地与春晖园的交界处有一个用砖围成的花坛，看上去有些质朴，而那棵百年红棉就种在这花坛之中。春末夏初，一朵朵的红棉花开了。微拂的风儿，阳光倾泻在树梢，金色的霞光宛若洒落的绫罗绸缎，流光溢彩。而那一朵朵的花开胜似那一簇簇的火苗。一朵，两朵，三朵……聚在一起，就像是一束巨大的火焰，像是要将这天给硬生生地烧个洞来。然，就是这样的红，悄无声息地将一颗青李转变成一颗多汁的李子。

2016年的最后一天，我在老师那笑若桃花的笑容下得知我成了校团委学生会的一员。没过几分钟，那时的我就出现在了这儿，进行上任前的最后一个步骤——拍照。依稀记得，当时的我是如此的羞涩、紧张地在一旁等候，对未来诸多的不确定性充满了恐惧。风轻轻地撩起我的一绺乌发，那时红棉还未开。

此后,一天天的工作使我一次次地跌倒而又爬起,心里刚好的伤疤又很快被揭开。然而,面对这一切的一切,老师永远都只对我说一句话:“你自己尝试着去解决。”

自己尝试着去解决,每一件事都自己尝试着去解决。慢慢地,这些事都成为了我的另一种老师。上台的主持与发言让我懂得了镇定方能化多变为可控;与不同的人之间的交流让我懂得了微笑能使人的距离缩短;各类活动机会的取得让我懂得了机会只会在有准备的人手中……

三个月,胜似三年。

不知不觉,我适应了这忙碌的学习生活;不知不觉,我竟有了一些的仰慕者;不知不觉,我对未来不再恐惧而是兴奋;不知不觉……红棉花开了。

透过那叶缝间的层层光晕,我不断在审视我的校园生活。起初,在某些不经意间,一些老师的面孔会闪现出来,里面有憨厚、严肃、温和、幽默,但最终经过无数次的折射后,这些面孔全都汇聚成了浓浓的爱意。在南国的这里,白兰永远比红棉的花期迟上那么一点,不多不少,正好于红棉怒放时初绽。就像是老师的爱,我们总要迟那么一点才能感受,不多不少,正好于某种程度上的高处才能体现。

红棉在时,无论花开,无论花落,白兰都一直在校园的某个角落,以绿荫默默相守,以花香一直相伴。而所谓花香的浓艳,只是接受者的情感所致。

对于我来说,“三初”(佛山三中初中部)就像是一张五线谱纸,上面谱写着一支关于红与白的奏鸣曲。红能上天揽明月,白能润物细无声。我想,这就是“三初”记忆,这就是“三初”感受,这就是我心中的“三初”精神。

在红棉树下辛勤耕耘二十多年的语文教师卓琼梅,亲历学校的转型变革与红棉树的春华秋实,深谙学校“雅”文化之魅力,红棉精神之韵味,在她的笔下,流淌着对红棉的深深体悟。

品读红棉

——佛山三中初中部红棉文化感悟

每个读书人的心中，一定会藏着一个美丽的梦想：找一个能安顿心灵、开启智慧的好去处，一个能涵育健全人格的精神后花园。

在汾江之滨，在千年古镇佛山的中心，就有这么一座美丽典雅的校园——佛山三中初中部，你会发现这里正是每个读书人梦寐以求的好去处——这里有鸟雀鸣啾、佳木葱茏的清韵与出彩，有回廊相连、墙白天蓝的素雅与高远，有自然与人文相融、活泼与有序并存的灵秀与和谐……当然最引人注目的要数那挺立于校园各处的红棉树了。

步入校门，两株红棉如礼兵般站立于校门的右侧，张开了枝条迎接每一个进入这个神圣庭院的人；前楼与后楼前各自的空地上，那两株高大壮硕，枝繁叶茂的红棉树即使身在三楼也需仰望，而其枝条则触手可及；更让人叹为观止的是图书馆楼前那株百岁红棉，它历尽沧桑，却依然苍翠蓊郁，生机勃勃。

这是一株落地生根、自成伟格的树！它脚下的这片沃土，滋养着它，呵护着它，给予了它伟岸的身躯；而长达160多年的风袭雨打，雷击虫啮，让它的外皮有了些斑驳，一些小草儿也寄生在其树干之上，但这并不妨碍它自我淬炼了健硕的精魂——它枝丫横柯，根根舒展朝天；它叶子青绿，片片挺立向上。其儒雅伟岸之气度，使人望之忘俗！最难能可贵的是红棉抗住了寒冬的肆虐，在别的花还因春寒料峭而裹苞不开之时，就率先蹦出一个又一个的花蕾，春雷的捶击呼唤着它，春雨的氤氲激励着它，不出几日它就满树璀璨，鲜丽的红色几乎可以染亮灰色的天穹，独领花中之风骚。它的花瓣之上流溢着竹的韵致，梅的顽强，以及牡丹的雍容……它是春晖园中开得最高的花，是春花中最艳丽的花！惹得鸟雀们从各方齐集而至，在花间上下窜跃，流连忘返！

古人曾有"无可奈何花落去"之怅惘，而三中初中部人对红棉花落却多了一份敬意！把飘然而落的花瓣带回家中成为汤中之珍,药中之宝是常事,把随风而坠棉絮与的棉籽,带回家中成为锦缎与枕芯也是常事！红棉这甘舍一切的举动,让三中初中部人成为它最忠实的拥趸。

徜徉在这花海中,驻立在红棉树下,仰望天宇,我们每一个人都会被红棉蓬勃向上、敢为人先而又淡定从容、儒雅卓异,乐于奉献而又兼容并蓄的内在心魂所深深震撼！它高高地伫立在这里,它生命的坚强早已镌刻在它那深扎地心的根茎之中,而创造的辉煌全已绽放在那满树璀璨的花瓣之上！

一百九十八年前的清朝嘉庆七年(1802 年),佛山的先贤们在这片沃土上植下了红棉,于是一个叫“佛山书院”庠序之所的诞生了,历经百年历史风雨,才成就了今天的三中初中部！

于是一批又一批的学子,在这红棉花盛开的校园里,为着改变命运,探寻真知,报效国家,沉潜于这个神圣典雅的书院,孜孜不倦地求学……这里有激烈的课堂思维碰撞,这里有“我参与,我快乐”才艺展示,这里有步伐整齐的长跑运动,这里有理论与实践相合的理化实验,这里有构建学习共同体的小组合作尝试,这里有浩繁典籍的心灵滋养,当然更有高标人格的映照……一代又一代的读书人,无不在这红棉树下徜徉、休憩、讨论、沉思、行动……岁月荏苒,不知不觉中,这座古老的书院获得了穿越时空的恒久的教育生命力！

于是:

他们中我们看到了高举戊戌变法大纛、开一代学术之风的梁启超先生的身影……

他们中我们触摸到了有佛山药王之称的陈渭良医师的妙手仁心……

他们中我们领略到了星腔传人梁玉嵘的曼妙婉转、沁人心脾的粤曲演唱……

他们中我们听到了 2007 年“斯德哥尔摩少年水奖”特别奖获得者郭阳的青春的誓言……

是的,红棉之魂已根植在每一个三中初中部学子的心里。红棉作为三中初中部校园文化的载体,已成为每一个学子高耸的心灵地标!这个红棉盛开的校园已成为每一代读书人记忆中最美的梦境,是他们梦想起航的最合适的港湾!

可,是谁,成就了这些学子最美的梦境?!

就让我们记住这些名字:麦丽斯老师、冯纪宁老师、余淑娟老师、吕涤元老师……以及更多更多说不出名字的老师们!他们凭借着自己对教育的热爱,对时代的责任感,在这方土地上追寻自己的教育梦想,默默奉献,开拓进取,将自己的青春与才华投注于这片教育沃土,精育人才,才让这历久弥新的书院具有了强大的教育融铸力与创新力!他们一不小心也成了一代又一代读书人的圆梦者!

因为:我们每一个三中初中部人都知晓老校长秦大宙在春晖园门楣上书写的"一园争春色,千里翰墨香"之宏志;我们每一个三中初中部人都能读明霍浩宽校长的"争优创新,全力打造品牌学校"的愿景;我们每一个三中初中部人都能读懂谢先刚校长"办典雅之校,行博雅之教,育儒雅之人"的世纪新篇!

于是人们惊奇地发现:这藏身于红棉树下,旧日的书院,今日的现代化中学,既是几千来中国传统文化传承的驿站,又是培育最先进的科技人才的摇篮,更是每一代读书人安顿心灵、开启智慧、寻求真理的最好的此岸!

……

是的,每一个三中初中部人是用自己的行动诠释着红棉之魂,那就是既有扎根传统文化的睿智,又有海纳百川,有容乃大的胸襟!在这醇厚的儒雅校园文化甘醴滋养下,三中初中部人渴慕成为或已经成为蓬勃向上,敢为人先、勇于创新而又淡定从容、儒雅卓异、兼容并蓄、乐于奉献,有着时代素养的君子与淑女!佛山书院、经纬中学……佛山三中初中部,有意或是无意中为各个时代读书人营建了一个心灵休憩、开启智慧的好去处,书写了一个又一个的教育传奇!

一百九十八年来,这种红棉精神不断被人们定义、演绎、传承、发扬着,成为了这片土地宝贵的教育名片。而这其中的许多人,成为了社会的俊杰和主流阶层,在某种意义上,他们身上所承载的那种精神也代表了我们生活的这个时代的一种精神,成为了我们生活的这座城市的发展引擎。

红棉之魂,我们深信:在不远的未来定将成为我们生活的这个公共的物理空间,这个时代特有的一种情结、一种人文精神……红棉之花,将开满大地!

正所谓:春晖沐浴红棉开,英雄之树等你来,迎进禅城好儿女,育出国家栋梁材!

2014 年 3 月 30 日

红棉文化,已然成为学校发展的内动力。在红棉精神的感召下,学校各领域改革生机盎然。在 2014 年区教育局全力推进的优质学校创建工作中,区政府教育督导室按照"管、办、评"分离的原则,专门聘请第三方教育评估机构(深圳市爱义教育评估咨询有限公司)一行八位专家,深入学校从"优秀团队"、"优质教学"、"优秀学生"、"先进文化"、"优质装备"五个领域进行了历时四天全方位调查评估。最后在"佛山市禅城区创建优质品牌学校《佛山市三中初中部评估报告》"中形成了这样的结论:评估组全面考察了佛山市三中初中部的办学状况,一致认为佛山市三中初中部已经达到《佛山市禅城区优质学校评估指标》要求,成为全区首批优质学校。高度评价我校"机制创新,打造优质教育团队"、"卓雅校训,营造学校儒风雅韵"、"课程引领,学生素质全面提升"、"环境优雅,提供优质教育保障"。在全区优质学校创建工作年度总结会上,学校被评估组推荐代表被评估的中小学校在全区作办学经验介绍。

二、机制创新　孵化团队张力

文化嬗变,唤醒的是人心,激活的是人气,凝聚的是人力。在共同的价值引领和文化感召下,“师生管理以年级组为管理单元、课程教学以学科组为业务主体;每一位教职员工既是岗位工作第一责任人,又是相关岗位合作者”的扁平化内部管理体制,有效推进了学校管理重心向基层组织下移,团队建设向教师发展内需赋权,各年级组、教研组等基层组织主体责任意识迅速增强,专任教师专业发展的主动性快速提升,各层面教师及其团队在岗位工作领域,彰显出相互作用的张力和魅力。

伴随着“三雅”教育五年发展规划和个人专业发展规划的逐步落实,学校成为广东省中小学校长实践基地、禅城区教育科研基地学校,物理、生物、地理、英语教研组先后成为省市区示范教研组或教研基地,四位教师成为区教研室兼职教研员,学校先后被授予“全国可持续发展教育示范学校”、“广东省心理健康教育特色学校”、广东省信息技术与教育融合创新示范培育基地、广东省中小学校长和骨干教师培训基地、广东省“五四红旗团委”称号,广东省自愿者服务示范学校。学校拥有“麦艳贤广东省名班主任工作室”、“谢先刚名校长工作室”、“何清亮化学名师工作室”、“谢雪梅英语名师工作室”、“王楸梦生物名师工作室”、“刘海萍共青团名师工作室”等六个名师工作室,麦艳贤被评为中学语文特级教师和广东省百千万人才培养对象,谢先刚被评为中学语文正高级教师、省特级教师,何清亮等 11 位教师成为禅城区名师(名班主任);邓绮妍等 13 位教师成为区骨干教师,刘平等 7 名教师成为区教学新秀。至 2017 年底,全校教师主持进行的各类大小课题达 28 项。教师及其团队职业生活方式践行的是新体制下“让读书成为一种生活习惯,让研究成为一种工作方式,让创新成为一种专业自觉”教师发展新理念。

广东省名班主任工作室主持人麦艳贤及其“工作室”团队成员的研究性工作和创新型实践可见一斑。

该工作室在广东省名班主任、中学语文特级教师麦艳贤的主持下,秉持“成人与成事”相结合的理念,以广东省中小学德育创新课题“中学阶段学生班级日常生活重建与学生发展研究”为引领,组织和带领校内外 70 名在历时三年基于日常教育的学习、研究、实践中，从班级管理体制、主题活动的策划、班级文化建设三个方面展开了系统化、序列性的实践探索。一方面，成功揭示了班级生活与学生发展相互作用的内在关系和实践操作路径，近10篇教育论文在省级获奖或发表。工作室10多位青年班主任在连续三年省市班主任素养大赛中获奖，其中在2012年禅城区第四届优秀班主任能力大赛中，郑蔷老师以成长故事叙说、班会课（或班集体活动）说课、情景答辩三个单项一等奖，班级发展规划一个单项二等奖的好成绩获得综合成绩特等奖，周贤老师、吴小琼老师分别获得综合成绩一等奖、二等奖。在2014年禅城区第五届优秀班主任能力大赛中杨颖老师、罗燕群老师获得了总分成绩特等奖，并代表禅城区参加市的班主任能力大赛，皆荣获一等奖的好成绩。一批德艺双馨的优秀班主任快速成长起来，一个个和谐进取的优秀班集体在工作室成员的引领下成为学校的明星班级。

另一方面，工作室成员在市内外班主任队伍建设中发挥了积极的示范、辐射、引领作用。先后协助学校和教育局举办了三届全区班主任素养大赛，每年接受3－4批省内兄弟学校班主任团队来校跟岗学习，应邀为省市班主任培训班作辅导报告近10场，其实践经验得到同行的高度认同。其依据学生成长需要所创设的系列主题班会被同行称为助力学生“立德成人步步高”的成长阶梯。

案例5－1　麦艳贤所带2014届初三17班“追梦团队”在中考前一个月，她组织科任教师、学生、家长共同策划进行的《筑梦中考》主题班会，感人至深，催人奋进。班会前，麦老师给全班家长写了一封信，期待每个家长围绕“筑梦中考”悄悄给自己的孩子写一封信，并在家长会上送给自己的孩子。同时，也邀请各位任课教师给中考前的同学们说几句寄语的话。主题班会上，班主任、任课老师、学生、家长，大家为了梦想，相互鼓励。

班会上，两位小主持人简要介绍了班会的特殊成员、特殊主题、特殊意义之后，班主任麦老师首先以“直捣中考，夺取桂冠”为题，深情回顾了同学们进入初三以来九个月的奋斗足迹。

梦孩们：

你们好！至今我们追梦团队成立已经九个多月了。在离中考仅有28天里，让我们一起回顾一下我们追梦路上难忘的点滴吧！

我永远也忘不了2013年8月30日，那天我们第一次见面，我们的追梦团队也在这天宣布正式成立。我们拥有了属于自己的“家”，这个家有21位聪明可爱的儿子，25位乖巧伶俐的女儿，八位教学经验丰富、亲切友善的师长。后来蕴琦女儿从广州转学加入我们的大家庭，我们的家更热闹、更温暖了。

我们的追梦团队是一个班风好、纪律好、学风浓、凝聚力强、荣誉感强而全校出名的先进优秀班集体。我们来自不同的班级、家庭，有不同的行为习惯，为了让我们47人紧紧地团结在一起，我们不断地武装我们的团队。我们有共同的目标：考上重点高中，一个都不少！我们的班号是“我变态，我存在”(To be No. 1小组创作)，我们的班徽是笙哥设计的富有霸气的篆书“秦”，它代表两只手托举圣鸟凤凰的意思，它取秦国由弱到强，勇敢追梦之精神；取秦国法令完备，纪律严明之制度；取秦国一扫六合，气吞山河之气势。我们创作了属于我们的班歌《为你加油——谁的梦想》(作词：朱咏涛，作曲：梁婉莹)。我们的班训：细节决定成败，严谨成就梦想。(谭校创作)。我们还有共同的班级公约：才不在精，有恒则明。智不在高，有勤则行。吾资寻常，唯吾专心。笔墨凉酷暑，书香暖霜天。谈笑通古今，往来皆良师。可以解方程，画几何。无丝竹之乱耳，无案牍之劳形。狡兔跃龙门，猛虎下一中。壮士曰：舍我其谁？(陆玮笙创作)正因为有这么一群多才多艺、不畏困难、积极进取的追梦的孩子，我们的团队变得越来越强大，它正以一种锐不可当之势直捣中考。

我们走着一条自主管理，追求卓立的创新之路。在这个班级里，我们健康快乐、自强自信。在这个班级里我们的潜能得以充分发挥，才华得以淋漓展示。在短短的九个月，我们追梦团队在全国、市、区、校各项活动中获得了累累硕果。梦孩们,我们以你们为豪!

在校、区统考中我们多次荣获初三级“学习标兵班”。在校第十届校运会中,我们团结合作,积极拼搏,获取了优异的成绩。荣获初三级团体总分第四名、初三级迎面接力第四名、校运会道德风尚奖等。其中黄钧涛一人勇夺男子1500米第二名,男子100米、200米第三名三项奖项;廖彬荣获女子1500米第三名,400米第六名;梁婉莹荣获女子200米第七名,400米第八名;李智欣荣获女子铅球第二名,800米第五名;韩乐睿、林楚斌分别荣获男子800米、1500米第六名、第七名;杨颖琳、邝般欣荣获女子跳高、女子200米的第八名。在初三级举行的“四人三足”活动中,我班荣获第三名的好成绩。我们班的同学还积极参与学校的艺术节活动,并取得不错的成绩。其中韩乐睿同学获得乐器演奏二等奖。在2014年3月的义卖活动中我们每个童鞋积极参与、热情投入,在全校班级中我们筹集的金额是最高,而我们也获得了“佛山市第三中学初中部义卖活动优秀班集体”称号。4月我们还荣获了“佛山市第三中学初中部最佳班级文化建设评比活动”一等奖。

我们还积极参加全国、市、区级的各项活动,取得了骄人的成绩。在2014年5月我们班九名同学荣获“全国初中应用物理竞赛”奖,其中陆玮笙、张云逸、冯家铭三名同学荣获一等奖,陈沃平、林楚斌同学荣获二等奖,钟继锐、何海鑫、贾靖茹、王颖峰同学荣获三等奖。在暑假征文活动中,黄钧涛、方晓婷同学获得二等奖。梁婉莹同学在“关爱艾滋病”演讲比赛中荣获区一等奖、市三等奖。黄钧涛同学在2013年区运动会中荣获400米第三名、100米第五名的好成绩。贾静茹同学评为禅城区美德少年的称号等。

成绩代表过去,追梦的孩子们,我们应继续学习“马”奋勇前进、迎难而上的精神,在追逐梦想的道路中“无须扬鞭自奋蹄”。离我们的六月中考盛会只有28天了,我们是否能在沙场上挥洒青春,成功圆梦呢?这就看你们这28天怎样度过了?

亲爱的孩子们,无论你现在处于区的什么位置,都要有坚忍不拔的意志,永不放弃!坚忍不拔的意志是什么?就是不怕失败、不怕倒下、不怕困难、不怕挫折、不怕艰难、永不放弃的精神，它是我们取得成功的基本条件。千里之行，始于足下，任何的成功都是行动者用坚忍不拔的意志加明确的目标而创造的。

亲爱的孩子们，你听过晚清国学大师王国维在《人间词话》中提出的治学的三种境界吧？第一境界："昨夜西风凋碧树。独上高楼，望尽天涯路。"意思是指：一个人治学，首先要高瞻远瞩，立志高远。这一境界是立志，是下决心。第二境界："衣带渐宽终不悔，为伊消得人憔悴。"原指深情专注于意中人，为了她，骨瘦形销，衣带渐宽，绝不反悔。而我们呢，应"衣带渐宽终不悔，为'学'消得人憔悴"。即要覃思苦虑，孜孜以求，犹如热恋中的情人热切地、不惜一切地追求着所思。第三境界："众里寻他千百度，回头蓦见，那人却在、灯火阑珊处。"这里是指，经过多次周折，经过多次的磨练之后，一朝顿悟，发前人未发之秘，辟前人未辟之境，犹如在灯如海、人如潮的灯节之夜，千追百寻终于找到了朝思暮想的心上人一样。这是功到事成，这是用汗水赢来的掌声，是用心血浇灌出来的鲜花。

亲爱的孩子们，我们已经"上西楼"了，衣带宽了，人也憔悴了，而我们是否能寻觅到"那人"，就要看我们在剩下的28天里对"伊"的追求是否能经受得起"苦其心志，劳其筋骨，饿其体肤，空乏其身，行拂乱其所为"的种种磨砺了。贝多芬、米开朗琪罗、托尔斯泰三位名人在忧患困顿的人生征途上历尽苦难与颠踬而不改初衷，他们为了寻求真理和正义，为创造能表现真、善、美的不朽杰作而献出了毕生的精力。贝多芬一生备受疾病、贫困和失恋的折磨，但他始终不懈地抗争，并且一直保持着对音乐的激情；米开朗琪罗忍受了疾病以及所有的刁难和盘剥，兢兢业业，一生醉心于雕塑创作；托尔斯泰致力于实践自己的理想，又不停地质疑自己的理想，在冲撞和求索中成为一代文学巨匠……"成功的花，人们只惊羡她现时的明艳。然而当初她的芽儿，浸透了奋斗的泪泉，洒遍了牺牲的血雨。"冰心的诗句不正是他们奋斗历程的鲜活印证吗？

我们的陆玮笙同学，也喊出了他的心声："西有大秦，如日方生，百年国恨,沧海难平。天下纷扰,何得康宁?秦有锐士,谁与争雄!”始皇帝奋六世之余烈,一扫六合,那种豪情壮志仍为今人所赞叹。战之有我,敢打必胜。在这大争之世中,317班只有一个目标,那就是:举起争霸的旗帜,战胜所有的对手,赢得自己的辉煌!

亲爱的孩子们,请站起来吧!跟着陆玮笙同学一起,大声吼出我们的班号吧:“我变态,我存在”!

一鼓作气,直捣中考,誓把我们追梦旗帜高高地插在一中的大门!

你们的梦妈:小麦

2014/5/18

在班主任麦老师的感召下,各科任课老师也纷纷敞开心扉,或书面、或口头,一一向学生倾诉心中的话——

优雅知性的数学梁老师对孩子们这样说(书面):

同学们:距2014年的中考还只剩下短短的一个月了,不要小看这一个月啊,它对于初三应考的学生来说实在太关键了,它就像烧了90度的水,再加一把火就沸腾!它就像3000米长跑,百米最后冲刺仍会改变格局!它就像下棋的残局,最后一招得当,仍能扭转乾坤!加油啊拼搏的317,成功的中考在向我们招手,我相信无敌的317能战胜所遇的困难勇夺辉煌。在此,老师与你们共勉:“困难是我们的恩人,有了困难,才能拦住与淘汰一切不如我们的竞争者,而使我们得到胜利。”——马尔腾博士[美国]

博学大气的化学谭老师向孩子们现场告白:

同学们,送给你们六个关键词:勤奋、合作、尊重、自信、从容、微笑,相信你们会把我们的班旗插到你们心中的高地!

端庄秀气的卓老师以英语教师特有的方式现场告诫孩子们:

where there is a will,there is a way!

靓丽亲和的历史张老师激动地为孩子们写下了这样一段话:

一年前我们匆匆相遇,一年后又要匆匆分别,我心里有太多的不舍。回顾一年的历程,317 的热情、勤奋、善良、可爱给我留下了深刻的印象。这一年,于我们大家都是充实的一年、收获的一年,曾经的酸甜苦辣都是那么美好,让我们好好珍藏起那些难忘的经历吧!而此刻,六月的每一簇鲜花都将为你们盛开,校园的每一方寸土都会记录着你们的精彩。祝你们的梦想都实现,祝福你们从此一路灿烂。无论沧海桑田,别忘记我们的初三(17)班,Whenever and wherever you are, I will always be proud of you!

一向幽默风趣的物理简老师向孩子们这样吐露着自己的心声:

我眼中的 317 班的小伙伴们:

初三刚开学的时候,我听闻我接手的是初三的 17 班,心中不免有些兴奋,但也有不安。兴奋的是这是全级的精英,不安的是毕竟不是自己亲手带上来的学生,思维方法是需要不断磨合的。不过,你们这班家伙很快就俘获了我的心。这是一个有爱的班级,虽然笑点有点低,智力不很高,但我还是十分喜欢你们,上课时始终是一种愉悦的状态。上学期期末考,为了激励小盆友们,我竟然天真地许诺考到 100 分的同学一人 300 元奖学金(据我丰富的初三经验,近 6 年的期末考我校没出现过满分的)。结果你们这班小家伙“视钱如命”,成绩一出,竟然有 2 个同学出现了满分,这是能买两台微波炉的钱啊!在物理的课堂上,你们专注的眼神都给我留下了深刻的印象,尽管你们反应还是有点慢,思想有点颜色,尽管我说“报读华材,成就未来”,但你们对于我的示错教学法还是领悟得非常深刻的。运气既不能创生,也不能消灭,它只能出现在这次考试,不能出现在另外一次考试,或者它只能出现在这个学生,不能出现在另外一个学生,在考试和人的总量来说,运气是守恒的。我衷心地希望 17 班的每个孩子都能深刻领悟“运气守恒定律”,做一个用实力说话的人!

你们的简 sir

就连平时一相话语不多的政治关老师也燃放着内心的激情:

亲爱的小疯子们:

很高兴这年与你们共度,我喜欢你们天真无邪的笑容,喜欢你们追问到底的态度,喜欢你们贪食爱玩的童真,和你们一起总让我充满活力,跟着你们一起疯,跟着你们一起笑,跟着你们一起学。一年将要过去了,是你们第一次收成的时候,我虽然不舍、但更对你们有充分的信心,希望你们在理想的学府中继续寻找自我、发展自我、超越自我!相信你们在将来的日子一定会不断成长、不断进步、不断创新!

青春帅气的体育黄老师也霸气的向孩子们喊话:

同学们,不死的战士,当勇于战胜懦弱;坚韧的精神,应化作锐利的长矛;是"变态"的鲤鱼,就要超越梦想中的龙门。

一句句来自心底的祝福,把大家带进了夜一般宁静的心灵对白。在大家沉静在激动与感动中的时候,,班主任麦老师现场朗诵了写给家长的那封信:携手努力,助孩子们中考成功!

各位敬爱的家长:

你们好!非常感谢大家一直以来对我们工作的大力支持,正因为有你们的积极配合,我们的工作才得以顺利开展;正因为有你们对孩子们的悉心栽培,孩子们才能健康快乐地成长。

时至今日,追梦团队的同学、助梦团队的你们为了共同的梦想走到一起,已经九个多月了,让我们一起回顾一下孩子们追梦路上难忘的点滴吧!

……

我们的孩子在过往的日子里,在追梦的道路上,取得了骄人的成绩,这丰硕的成绩不仅仅来自孩子们的刻苦学习,老师们的辛勤耕耘,更是你们的用心教育的淋漓尽致的体现。离六月中考盛会只有28天了,我们的孩子们正在追逐梦想的道路上,争分夺秒地奋勇前进,挥洒青春,为的是在中考场上成功圆梦!而我们家长,在关键时刻如何助孩子们一把,让他们能夺取最终的胜利呢?

我认为我们要做到以下两点:

一、关心孩子的学习和身心,做孩子的心理咨询师和生活营养师。

引导孩子安排好学习和休息,使孩子在生理、心理方面得到调节,合理安排在家的作息时间，每天井然有序复习和休息，保证足够的睡眠时间，在饮食方面注意营养搭配。既关心其学习和生活，又关心其心理健康和情绪调整。越是关键的时候，家长越要注意不要对孩子说那些空洞的"鼓励"，那往往会增强孩子的焦虑感，一定要跟孩子一起分析原因，找出具体的措施，尽量把注意力转到考试题为什么会出现错误上，怎样去改正错误，而不要让孩子老掂着考不好，家长会怎样看待？让孩子保持平稳心态，在各项检测中不断发现错误、改正错误，提高成绩才是最重要的。

二、有针对性引导和帮助孩子。

如果您的孩子学习自觉程度较高、成绩优异，建议您把助学之力放在关心其复习强弱是否有度、范围是否全面、学科安排是否合理；如学习成绩与自觉程度一般的话，建议您切不可把期望值定得过高，使其压力过大，当孩子学习稍有畏缩，家长的一句温暖的话、一个鼓励的眼神，有时会促使孩子摆脱消极情绪、努力学习。

中考前的最后二十多天，家长的帮助、关爱对于孩子保持良好心态、信心十足投身中考并取得理想成绩十分重要。

最后，祝愿在座的每个家长把你们无私的爱，化作理解与信任的力量，助力孩子圆梦中考！

317 班教师全体老师

2014/5/18

接下来是家长代表宣读书信和全班亲子书信传递环节，当孩子聆听到来自家长内心的声音，接到家长久别的书信时，毫无准备的情感闸门早已被家长深情的勉励、期待与祝福冲开，或拥抱，或哭泣，或欢笑，或沉默……原来，我们并不孤独，父母是如此近距离地和我们在一起；原来，在父母那里，有比分数更伟大的爱和力量。主题班会后，同学们或家长自发的在麦老师每天批阅的作业记录本上，写下了自己的肺腑感言。

陆玮笙：九年来，317 班是我见过的最团结最友爱的班级，这九个月的日日夜夜会成为以后最亲切的怀念,剩余的 28 天,我真想掐着秒表,一分一秒都不要错过,与孩子们的一起成长。

邝殷欣:昨天的班会课上,我哭了,因为妈给我的那封信,虽然早已看过,但是还是忍不住哭了。平常的我们并不会把爱挂在嘴边,太肉麻了。爱无言,爱是奉献,收获的雨季不再迷茫。

梁婉莹:今天的班会,我看到很多人都哭了,一定是小麦你读文章时太煽情了。只有 28 天了,相信每一个人都会加油的!

江欣甜:今天的班会真是大成功,同学们都深受鼓舞。人的一生就是一个前进的过程,原地踏步的人生就像一颗被遗忘的珍珠沾满灰尘,永无出头之日。

方晓婷:谢谢各位老师和家长的鼓励,我感觉又充满力量了,希望这 28 天里,我们能把握剩下的这一点点初中时光,留下一段美好的回忆。

黄钰竣:今天的班会课别开生面,各路大牌群集,可谓是声势浩大。除此以外,从中我们感到了家与学校的力量,无论结果如何他们都将鼓励着我们。前进的道路虽然十分艰险,但有了助梦人,有了自己的努力,终将如一江奔流的大河无所能阻,直泻入滔滔大海。

赵文恺:把今天冲去饭堂的那股冲劲放在学习上,一鼓作气,冲完最后二十天。

赵文恺妈妈:孩子,听着你兴奋地分享班会内容,仿佛感受到你冲去饭堂时的美好和激情。真好!加油!感谢老师充满爱心的教导与鼓励!感恩让我们遇到最优秀的老师!

曾子俊:可怜天下父母心!父母每天操劳奔波都是为了我们能在这空调房安心学习,我们有什么理由不拼搏,不努力,不奋发呢?

霍智恒:昨天的班会,真正显示了 317 的强大生命力!

贯靖茹:面对困难,无所顾虑,只要努力了,希望就还在。

程泳珊:声声鼓励让我们充满勇气与力量,让我们共同奋斗二十八天!

李智欣:今天的这节班会课是我初三生涯中印象最深刻、最令我感动的一节。以往的班会课嘻嘻闹闹,今天的班会课却多了几丝感动与催人向前的力量。老师的寄语、父母的信让我感动,班长的豪言壮语令我热血沸腾。冲吧,317 班!

林盼盼:今天的班会给我留下了永生难以磨灭的印象。以前的班会哪一次不是嬉笑打闹地度过的?而这一次,老师亲切真诚的寄语,家长们感人肺腑的信件,就像天空中飘来的花瓣,我们捧在手心,一次又一次地翻看,一次又一次地被感动。这样的班会,这样的班级,这样的真情流露,人生能有几回遇啊!这二十几天,不仅要为自己多年的梦想拼搏,还要好好地把校园深深地印入脑海中,更加珍惜身边的每一件事,每一个人,每一份情。

司徒钰珊:今天的班会,我感受到了家长、老师和同学们对我们的关爱和体贴,还有爸爸给我的信,我看完后十分感动,我感受到了他对我的从不说出口的爱。

廖彬:今天的班会很精彩,也很让我感动。在剩下来的 28 天中,不是只有我们在孤军奋战,在我们身后,其实还有许多默默支持着我们的老师、家长、好友,他们和我们并肩作战。因此,28 天,我们要更加努力,咬咬牙,冲过去,这不仅是为了我们自己,也是为了不让身边爱我们、支持我们的人失望。

王颖峰:今日的班会让我感受到来自老师、家长、同学的暖暖关爱,有的幽默风趣,有的十分煽情,但不管怎样,都给了我们无数正能量,载着这些前进!

汤琳茵:很久之前我曾说过,有许多爱我的人都一直在支持我。其实,爱是一种无形的隐藏,若要愿意,它便化为一种巨大的力量,在有无数个坎的路上让你无所畏惧地向前。我想用我的力量,来回报他们的爱。

章蕴琦:的确,我们就要像鹰一样,经过这一个月的痛苦,然后展翅高飞!

何海鑫:伤痛了才能磨练筋骨。

杨颖琳:今天的这节班会课给我留下了很深刻的印象,每一位老师都给我留下了温暖且充满正能量的话,我们还得到了小麦老师亲手写的书签……我想这些都会给我留下美好的记忆吧。也许真的像妈妈说过的那样,“要珍惜眼前这一切,珍惜每一位老师,每一位小伙伴,因为或许再过许多年,你也不会再遇到一个这么好的班集体了。”

确实,这么好的一切,也许只能拥有一次吧。

最令我感动的是妈妈写给我的信,每一字每一句,却透露着她对我的爱。班会课上我并没有细看,只是匆匆地扫了一下,因为泪水已经充满了整个眼眶,我怕一旦细心看了,就会当着大家的面失声痛哭,这毕竟是一节被录像的班会课呢。在多年以后,大家在翻看这一记忆片段的时候,我希望他们看到的我,是那个总是笑嘻嘻的自恋狂,而不是痛哭流泪的小家伙。

在交流感情的环节中,我给小麦也写了一些话,但没来得及给小麦。我把这些抄在一张“2012 年诺亚方舟船票”上。虽然 2012 过去,已经没有世界末日了,但我希望在我们身上倾注了那么多爱和心血的小麦,也能一辈子顺顺利利,船票会代表我对小麦的感谢与爱,一直陪在小麦身边的。我一定会拼下去,不会辜负您的。

2012 年诺亚方舟船票上写着:

Dear,小麦妈妈:

小麦妈妈,谢谢您对我的爱与用心,谢谢您在我最叛逆的时候耐心地开导我、教育我,谢谢您给我的无数鼓励与支持!我们将要离开您,奔向更广阔的天地啦,我会一直把您记在心里,希望我们一定不要彼此遗忘。

祝小麦,永远美丽、幸福安康、顺顺利利!

Yours,

最最可爱的颖琳

黄晓敏妈妈在 Q 群留言:各位家长,昨天第二次给孩子们送温暖,买了 60 盒百富露酸牛奶,每盒 1.8 元,共计 108 元。加上次的 325.5 元,累计支付:433.5 元。孩子们饭后吃着心里甜滋滋的,特别是麦老师买的食品,我女儿回来说很受同学们的欢迎。麦老师您很懂孩子们的心。还有昨天的主题班会开得很成功，给孩子们又一次备发向上的动力，由两位主持人及老师读着各科任老师写给孩子勉励的说话和读着多位家长给孩子的信，很温馨动人。孩子们个个斗志昂扬，我们家长的心也被打动了。在这里再次多谢麦老师用心去筹办这次充满正能量的班会！

三、课堂变革　激扬创新活力

在以中考定胜负、以升学率论英雄的初中教育生态下，初中学校要实施学校转型性变革，既如同一场没有硝烟的战争，没有分数就没有今天；又如同一场静悄悄的自我革命，只有分数就没有明天。课程改革无疑是这场变革的主战役；无论是为了今天，还是为了明天，课堂革命无疑是这一战役的主战场。2013 年的那个金秋，面对僵化的令人窒息的课堂生态和被中考“绑架”的学校教育，学校领导者以壮士断腕的决心，自断后路，启动了旨在改变师生行走方式、激扬生命成长活力的一系列改革：创编“学习导纲”、推进小组合作，组织语文主题学习，开发校本课程、发展社团组织……从课程到课堂，从课堂到班级，从教材到教研，从教师之教到学生之学，一切都在探索中寻变，在变革中创生。

1. 创编“学习导纲”——一项颠覆传统“备”“教”方式的自我革命

禁用各类教辅资料，自主创编“学习导纲”，是我校推进课程教学改革首推的重要抓手；国家教材校本化实施，也是学校一系列改革的破冰之旅。

长期以来，教师备课抄教参，上课背教案，训练找教辅；教师课堂拼命讲，学生课后拼命练，各类教辅资料堆成学生望不到边的“学海”，少、慢、差、废成了教与学的常态。支撑这种非正常“常态”的背后，是教师僵化的教材观和教学观。要革除这种顽疾，绝非一日之功，然而，再坚固的冰层总有破裂的那一刻。教学也一样，不破不立。否则，教改没有出路，学生没有活路。2012 年秋季,带着从困境中求生的热望,领导班子带着全校教研组长、备课组长,分批次外出取经。三次南下南京东庐中学,求解“讲学稿”带动东庐中学振兴的秘诀;两次北上杜郎口,探析“导学案”创造杜郎口神话的精要。两校的成功经验告诉我们,只有让教师真正走进教材整合,让教学直面学生需求,教与学的有效互动与对接才能真实发生。要实现这些,必须革除教师长期以来照搬教材、找抄教参、照用教辅的陋习,让学生需求真正成为教师备、教、辅、改的出发点和落脚点。为此,2013 年秋季,经班子会议集体决定,在初一初二全面禁用各类教辅资料(初三做一年过渡),动用备课组集体备课的力量,借鉴“讲学稿”“导学案”的成功经验,开始创编旨在引导学生自主进行“探究/对话/体验”式学习的“学习导纲”。

我们期待,通过“学习导纲”的创编和实施,一是改变教师的教材观。变教材权威、照抄教参、各自为战的“拿来主义”备课为基于学情、基于备课组集体备课的教材二次开发,引导教师走进教材、解读教材、整合教材,做教材的主人;二是改变教师的教学观。变唯教案施教、照本宣科、先讲后练的“目中无人”教学为先学后教、依学施教、动态生成的“探究/对话/体验”式教学,让学生在“学习导纲”的问题引领、任务驱动下,自主学习。这项改革意味着要颠覆老师们驾轻就熟的备课方式和教学方式,突破老师们对传统习惯的依赖,其难度可想而知。抵制、怀疑、困惑、探索、试行、修订……一干就是五年。改革,在艰难中一路前行。回首走过的路,英语组罗卫好老师对这段历程的深刻体悟,足见变革带给教师且行、且学、且创新的动力与魅力。

艰巨而富于激情的孕育之旅

2012 年起,为创设优质而适性的初中教育,学校在校长谢先刚同志的带领下,开启了变革与创新之旅。为解决教辅资料多样繁杂、重复滥用、缺乏创新等问题,改变教师盲目崇拜教材、被动执行教参的局面,学校领导班子提出由本校教师结合学校教与学的实际进行国家教材的校本开发——自主创编“学习导纲”。鼓励全体教师投身到以学生的学为中心,深度钻研教材，对教材进行二次开发的实践中去。目的是通过“学习导纲”的编写实现“先学后教、依学施教”的教学模式，让教师能够在教学前和教学中以及教学后的三个过程中，都能对学生的学习起到引导作用，让学生学会自学，掌握学习方法和技巧，培养学生自主学习的意识和能力。

作为一名工作超过20年的老教师，我内心积蓄已久的想要改变创新的欲望被激发起来了。因为在之前的教学过程中，我深深地感到现有的教辅资料存在很多的不足之处。无论怎样品质优良的教辅资料都未必适合某一特定环境下的老师以及学生使用。作为一个每天都和教材与学生亲密接触的一线教师，我相信自己比起那些教辅资料的编写者更了解教与学的需求。在漫长的教学生涯中，我多次想把自己对书上知识的理解，把我在教学过程中的体会、反思通过某种形式表达出来，我渴望创作，创作出一线老师以及学生用起来非常顺手，非常切合实际的辅导材料，让学生学得更有效，对课本知识更容易接受、理解和运用。

2012学年我刚好教初一级英语，那一年英语刚好换了新教材。这就意味着，我们初一英语备课组将成为新教材二次开发的先行者。新教材“学习导纲”编写的好坏，直接影响着未来使用这套教材的老师与学生。意识到这一重要性，我们的备课组长罗冬老师带领我们全体备课组成员，开始了艰巨而富于激情的“学习导纲”的孕育之旅。

一线教师虽然具备编写教辅题目的能力，可是“学习导纲”并不等同于一般的教辅资料。在备课组老师们对“学习导纲”的育人价值和功能定位缺乏认识时，如何编写导纲成为一大难题。幸运的是，学校为我们教师提供了多方面的学习平台和机会。先是邀请东庐中学的领导和教师来我们学校，介绍他们设计“讲学稿”的实践经验，接着是把我们学校的老师分批送往全国各个擅长使用“导学案”的学校去实地考察，然后在我们学校成立了“学习导纲”编写小组，定期开会研讨等等。这一系列的技术支持，使我们一线教师慢慢地走上了从教学到教研的康庄大道。

通过学习与考察，我们备课组老师对编写“学习导纲”逐步有了一点头绪。首先是正确定位了导纲的功能。创编导纲不是写教案,也不是编习题,更不是教材、教参搬家。它需要教师基于学情,对教材进行重构,以知识主干的发现和探索为主线,将教师的课前预设和学生的课前自主学习有机地结合在一起,以问题引导和任务驱动的方式,编写出指导学生自主学习的纲要。我们设计的第一份英语导纲分为课前预习,课堂活动,课后练习等主要的三个部分,并针对学困生设计了简单的知识链接,为他们搭建脚手架,给他们提供可以探索的活动,让他们通过“学习导纲”的指引能完成大部分的内容的学习,并发现学习的疑难点。完成导纲设计后,我们备课组全体成员对导纲进行了审核与修改。首份导纲印发给学生后,受到了学生们的欢迎。部分同学反映,他们对课本知识的理解更具体更清晰了,学困生也欣喜地发现,原来老师不讲自己也能做正确大部分的题目,学习信心大增。同时,对编制“学习导纲”存在质疑和畏难情绪的个别老师看到学生的良好反应之后,也开始跃跃欲试,着手编写了。尤其在学校提出实施以“探究\对话\体验”为基本教学方式的教学理念之后,我们也在“学习导纲”中添加了“合作探究”“小组讨论”等学习活动,深受各个层次的学生欢迎,课堂效率不断提高。如今,导纲编写已经进入了第四个春秋。我们第一批编写的导纲已经过了初一到初三的第一轮循环,初三的英语升中考平均分高居全区第三名。无数的事实证明,“学习导纲”是经得起实践考验的。它就像浴火重生的凤凰一样,历经蜕变,不断地优化,不断地完善,不断地孕育出新的生命。

在这个过程中,我和我的同伴们也逐步由教材的奴隶变成了教材的主人,由课堂教学的讲师变成了引导学生自主学习的导师,“教书匠”的活渐渐有了一些研究的味道。学生也开始走进了教师备课和上课的视野,逐步站到了课堂的正中央。做了近20年老师的我也开始由教书变成了教学生,我的工作圈也开始由教材中心、知识中心转向发了学生中心。

2.“探究/对话/体验”式教学——让学生站到课堂的正中央

观念的重建,唤醒的是思想,催生的是充满期待的行为改进,而改进的主阵地便是老师们每天进行着的课堂教学。课堂带给教师太多的成长期待，也让教师饱尝了太多的酸甜苦辣。教师在课堂的精神状态，决定着其职业生活的幸福指数；学生在课堂的喜怒哀乐，也决定着他们学校生活的生命质量。基于“探究/对话/体验”式教学的课堂重建，让参与其中的教师和学生找到了课堂的欢悦！

对此，物理科组简展晖老师有这样的理解。

让学生站到课堂的正中央

当学校按照“探究/对话/体验”式教学理念自主创编的“学习导纲”成为学生课堂学习的唯一学材之后，教师中心、教案中心、知识中心的课堂面临难以为继的局面。四年前的我，也和同伴一样，在改与不改的困惑和纠结中走上了课堂改革之路。追求学生进行“探究/对话/体验”式学习，创造有生命活力、有成长气息的课堂成了我最大的期待。在这条路上我曾彷徨犹豫过，后来在各位同事的帮助指点下，我大胆尝试，从认同到喜欢，慢慢摸索出了适合自己学生的课堂教学模式。

我所带的学科是物理，物理一向是学生认为比较难学的科目。学习习惯较差的学生更不用多说了，在他们身上，我看不到课堂的精彩和明媚的阳光。课改开始了，面对自主学习习惯和能力相对较差的学生，要带领他们课堂教学改革显得相对较难。教学进度慢，完成的内容少，我曾怀疑这条路能否走下去？但课改势在必行，我只能摸索着往前走。课改之初，我简单套用杜郎口模式：自主预习——展示交流——总结评价（任务分发——学生展示——教师点拨）。开始部分同学们还能坚持下来把任务做完，展示的时候大家又出现问题了，他们不是争先恐后，而是你推我让，都不愿意表现。想尽了一切激励的办法，对于他们都无济于事。我只能采取点名的方法叫他们上台展示。到后来学生对于预习的任务也出现了倦怠，根本不愿意自己静下心来完成，一味地抄袭等靠。我必须采取行动保证我们的学生动起来、说起来、能力提上来，让他们有所进步。用以前的办法一部分自觉的同学还能有所收获,但多数同学是在浪费时间。后来经过物理科组的集体讨论,大家建议我在监督学生完成学习任务的基础上给学生一个小组讨论的时间,先组内后全班。在我的引导下,慢慢地,他们"动"起来了,感受到了精彩课堂的氛围。在逐步的探索中我发现是我引导和监督得不到位,课堂环节出现了纰漏,致使一部分"懒惰"的学生有机可乘,基础不好的学生缺乏自信,不愿完成任务。后来我试着这样上课:

首先,让学生主动学习,变"讲堂"为"学堂",让学生带着任务先学,做课堂学习的主人。

过去,我按照教案一字一句,从头到尾地讲,生怕学生听不明白,吃不饱,一定要讲深讲透才放心。这样,老师不断地灌输,费时费力。学生呢,由于不动手不动脑,被动地接受,时间一长就产生厌学的情绪,老师在上面讲自己的课,学生在下面做自己的事,因此课堂的教与学是相对分离的两张"皮",教与学的交流处于滞留状态。针对这种情况,我试着让学生参与教学全过程。

例如L在对于"杠杆五要素"的教学过程中,改变了过去直接讲授的方式,而是提供一组有结构的实验材料让学生带着问题在主动探究的过程中,自主发现影响杠杆平衡的各种因素,通过师生一起对探究发现的事实进行交流研讨,初步归纳出影响杠杆平衡的五要素。特别是力臂概念的引出,我考虑了很长时间,如果直接讲解,可以节省时间,但不利于学生对力臂概念的理解和运用,最后我引导学生通过对"影响杠杆各平衡因素"的对比研究,引出力臂的概念,这样符合了学生的认知规律。学生有了探究的体验,研讨过程都有感而发,兴趣盎然。

教师由知识的"搬运工"变成了教给学生"点石成金"手指头的引路人以后,学生也逐步学会自己去"发现金子"了。其实,从教学实施的状态看,学生更乐于自己"探寻"。他们在"探寻"的过程中,运用老师设计提供的实验材料,在问题引领和任务驱动下,有探究、有研讨,更有发现和加工知识概念的快乐,课堂充满生命的活力。

其次，鼓励学生大胆质疑，不迷信书本答案，不迷信教师，让学生成为会提问质疑的思考者。

传统的物理教学，重结论，轻推理过程，把学生当作知识的收容器，老师尽职尽责地将知识灌输进去，不管学生感受如何，不引导学生去独立思考，学生学会了盲从，没有了质疑，变得越来越没有灵性。开始"探究/对话/体验"式教学后，我让学生深度参与探究、研讨的过程，鼓励学生质疑，大胆说出自己的理解和分析，拓展思维的空间，不强求唯一答案，学生逐步灵动起来。例如测量盐水密度的实验，我刚开始先不讲正确方法，而是先提出问题，让学生大胆地设计方案。结果他们脑门大开，设计了4种方法之多。但是不是每个方法都行？是不是每个方法都误差那么小呢？我引导他们分小组讨论，学生在得到我的鼓励后，质疑的胆子越来越大，质疑的气氛也越来越浓。

按新的探究学习模式上课，令我感到欣慰的是，每节课的知识点至少有80%的同学能在自主探究的基础上掌握，而且会思考更多的问题，真正明白了为什么学这个内容。这正是我所期待的。我也发现学生的点滴改变和进步就像一缕阳光，把他们引入了"光明的世界"。真正把课堂还给学生，让每位学生都成为课堂学习的主人。他们对问题本能的探究意识和反射能力，在师生面对面坦诚对话中，都能得到放大，带给老师的常常是惊喜和感动，我也和他们一起成长着！

最后，合理运用小组合作学习策略，让学生在相互作用的探究研讨过程中成长更自信，人格更健全。实践证明，小组合作是生命课堂教学的良策，以学生影响学生，以学生启迪学生，最终达到教师不教学生自会的效果。如何培养小组有效的合作呢？我校在实施课改初期，给我最大的困惑是不会引导学生，让学生有序有质的交流，反而给了那些不爱动脑筋的孩子一个贪玩的好机会。这让我好长一段时间对小组合作学习缺乏信心。在同伴的帮助下，我逐步建立了小组内部的角色分工、交流讨论的规则与意义，并建立了小组内部的评价考核机制。让学生明白合作是一种尊重、是一种分享，更是一种力量。于是,他们慢慢走到了合作的行列中。现在,孩子们已经能够在小组内进行简单问题的讨论,并学会了倾听和帮助同伴,表达自己不同的意见,有的还能主动走上讲台当小老师分享自己的理解和认识,语言表达能力也逐步提高,许多简单的问题,在小组内部通过同伴相互作用,基本能得到解决。相信只要给孩子们多些时间和空间,每个孩子、每个小组都有花开的那一天。在小组合作学习的同时,还有一个意外的惊喜,我发现孩子们学会了谦虚,学会了尊重,学会了鼓励和团结。我想作为学生,这一点比学业的进步更难能可贵。

也许,教育过程中由学生带来的酸甜苦辣在每一位教师的心里,都有一些说不完的故事,但学生的一点点进步,都会让我们感到莫大的安慰,会给我们这些老师以满足感与成就感。

以学生为中心的教改之路,我相信我们会越走越好!

3. 校本课程开发——为学生构筑更加宽广的成长跑道

依据"以丰富多样的课程资源构建学生丰富多彩的当下与未来"的学校博雅教育课程理念,我们从三个层面推进了国家、地方、学校三级课程的校本化实施,一是以学科"学习导纲"的开发为抓手,推进国家课程的校本化实施,目前各学科"学习导纲"已经修订至3.0版,常态化使用;二是精选岭南地区集地域性、生命力、教育性于一体的自然资源、社会资源或融入学科课程,或融进学校"经纬讲坛",或编辑成校本课程,如《佛山功夫》、《佛山陶艺》、《佛山剪纸》、《足迹岭南》等;三是大力发展适应初中生成长需要的社团选修课程,项目覆盖体育、艺术、语言、科技、信息、创客等多个领域。现有常态化社团68个,啦啦操、男女足球已经成为国家级示范校,管乐、足球、武术、田径成为市区网点项目。课程的校本化实施,极大地丰富了学生的初中生活、成长体验,发展了学生的兴趣爱好和个性特长,许多学生在社团圆了自己的升学梦。

以下摘录的是几位参与校本课程开发的教师感言

踏上那片熟悉的热土，与孩子共品佛山古韵

——开发《足迹岭南》校本课程随笔

地理学科　谭海燕

课余的教室走廊上，孩子们总爱与我闲聊，他们亲切地喊我“老谭”，他们总爱跟我聊些奇闻趣事、旅游见闻，我问孩子们：你们可知我们学校的傅公祠有何特色？我们学校的历史可略知一、二？我们佛山的起源地在哪？佛山是什么样的城市？大多数孩子只是肤浅地知道一些，如祖庙，很熟悉，但又很陌生。而孩子们的课余时间大部分除了补习功课，就是上网、玩手机，有条件的家庭也许会在寒暑假带孩子到外地一游，小学的时候，每逢春游、秋游，也是去玩玩机动游戏、看看动物园。13、14 岁的初中生了，是不是应该对家乡的文化、历史渊源有一定的了解呢？于是，一个模糊的念头在我心中形成，编一本小册子，让孩子们了解身边的历史、身边的风景。近年来，学校践行“办典雅之校、行博雅之教、育儒雅之人”的办学理念，成为了可持续发展教育示范学校，在校长的鼓励和指导下，我们组成了校本课程开发小组，计划编写一本具有本土特色，体现我校教改精神“探究/对话/体验”的校本活动课教材，校长命名为《足迹岭南》。

《足迹岭南》的编写目标是，1. 引导孩子们发现、体验家乡之美，品味岭南文化重要代表之佛山古韵，提升孩子们个人的文化素养，从而为传承岭南文化之精粹出一分力；2. 通过一系列的活动，培养孩子们思考、探究、合作探究等可持续发展的学习能力；3. 培养对家乡文化历史的自豪感。

几经讨论，编写组确定了课程的编写选材和风格。选材方面，我们选取了最能反映古镇佛山（禅城）特质的几处地方，也是孩子们既熟悉，又不太了解（或者说一知半解）的地点，引导他们去了解、体验、探究。编写的线索分四大板块：历史文化篇（古迹旧地）、非遗文化篇（艺术）、武术文化篇、美丽古村篇。这四大篇章的内容，正是佛山作为岭南文化发祥地的重要组成部分。课程的编写风格，我们尽量采用与孩子们对话的语气编写文本，力求

有故事性,图文并茂,增强可读性,版式为:活动目标——基本阅读——活动建议——活动成果——综合提高。

制定课程目标以及编写方案以后,编写组成员马上行动起来,利用假期,顶烈日,冒风雨,寻踪觅迹,访村探友,查寻资料档案,编写组先后探访了紫南村、莲塘村、湾华村、佛山民间艺术研究社、南风古灶、祖庙、岭南天地、东华里、塔坡庙、鸿胜馆、兆祥黄公祠、梁园、精武会等地,访问了佛山非遗文化办公室主任张主任、佛山岭南文化导赏员麦德楷等人物,获得大量的第一手图文材料。接下来就是整理和编写了,经几个月的反复琢磨,书稿终于出来了。

校本活动课程《足迹岭南》的开发,宗旨在引导学生通过社会实践和亲身体验,探寻历史踪迹,品味岭南文化,发现深藏在身边不为人知的美丽风景。以"观古灶玩陶艺——传承非遗"主题活动为例,孩子们通过"访问——观察——体验——分享与感悟"等一系列活动,认识石湾陶艺形成的地理条件、历史发展进程、艺术特色,为家乡有这样高水平的陶艺技术而感到自豪,希望为保护和传承这一份"遗产"出一分力:并在思考中提出了一些保护非遗文化的小建议。

《足迹岭南》校本活动课程的开发,希望能为孩子们提供一个关注家乡,传承传统优秀文化,发展学习能力的载体。

体艺类社团让学生爱上了舞台和运动场

课程教学处　伍杰豪

2012 年 2 月,通过学校中层干部竞岗,我当上了课程教学处副主任,分管学校体艺工作,体艺类社团成了我工作的一个新领域。在这个岗位上,我懂得了创新的味道。

一、找准定位、建章立制

思路决定出路,眼界决定境界。学校成立了以谢校为组长的体艺工作领导小组。在 2015 年下半年制定了《佛山三中初中部振兴体育三年行动计划》。并认真制定和完善了一系列的管理制度。相继出台了《佛山三中初中部体艺特长生训练管理办法》、《佛山三中初中部体育比赛奖励办法》等。做到凡事有章可循，有规可依，科学规范。学生工作处也在班主任绩效评比中加入了体育成绩的评分项目。在全面推进素质教育，树立科学的人才观和质量观的前提下，各部门根据制度有效分工，明确职责，落实到位，扎实有效地开展我校体艺教育教学工作。

要行动，先要找准定位。根据我校办学历史与体艺优良传统项目，谢校与何校带领我们课程教学处反复研究，决定把田径、足球、武术和啦啦操作为体育重点发展项目，游泳、羽毛球、乒乓球、击剑、男子篮球等项目作为常规训练并抓。艺术方面则把管乐和校园剧作为发展突破口，并抓好舞蹈、合唱、剪纸、书法、陶艺等传统优秀项目。在每学期初要求体艺两科组制定学科教学计划、活动计划，并成立社团小组，设专门指导老师，制定相应辅导计划，我们课程教学处定期检查训练情况。学校在硬件和软件方面都给予很大的支持。为了组建学校新管乐团，学校出资30多万元为学生购置了大号、圆号、大鼓和黑笛等大批管乐器材；同时也出资15万元把伯雅楼5楼舞蹈室升级为啦啦操专用训练室，在仲雅楼7楼重新修建了一个500多方的新舞蹈室。在体育设施方面，学校把祠堂里一部分改造为羽毛球和武术训练馆，同时学校在足球训练装备与啦啦操训练器材里也花了大量的投入，基本满足了教学与训练需要，达到了国家规定的配备标准。在软件方面学校也重点扶持体艺科组。学校固定每周周三下午四点钟以后是社团活动时间，为了保证体艺特长生的训练保证，学校专门把体育和艺术各类校队定义为精英社团。在学生社团选择方面精英社团作为优先安排。

二、整合资源、强化师资

在现有生源的基础上培养出高质量的学生，必须立足实际。既要依靠学校自身持之以恒的奋斗，也需要社会各界的广泛认同和支持。我们从整合教育资源、拓展体艺重点项目发展空间入手，近两年先后与禅城区武术协会、大雅文化有限公司、佛山市冠达足球中心、禅城区羽毛球协会等六家社会机构签订了合作协议，为我校武术队、管乐团、啦啦操队、足球队、篮球队和羽毛球队等精英社团提供专业指导与培训,借助合作机构的专家资源,进一步拓展我校体育艺术教育活动的发展空间。

除了引进校外专家资源外,我们也着力加强学校自身体艺科组教师队伍建设,通过多种渠道,采取多种措施,加大体艺教育师资培训与自培力度,提高体艺教育师资水平。我校体艺教师们积极参加教学科研活动,认真钻研教育教学研究的理论和方法,投身教学科研活动,我们先后多次邀请区武术协会的武术教练和广州体院的啦啦操教练到我校给予我们体育老师作培训指导。同时,我们也积极创造条件选送体艺教师轮流进修。在 2016 年,学校先后派出了王君和周李德老师到四川省参加了为期一周的中学啦啦操指导老师的专业培训,张丁于老师和黄志文老师分别参加了禅城区强师工程的管乐、羽毛球的指导培训,周李德老师到清远市参与了中学足球技能培训等等;另外,在 7 月中旬,我还带领体育科组部分老师前往杭州景芳中学进行了有关校园足球文化推广的参观学习与座谈交流。通过自培与外出学习,我们体艺教师的专业技能有了很大的提升。多名老师获得了市区各类比赛的优秀指导老师,周李德老师还获得了 2016 年禅城区体育突出贡献个人奖的荣誉。

三、活动引领、体艺双馨

“三中的活动多”已成为近年外界对我校的一个独特评价。确实,近三年我校非常注重校园文化建设,通过一年一度的体育节、艺术节等开展形式多样的体艺活动和社团活动,让有特长的学生大展身手,显示才华。同时也开展多种多样的校内体艺比赛,像班级篮球对抗赛、校园足球联赛、羽毛球乒乓球个人赛、校园独唱、独舞、独奏比赛、校园剧展演等一系列活动与比赛。这些活动不但促进了学生思维的发展,活跃了校园文化生活,而且使学生的心理个性、特长得到健康的发展,起到了潜移默化的体育和艺术熏陶,点燃了学生的体艺火花。同时也培养了学生高尚的道德情操和精神世界。我们看到,原来一些在课堂上并不起眼的学生,因选择了体艺,品尝了成功,变得更加自信,更加有尊严感,有自豪感。

我校的管乐团和啦啦操队近两年已成为彰显我校办学特色的亮点。在区市教育局和体育局组织的各项管乐比赛和啦啦操比赛中，我校均获得了第一名。而且在2015年广东省第二届行进管乐比赛中，更战胜了省内一批管乐传统强校，一举拿下省第一名的优异成绩。还有我校的啦啦操队，虽建队时间很短，但凭借运动员的艰苦训练，加上辅导老师的辛勤付出，在2016年两次参加全国啦啦操比赛均获得了一等奖的好成绩。在学校家长开放日、区运动会、科技节开幕式、外地学校访问交流等大型活动中，我校的武术队、啦啦操队和管乐团多次承担压轴表演的项目。

功夫不负有心人，经过两年的努力。我们学校的体艺成绩走出了低谷，走在全区前列。在2016年禅城区中小学体艺节闭幕式上，我校获得了禅城区体育突出贡献单位、禅城区体艺飞跃进步奖、初中艺术年度总分第一名和初中体育年度总分第六名的四个大奖。2018年，学校艺术教育获得全区年度总分第二名，体育获得全区体育年度总分第三名，并再次获得全区体育突出贡献奖，十多位学生依托体艺特长圆了自己的升学梦。

享受教育的快乐

——小记“谈天说地”社团活动

地理科　黄锦兰

新一轮基础教育课程改革，提倡学校根据初中的特点，结合实际，在教学中组织开展丰富多彩、形式多样的社团、兴趣小组等课外活动，旨在引导学生主动参与、乐于探索、勤于思考，以培养学生获取新知识、分析和解决问题的能力。

初中学生的表现欲望很强，他们希望通过各种活动展现自己，得到老师和同学的欣赏和称赞，老师为什么不做学生喜欢的事呢？在每周一次的“谈天说地”社团活动中，我采取多种表达形式让学生来唱主角，把活动的课堂还给学生，尽量让每个学生有展示才能的机会，“谈天说地”的课堂出现了生动活泼的局面。

学生参与文体类社团非常积极，其次利用社团活动提升英语、数学等中考学科，对于正常学科学习外的地理社团兴趣不大，所以来参与“谈天说地”社团的学生人数不算太多，但我还是十分高兴看到参与此社团的学生，他们根据自己的兴趣爱好选择了自己喜爱的社团，我一定不能马虎应付过去。我设想“谈天说地”社团活动不能象平时上课灌输知识技能，改变其他形式来展现，既要涉及地理的理论科技学习，又可讨论国内外社会时政，还要进行各类有趣的知识竞赛和知识才能展现。在社团活动中，同学们可以认识新的朋友，和志同道合的伙伴一起读书，交流思想，讨论展示，既可参加社会实践，也可了解中国、世界的现实，“谈天说地”社团把世界最好的一面展现给同学们。

一、领略大片，拓宽视野

BBC ONE 创始于 1936 年，是世界上第一家电视媒体，拍摄的节目十分大众化，纪录片更是专业性强且富有娱乐性。因而我尽量带社团成员一起进行影视大餐——自然和人文地理的学习，观赏《BBC 人类星球》（七年级）和《BBC 鸟瞰中国》（八年级），通过对影片的欣赏，让学生掌握更多的世界各地的自然生存环境和中国古今地理工程，以及人类在世界不同的生活条件下如何应对自然的。

关于玛雅人的预言——世界末日，学生不由得心生畏惧，于是，我们在社团活动中展开讨论，并精心准备了一些关于世界会不会消失，以及消失后会是什么样子的纪录片给大家播放，《人类消失之后》，让大家树立一种危机意识，并且就最近发生的一些大事情给大家解释清楚，满足学生的求知欲以及好奇心，让学生了解到更多在课堂上学不到的课外知识，不仅拓展了学生的生活世界，而且让学生对地理更感兴趣。

二、动手动脑，培养素养

现在上课用媒体多了，学生的动手能力减弱了。为了激发学生的兴趣，展现智慧和才能，让学生在社团活动中用轻质土拿捏雕塑世界五种陆地地形和中国各省区的轮廓，在五彩土的搓揉擀皮切割中，心目中的形状逐渐浮现在眼前，看到同学们脸上那份喜悦和满足，自己也深受感染。

在社团中组合成竞赛的四人小组，进行地理课外知识小 PK。如《佛山知多少》、《世界趣味地理》、《中国天南地北》等，平时地理课堂都会打盹的何某某，一下子来精神，还大声说他是佛山本地人，知的肯定比其他同学多，居然连招牌小吃应记云吞面门口那副对联也能背出来，最后也真的没让大家失望把其他小组 PK 下去，其他同学个个竖起大拇指，也让我顿时对他刮目相看。

"谈天说地"社团活动准备充分，题材广泛，资料都是优中选优。同学们对活动普遍反映很好，都乐学愿学，既培养了能力，又增长了知识，但也存在着不足之处，如资优学生参加人数少，活动资源量少，老师时间和精力有限等，争取以后克服缺点，密切联系实际，注重实践活动，创造学生参与实践的条件，给学生留有充足的时空，使社团活动办得有声有色，促进学生全面发展。

虽然社团活动占用老师和学生自己的课余时间，有点苦，有点累，但能把自己良好的一面展示出来，赢得观众的掌声，赢得一片好评，这点苦和累在师生心中不算什么，锻炼了自己，展示了才能，愉悦了自己和他人，课余生活也丰富了。我们收获的不仅仅是心中那一份单纯的喜悦，更多的是满足感与成就感。在别人看来，这或许是一个简简单单的活动，但是当我们真正地参与到里面，从始至终地体会了社团活动过程的时候，才发现是一种享受，一个能够体现自我能力、增强自信心的过程。

4. 小组合作助力课堂与班级生活重建

五年的变革实践，让小组合作成为我校基于"学习导纲"的"探究/对话/体验"式课堂的一种基本教学方式，也是学校民主性班级建设的一种重要组织机制。它让叶澜教授"把课堂还给学生，让课堂充满生命活力；把班级还给学生，让班级充满成长气息"的教育理想成为我校学生校园生活的真实样态。

对此，身兼分管学生工作和英语学科的副校长谢雪梅有自己全面而深刻的理解。

基于“学习导纲”的小组合作学习

佛山三中初中部　谢雪梅

2014年以来，学校开展了聚焦“灵动精致、舒展高效”的新型课堂改革，积极探索以“学习导纲”为载体、以探究/对话/体验为基本教学方式，以小组合作为基本组织形式的新型课堂教学模式。小组合作学习能否实现“让学生成为学习的真正主人”这一教学愿景，能否带来学生学习方式和精神状态的根本转变，特别是能否带来英语课堂教学的生动高效，我认为，关键是课堂教学方式和课堂组织形式的转变。

一、为什么要对原有的课堂教学模式进行改变

自从开展新一轮的课堂改革以来，我校英语学科的教学发生了一系列可喜变化。教师比较重视创造活跃的课堂氛围，注意培养学生的学习兴趣；通过开展形式多样的教学活动来促进学生的课堂互动和参与，改变了传统的“单向灌输”和“填鸭式”的一言堂的教学模式；重视听说教学，学生的听说能力有了普遍提高。但是，一些教师受传统的英语教学理念影响，无法突破传统的英语教学模式，还有一些教师对新课程教学理念理解得比较肤浅，小组合作学习犯了形式主义错误，“探究/对话/体验”式的课堂模式没有落到实处。

课堂不变，教育就不变。我们究竟能不能培养出合格的将来的社会栋梁，不在于我们的教学条件如何优越，不在于学生学到了多少课本知识，关键在于我们是不是构建了适合主动发展的教育模式，学生的终身学习能力是否有提高。而课堂教学模式是否科学决定我们培养模式是否科学。我们之所以不能培养出优秀的人才，就是我们的课堂教学模式不适合学生的主动成长，或者说，我们目前的课堂教学模式在某种程度上说扼杀了学生的天性，我们学生的实践能力和创新能力得不到培养。要想改变教育就必须从改变课堂入手。

二、Guide sheet(学习导纲)的推进及以激励自主发展为导向的Group work(小组合作)学习机制的产生

借着创建禅城区优质学校的东风,我校全面启动使用“学习导纲”的课堂教学改革,建立以课程标准为指导的教学实施、教学评价、学科质量监测的管理机制,培养具有发展性及创造性学力的三中初中部学生。

1. Guide sheet 的使用原则

Guide sheet 是教师有目的、有计划地指导学生主动进行“前置学习”的线索性提纲。前置学习是指正式学习之前的学生个性化自学,既可以在课外,也可以在课内,旨在让学生带着自己的理解、问题、思考进入后续学习,它规定了 Guide sheet 的作用,回答了“What to do?”的问题,明确 Guide sheet 的使用主体是“学生”。

导纲编写中的认知性问题和探究性问题的部分要紧紧围绕课前预习、教学目标、教学重难点及课后作业来设计。认知性问题包括识字学词、读通课文、了解课文内容、理解课文脉络知识等内容。探究性问题主要从人文性、工具性、科学性等方面来概括,主要包括品读词句、读懂课文、体会情感、领悟写作方法等内容。导纲中的问题设计不易过多、过细、过简、过难。

2. 精心设计 Guide sheet

导纲的设计在很大程度上决定着导学互动是否能有效开展的关键。如果教师在导纲中创设的问题大多数是描述事实、简单的问答和单纯的习题,或一些纯模仿性的,那么这样的问题缺乏思维含量,很难实现师与生、生与生之有效的互动。教师在导纲中只有创设一些具有一定思考性、探究性、趣味性或能引起学生认知冲突的问题与讨论话题,才能实现师生、生生之间有效的互动。

3. 改变学生的学习方式—Group work“小组合作”

实践证明,实现学生学习方式的转变最有效的利器,就是让 Guide sheet 与 Group work 在课堂上联姻,实施问题引领下的合作学习。问题设计解决“What to learn about?”的问题,Group work 学习解决“How to learn?”的

问题。

三、“小组合作学习”实践中的反思

以前的英语课堂,机械性操练多,真实运用少,而现在的问题是一切为了运用,小组合作只体现在形式上。其表现为:1. 小组活动前指导准备不充分,单纯为了完成学习任务,缺乏足够的语言输入。忽视任务前的热身活动、呈现活动。2. 忽视语言学习的内化过程。活动任务充斥课堂,表面上活跃,实际上没有达到应有的教学效果。3. 忽视包括语法知识在内的语言知识教学。在课堂上大张旗鼓地帮助学生做各种交际活动,但不注重语法教学,即使有,也是轻描淡写,结果学生的听力和口语确实提高了,但学生连一个完整正确的句子都写不出来。4. 未形成有效的课堂教学模式。课堂结构杂乱无章,存在随意性现象。

四、小组合作学习英语课堂教学模式的探索

新课改的需求我们构建以“学生为认知主体,教师为教学主导”的教学模式,把主动权真正交给学生,让不同层次的学生得到发展,学生之间学会互助,交流,合作。在两年时间里,我们主要进行以下两方面的探索。

1. 课堂上教师角色转变的探索:课堂上教师是“促进者”,而不是讲授者,其职能主要体现在以下几个方面:

①“协调”,英语教师发挥创设学习环境和气氛、维持学习秩序等作用;

②“激发”,教师设法激发学生的学习英语的需要:言语审美需要、言语交往需要、言语求知需要等;

③“交往”,教师既是学生学习活动的组织者,也是学习活动的共同参与者;

④“监控’,当学生的言语活动出现严重错误的时候,英语教师必须指出并作出更正;

⑤“反馈”,英语教师必须对学生学习的结果进行测评,以便及时提供反馈和相应的帮助。

2. 两类课型的探索：无论是在新授课，还是复习课，我们都极力倡导学生进行合作学习，这种学习方式本身渗透着集体意识和竞争机制。学生的积极性、主动性便于得到激发。在探索中，力求教学模式与课型相得益彰，自主、合作、探究等方法运用得当且讲求实效，学生中心地位突出，整个教学过程注重学生学习状态的引导和调适。

(1) 新授课的小组合作学习教学模式：

① 导——问题引领，关注点是针对学习目标有效设计本节课的“学习导纲”，巧妙设计学习问题（知识问题化、问题层次化），引领学生展开思考、讨论。

② 学——检查“学习导纲”中单词的预习情况，由各组学习组长让本组成员进行自读、纠音，然后进行听写并交换批改。小组合作，将预习中各小组找出的功能句及短语首先进行展示，然后进行讨论交流，最后由学习委员总结，遗漏之处则由教师补充。此阶段为“质疑解惑”阶段，通过相互讨论、相互展示，不但为下一步“语言知识的应用”打好了基础，而且也拓宽了视野，扩大了知识面。

③ 展——教师对“学习导纲”及课本知识进行整合理解，然后“学以致用”。让各个小组大胆创新、充分展示，在相互合作、相互实践中形成能力，提高自信心，体验成功的喜悦，以达成情感目标。

④ 评——对交流与研讨情况的归纳点评。组内点评一般由组长进行；班级点评一般由优秀小组的成员或教师进行（突出问题）。关键是精当、简明、本质、深度。

⑤ 练——包含巩固练习和拓展提升。巩固训练是对学生学习情况的一种基础性、多元化、多样化的反馈；拓展提升是学生运用教师提供的相关新资源所进行的拓展性探究学习。

(2) 复习课的小组合作学习教学模式

① 前置学习：教师根据复习内容设置“学习导纲”的题型设计，并提前布置。

② 任务分解:将本节课的学习任务分配到各个小组。各小组在限时时间内,先准备好两项任务:第一,由组长组织组员一起讨论导纲的难点、重点,通过合作、讨论,解答他们预习中出现的问题,同时注意横向和纵向的整合,并将他们本组解决不了的疑难点做好记录。第二,教师引导组员将所分配的任务进行进一步分解,每个组员承担其中一项,先自己进行思考和研究,随后各自将思考和研究的结果在小组内部进行描述或讲解,大家再分别针对这些结果展开讨论,加以补充、修改和完善,以备在全班进行交流和展示。

③ 展示提高:在学习委员的主持下,各学习小组轮流到前台展示学习成果,解答同学们提出的问题。围绕一个问题,不但要回答是什么,还要解释为什么。教师进行点拨讲评。

3. 课堂教学“六环节”基本模式的探索

“有模式而不惟模式”。每个学科都有自己的学科特点,我们在初步探索具有英语学科特点的不同课型教学模式的基础上,进行了课堂教学“六环节”的基本模式探索。“六环节”分别为:

(1) 明确目标:在导纲中,把学生自学的内容、方式、时间、要求、检测方式明确出来,使学生自学有明确的目标。

(2) 自主学习:学生自学,要求学生独立思考,做好笔记,把简单易懂的内容学会,不懂的疑难问题,标出来。

(3) 合作交流:个人不能解决的问题通过小组交流解决。小组内互相帮助,共同提高。交流的形式灵活多样,可以是师生合作、生生合作、组组合作,本环节和自主学习环节界限不严格。

(4) 展示点拨:通过合作交流仍解决不了的问题反馈给教师,老师视各学习小组探究情况,将疑难问题分配给学习小组,各学习小组准备后展示疑难问题,教师或学生给予点拨,或教师引导学生突破难点。

(5) 盘点收获:教师或学生总结归纳本课的主要内容,使学生所学的知识形成完整的体系。

(6) 达标测试:针对教学内容,当堂测试,并由学生互批互改,或者教师边讲评边批改,做到堂堂清、人人清。英语检测中,要有口语练习。

五、优化组合,诊断调整,升华问题

在小组呈现的过程中,台上台下相互质疑、相互论辩,学生群情激昂,往往能够衍生出许多新的问题、新的观点、新的方法、新的思路,迸发出新的思想和智慧火花,从而使整个课堂焕发出应有的激情与活力,使学生的主体精神和主体作用得到了充分发挥。

合作学习包括个体、小组、班级三种组织单位的交替互动,在互动中实现教学方法和学习方法的优化组合。当需要个体进行独立思考,自主学习首当其冲;当需要小组互助时采用合作的探究形式较为适宜;而当全班学生出现共性问题时,就需要学生全班去集体研讨来解决问题。这三种组织形式经常会交替使用。

在课堂上,老师也不是袖手旁观者,老师根据学生的检测反馈及课堂学习情况,为学生提供相应的指导,学生在老师的指导下探究自己感兴趣的更宽领域的问题,即升华问题。如讲到"Summer camp"这个主题时,当老师提出外国的游学课程时,同学们及各抒己见,从时间段设置、收费、科目,到不同国家,风土人情、气候等都给予不同的意见。

六、小组合作学习的教学体会与反思

1. 让学生围绕目标,坚定信心

经过"导纲"导学,"小组合作"探究、对话碰撞,学生对学习的知识不断明朗、认识不断深化、视野进一步开阔、思维也更加敏锐和深刻。在此基础上,通过针对学习目标的系统检测和及时、有效的反馈,实现知识、能力的整体优化和全面整合,促进学生个性化的知识构建和学习目标的达成,使学生看到自己的收获、感受到自己的进步与提高,从而更加坚定学习的信心,不断向着更高层次的目标迈进。

2. 不断进行策略调整

经过一段时间"小组合作"教学模式的探索,实验班的学生更主动地运用自己的思维去学习和习得英语，在主动参与中对英语产生很大的兴趣，在积极交往中学会了合作，在成功的体验中享受学习，课堂气氛活跃，学习质量大大提高。当然小组活动还存在一些问题，例如：如何提高学困生对活动的兴趣和参与率？如何防止小组活动演变成为“好学生讲，差学生听”的小组模式？如何处理班额大，人数多，教师指导困难的问题？

适时安排小组合作学习任务不失为一种有效途径。

(1) 课前，小组合作，预习课文(包括查阅词典，找相关背景知识的资料，找出重点、难点，提出质疑以及预做讲学稿等)。小组的每个成员分别做好准备，再相互讨论、补充，再指定准备代表小组发言的成员(答题的小组成员不能固定)，记录小组的集体成绩。例如，在学习 story 时，教师布置如下课前学习任务：Do you like reading stories? What’s your favourite story? Can you share with your partner?

(2) 课中，小组合作，深度探究，引导学生主动地、创造性地开展言语交际活动。如在教学 Life in the future 时，可要求学习小组结合学校生活，以 robot，having class，check homework 等为内容，共同编出一段有意义的对话。小组活动时，通过观察各小组的进展情况，启发和引导学生之间的互动，并适时地为学生间的言语活动提供语言、句式等方面的帮助。另外，教师还要有意识地组织小组学习成果的交流，如小组会话比赛、听力竞赛、单词接龙竞赛、段落记忆竞赛、快速阅读理解竞赛等，以增强小组成员间的合作意识和竞争能力。

(3) 课后，小组合作，巩固拓展。如：布置小组成员间的词语听写，课文朗读与背诵、检查书面作业、进行会话、批改写作练习、互评错题本的订正等。教师既要鼓励学生独立完成作业，又要了解小组合作学习对每个学生的实际帮助，并且纵观全班各组取得的成绩及存在的缺点，进行及时表扬、鼓励、指导与建议。

当然，随着合作学习方式的广泛应用，还会不断产生新的问题，尚有待于我们在实践中不断深入探讨。

小组合作学习作为本次课程改革积极倡导的有效学习方式之一，它有力地挑战了教师“一言堂”的专制，同时也在课堂上给了学生自主、合作的机会，其实质是提高学习效率，培养学生合作、交往、表达的能力。同时，也建立了课堂上师生之间平等、民主、和谐的人际关系，营造了民主、主动、互助、合作、探究的新型课堂文化。合作学习，充满阳光！

本文参考文献：

1. 张志远：《英语课堂教学模式》，《中国物资出版社》，2010 年 10 月。

2. 张素兰，李景龙：《合学教育：突破合作学习的 5 大瓶颈》，天津教育出版社，2012 年 7 月。

3. 朱晓燕：《英语课堂教学策略 – 如何有效选择和运用》，上海外语教育出版社，2011 年 1 月。

对于自主性、独立性日益增强的初中学生，小组合作也成了帮助处于心理断奶期的他们参与班级社会化服务的重要成长阶梯。基于小组合作的班级生活重建也在班主任的班级建设实践中蔚然兴起。

年轻班主任张海慧从班级文化建设的角度对小组合作进行了这样的探索。

班级小组合作文化的建设

张海慧

近几年，我慢慢发现，小组合作逐步成为我们管理与建设民主性班集体的重要机制。小组的自治，给班级、给学生创设了自主管理、自主发展的平台，也给教师都带来了培养学生主体性的新思维。

一、小组合作，顺应了初中生班级交往的需要。现在的孩子，多是独生，宠得多，竞争能力比较弱，容易在竞争中摔下马来。如何在班级管理中让学生感受竞争、参与竞争，这是保证学生将来于竞争之中立于不败之地的关键，也是促使学生互相促进，共同进步的动力。

心理学研究证明：当孩子处于一定的小集体，并对小集体有了认同感后，小集体对他的影响是巨大的。集体的期待、暗示，往往能够成为孩子进步的巨大动力。同时,小集体的荣誉感和集体自尊心,也能够促使学生努力向前。

我们的小组间比学习、比纪律、比卫生、比能力,正因为有了相互间的竞争,无形中构成了相互监督、相互促进的一张管理网。而起管理作用的恰恰是这张网中的每一条线——每一个学生。一个成熟的管理网形成后,教师将会很轻松地看这每个学生的进步。

二、合作文化,缩短了学生之间的心理距离。班级有班级文化,小组也应该有自己的文化。有文化的小组才是团结、有凝聚力的。

1. 个性化组名是小组文化的一个重要组成部分,是小组组员集体智慧的结晶。在那些个性化的组名后面,彰显的是学生的个性和追求。

2. 精彩纷呈的小组评分表,让孩子在评价中知道了规则的价值和意义。

每一次分组后,我都要求每个小组自制一份小组的评分表。表中包含着组名、图画、标语、组员的头像等内容。这使得小组中的每一个同学都摩拳擦掌,跃跃欲试,有的画画,有的设计,有的写字……在学生们的设计里,我看到了他们的创意和自立。

3. 精心设计的班会课。班会课上小组的活动设计,问题引导,自导自演的小节目,更是小组文化的精彩一面。看着孩子们自己做的班会课,虽不成熟,但处处闪动着智慧。

三、小组合作,激发了学生奋进向上的力量。小组讲竞争,又讲合作,更要讲和谐。小组要和谐,就要淡化权威,强化民主,让每一个学生都参与小组建设。我要求小组内部要分工明确,每个组员都要承担相应的工作,务求做到“人人有份,永不落空”。

而且,我们更会以小组为单位轮流参与班级值周管理,给每个小组一周的时间来展示自己的管理能力和各方面才干,让不同层次的学生都为班级有所贡献。为期一周的管理时限,每个组员都是班级建设的小主人,其主体意识、责任意识、班级意识快速成长。

四、小组合作,让孩子们感受到了真实的成长。

一是小组合作让班级真正成了孩子们的班级。一直以来,学生都认为班级是班主任的,是学校的,被动参与班级活动、被管理、被服务,是他们的基本心态。但是,小组合作机制的建立,使学生人人都成了班级小组的主人,个个都是班级管理的参与者,组荣我荣,班兴组兴,在小组内部每个人都要对小组负责,维护小组的荣誉利益,这就促使学生首先自己在每一项活动中既要严格要求自己,又要积极与同伴合作。在合作中,学生既学会了与他人的沟通交流,又从他人那里得到互补,培养了与他人合作的能力。

二是小组合作让孩子学会了在竞争中合作,在合作中共赢。合作小组的建立促进了小组内和小组间的竞争,竞争内容的多样化,使学生一直处于竞争的环境,努力改变自我,做最好的自己,努力为小组争光;在竞争中同组同学也会时常督促帮助本组成员努力完成学习任务或本职工作;在每周的班级生活分享中,小组之间的点赞和点评,也促进了竞争环境下的合作。各小组之间的竞争与合作,在总体上促进了班级管理目标的实现。

总而言之,正如教育家苏霍姆林斯基所认为的"只有能够激发学生进行自我教育的教育,才是真正的教育"。小组合作班级管理模式激发了学生的班级主体责任和参与班级管理的热情,在自主管理中增强自我约束,使学生学会学习,学习合作,学会竞争,人格逐步健全,为学生的和谐发展奠定坚实基础。

班主任何穗茵还将小组合作用到了主题班会的设计与组织,效果也出乎预料。

小组合作的主题班会

在亲身感受到小组合作学习带给课堂教学的生机与活力之后,我想,这种方式能否应用到班级生活呢?于是我大胆尝试,才发现小组合作开展主题班会,能有效调动学生参与班级管理的热情,也能引起学生之间互相的

“化学”作用,使到教育效果倍增。主题班会本身是教师结合班级生活现象教育小孩、管理班级一个重要途径,合理利用,对于班级的建设有重要帮助。我多次根据学生存在的问题,及时采取小组合作的形式让学生针对相应问题自导自演主题班会课,才感觉到原来这样也会取得一些意外的教育效应,它比老师的说教来得更直接,体会更深刻。

如本学期同学们印象最深刻的一次班会课《段考以后》。这次班会的主题完全是问题导向形成。当时,我发现第一次段考后,同学们不是针对段考反映出来的问题及时进行自我反思,而是,表现出万事大吉的松散状态,甚至出现部分同学抄袭作业或上课纪律散漫的情况。于是,我想到让同学们以小品表演的方式再现段考后同学们表现出来的松散状态,再开展针对性的讨论。这个任务很自然就落在了问题最严重的小组身上。开始的时候他们因为怕出丑,执意推托,但全班同学都觉得这个话题非常适合他们,在同学举荐和半推半就下,他们答应下来了。我要求它们不要刻意编排,就是把段考后小祖同学真实的想法及学习表现呈现在同学们面前,让大家想一想,考试过后我们应该怎么办?终于,班会课上,他们真实生动地表演了小品《段考后的我们》,把他们各自的想法和不良学习行为都一一呈现了,同学们边看边偷偷地笑,有的自己也有这行为在心里嘀咕着,表现出不好意思的感觉。等表演完毕,主持人一本正经地提出了三个问题让大家讨论:他们的想法对不对?这样做会导致什么后果?我们应该怎么做?大家在七嘴八舌的辩论中深刻认识了问题的严重性,它会导致我们走向由自我放松到自我放弃再到自我淘汰的下坡路。表现最严重的这个同学最后作总结发言,告诫同学们不要重蹈覆辙,段考后不要放纵自己,而是要主动反思,战胜自我,挑战自我,做最好的自己。这次班会问题突出的小组用切身体会,唤醒了全班同学,同学们感同身受,印象深刻。让我意外的是,承担表演人物的这个小组自从这次班会课后,不良现象大为减少。从此,我的班会课主题就是按照价值导向、问题引领的原则从班级生活中寻找,针对班级学生的成长需要以及需要纠正的问题来提炼,采用学生小组合作的形式让同学们自己编排班会课，老师适当引导，让问题或矛盾成为他们成长的台阶，让他们在自我批评和批评中不断觉醒，不断进步。

实践让我认识到，教师指导下小组合作式的班级生活，既顺应了初中学生渴望同伴交往、渴望被关注的心理需求，又通过小组合作、相互作用，让问题变成教育资源，在解决问题的过程中唤醒学生、点化学生，达到同伴教育的效果。而要做到这一点，关键是相信学生，以学生为中心，以学生的成长需求为出发点。

5. “语文主题学习”实验——让语文回归母语教学

语文作为义务教育阶段教学时间最多、教师人数最多、教学内容最多的综合性和实践性学科，不知什么时候，成了师生负担最重、最不喜欢的学科。专门来学校读书的学生，却没有时间读书，也越来越不爱读书；学生爱看课外书，却不爱上语文课；少、慢、差、费成了语文教学的代名词。

为了突破作为母语的语文教学窘态，2014 年我们引进了由李希贵校长主持的“语文主题学习”实验。该项实验旨在以单元主题学习的思想，整合课内外多篇与教材主题相关、相近、相似或相反的一组文章，通过压缩课堂 1/3 至 1/2 的教学时间，指导学生大量阅读、自主阅读、课内阅读，引导学生由学习一篇文章到学会一类文章，让学生在丰富的阅读积累中，积累语言、建构语言、运用语言，达到反三归一的教学效果，以整合教学的方式集中培养学生的语文素养。

然而，面对海量阅读的文本需求，资源从哪里来？时间从哪里来？淡化了课本教学后，成绩又从哪里来？

面对诸多的困惑和担忧，在周边都没有同行可学可鉴的情况下，我们的老师没有退却。他们带着破局的决心和勇气，率先在广东地区开始了语文主题学习实验。要学生多读，首先必须老师多读，才有可能引导学生学会多读。于是，选文本、定主题、做整合、编学案，一场改革的攻坚战骤然打响。从文本的选择整合，到“学习导纲”的重新开发；从教师的大量提前阅读到学生的海量阅读；从一篇文章教三节课到三篇文章教一节课……老师们坚定地走过来了。

教了近三十年语文的伦礼蓉老师，这样记录了她认识并实践“语文主题学习”的成长历程。

我与“语文主题学习”的亲密接触

伦礼蓉

2014年11月，佛山六中召开的一次语文研讨会，会上六中和高明沧江中学的老师各上了一节语文主题学习示范课。我有幸去听了这两节课，全新的形式，超大的课堂阅读容量，让我有点不以为然，总觉得是“作秀”。具体的内容没记下来，只记住了实践者在总结时的一句话“开展‘语文主题学习’研究，要有心理准备，它可能会让你输在起跑线上！”，还记住了我当时那诧异、惊呆的表情。

2015年4月，我与语文科组一行四人到山东昌乐二中观摩首届全国初中“语文主题学习”课堂教学竞赛。我们在现场观看了14节比赛课，每一堂课都是以1+X的模式，让学生在大量阅读中掌握课堂的教学要点。我们看到了14位很牛的老师，更看到了14个班级很牛的学生，14堂课给我们带来的震撼难以言表，无数个疑问涌上心来：“书本的内容讲这么少行吗？”“这样上课进度能赶上吗？”“我们的学生能这样牛吗？”“常态课能这么上吗？”“阅读量这么大，学生有时间读吗？”

就这样，带着破局的渴望，带着一肚子的疑惑，我们回到学校，在初一、初二开始了“语文主题学习”的教学实践……

初试主题学习：单元整体教学的实践

为了实现把课堂上的时间大部分还给学生，给学生腾出阅读的时间，我尝试通过以语文基本知识点为线，对教学内容进行单元重新整合以重构初一语文的课堂教学程序，合理取舍以强化主干知识，从而提高教学效率。

1. 单元统整

根据语文教材以单元为板块呈现教学目的和内容的结构特点，我首先强化了单元整体结构教学的意识。即由过去单纯强调单篇课文的育人价值转向有侧重落实每篇课文在单元整体教学中的育人功能，以单元人文教育主题为明线，以渗透在每篇课文中的语文素养为暗线，站在单元整体教学的高度，对本单元每篇课文的教育功能进行了整合。一方面，在教学目的理解和教学内容的编排上强化了单元整体的结构意识和主题意识；另一方面，在教学方法和策略上强化了渗透意识和积累意识。我以七年级上册语文教材第一单元为例，先细研课文、教参，结合课标，接着安排一个课时让学生对本单元的现代文内容和主题有一个整体的把握，再引导学生把三篇课文涉及的知识点整理出来，大胆地对每课书的教学侧重点进行取舍，形成了一个本单元的知识结构。

课文	作者	文体	知识点
散步	莫怀戚	散文	以小见大的写法、记叙文的线索、细节描写、景物描写
秋天的怀念	史铁生	散文	细节描写、记叙文的线索、景物描写
羚羊木雕	张之路	小说	插叙、记叙文的线索、细节描写、景物描写、以小见大的写法

2. 纵向整合

记叙文的线索、细节描写、景物描写、以小见大的写法等知识点是三篇课文都涉及到的，对此，笔者设计把四个知识点有侧重地放在不同的课文中作为重点去讲解，以求学生一课一得，最多两得，避免学生因多而乱。因为讲解的重点少了，学生听课的注意力更集中了，课堂上能腾出更多的时间让学生去品读文中的语言美、形象美、情感美。

3. 横向整合

为了防止学生对知识点掌握不牢，学完就忘，笔者采取了“导、练、测”

的训练模式,利用其他的教材资源来对所学知识点进行巩固。

例:第一单元第四课《羚羊木雕》学生课堂学习的“学习导纲”

【前置学习】

1. 结合上一课时学过的知识点,试分析一下《羚羊木雕》一文是以______为线索展开叙事的。

2. 认真阅读《羚羊木雕》一文,找出一处你认为精彩的细节描写,并说说它的作用是什么?

【课堂活动】

一、小组活动

小组讨论“前置学习”的内容,先在小组发言,再选代表堂上进述。

二、关键点分析

1. 插叙:记叙文的叙述方法主要分为顺叙、倒叙和插叙。插叙是在叙述中心事件的过程中,为了帮助开展情节或刻画人物,暂时中断叙述线索,插入与主要情节相关的回忆或故事的叙述方法。插叙的作用有三:(1)可使所写的内容更加充实,情节更加充分,人物更加丰满,使主题更鲜明,更深刻;(2)可以起到补充主要事件或衬托主要人物的作用;(3)可使文章的结构避免呆板,拘谨,使行文起伏多变。

2. 景物描写:描写自然景观,即人物活动的时间、地点、天气、季节和景物场景,如山水、树木、云雾等自然景物。作用主要是交代故事发生的时间、地点及人物活动的空间,渲染环境气氛,烘托(衬托)人物情感,预示人物命运、表现人物性格、摘取故事情节的发展,提示文章主题等。

三、10 分钟辩论

分甲、乙两组,甲方代表父母,乙方代表“我”,就这一场家庭矛盾冲突的是非展开辩论。要注意摆事实讲道理。

四、当堂过关检测

1. 在所学过的第一课《散步》中,有这么一段:“这南方初春的田野,大块小块的新绿随意地铺着,有的浓,有的淡;树上的嫩芽也密了;田晨的冬水也咕咕地起着水泡”，请说说这是描写？结合刚才老师堂上讲解的知识，试分析一下其作用是______.

2. 在所学过的课文《秋天的怀念》中，也有两处很精彩的景物描写，请把你最喜欢的一句摘抄下来：

3.《羚羊木雕》倒数第三段中有这么一句“月亮出来了，冷冷的”，属什么描写？在文中有什么作用？

说说作者描写的意图是什么？

在这一节课上，既让学生掌握了“插叙”、“景物描写”两个新的知识点，又以练习重温了之前学习过的“记叙文的线索”、“细节描写”两个知识点。还以当堂检测的形式检查了学生对新学知识点的掌握程度。

本单元的教学，在完成本单元的教学目标的前题下，我完成单元教学任务的时间比其他班级的老师节省了足足4个课时。利用其中2个课时，让学生拓展阅读了三篇课外美文，其中一个课时让学生开展了一场精彩的辩论赛，另一个课时让学生对所写的作文进行第二次的修改。以往课时紧张的感觉没了，换来了更丰富多彩的师生交流。课堂上的发言声、笑声、辩论声多了，开学才三周，便有家长反馈说“我的孩子回到家中说，现在特喜欢上语文课，我都敢举手发言了。”这对于一个语文老师来说不是一种莫大的幸福吗？

再探主题学习：语文主题学习的课堂教学实践

（一） 以一篇带多篇，引导学生开展主题阅读

初一语文教材编者把教材按照主题进行设计，是要通过单元主题教学培养一种学习品质，习得阅读的方法和习作的方法，学会运用语言。但由于受教材篇幅的限制，一单元只能容纳五六篇课文，这就很难收到预想的效果。根据语文主题学习的实验原则，我根据每篇教材的特点和教学重点，从《主题丛书》中选择适量的名篇佳作让学生阅读。以一篇带多篇，学生就能够在充分阅读中更好地揣摩体会主题思想、训练重点、语言的表达方法等，

让学生在阅读中学会阅读。

例如我对课文都德《最后一课》的教学处理:

不一样的老师,一样的爱国情怀

【篇目】《最后一课》(都德)+《第一堂课》(老舍)+《最后一课》(郑振铎)

【教学目标】

1. 梳理文中表现人物性格特点的具体事例

2. 感悟人物对祖国的爱

【教学重难点】

结合具体和语句品味对祖国的爱。

【前置学习】

重温之前学习过的《最后一课》的内容;阅读老舍的《第一堂课》和郑振铎的《最后一课》,熟悉其内容。

【篇目导读】

1. 速读课文,小组讨论:说一说文中的三位老师。

请用"面对亡国之痛,在《__________》文章中,老师是__________样的。正如文中写道________"的形式组织语言,精当评价三个老师的形象。

2. 用细节说话

面对国土沦丧的现实,三位老师都是悲痛不已的,请结合全文的细节说说,三篇文章是如何去刻画描写人物的"悲痛"之感的?找出你认为最精彩的句子加以赏析。(在文中写批注)

(三) 学以致用

通过这三篇文章的阅读,我们领略到三位文学大家在刻画人物情感方面的细腻与精彩。写一写你从中受到的写作启发。如图5-1写作启发

又如对鲁迅《社戏的》教学设计:

多彩的童年,美好的记忆

《社戏》+《月迹》+《融融绍兴，一城好戏》

【教学目标】

1. 学习《社戏》围绕中心选材，叙事详略得当的写法。

2. 通过比较阅读，揣摩环境描写的作用

3. 通过比较阅读，理解作者笔下的童趣。

【前置学习】

1. 给下列词语中加点的字注音。

2. 请根据课文内容分析叙事的详略

3. 你最喜欢文中的哪个人物，结合课文说说你的理由。

【问题引领，小组合作】

1. 平桥村是个“极偏僻的”小村，为什么说是“我”的“乐土”？

2. “我在这里不但得到优待，又可以免念‘秩秩斯干幽幽南山’了。”这句话用了哪些修辞手法？“我”在这里得到的“优待”有哪些？从中可以反映出平桥村怎样的风俗人情？

3. 景物描写逼真是这篇作品具有永久魅力的因素之一。作者调动起视觉、听觉、触觉、嗅觉来描写江南水乡的清新秀美景色，并融进自己的感情感情，情景交融，充满诗情画意。

(1) 请找出文中一例环境描写的句子，进行赏析。

(2) 贾平凹的《月迹》在描写月亮时采用了动静结合的方法，请写出动态描写和静态描写的内容各一句。

4. 鲁迅在文中的说“真的，一直到现在，我实在再没有吃到那夜似的好豆，——也不再看到那夜似的好戏了。”王敏在《融融绍兴，一城好戏》中也说到“记不清看了多少次演出，每一出戏终了，我总是很享受，很依恋，也很担心，担心自己哪一天会再也看不到这样的好戏了。”请问，他们认为“戏好”的原因一样吗？结合文章说说你的理解。

(二) 留空补白，拓展阅读

初中语文教材里的篇目大多是名家的经典篇目，但受篇幅的限制，很多是零散的，片断式的，为了让学生能有兴趣地把篇目的经典大作看完，我在课堂上会借助课文的作者经历或故事情节，以问题来吸引学生，引导学生把作者的整部作品看完。如在讲读鲁迅的《从百草园到三味书屋》一文时，我以两个问题引导学生饶有兴趣地完成了对《朝花夕拾》整部散文集的阅读。

(1) 童年、少年时代的鲁迅是在怎样的环境下生活和成长的？

(2) 青少年时代生活对鲁迅的成长以及后来的人生有着怎样的影响？

又如在讲读林海音的《爸爸的花儿落了时》，对英子这个人物的精彩分析，深深吸引了学生，经老师的提点，学生很自觉地就借来了《城南旧事》这本小说，津津有味地开读了。

(三) 自主运用主题学习：课外延伸

开始实验的每一个学期，我们便开展各种各样的读书活动，如初一级的读书卡、初二级的阅读手抄报、阅读手册，全校性的“品书香，孕儒雅”读书节等，利用各种形式，提醒、帮助学生们爱上阅读，学会阅读。

同时，我们还给学生设计了一本“阅读认证手册”，制定了“自主阅读积分奖励方法”，以积分的形式推进学生的自主阅读。

语文主题学习带给我的欢悦

(一) 感悟

1. 学生的变化：(1) 一个学期的“语文主题学习”的实践，我所任教班的学生的阅读量迅速提高，在阅读过程中，学生不但学会了默读还学会了快速阅读、批注式阅读，他们不但读了大量的文章，还做了很多的读书笔记，写出了自己的笔记和感受，真正做到了“不动笔墨不读书”。(2) 通过大量的阅读，学生积累了大量的写作素材，对作文课的恐惧感大大减少，写作水平也逐步提高。(3)“语文主题学习”强调的是腾出课内 1/3 的时间让学生将课外阅读内容安排在课内进行，尽量不占用学生课外的时间，让阅读真正落到实处。因此，在“主题学习”的课堂上，学生的自主学习、合作探究成为最主要的学习方式。在学生安静阅读时，我们听到的只是沙沙的写字声和翻书声;在讨论时,我们听到的是热烈的辩论声。一学期下来,学生们更爱语文了。

2. 老师的变化:(1)改变了老师的备课方法,由原来的以课为单位的备课,改变了以单元为整体的教学设计,为了在课内腾出更多的时间指导学生大量的阅读,老师必须对教材进行深度的、压缩性的再加工,抓重点,少讲,精练。彻底改变了原来死读硬背反复做题的教学模式。(2)为了引导学生阅读,要求老师必须提前进行大量的阅读,以前我常以工作忙为借口原谅自己的不阅读,经过一学期,大量的阅读让我重拾阅读的乐趣。海量阅读改变的不只是学生,还有老师本身。

(二) 成绩

亲密接触前的这句"开展'语文主题学习'研究,要有心理准备,它会让你输在起跑线上!"言犹在耳,但经过一个学期的实践,我们惊喜地发现,在期末区统考中,我校初一语文平均分排全区公办学校第2名,优秀率排第一名;初二语文平均分和优秀率均排在全区的第三名。我们并没有因开展语文主题学习而影响了学生的学习成绩!我们并没有输在起跑线上!

(三) 未来愿景

我们相信,学生自主阅读的推行,不仅可以做到"广种博收",最大限度地减少老师的讲授,让学生在诵读、涵咏、积累的过程中,自己去感悟、去体验,进而提升学生的文化品格、文化素养、文化境界。阅读逐渐成为学生语文学习的根,并让学生终身受益。

我们,将继续探索、前行;我们相信,我们终会赢在终点线上!

写于2017年2月

四、学校治理　凝聚共生合力

构建学校治理体系是我校在现代学校制度建设中的有益实践探索。随着学校办学思想、办学理念的转变,学校管理体制更加开放,与社会的互动交流更加充分,整合社会资源参与学校管理、服务学校教育成为完善学校治理体系的一条重要策略,“大教育”视野下的教育共同体日见成形。不仅学校办学专家指导委员会、三级家长委员会、周边综合治理联席会、校友联合会以及五校长(学校向社会聘请的派出所、交警、消防、司法、禁毒等部门人员)制度、常年学校法律顾问制度、家长学校制度等日渐完善,而且每年的学生代表大会、家长代表大会、学校教育年会、教职工代表大会作为一项办学机制日趋稳定,有力保障了学校在转型性变革实践中各项改革的顺利进行,决策具有科学性、执行具有可行性、发展具有协调性、实践具有公信力。一个充满生命活力的“教育共同体”快速成长,“办人民满意的学校”的教育追求成为学校、家庭、社区真实的教育实践。这里记录了老师和家长在践行学校“合作互动、共育共生”家校工作理念过程中的实践感悟。

家庭、学校、社区在互动合作中共育共生

初二级长助理　谭润嫦

曾听说这么一个家教故事:一个小男孩有一项假期作业,搞一些社会实践之类的个性化作业,小男孩翻阅了很多资料,确定了题目、活动方案、组织了合作的团队,等等,但到最后一步却“卡壳”了,他们联系不到访问的单位。功亏一篑,小男孩非常伤心,难过得连饭都吃不下。爸爸发现了问孩子什么回事,听完孩子的叙述后,爸爸说你还有一个资源没用上,孩子很困惑,究竟是什么资源?爸爸说“就是我这一块啰”。孩子眼睛一亮,顿感“柳暗花明”,但转念一想,爸爸的单位工作与他们定下的题目不相符。爸爸又笑了,“我还有我的同事、朋友,以前的同学的嘛。还有,现在我们所在的社区也会有你用得上的东西喔。”最后,在各方面的联系和帮助下,小男孩要完成的项目顺利完成并获得了很高的评价。

这个家教小故事虽然很简单,但读完后我深受启发,其实我们作为教育工作者一直以来都觉得,把孩子的品德、学习成绩、学习能力、做事的能力等培养好是我们的职责范围,一定要靠自己“老黄牛”的品质,把几十号的孩

子的方方面面都教好。结果呢？辛苦是不在话下的，效果还未必理想，因为毕竟老师的知识层面是不可能样样精通的。如今，在学生合作学习的风气带动下，我们也正在思考：是否学生的家庭、社会和学校也应该合作教育，把所有的教育资源充分整合，达到教育效果的最大化。

一、带领学生、家长走出校园参与社会实践

首先是激发学生学习的兴趣。认知和体验式的学习能对学校课堂学习内容巩固、深化，将理论转化为实际“生产力”，也能激发学生的成功感，从而拓展兴趣。《科学课程标准》中提出“科学课程应具有开放性”“这种开放性表现为课程在学习内容、活动组织、作业练习、评价等方面给教师、学生提供选择的机会和创造的空间，使课程在最大程度上满足不同地区、不同经验背景学生学习科学的需要。”“这种开放性还表现为要引导学生利用广泛存在于学校、家庭、大自然、网络和各种媒体中的多种资源进行科学学习，将学生的科学学习置于广阔的背景之中，帮助他们不断扩展对周围世界科学现象的体验，并丰富他们的学习经历。”

因此，《科学课程标准》早已指出：课堂只是学生学习的一块小阵地，课堂中抽象的理论知识一般老师会通过文字、图片、语言、视频等呈现，学生被动接受后，如果没有巩固与强化，这些知识很容易被模糊，被混淆，被忘记。但走出课堂，学生将迎来的是更广阔的天地，更深刻的体验，新的学习时空能使学生有新的思考，激发他们学习的更大动力。

其次，校外资源的多样性、实用性，更新的频率快，所以必须“引进来”。

家长方面：家长们来自各行各业，知识丰富，并且他们与孩子互动的方式方法更为新颖。虽然在学科的专业性方面不及老师，但他们带来的职业知识更具趣味性和实用性。如在摄影师爸爸在暑假前就开展了《我有一双发现美的眼睛》的旅游摄影讲座，暑假期间吸引了一批爱好者进行了户外旅游摄影实践活动；春节过后银行经理爸爸举办“我是小小理财家”的少年金融知识讲座；妈妈们带着孩子们利用周六日和寒暑两假进行一系列的社会公益活动：探访独居老人，“行通济义卖”等……

社区方面的资源:寒暑假期间开展的一系列活动,如运动训练,读书活动,义工学习辅导,社会公益志愿者活动,游学……学生上课期间,学校也可以积极与社区取得联系利用好社区的资源。如市图书馆的“书车进校园”活动,他们的外教到校与学生的口语交流;我们的一系列社团,如剪纸、书法、武术等都可以利用社区提供给我们的优质资源。

把各路资源“引进来”,让学生全面接触多元文化,丰富其学习内容,提高兴趣,拓展视野,彰显现代教育的立体化,为未来真正人才的培养奠定踏实的基础。

二、有效引导家庭、学校与社区形成共育体

(一) 建立大教育观念,提高教师的合作意识

著名的大教育家卢梭曾提出自然教育,就是要服从自然的永恒法则,听任人的身心的自由发展,其手段就是生活和实践,主张采用实物教学和直观教学的方法,让孩子从生活和实践的切身体验中,通过感官的感受去获得他所需要的知识。与自然教育密切相联的,卢梭还主张对儿童进行劳动教育和自由、平等、博爱的教育,使之学会谋生的手段,及早地养成支配自己的自由和体力的能力,保持自然的习惯。随着互联网的日益发达,在如今的社会单纯依靠学校教育是极不足够,如何让孩子接受教育的时间空间无穷扩大,使影响学生成长的家庭、社区、学校三方相向而行,整合各类教育资源,构建家庭、学校、社会合作教育共同体,显得刻不容缓。

(二) 充分了解家长资源,组建家校合作联盟

1. 家庭与学校合作

首先我们需要建立一个家长与老师沟通的平台,使我们的合作有充分的时间和空间。因此初一第一次的家长会上就要马上开始筹备和建立各班的家长联谊委员会(以下简称家委会)。在宣传了家委会建立的重要性和实用性后,几乎所有家长表示支持,并且各班都有好几位家长当场表示愿意积极参加家委会委员筹备组。开学三周内,我们倡议各班必须建立好各班的家委会,确定了家委成员的职责范畴:会长、组织委员、财务委员、摄影师

兼活动资料记录员,5 名左右组员等。很多老师认为,新初一的开学事物繁多,有必要这么快把家委会这一项排在议事日程上吗?其实家委会的筹建是越快越好,老师和家长要在“家长有能力和有必要参与学校教育和管理”这一问题上尽早达成共识。家长的参与既能为学校提供教育资源,帮助学校分担教育工作,又能促进家园的有效沟通、互相理解、互相学习,让每一个青少年能在学校和家庭所形成的合力的影响下健康成长。在会长的主持下,很快的班 Q 群和微信群建立了,会长和老师商量后制定了学期家谊会发展计划、收集每位同学家庭情况记录表、一些活动方案等。要知道没有家委会的协助,这些工作都必须由班主任来完成,工作量大而且繁琐,但家长们接手后一方面服务于孩子他们非常乐意,同时也感受到老师对他们的信任,之后很多家长与老师成为好朋友,共同的教育需求也使家长与家长之间也成了好朋友,在不断的互动过程中,家长对家庭教育主体责任有了新的认识,“孩子交学校我就不管了”的消极情绪逐渐减少,配合、参与学校教育的意识逐步增强。所以我认为这一平台是越早建立效果越好。

其次,家校合作对于家长和教师自身来说,也是一个共同受教育的过程。对于家长而言,正像一个职业教育者的教育知识与能力是在学习和实践中获得的一样,家长的教育知识与能力也需要有一个学习和实践的过程,家校合作就为家长提高教育水平提供了一个学习的机会,能够帮助家长树立教育好子女的信心,获得教育的知识经验。例如,利用班 Q 群和微信群及时把孩子的活动,包括照片等告知家长;老师把看到的一些优秀的家教理论、个案等发给家长学习;每月定期举行家长见面沙龙会。如:找一些非常休闲的地方,例如一齐打一场球,一边玩一边聊,互相交流教育孩子方面的一些策略等,而不再局限于一学期一次的家长会。对于教师而言,在与家长合作的过程中,也可以帮助自己不断改进和修正教育内容和教育方法。例如,有家长曾提出让老师把一下复习课件放上 Q 群,孩子生病了,上课时精神状态不好,想回家再回顾复习。这样把我们的课堂延伸到家庭。以后的复习课件、资料等我都一一放上班群上去,效果还真的不错。家长都说以前总想督促孩子学习就是不知道怎么督促,现在有方向了。所以家委会这一平台使学校和家庭的互动真的变得“亲密无间”了。

最后还不得不提的是,家长群体是一个巨大的资源库,好好利用对孩子的教育帮助威力巨大,像文中前段提及的例子。整合、善用家长群体资源,建立大教育观,受益的将会是每一个孩子。

2. 社区与学校合作

学校不能满足于园内“纯净乐土”的建设,也不能把教育工作的对象只局限在学生身上,而应该把教育对象扩展到学生家长乃至其他社区成员,为家长和社区提供使用学校教育资源的机会,使社区教育以学校为中心来开展。2014 年春节前,在居委和禅城区红十字会、慈善会等社会组织的带领下,212 班的孩子进行了一系列社会公益活动:探望独居老人、通济慈善行等。在这个活动中,孩子们知道了社会上还有那么多需要帮助的人,每一位公民都有服务社会的责任,也懂得了社区工作者的不易。孩子们走出课堂,体悟社会,关爱社区、服务社会的意识逐渐萌生,“两耳不闻窗外事,一心只读圣贤书”的封闭状态开始突破。

(三) 坚持学校主导,促进社区联动

学校在教育方面具有专业性,因此在确定主题活动方面应起到主导作用。另外,活动内容宜系列化,分层递进,逐步深入,避免陷入形式主义,为活动而活动。

如学校与社区合作引入消防队禅城中队进行有关消防安全知识的推广宣传活动。第一阶段:每学期的开学、期中进行两次的全校师生安全疏散演习,不断向学生宣传逃生技能并进行实践演练;第二阶段:时间选择在 7 月暑假放假前,一方面是孩子放假在家更需关注安全问题,另一方面是 9 月开始进入秋高气爽时节,也是火灾的高发期。这一阶段安排宣讲普及、班级内进行“消防知识知多少?”理论知识的考核、比赛,参加消防中队到学校的实训演练;第三阶段:学生的实际操作训练(如实际操作使用灭火器、模拟逃生等),并选出班级的消防小专员。这样一个活动的完成几乎贯穿整个学期,但收效是显著的。

三、在互动中走出教育误区,化解家校矛盾

在学校、家庭、社区共同体建设过程中,起主导作用的是学校,发挥纽带作用的是老师。过去封闭的学校管理中,三者不仅彼此隔离,而且常常对立,立场不通、观念不同、交流不动。实践中我们发现,学校教育理解片面、教师教育观念误区是造成上述矛盾的主要方面。于是,向内使劲成了化解矛盾的突破口。

误区1:家长群体水平低(包括生活水平和学历层次都较低)的班级无法开展家、校、社区的合作。

解决方案:(1)更突出学校、老师的主导性,在家长、社区不知如何合作,合作什么的情况下,学校更应突出我们在活动主导方面的专业技术技能,老师可以具体作出行动指引;(2)控制合作项目的难度系数;(3)对家长进行定期培训,让家长明确活动的意义所在和组织活动的流程,注意事项等;(4)组织分享活动,带动后进的群体,分享成功经验。

误区2:家委会、社区的活动对提高成绩毫无帮助,多此一举,还不如多上两节课。

解决方案:(1)每次活动明确目标,制定具体内容,以正能量引导家长、学生改变观念;(2)进行任务式的活动,让学生从活动中有真正的收获;(3)活动后要做好分享与反思的工作。

让学生走向社会,让学校融入社区,构建共同的教育理念,调动一切有利因素,整合一切可用资源,为优化学生的成长生态服务,应该是当代学校教育的应有之意。对此,家长也有他们的成长感悟。

家校互动让我也有了成长

佛山三中初中部初二(3)班　罗秀家长

近来半月出差海南岛,我忽然接到女儿打来的电话,意识到近期缺少了对女儿在校生活的关怀。值得庆幸的是,她进了一所好学校—佛山三中初中部,那里有一批优秀的老师,带领着一批渴求上进的学生不断上进。我觉得那里的每个学生都是优秀的,只是优秀得各有特色;又有惊人的一致,那就是对知识孜孜不倦的追求。

岁月总是停不下它匆匆的脚步,还记得两年前因女儿报读佛山三中初中部,到学校去参观校园和观摩老师的教学活动;我一直惊讶于那位英语老师的纯正口语,还记得那位物理老师对教学的一丝不苟和某位语文老师对教学的富有创新。这样的教学功底,绝非一日之功;我隐隐地觉得,这是一所敢于变革,富有创生的学校;孩子能够进入这样的学校,当属大幸。

首次参加的家长会,后来变成了一个家谊会成立大会;参加的家长们都很感慨,说原来家长会还可以这样开。教学变革是悄然进行的,但是总觉得那么有条不紊,从一开始的家协会就可以看出端倪。很快的,我们家长与孩子们一起,经历了一次大夫山亲子游;从来没有的感觉,第一次感觉与孩子的心灵如此接近,远比与大自然更近。孩子的视野打开了,心灵之窗也打开了,我们无话不谈。这是一次成功的教育,不止是对孩子的教育,家长们也感受到了教育变革的力量。后来的参观水厂和五十公里徒步,更是证明了这一点。

家谊会的会长们是好样的,他们在工作闲暇之余,为孩子们的成长奔走着;成立家长微信群,组织家长见面会,不断地燃烧着他们的中年激情。其他的家长也积极响应,记账的记账,后勤的后勤,为家协会活动献计献策。短短的一个学期,就组织了两三次大型的沟通活动。家长们互相交流教育经验,也成了无话不谈的朋友。

还记得准时的七点半家长会,除了关心孩子的学业变化,我们更关心孩子的成长和心理变化。孩子是不同的,但是他们力争上游的干劲是相同的;他们也在不断地变革着,用着不同于家长们那个年代的方式在学习和生活;他们是新的一代,理应不断地创生着。他们的学习生活,不仅仅是创新的,而是真正的创生,不断地成长着。

每次的家长会,总会发一个表格;让家长提提想法,这是一个很好的办法。我们家长也积极地给学校各方面的建议，不一定全都中肯，但总有一两篇建议是那么惊人的有启发。家长会上，班主任与各科任老师的默契，一个有共同目标的团队；但每次的家长会内容，又各有新意，所以家长们都乐意参加，期待着不断地被启迪。家长们也踊跃发言，乐于分享自己教育孩子的经验，每个细节朴实有又内涵。教育总是悄然地变革着，朝着创生的方向。三中初中部的孩子们，你们是多么幸运！

两年的三中初中部家长活动体验，我逐渐明白了"家庭是孩子的第一所学校，父母是孩子的第一任老师，也是孩子终身的老师"背后的深意。在孩子成长过程中，家庭教育的缺失，将导致孩子不完整的人生。

第六章　白兰之雅:述说文脉三中的成长故事

佛山三中初中部这所百年名校,就如矗立在校园里的百年红棉树,以其根深叶茂、春华秋实的强大生命活力,革故鼎新,吐故纳新,愈久弥新,构筑了一代又一代追梦人的光荣和梦想。他(她)们中既有青涩好学的年轻教师,又有历练成熟的班主任、科组长,还有“纵有创伤不退避”的热血少年,更有以校为荣、与校共生的学生家长……他们在“三雅”教育的百花园里,互动共生,竞相绽放,尽享成长的快乐。本章以讲故事的形式,让我们一起品味他们在改革大潮洗礼下的心路、心语、心得。

一、教师心路,在变革中走向主动发展

学校变革,不仅是事的变化,更是人的改变。在“三雅”教育全面实施的日子里,我们深切地感受到,教师既是变革的对象,也是变革的主体。从始至终,最难转变的是他们,转变最大的也是他们。伴随着各项改革的逐步推进,他们由不自觉到自觉,一步步深深卷入其中,成长在其中,享受在其中。

(一) 从改变“课”到改变“人”

课堂是学校教育的主阵地,也是师生生命成长的运动场。课堂的氛围和课堂上人的状态,直接决定了课堂上人的生命质量。学校基于日常实践的变革性研究,让教学、教研和师训三位一体,实现了对课的关注与对人的改变的和谐统一。正所谓:“教师改变,课堂改变,学生一定改变。”

小荷已露尖尖角

物理青年教师　雷　丹

2012年我大学毕业,怀揣着对教育事业的憧憬和热情来到了这个陌生的城市。还记得来单位报到那天,我一个人拖着重重的行李,下了出租车,"佛山三中初中部"赫然地出现在马路对面,斑驳的校牌朴实低调,我满怀期待地走了进去。初来乍到,全新的环境和语言让我不免有些顾虑,我能尽快融入并且胜任这里的一切吗？幸运的是,2012年起,为创设优质而适性的初中教育,学校在全国名校长谢先刚同志的带领下,开启了学校的变革与创生之旅。各项活动的开展与推进都聚焦到"改课",各项教学活动充满了机遇和挑战,同时也给我们新教师提供了各种平台和学习机会。我暗暗庆幸自己赶上了这股"潮流"。

这一年,学校废止了沿用多年的教辅资料,推行了以备课组集体开发的校本教材——"学习导纲"为载体的"探究/对话/体验"式教学模式。备课的变革让教师真正走进教材、研究教材、开发教材。我的成长之路就从改变传统的备课方式开始了。每周三是我们物理科组"雷打不动"的集体教研备课活动,在科组长和备课组长的带领下,我们群策群力,为编写好每一节"学习导纲"积极探讨交流,针对每一个教学重点难点都精心设计,每一道习题的难易程度和出现顺序都精挑细选。每一次的集体备课和"学习导纲"的编写都让我对教材结构的理解有一个快速的提升,使我在最短时间能够掌握教材的重难点以及精准有效的突破方法。我的课堂也开始由起初的依据教学课件先讲后练改向基于"学习导纲"先学后教的"探究/对话/体验"式教学。

令人感动的是,学校特别关注年轻教师的成长,不仅为新教师提供了各种机会和平台,与此同时还专门设立了"青蓝工程"这一项目,让我有幸和简展晖主任结成了师徒。简主任是一位教学经验丰富,实干能力超强,各方面都非常优秀的老师。他平易近人,风趣幽默,课堂上讨论声、欢笑声、掌声不绝于耳,深受学生喜爱。同时,他还是负责德育的主任,因此,从他的身上我不仅能学到物理教学的专业知识,还能领悟到“从爱到被爱”的教育情怀。与此同时,罗礼勇主任、陈新玲科长也是我成长路上功不可没的恩师,对于我教学上的问题,悉心为我指正,毫无保留地传授我宝贵的经验,指引我前进。我经常感叹自己是幸运的,物理科组是一个团结友爱、实效精干、足智多谋的团队。我们不仅是工作上的伙伴,通力协作,追求卓越的教学成果,休息之余,我们的科组活动也是丰富多彩,充满生活情趣。这不仅让我们感受到了科组的人文关怀,还有家的温暖。

2016年5月23—27日,禅城区初中课堂教学改革之“探究/对话/体验”式教学研讨周在我校隆重举行。非常幸运,我承担了这节公开课,并与外校老师进行同课异构。经过一个多月的辛苦准备,经历了五次集体磨课试教,我的公开课《杠杆》一改常规的力臂知识点教学思路,从生活现象入手,以问题情境引领课堂探究,学生以小组合作的方式,从实验数据的收集整理到探究结果的归纳整理,围绕逐步深化的问题展开探究、研讨,深深卷入紧张的探究体验和交流对话之中。随着各方思维冲突的化解,学生的认识逐步逼近“力臂”这一概念的本质,较好地突破了建立概念这一教学难点。虽然下课拖延了两分钟,但整个教学过程生动活泼,真正体现了“探究/对话/体验”式教学的基本思想,获得了区教研室和各位同行的高度肯定和赞扬。这一课,从教材解读到资源开发,从教学设计到试教磨课,从教学反思到每一次的重建,都积聚了科组同伴之间的思维碰撞和实践交流。特别对教学材料的处理、对探究活动的设计以及对研讨活动的引领,让大家感悟良多。正如校长常说:“打磨一节课,锤炼一批人。”我作为研磨活动的承载者和课堂教学的执教者,更是深有体会。这节课,让我对学生有了更多的信任,对教材有了更多的主见,对教学有了更丰富的理解,教师的功夫重在“导”而不在“讲”。我在课堂的角色也逐步由“讲师”变成了“导演”,课前的功课做得更足了。学生也由观众、听众变成了演员。特别令我欣喜的是,原来停留在口头上的探究能力、思维能力培养这次真正在学生的课堂表现中看到了。同时也使我对“在生活中学习物理,将物理融入生活”的学科教学本质有了更清晰的理解。传统的教学大多侧重知识的教学,学生会机械做题,但是缺乏思考,生活中解决问题的能力更是不容乐观。因此在日常的教学备课中,我开始注意花更多时间去备学生,备生活,做编剧,当“导演”,而不是当讲师、赶进度、钻题海。

有了这一次的磨练,在第四届全市物理青年教师优质课比赛来临之际,我毅然报名参赛。选好参赛课题以后,我的教材理解和教学设计,在教研组同志们的帮助下,通过一次次的改课、磨课,日臻完善,自身的教育理解、教学行为也悄然发生着改变,物理学科课改的基本理念在我的课堂逐步得到体现。比赛那天,基于对教材的深度研究和对学生的基本了解,整个课堂以具体问题情境导入,转入基于“有结构”材料的小组探究,进入对实验信息的研讨加工、去伪存真,学生深度卷入教学活动,基于本质特征的物理概念在学生的思维碰撞中水到渠成,学生有理有据的归纳推理,抽象概括,赢得在场同行的一片掌声,整个课堂教学获得圆满成功。我这个“小草鸟”也幸福地站到了全市初中物理优质课比赛的领奖台。

“宝剑锋从磨砺出。”伴着新课程改革浓浓的春潮,沐浴教育创新的温暖阳光,学校教研组基于日常教学的研究性变革实践的灿烂阳光,让我这颗教育的新苗,快速拔节,实现了从改变课到改变自身的跨越。展望前方的路,必定是有风有雨、有阴有晴,但也一定会开满鲜花。我立志成为有情怀、爱学生,身正学高、勤于研修、善于合作、勇于创新的新型教师。而三初这块肥沃的课改土壤里,也一定会百花齐放,姹紫嫣红。

凡我所触,皆成珠玑

英语教师　陈云英

从被动应战到主动求索

生长在红棉、白兰随处可见的城市,自小就崇拜正直伟岸的英雄树,敬仰如火艳丽的英雄花;也特别钟爱清香的白兰,钟情其幽雅的绽放。眺望远观,不时触发梦想;驻足闻香,每每筑造愿景;倚树观花,涌一股心高气傲,燃一团梦想焰火,又何妨?

我尊重他人对“稳”的高见,但我更深谙自己内心对突破、创新的渴望。在“世界那么大,我想去看看”的精神鼓舞下,适逢教师交流轮岗的机遇,我欣然申请参加了轮岗,为我的教育教学生涯缔造了一个改变的机会:毅然离开我工作了十四年、培养了我十四年的单位,离开了十四年来对我关爱有加、亲如家人的好同事,离开驾轻就熟的日常工作,怯生生而又激情满怀地走进了久负盛名的佛山名校——佛山三中初中部。

这里的一切都是如此的清新、厚重!校园里每个角落,都散发着独特的文化气息,值得一一细品。学校先进的办学设计理念,以“雅”为核心、“显正,扬美、尚真、求卓”的文化价值,“三雅”教育的办学理念,一“训”三“风”的行动规范……对我的身心和视野带来无限的冲击和震慑!

过去多年来对教育教学工作的全情投入,让我小负盛名,不失成就感。过去不时因一点点小创新、一丝丝与众不同而心生欢喜,骄傲自诩,甚至觉得自己缔造了奇迹,往往自我满足中美美地沉沦一番。但在佛山三中初中部工作半年后,春雷般让我惊醒,让我清晰地发现了自己稚嫩无比。名校之所以被冠名,被大众肯定,正是因为这里的教师队伍是合作共赢、求卓尚雅的团队,教育教学是先进理念指导下全面、系列化的行动探究。同时,学校办学是在传承中创新的成人成事的事业。

在这里,众多的机会和广阔空间,让我快速地成长。机会面前自觉争取,自主开拓,自发创新,空间上有强大的团队支持,这让我时刻保持着源源不绝的动力。

2016 年 5 月 23—27 日,禅城区初中课堂教学改革之“探讨/对话/体验”式教学研讨周在我校隆重举行。我有幸被教研组推荐承担英语公开课的教学,并与名师荟萃的佛山华英中学老师进行同课异构。

经过了一个月的集体备课、反复试教、反复的磨课修改,我的英语课获得了区教研室以及观课同行的高度称赞和一致认同。课堂上学生全面参与,带着问题积极思考,并在小组合作下进行积极讨论,大胆发言,实现了有效的生生对话,师生对话。

一个月的磨砺,虽是被动应战,但也让我收获甚丰!

首先,让我感受了团队的力量和智慧。备课组同事的上下一心,同心协力,鼎力支持。这都让身心俱疲的我动力回升,更让我告诫自己:不能有半点差池。因为这并不仅关乎于我个人的得失,更关乎于整个团体的荣誉。最终,我在大家的推动下享受了团队合作的幸福。

其次,让我的教学设计和实践能力有了一个质的飞跃。三次试教,三个完全不一样的课件设计。一次又一次的通宵达旦的用心研磨仍不敌"好像还差点什么"的不满。经教研员沈老师智慧的指引,我们科组成员三翻四次碰头解读指导精神后,终于从粗糙打磨至精细呈现,从堆砌叠加到轻重有序,从百般花样到忠于教材的实实在在,从表面知识到深层思维,从云里雾里到清晰定位,从迷惑不解到准确把握……

一节课的结束,开启了我崭新的思维。"探究/对话/体验"的模式竟然可以不论形式,在源于教材、基于学生中绽放出生机。这是我之前不曾想到的结果。但却如此真实地让我体验了多元对话、互动生成的教学快感。这不但彻底颠覆了我过去对教学的狭隘理解,更让我懂得了教学设计的基本原理:基于学情的精准教学定位、充分激活的教学内容与服务定位的教学活动预设"三位一体"。这让我的工作真正地走进了"悟"区,倍感幸福。

接下来的日子里,我开始大胆尝试借助信息技术和资源创新传统课堂教与学的模式。不断地自我挑战,得到学校和市区教研员的鼎力支持,让我的教学工作充满趣味和成就感,并逐步形成了基于翼课网的人工智能加持的英语掌握式"快—乐"写作教学模式。两次应邀在全国英语创新性课例教学展示会上分享我的教学实践,多次应邀在省内地市英语教师培训会上做示范教学。

我的教学工作由此走上了在求索中创新的新途。

与人工智能加持的英语教学相识相知

我对人工智能加持的英语教学的深度认知源于与翼课网(一个英语教

学网络平台)的一次不期而遇。这次偶遇,颠覆了我沿用多年的课堂教学习惯。

那是在2017年春季的初三紧张备考期间,翼课网强大的辅助教学功能让我和科组同事倍感相逢恨晚,并争相使用。说实话,我工作17年,这是我第一次看见一群同事对新的教学方式如此趋之若鹜——通常,处于繁忙日常工作中的我们,对于新事物的第一反应基本都是质疑甚至抗拒与翼课的接触,如同烟花碰上火种,魅力无穷绽放!新学期我回到初一教学,在这个新的起点来临前,我就思考:如何全面快速地了解我的学生呢?最能体现学生综合能力的"英语写作",成为了我的不二选择!

关于英语写作,从老师的角度看,教学前,基于写作有相关的话题,因没有限定素材和内容,需要老师花大量的时间进行资料搜索、查找,以进行写作备课。课堂上,写作知识、写作技巧的教学效果,往往需要等到学生写作结束,教师评改完成才能反馈教学信息。教学过程中教师一般很难及时获得客观全面、准确有效的反馈信息;课堂教学的动态调整和生成也很难实施。课堂教学后,在学生的作文批改中,教师需要耗费大量的精力;批改完毕,还需要继续耗时进行写作情况的总体分析和评讲,使得学生学习问题的解决严重滞后。

从学生的角度看,传统作文教学也存在三方面的弊端。一是当写作的话题与学习的话题一致时,学生受思维能力的局限,只能在学习的文本中"借"获知识,学习的自主性和内在动力受到了限制。二是写作后往往需要老师半天甚至更长时间的批改后才得到信息的反馈,这与学生渴望即时得到指正或肯定的心理相矛盾,也使写作的思维和热情被戛然中断,大大降低了写作的时效性。第三,学生对老师批改的痕迹、误点的修正,往往不能清晰理解,老师的用心批改变得徒劳无功。加之,初中学生英语写作受知识水平和表达能力的限制,往往词不达意,所写并非所思所感。由于教师的批改不能与学生进行面对面的实时互动,老师在独自批改中,未必能把握孩子的真实思路和真情实感,此时进行的批改,往往出现学生思维硬生生被老师思维代替的情况。

以上问题导致教师无法及时有效的组织写作实践，从而影响学生写作能力的提高，也压制了学生的写作热情。教师批改两个班、100 多份作文的时候，总有说不出的劳苦。但不进行批改，又无法了解孩子的写作状态，更无法进行针对性的教学指导。苦闷的时候，我常常不自觉地想，什么时候作文教学才能脱离批改滞后、批改盲目的苦海！

认识英语翼课网以后，我情不自禁地尝试用人工智能加持的方式进行作文教学改革。开学的一个月里，孩子们的写作数量达到了 15 篇。换作过去，沿用传统写作批阅方式的我，绝不可能有这个狂妄的尝试。是翼课网“智能批改功能”给了我改变的勇气和底气，并动力十足地推动着我开展新型写作教学模式的尝试。

首先是猛吃了人工智能加持英语作文教学的螃蟹。

数据会说话！无声但有力！开始的几次写作，智能平台给我反馈的信息是孩子的语言基础相对较好，但“内容结构”上持续低分。把握住这个痛点的同时，如何引导学生精选写作内容，搭建写作架构，自然成为我改进写作教学的近期目标。

在题为“回复笔友 Tony 的 Email”的教学中，我大胆进行了掌握式写作模式的教学尝试。本科教学内容源于翼课的智能库，学习目标设定为：通过写作实践，提高学生构思写作内容和搭建篇章架构的能力。教学流程分为四部分，包括课前学习——课堂学习——写作实践—评价提升。思维导图、智能学习平台的运用是本课的重要学习策略。具体教学设计以人工智能教学平台为载体，以布鲁姆掌握式学习理论的核心理念为基础，把人工智能技术与英语学科育人价值有机融合。

课前学习我以一份关于学生的英文阅读情况调查问卷展开。通过调查问卷，学生反思个人的英文阅读行为，从而提升阅读意识；同时也在阅读问卷调查表时，获得大量的英文书目，为课堂的开展奠定文化基础；调查问卷中显示的数据，为本课的情景创设提供了依据。

具体教学以“在阅读中,我们遇上了问题,该怎么办”的问题导入,引出求助笔友 Tony 的话题,从而激发学生的写作内驱力,自然地融入写作任务中。首先,教师与学生一同熟知写作任务,把握要点。经审题讨论,学生找出写作的 5 个要点,并从要点的关联中,搭建了 3 部分的写作架构。接着,运用思维导图式的头脑风暴,对信息进行优选,使学生明确写作的思路。继而通过趣味的游戏活动进行思维拓展,为写作奠定知识基础。

在学生正式写作之前,我还指出了本次作文评价的要点和分值分布,以进一步引导学生理清思路,突出重点。

第一次纸质写作实践后,教学进入“评价提升”环节。我首先指导学生根据评价标准,进行同伴互改。对于这种相互借鉴、只能解决基本问题的批改学生显然不满足,绝大多数学生依然期待教师能给一个权威的批改和评价。这时,我告诉学生,过去教师传统的作文批改方式存在两大不足。一是耗费时间长。全班 50 为学生的作文光批改就要 2—3 个小时,还不包括老师对本次作文的归因分析与点评,今天的两节课肯定完成不了;二是因为传统批改方式耗时多,使得同学们本次作文过程中存在的问题得不到及时解决,你们写作的思路也被中断。今天,老师想让你们在互批批改的基础上,引进一个英语人工智能教学平台,让电脑帮我们进行一键批改,使同学们的作文能够得到快速评价反馈。

同学们带着对电脑“一键批改”的神往,第二节课很快进入对人工智能加持的英语作文评改的体验学习。整个教学环节分四步展开。

第一步:文本导入,一键批改

我要求学生采用拍照上传的方式将互批互改后的作文导入翼课系统,并指导学生运用系统平台上的“一键批改”功能进行网上评价。瞬间,每个学生清楚地看到系统平台上立刻呈现出电脑对自己作文每个细节的批阅反馈,包括语法、大小写,乃至标点符号的修改意见。

第二步:自主修改,及时鼓励

我及时引导学生,将同伴互评的作文与网评意见进行比较,帮助学生准确理解网评的反馈意见;并根据网评意见对自己的文章进行查缺补漏,修改完善,完善后再次提交系统一键批改。

为提高学生根据网评进行自我完善的兴趣,提升自主修改能力。我根据系统二次批改反馈的成绩,以"发小彩旗"的方式对进步幅度大的学生予以鼓励。学生也通过两次系统批改分数的对比,充分体验到了自主修改作文的快乐与成功,写作的自信心和兴趣大幅提升。同时,根据系统显示二次修改分数依然较低或没有完成修改的学生,我提示他们可以运用系统作"退回"处理,可以反复修改,多次网评,直至自己满意为止。这一新的方式有效促进了学生写作兴趣快速提升。

第三步:以数为据,调整教学

在自主学习如火如荼开展的同时,我也通过翻阅平台批阅的数据和意见,及时了解了学生本次作文的优势和不足,为接下来的作文指导教学获得客观、准确的依据。系统数据显示,本次作文学生在写作内容的理解和搭建架构上得到了很大的改善,但语言的表述存在较多纰漏。我立刻意识到,这一问题源于两方面的原因。一是学生对英语表达句式特点掌握欠缺,二是英语阅读的语言积累不够。因此,我及时调整教学预设,添加了针对本次作文中学生普遍存在的语言表达问题的讲解环节。并从学生提交的作文中快速找到四个存在明显语言表达问题的句子引导学生辨析。通过辨析,强化学生对语言表达句式语法特点的理解。在这个基础上,我要求作文中存在语言表达问题的学生,进行了第三次修改和网评。学生从立刻呈现的网评分数中精准地找到了问题所在,对网评的反馈意见深信不疑。

第四步:范文品读,整体提升

经过互评互改和三轮网评修改,大部分学生对自己的作文表现出了满意的神色。为了提高学生精益求精的写作态度和文章的整体表达效果。我安排了范文品读环节。既有从系统中挑选的两篇评分最高的学生作文,又有课前准备的优秀范文,让全班学生结合本次作文的训练重点进行品读。同学们通过对比品读,深有感触,纷纷对照范文发表了值得自己学习和改进的地方。大部分学生对写作内容的完整性,句子表达的准确性,篇章结构的逻辑严谨性认识有了明显提升。

整个教学过程,学生积极主动,全身心投入,实现了生生之间、师生之间、师生与文本之间的深度互动,相互作用。课堂教学呈现出生动活泼、精准高效的学习局面。从翼课网教学平台显示的本课教学的数据看,学生关于文章内容结构的总体能力从互批互该的34%,上升到一次写作后的41%,在二次修改写作后,还持续上升到54%。一节课下来,学生充分体验到了人工智能加持下的英语作文教学的“快—乐”。

其次是人工智能加持的教学实践带给我“快——乐”教学的深刻体悟。

本次教学的实践,深化了本人对人工智能加持的英语掌握式写作模式的形成,同时,也感受到了人工智能加持的课堂的无比活力和生机。

一是人工智能加持下“快—乐”的表现。“快”是批改快,快反馈;“乐”是学生乐于写作、乐于分享、乐于自主提升,教师乐于话题设置、任务驱动,让学生增加语言运用的机会。

二是人工智能加持下“快—乐”的源泉。人工智能加持不可替代的四个方面:

1) 客观数据,清晰精准指导方向

客观的数据为老师提供了清晰的教学目标导向,为老师适时调整教学设计,选择合适的教学策略提供了依据,让课堂教学更有效。

2) 资源优良,多元全面提供选择

开学一个月,15篇写作,看似遥不可及,天荒夜谭,却实实在在地发生了。正是翼课的写作题库给老师提供了多元的教学素材,为由浅入深、从点到面,提供了自主选择的素材资源保障。

3) 智能批改,实操简便提高实效

在翼课网自动批改的功能下,教师的写作教学带来了前所未有的轻松和高效。教师只需要轻点“查看”,便可以掌握学生总体的写作表现,也能即时看到系统智能批改的痕迹,包括拼写错误、标点、词汇、语法等多达11

方面的提示。完全代替了教师在人工批改过程中的红笔圈划和提示。既有全面清晰的错误显示,还有写作分析、纠错分析和拓展辨析,写作反馈从用词、用句、语法等方面评价学生的写作,轻松地扫除了长期困扰教师的的写作备课难、批阅问题。让写作教学由慢变"快"、由苦变"乐"。

4）人机合一,个性关注激励发展

评语修改,极具人性化。机器和人的最大区别就是情感教育。给学生充分的鼓励和推动,是老师义不容辞的责任。人工智能解放了老师,使教师可以把精力更多地投放在对学生的个体关注上,寻找学生的闪光点,在评语修改上予以润色,从而使学生感受关注,感受鼓舞。

5）"快—乐"相随,课堂生态和谐共生

美国著名心理学家和行为科学家斯金纳倡导的激励强化理论指出,行为者倾向于重复该行为,是受正强化物和负强化物所影响。人工智能加持,学生得到及时关注和评价,减少了自主学习中对他人的依赖,使学生自主能动性加强,自主性获得激励强化并乐于投入。

第三,使我认识了人工智能加持下英语教学"快—乐"的本质

数据驱动下,学生的写作训练过程具有"随时行动,即时推动,及时分析,瞬时解惑,获识全面"的特点,这使学生进入全新的学习状态。

1）激"兴"增"趣"的状态

兴趣是最好的老师。兴趣的激发很关键,兴趣的持续更是不可划缺。对于生活经历不尽丰富,思想不尽成熟的学生,好奇点燃了孩子的兴趣。"一键批改"本身就让老师和学生都感到好奇。因此,不断通过一键批改挑战自我,便成了学生学习的内动力。同时,人机对话过程中学生有话要说,有话可说,有话能说,学习兴趣得到持续激发。

2）炫"动"奋"力"的状态

学生的精神状态在及时的反馈中持续高涨,动力十足。学生在写作后能即时获得评价,并能在成绩榜上看到自己的位置,又获得到老师发的彩旗、系统给予的翼豆等奖励,因此动力倍增。及时的肯定,是信息技术的优

势,大大弥补了教师课后需要长时间批改的缺陷。同时,激发了学生持续改进的学习渴求。在写作任务下,不但不回避、拒绝,而是主动积极、自觉争取,赢得更多的锻炼机会。

3) 观“自”立“信”的状态

学生在写作后能得到清晰详细的分析。在综合分析中获得误点的纠正,也获得知识点的拓展,加深了知识的运用,也推进了学生自我修正和自主学习的步伐。翼课网为学生提供了丰富多元且情景合理的话题。学生在持续的写作训练中,建立其个人的数据库,为学生的个性化学习提供了宝贵的支持点和极具针对性的训练方向。学生的每一个付出,都得到评价,并建立其个性发展的轨迹。在批判性思维的影响下,学在对比参考答案后,对比分析,并能有力地评判优劣,在挑战权威之余,获得无比自信。

在人工加持的英语掌握式课堂推进的过程中,快,是速度;乐,是基于成效的满意;而快乐,便是师生共同在过程中的轻松愉悦的境界。“快”表面上看是方式手段的改变,实质上是教学观的改变,是对师生需求的真正关注与及时支持。“乐”表面上看是教学情绪的满足,实际上是师生对英语学科育人价值的亲身体验和学习的幸福感。在享受“快—乐”前行的同时,由于我的解放,“以生为本”得到更好地落实翼课平台和我除了关注整体情况外,个体差异、个性思维、个人情绪也得到持续关注,人工智能加持的课堂更有温度,更具人文关怀。

曾经,老师以两笔为傲,可以“半根粉笔通文理(绘生涯)”,还可以“一支红笔定乾坤”。如今,在信息技术的强大作用下,老师突破了粉笔的局限,教学活动变得万紫千红,精彩纷呈,学生自然绽放;我也摆脱了“红笔”对精力的消耗,享受到了轻松高效,健步如飞的教学生活。创新,让我的职业生活富有生命活力。

我的小组合作高效课堂

英语教师　陈思圆

作为一名班主任，同时为一名授课的年青教师，我一直思考什么是真正的好课堂，什么是真正的教育？苏霍姆林斯基这样讲："在教学大纲和教科书中，规定了给予学生的各种知识，但却没有给予学生最宝贵的东西，这就是—幸福。"教育能让人活得幸福，但是这种幸福取决于有意识的思维方式。如果课堂上只有知识的传递，却无精神的闪光；有定理公式的运用，却少有创造的火花；有教师的苦口婆心，但学生却不厌其烦，这样的课堂，学生感受不到快乐，老师体会不到幸福，教育是苍白和无力的。自从我校推行小组合作的可持续发展模式以来，课堂重新焕发出新的活力。学生自尊，自信，自强，大胆地去追寻自我，大胆地去展现自我的潜能被唤醒，不满足，不盲从，追求更高水平的开拓创新的意识被凸显，他们集思广益，取长补短，互助互爱，彼此还建立了深厚的友谊，也培养了自己的责任心和团队意识。学生都反应说，采用小组合作的模式后，他们不仅学会了习得知识，还学会了学会学习。学生爱学、会学、乐学。让我也看到了不一样的学生，改变了对学生的认识。运用好小组合作学习，教师课前、课中和课后统筹和合作文化的营造至关重要。

一、课前

1. 精心设置学案和任务

学案作为导学的载体，主要是通过任务来体现"导学"，这就要求学案中设计的任务，要有具体性、探索性、开放性和可操作性强等的特点。不但要体现知识，还要体现学法；既要源于课本，又要有所深化和拓展。这样才能引导学生积极主动地进行思维的锻炼。小组互学的目的是完成任务导学中自主学习不能完成的内容，是自主学习的补充和延伸。

2. 对学生的学案进行批改后，心中有数地筛选合作的环节

如果是学生个体能自主解决的浅显问题，是不宜"兴师动众"地采用小

组互学的方式。在课堂教学中,合作的内容必须具有一定的探究性,才能真正体现合作的价值所在。为了显示课堂形式的多样和课堂气氛的热烈而进行的"假合作",并没有多大的实效。所以,教师在设计合作教学时,应该有针对性地把握学生在知识、技能,情感态度等方面的目标,合作的的呈现也一定要把握好三点:时机要恰当,难易要适度;时间分配要合理,避免出现满堂问、满堂讨论的现象。

3. 分配任务,细致分工,监管到位

实践初的合作出现了部分组员把工作推脱给组长,或者避重就轻的问题,所以教师在安排个别小组合作进行之前,应该使学生明了学习目标,进行明确细致的分工,责任落实到每个小组成员;强化学生的角色意识,增强他们的责任感;严格检查、及时验收和反馈;及时掌握学生的合作的进展情况,及时解决学生们在合作交流时存在的疑难问题;要给学生一定的方法和指导等,避免在小组合作学习中出现一人独当或者能者独尊、弱者失趣的局面。

二、课中

1. 要求学生学会表达。部分展示小组会在同学面前表现出由于紧张不安引起的语速较快、声音较小,或者思维混乱的问题。课堂上老师要培养学生的表达能力,要排除两个顾虑:一是不要怕浪费时间。学生开始讲和说要有一个适应的过程,开始时不一定能够达到老师的标准和要求,要给学生适应的时间,耐心进行指导。二是教师要耐心倾听,多给鼓励。学生的讲解或回答达不到我们所期望的结果时,我们要耐心地倾听,用语言适当地辅助学生把要说的话说完。营造宽松的课堂气氛,鼓励学生大声地讲。说错了也没有关系,以此来打消某些学生心中的顾虑,从而使他们能更积极地参与课堂。有一位比较内向的学生说:"老师,在课堂上合作习惯了,回家写作业时,我就会不由自主地想讲给家长听。我爸爸还说这孩子话越来越多了,比以前活泼了,看起来也更有自信心了!"

2. 对非展示小组的要求是:学会倾听,学会尊重、学会欣赏。人们常说:“耳聪则明。”可见“听”的重要性。然而,在展示交流群学过程中,恰恰一部分学生不善于倾听,在别的学生发表自己观点时出现你说你的,我做我的,或心不在焉,思想开小差等,可以说是充耳不闻,展示效果明显很低。这时教师要时刻关注学生的倾听情况,及时给予提示,同时要设计问题让学生交流倾听的成果。如“谁听懂了他的意思?请你来解释一下。”“还有与他们不一样的方法吗?”“对于他的方法,你有什么地方需要问的吗?”“你能把他说的话复述一遍吗?”教师不断地引导,使学生在解读伙伴意见的过程中取长补短;在互相交流的过程中,使学生的意见得到及时的反馈和完善,从而使教学向更深层次推进。学生的成长需要倾听伙伴的声音、解读伙伴的见解,需要相互交流、互相评价,需要经历从浑沌到清晰的过程,经历正确与错误的考验。因此,为学生创设倾听、解读、交流的机会和学习氛围,是学生最迫切的帮助。

3. 采用多样化的评价和奖励方式

课堂上为了激发学生参与交流展示的积极性,我主要采用了加分法。但是在进行加分时,教师不仅要关注学习结果,更要关注学习过程,教师还需要讲究评价方式的多样化,做到指导与激励相结合。

一是对不同发展水平的学生有不同的要求。应关注每一位学生对问题进行更深层次的推进时,尽可能基础较差,经常失败的学生创造更多的成功机会。较差的学生的表现积极可以给小组加较高的分。特别是对小组中能力较差的学生,更应注意到他们的点滴进步,使他们尝到成功的甜处,就会激发学习的信心和勇气。

二是奖励还要有个性,不能一概而论。一个小组展示时,其他组要积极思考,勇于挑错,提出有价值的疑问,对某些同学不完整的回答进行补充、进行质疑,都可以进行加分。对回答的质量,深度也要进行等级评价而进行加分。

三是教师在小组合作之后进行点拨。对小组合作表现好的地方给予鼓励和赞赏,对做得不足的地方给予纠正和提出期望。另外,小组合作完成之后，教师更应采用联想、对比、总结等方法对合作内容中的重难点、易错点、疑惑点进行进一步深化的讲解，使学生的思维活动不断深化，逐步排疑解难，顺利完成学习任务。这就是我针对课文内容所画的思维导图。同学都说，经过和同伴的一轮深层探讨合作之后，再加上老师的画龙点睛的点拨，感觉一切都豁然开朗，恍然大悟了！

三、课后

主要是对知识进行巩固和延伸。深刻的问题往往能“一石激起千层浪”，恰当的合作和适时的点拨不但能给学生指明思考问题的方向，而且能让学生在解决问题的过程中，迸发出创新思维的火花，逐步树立起创新意识。课后，教师要找准省力的“支点”，巧设“支点”，以显出牵一发而动全身的功力，设置新的疑问，引发争议，激发兴趣，让各组重新建立新的讨论和合作，起到举一反三的效果。

小组合作学习通过课前明确任务，课中实施任务，课后巩固任务的三个环节，形成了师生、生生之间的全方位、多层次、多角度的交流。小组中每个人都有机会发表自己的观点与看法，也乐于倾听他人的意见，使学生感受到学习是一种愉快的事情。小组合作的模式无论在班级文化建设上，还是在高效课堂的实现上，都能发挥班级每一个小组成员的力量，形成强烈的凝聚力和新颖的创造力。两个维度互相呼应又相辅相成。班级建设小组是高效课堂的基础，小组文化凝聚是课堂提效的关键。基于小组合作的教育实践，让我真正看到了培育学生核心素养的天空是那么的灿烂。

我也成了学生喜欢的“老师”

校医　陈新梅

2015 年 9 月，我带着梦想，怀着对名校的向往，有幸成为了佛山三中初中部的一名校医。在这所名校，我得到了校领导和分管主任的热心指导和帮助，也得到了全校师生的尊重和配合。但名校的文化也对我从事的校医工作提出了更高的要求：不仅要处理好师生日常小病小伤的防治、校园清洁卫生的管理、学生体质健康的监测、流行性疾病的预防等常规工作,还要负责学生卫生与健康教育课程的教学,帮助学生养成健康的生活方式。

我是在医学院毕业的,虽然我拥有了进课堂的通行证——教师资格证,但对课堂中的教学艺术还没有接受过系统专业的训练,站稳讲台的底气还是不足的。开学了,我带着领导对我的信任正式步入了课堂。到现在有一个情景我仍然记忆犹新。上课了,我按照我的教学设计和做得的精美的PPT向学生讲授"传染病的预防"时,我向学生列举了常见的传染病及预防的措施,我对着PPT滔滔不绝地讲,但我发现学生慢慢骚动开来了,越来越多的学生讲话开小差了,完全进入不了课堂学习的状态,我感到很失落。一节失败而痛苦的课结束了,我陷入了深深的沉思。我精心准备的教学内容学生为什么不感兴趣?看似严谨的课堂怎么慢慢就散了?

带着满脑子的困惑和满肚子的失落,我请教了课程教学处罗主任。罗主任在听取了我的教学设计和课堂实施情况以后,并没有就我的课提出具体指导意见,而是讲了一些学校教学改革的基本理念。其中有三点让我至今记忆犹新。一是卫生与健康教育也要关注学生的成长需求,教学内容一定要贴近学生生活实际,而不是照本宣科;二是课堂学习的主体是学生,要让学生在问题的引领下进行主动的探究学习、合作学习、体验学习,而不是被动的听讲、记笔记;三是教学活动要有利于指导学生改进生活方式,引导养成健康科学的生活习惯,而不是仅仅是纸上谈兵。为此,我开始了一个新的领域的学习——课堂教学。首先,是利用一切机会向"厚德博学,乐育善养"的三中优秀教师团队学习,通过参加学科教研活动学习她们先进的教学理念、教学方法和教学经验;其次,我认真观看优秀教师的典型课例,各学科的公开课我只要有时间就主动去听,从课例中汲取我所需要的"营养";第三是向有经验的教师学习整合资源的教育技术以及组织课堂、调动学生的基本策略。通过一段时间的努力,我逐步认识到,作为与学生身体健康悉悉相关的卫生与健康教育课一定要激发学生学习的心理需求,从学生生活实际从发,引导他们养成健康的生活方式。强化"理解",注重"运用",追求

"成长",让学生在平时的学习生活中提高健康意识,关注生活方式,关爱生命状态。因此,往后的教学中我始终坚持以促进学生的发展为组织教学活动的出发点和落脚点,关注学生的成长需要,针对学生的生活实际,指导学生的生活方式,让学生通过典型的案例和鲜活的事实。体会健康的价值,感悟生命的意义。特别注重引导学生结合日常生活现象进行"质疑"。爱因斯坦说过:"发现一个问题比解决一个问题更重要。"这说明问题是思维的出发点,问题的出现自然会激发思维。敢于提出问题,敢言别人所未言,敢想别人所未想,更是培养学生的探索精神之所在。例如:在"预防艾滋病"知识的教学中,教材资料明确了艾滋病传播的途径,结果有学生举手提出了问题:"老师,艾滋病病毒存在于艾滋病患者和病毒携带者的血液、精液、唾液、泪液和乳汁中,那么,艾滋病志愿者却与艾滋病患者握手共餐。在吃饭的过程中会不会通过唾液传染上艾滋病呢?对此问题,我没有直接解答,而是让学生通过课下收集资料,相互交流讨论,对问题加以解决。学生自始至终是在设疑、质疑、求解的自主参与、主动探究中学习,从而培养了他们的健康意识和探究精神。通过一学年的实践,我基本能针对中学生的生活实际,根据课型特点有选择地通过案例、故事,采取读、说、看、想、比、议、做等多种方法,让学生能在"探究/对话/体验"式卫生与健康教育中真切感悟健康生活的意义和生命成长的奥秘,让主动预防传染病、养成健康生活方式逐步成为学生的自觉行为。

目前,我不仅能胜任日常的中学生卫生与健康教育课程,按照国家课程纲要完成全部教学内容,还能对学生开设预防艾滋病、毒品、各类流行性疾病和环境教育等一些专题教育,通过专题教育让学生更多地了解有关预防艾滋病、拒绝毒品和流行性疾病的知识,增强自我保护意识和抵御艾滋病侵袭、抵御毒品、预防流行性疾病的能力;此外,还针对学生青春期的特点,积极开展了性知识、性道德以及个人卫生等方面的健康教育,努力让学生掌握基本的健康知识和技能,提高学生青春期生殖健康知识知晓率,养成健康的生活习惯。

随着学校“探讨/对话/体验”式教学改革的深入，我的卫生与健康教育课堂也逐步多了一些探究学习、体验学习的味道。我越来越发现，对于个性心理快速变化中的初中生，身体健康固然重要，但心理健康、健康生活习惯更应该关注。没有健康的心理犹如人只有骨架没有灵魂，直接决定学生未来生长和生活的质量，一切教育都要以促进学生的身心主动健康发展为根本宗旨。关注学生的学习需求，促进学生主动健康成长的卫生与健康教学。在学校年度“最受学生欢迎的教师”评选中，让我也成了深受学生欢迎的“健康老师”。

（二）从照搬惯例到反思重建

人们常常喜欢用“蜡烛”燃烧自己照亮别人的品质来比喻教师的奉献精神。其实，一个有生命情怀的教师，在照亮学生的同时，自己也不断从学生那里获得新生的力量，他们的职业生活行走方式，也逐步从按惯例工作、依惯性思维的重复性生活转向了在工作中反思、在重建中创生的生成性生活，他们以不断的自我革新、自我完善，续写着“教学相长”的当代故事。

我是颜色不一样的烟火

青年物理教师　刘　平

随着我校教改的不断深入，我们的教育理念也在紧随改革的步伐不断前进着，在这些过程中我们收获良多。理念的革新是隐形的、潜移默化中不断积累的，而使之显现、并且付诸实施往往需要一个事件作为契机。2015年一个周一早上我刚到办公室坐下，班长就跑过来说：“老师，小郭没来学校又跑去网吧了。”“哎，这个小郭，明明成绩还不错，怎么最近老是旷课！”我既着急又无奈地叹了口气。

我马上联系其家长，不久后他就被送到了学校，我把小郭堵在教室门口，责问道“你怎么又旷课，你是怎么跟我保证的？现在都是初三了，成绩再不上不去就完蛋了。”正在我准备苦口婆心继续往下说时，小郭朝着我吼到:"成绩,成绩,你们就知道成绩!你们有考虑过我的想法?

小郭如此反常的态度让我感到惊讶,我决定去了解他。可事后几次找他谈话,他都对我爱搭不理。无奈我只好去找他的好朋友。在他好朋友口中我得知:小郭对电脑编程很感兴趣并且很有天赋,他想春季招生去学习这个专业,他父母却坚决不让,认为他成绩可以上高中,读职中没前途。小郭因此跟他们吵过、闹过,但是都没有用,于是他就用旷课来抗争。听了这些我开始有点理解小郭,但是还是认为他任性,明明是个很好的苗子,上高中考大学再学计算机不更好吗?为什么要上职中呢?这不是胡闹吗?我计划着怎么去扭转他的观念并引导他回到课堂。

下午学校教师大会上谢校跟我们介绍可持续发展教育观念,讲到了以"四个尊重"为核心突出可持续发展教育的育人特色。四个尊重里面第一个就是"尊重所有人"其广阔内涵中的一点就是尊重弱势群体、尊重各行各业的劳动者、尊重他人的想法及选择。这尊重不是一种形式,也不是一种姿态,而是发自内心的愿望。一个问号突然出现在我的脑海——我尊重小郭了吗?

不久在组织春季招生工作与一位职中老师聊天时,她说:"现在职中的学生都比较自卑,他们认为自己是中考的淘汰品,觉得自己低人一等。为什么会这样认为呢?因为你们初中老师经常教育学生说'再不努力学习,考不上高中,否则就只能去职中了。'老师这样说话不但伤害了孩子,也阻碍了这个职业教育的良性发展。"

这番话让我觉得羞愧。我不正是这样的吗?对于成绩还不错的同学,我常把中考挂在嘴边;成绩较差的同学,我就动员他们参加春招,去读职高,这样我们班的中考成绩就会比较理想。提高成绩成为我教育的重心,我忽略了不同学生的不同特点,我忘记了教育的初衷是让他们自由生长,我让一些孩子感到自卑、痛苦。我打着爱他们、对他们负责的招牌,却对他们的想法、意愿、追求毫不尊重,我的教育出了问题。

我决定做出改变,开始正视他们真正的需求与追求。当然特别是对小郭。机会很快就来了，在不久后的家长会上我播放了一段小郭制作的展示班级生活的视频，很多家长对视频赞不绝口。会后我特意找了小郭的父母，告诉他们视频是小郭制作的，而且他在电脑方面的能力还远不止这些，同时我又向他们介绍了当前职业教育的现状，小郭的父母动摇了。后来我又做了几次思想工作，他们最终认同了小郭的选择。

一年后，小郭告诉我说他在职中过的很充实快乐，并且参加全省技能大赛获得了一等奖，我由衷地为他感到高兴。

从这以后，我对学生的关心，不再只是关注我要的学习成绩，开始真正去关注学生的成长需求，尊重他们的自主选择，尊重他们表现出来的个性差异，不再用同一标准去衡量他们；我开始尊重他们不同的追求和愿望，并且搭建平台让他们的特长得以发挥……每到毕业的时候，看着同学们都能结合自己的特点，勇敢地选择适合自己的路，我觉得无比的欣慰。

在我校不断深化的教学改革中，让我认识到教育不应该只给学生提供一条轨道，让他们通往同一方向；而应该给学生提供不一样的跑道，让他们在同一个地方起飞，飞往不同方向，实现心中的梦想，绽放出颜色不一样的烟火。

以勤补拙，在守成中收成

刘海萍

记得七年前的那个秋季，我们五位新老师（分别是黄伟松老师、罗燕群老师、雷丹老师、王郁君老师和我）怀揣教育的理想，幸运地踏上了佛山三中初中部这片底蕴深厚的教育热土。为了教育事业的传承，也为了学校新生力量的成长，学校对我们几位给予了高度关注，专门启动了新一届“青蓝工程”。为我们精心配备了班主任师傅和学科师傅，实施二对一的跟踪指导，旨在引导我们顺利地“入”教学之门，“上”教育之道，站稳讲台，站好讲台，早成“人师”。

青蓝工程的实施，在我看来，不光是一份对事业的责任，更是一种对教育的情怀,对教育规律的一种敬畏。一晃,七年过去了,我们几位青年人,也渐渐开始找到了自己的方向和位置。在教育科研方面,雷丹可谓术有专攻;在课堂教学方面,伟松称得上是少年老成;在班主任素养提升方面,燕群算是悟道有法;在班级文化建设方面,郁君可圈可点;而我自己,在团委少先队工作方面也取得一些成功尝试。

入职头两年,我担任初一年级班主任,菜鸟出手,跌跌撞撞,满是失败和教训;后来我调到团委,负责学校团队工作,协助学生德育工作,有了一些充实和提高。教学方面,也顺利完成了第一个教学循环之后连续四年留任毕业班,多次在中考取得较好成绩。伴随着"三雅"教育成长起来的我们,一上路就受到了这所百年名校教育新思想、教改新理念的熏陶和磨练,可谓是踏歌而行。

一、初识初中生:一地鸡毛的班主任菜鸟

在班主任的岗位上,我有幸得到了师傅李帼慧老师手把手的指引。当时我带4班,她带5班,我们俩互为科任和班主任。我任教政治,她任教地理,我们在班里的授课时间均为每周2节课,但开学才一个月,我就发现了,我不在班的时间里,班里乱糟糟;而帼慧老师不在班的时间里,班里依然是井井有条。帼慧老师是一个引领型的师傅,她看似无为而治,实则高屋建瓴,因为每一次我向她请教时,她都能一针见血的跟我分析4班存在的问题,给我建议,并鼓励我形成自己的做法。这种"师傅主导,徒弟主体"的培养模式让我很受用。

可是,师傅再高明,我也还是度过了非常难熬的两年,因为师傅不能替代我的成长,我始终是4班的第一责任人。

初带四班的日子里,一路跌跌撞撞,绝大多数时候都是在求解困境、品尝煎熬中成长。总结来说就是,我待学生如初恋,学生虐我千百遍。六年过去了,我发现那些所谓的"虐",其实是初中阶段学生成长的必经阶段,也是新班主任成长最好的必修课程,其中也蕴含了孩子们对我满满的热爱和教育。但当时的我,身在"局"中,老是看到文明班评比被扣分而伤心,甚至还为学生给我起花名而恼怒，所采取的措施当然也并不十分奏效，当时真的好自卑。那两年，跟学生矛盾不断，跟家长有过冲突，跟自己也死扛过。

利用课余时间卖力的读书，读班主任方面的杂志和书籍，也开始强迫自己每天写日记，记录这些“君子报仇，十年未晚”的成长故事，但是急用先学立竿见影的事情一次也没有发生，毕竟，成长真的要靠时间，成长真的需要沉淀。急不来的事情不要急。

这段日子里，现在回想起来，仍然是一地鸡毛；我知道，我必须寻找出路，一条高质量的出路。所以，我认真翻阅《中学德育大纲》，向高处看；我细细研读学校三年行动计划的文件，向平处学；我更深入走进班主任师傅的班级，向实处做。

二、走进初中生：自主自立的初生牛犊

有了这些摸爬滚打的历练后，我再结合理论学习，对“教育既是科学、也是艺术”的诠释逐步有了一些理解。特别是在学校“初中生班级生活重建与学生成长研究”课题思想的引领下，我对校长常讲的初中生“无事就生非、给点阳光就灿烂”的成长特点，班主任工作“真正把学生放在心上，以唤醒为根、激励为本”的核心要义以及“让学生站到班级的正中央”“活动育人”、“以文化人”的教育思想有了深刻的体悟。

成长没有捷径，实践孕育智慧，我边实践、边学习、边思考，跟着学校学工处的工作部署和师傅的随时指点，我循着学校“班级五项基本建设”的基本规范和序列化主题班会的教育逻辑，逐步悟出了一些班主任工作的“道”和“术”。目标建设、制度建设、岗位建设、文化建设、家长队伍建设一个也不能少，严要求与真关爱一点也不能偏，好孩子和“坏”孩子一个也不能丢。尤其是在班级学生岗位建设建设方面感受颇深。例如，学生小组合作就提供了一个极好的平台，它既是自治组织，极大减轻了班主任重复性工作的压力，更是发挥学生自主性和创造性的成长平台。

这样，学生在班自己生活中的主体地位得到确立、主体责任得到唤醒、主体意识得到培养，主体性和主动性也相生相伴，凝聚力、战斗力也随之而生；我也初步成为孩子们崇拜和尊重的知心姐姐。

三、引领初中生：亦师亦友的成长导师

基于我的班主任工作的深刻体悟以及在学生组织建设方面的有效实践，2015 年我被推荐走上了学校团委书记兼大队辅导员的岗位。

团学工作的繁重，让我进一步思考学生自主能力培养的可行性，也在实践中不断尝试。在全校师生的共同努力下，我校团委建立了“校级—年级—班级”三级管理体系，狠抓基层团组织建设，建立完善团支部工作制度，如《团校管理制度》、《团干部发展与管理办法》、《团学少例会制度》、《团学少工作评定》、《团学干部师徒结对制度》、《文明班评分员管理制度》、《社团管理办法》、《V-team 志愿者奖励办法》、等，通过对内部工作的规范，使整个团委的工作实现了“管理制度化”，工作自主化。

同时，我们以团学干部为主要抓手，全面推进团少干部领导力培训课，以实践＋理论学习形式，系统地通过四大项目“定位—传递—途径—体验”进行培训，大胆采用学生干部做培训导师，发挥他们工作积累的经验，以朋辈形式培训，再创设平台，让学生演讲、领导、策划等能力加以提升成长。通过努力，我们培养了一批又一批有主见、懂沟通、会思考、积极主动的领袖干部。截至 2018 年 9 月，学校团委已经开展了六期培训，累计学员 800 多人。

2017 年 10 月，我校团委参与禅城区小课题申报，《以师徒结对模式促进团学干部可持续发展的校本研究》被确定为重点课题，目前，学校正在整理往期领导力培训课程的课程资料，准备集结成册，出版发行。

用四年的时间，我们先后捧回了广东省五四红旗团委、广东省志愿服务示范学校、佛山市首批示范团校、佛山市五四红旗团委（连续四年）等荣誉称号。而我本人，也有了一些小小的收获：佛山市优秀团干部荣誉称号（两次）、佛山市优秀少先队大队辅导员称号、佛山市辅导员风采大赛特等奖、禅城区教学新秀、禅城区优秀团干、禅城区优秀学生社团辅导老师、禅城区信息骨干培训优秀辅导老师等荣誉称号。为了更好推广经验，我成立了自己的工作室，并于 2018 年 11 月被评为佛山市中学共青团名师工作室，这种既是朋友又悄然引导的感觉，让我深刻体会到教学相长的教育智慧。

四、结语

入职以来，我有过很多困惑与迷茫，也有过退缩与挣扎，庆幸的是我选择了勤奋，坚持下来了，在各位前辈的帮助和领导的关怀下，我逐渐适应了现在的工作，实现了从学生到教师的转型。

在往后的日子里，我希望我能更多向前辈请教，使自己少走弯路；更多跟同辈讨论，使自己收获灵感；更多跟学生谈心，吸收教育的食料；同时，我也将努力把握每一次成长的机会，以勤补拙！

我的成长，我做主

——班级活动重建中的我

班主任　梁加昀

卢梭在其名著《爱弥儿》中说道："什么是最好的教育？最好的教育就是无所作为的教育：学生看不到教育的发生，却实实在在地影响着他们的心灵，帮助他们发挥了潜能，这才是天底下最好的教育。"

这种"无痕"的教育正是我梦寐以求的教育理想。

两年前我接手了304班，那是一个重组的班级。由于学生来自各班，成长的文化土壤不同，离开生活了两年的群体他们有点不适应；加上面临升学压力，孩子们感到特别焦虑。作为班主任我看在眼里，急在心里：我该拿什么帮助他们呢？

幸运的是，那时我校名班主任麦艳贤老师正在研究"班级生活重建"的课题，她的"班级人际关系重建研究方案"给了我很大的启示。于是我加入研究行列，通过对学生进行调查、分析，发现班级"向心力"不足是导致"内动力"不足主要原因。

要孩子们展翅高飞，重建班级凝聚力刻不容缓！

通过班会，孩子们提议多搞活动，以此来增进彼此感情，他们还拟定了奋斗目标："齐心协力，掌好前进的舵！"

以下是孩子们参与的几项重建活动。

一、"班级名片"我设计

班级形象包括个性班名、口号、班徽、班旗以及班服等,它是一张"名片",更是一股内化的凝聚力,能让每一位成员对集体建立起认同感。我希望全体同学参与其中,共同体验,一起成长,于是特意设计了一张"招贤榜":

"如果,你热爱我们的班集体;如果,你为我们班自豪;如果,你愿意为班级添砖加瓦;如果,你爱好并熟悉电脑;如果,你有美术专长;如果,你有创新的点子……我谨代表304班诚邀你的加入,我们需要你!"

"招贤榜"刚下,班级就炸开了锅,大家都对这件"新鲜事"议论纷纷,各路能人纷纷摩拳擦掌,跃跃欲试。一天不到,就招揽了多个人才。我让他们根据自己特长分工,并各自"招兵卖马",力求全民参与。

孩子们参与热情之高超出我的预期:他们纷纷在QQ上建讨论组,组员竞相出谋划策,有时候遇到两个特别好的点子难以取舍,便投票决定……就这样,那段日子班级像节日一样热闹,最后他们出炉了个性班名:"新四军",寓意:新组合的四班;口号:"三中大陆,谁主沉浮,唯我四班,笑傲江湖",寓意:立大志;一个由罗马数字4和头戴皇冠、展翅高飞的天鹅组成的班徽,寓意:实现梦想;一面仿照"新四军"臂章设计的班旗,以班徽班旗元素设计的班服和义卖邀请函等。

校运会上,当孩子们穿上自己的设计的班服,高举飘扬的班旗奔跑在绿茵场上的时候,眼中满满的都是自豪感和满足感。

通过这一次"全民"参与的活动,孩子们第一次真正认识了班级,认识了队友,认识了自己,集体归属感被唤醒。"第一次为了304团结一心、竭尽全力"是他们对活动的总结。

二、我的活动我参与

"欲带皇冠,必承其重。"

也许因为我是语文老师,孩子们的发展存在文强理弱的倾向,第一次段考,单数学一科就被兄弟班抛离整整4分。所谓“得数学者得天下”,成绩一出他们便懵了,信心受到沉重打击。我看在眼里很替他们担忧,马上召开段考分析会,一方面肯定了他们在文科上的优势,另一方面也鼓励他们:要敢于直面不足,想办法追赶。

班长关于举办“学习研讨会”提议得到了大多数同学的支持。同学们当即拟定了本学期“学研会”的内容,并确定了主持会议的小组。

第九师“在水一方”小组承办的主题便是“数学高分策略研讨”,题为《脚踏实地,勇夺桂冠》。班会前,他们自行设计了一份针对考试成绩、错因分析、解决方案的调查表,通过数据向大家摆出“现状”,组织学习小组分析“失利原因”,探讨“方法”,总结“经验”,最后,还展示自己小组成员写的激励话语。策划者很专业,主持人很敬业,参与的人很热烈,这是一次高质、实效、暖心的“学研会”。

一年下来,孩子们办了多次关于时间管理、段考反思、高效学习策略等“学研会”,通过这样的活动,孩子们学会了反思自我,积累了学习经验,碰撞出思维的火花,我们班一点点缩小和对手的距离,成绩取得很大进步。孩子们逐渐成长为有自信、有担当、有志气的“卓雅少年”,班级也开始形成一股向心力。

但真正让这股力量紧紧扭结在一起,成为强大动力的是一次拓展活动。

“历奇山庄拓展之旅”共有“登天梯”、“运通(桶)智多星”、“决战沙场”、“状元之路”四个环节,考验的是团队的配合、信任,甚至牺牲精神。一开始孩子们误以为是军训一类的活动,兴趣都不怎么高。怎么样做才能点燃孩子们的积极性,让他们有更多收获而不仅仅让活动流于形式?

出发前我给他们布置了任务:将感受最深的一刻写成分享,配上图片,以小组为单位做成PPT,班会展示。任务下达,课室一片惨叫。我意味深长地笑着说:“好好体验,这将会是一次终身难忘的旅程。”

为了回来能“交差”,孩子们马上召开了班会,将4人小组成员分成A、B、C、D,每人承担一项任务。比方说:A参加的时候,B负责加油打气,C负责摄影,D 就在一旁做场记,以便将来整理成文,积累反思。班上一时热闹非凡,孩子们竟然也从分工过程中燃起一丝期待。

出乎他们预料也高出我预期的是,活动很“走心”。在教官卖力的带动下,大家带着满满的热情参与其中,倾尽全力互相帮助、互相扶持:当有同学参与活动,总有人在旁声嘶力竭地喊:加油,别放弃! 当有人不幸“倒下”,总有人伸出手拉他一把;当有人被判“出局”,总有人敞开温暖的怀抱……那时正是初冬,凛冽的北风呼呼地吹,可 304 班每一位孩子心里都是火热的。

来看看孩子们回来后的分享:

运通智多星:

黄色的油桶放在我们的面前,耳边响起教练的发令声,一个又一个的身影在身边人的帮助下站上了窄窄的木板,紧紧相拥。桶下的同学们自发地帮忙扶桶,扶木板,保卫着桶上同学的安全。期间,由于各种原因,有同学意外摔下来,这时总有人第一时间伸出援手,将他们扶起……

妈妈总是跟我说,中学同学会是一辈子的朋友。我们在本学期离开了相处了两年的同学,汇聚在这个全新的四班里,虽然只有短短两个月,但同学之间已经建立了深厚的情谊,我们已经成了能并肩作战的伙伴。相信这段时光会成为生命中不可磨灭的记忆。

by 周映彤

状元之路

当有人从上面爬过时,手臂仿佛承受了千斤重量,它死死地压着手臂上每一条神经……剧烈的疼痛便从那处传来,手臂几乎失去了知觉,扎着马步的双腿摇摇欲坠,身体各部分也在不停地叫嚣着,此刻只有意志清醒得可怕。“不可以倒下,一定不可以!”我终于切身地体会到了什么是度秒如年。彷惚过了一个世纪之久,身上的重量终于消失,我松了一口气,可神经仍绷得紧紧的,因为,我们离胜利仍遥不可及! 中途有几次想要放弃的时候,隔壁总有个同学会说:“来,我托你一下。”然后用他的肩膀顶住我的肩膀。

我注意到,每一个人的手臂都被压的通红,在力的作用下颤颤巍巍,满头大汗。可是大家都咬紧牙关只为让上面的同学安全通过。大家互相鼓励,没有人临阵脱逃。

……

就是这样周而复始,我们终是成功了。

青春是一场成长的蜕变,要褪掉一层皮,褪掉那层傻兮兮的笑,褪掉那层无知的幼稚,褪掉那层胆小怯弱,褪掉那份只会索取的自私,才能让自己坚强起来,这个过程怎能不痛?怎能不辛酸?

一次次的成长,一次次灵魂的蜕变,愿终能展开自己的翅膀,高飞吧!

孩子们在活动中碰撞、拉手、相拥,但初三生活毕竟枯燥苦闷,孩子整天待在学校,遇到挫折时难免感到痛苦孤单。

三、同参与、共成长

为了给孩子增添生活的暖色,给他们带来心灵的慰藉,四班的家长自发组织起来,每周定时为孩子们送点心、牛奶,圣诞节装扮成圣诞老人送惊喜,周末举办多种形式的课外活动,他们用行动将满满的爱传给孩子:再苦再累,爸妈和你们同在!

最让我感动的,是“家委会”对我们开展的周末小组合作的支持。

“周末小组合作”是我基于班情学情而进行的一次创新尝试,是传统小组合作的课外延伸。那时候,孩子学习上遇到瓶颈。经过多方了解,我发现他们的问题在于目标不明、动力不足、方法不对,很多学生太过依赖老师,没有养成自主思考的习惯。为了激发他们学习的热情,我鼓励他们根据自己的薄弱科目组成兴趣小组,利用周末的时间,轮流到某一同学家中进行学科探讨。

这个提议得到家长的大力支持。他们积极为孩子开辟讨论空间,给他们提供饭食点心,甚至不少家长还将自己降格为“学生”,参与其中,和孩子们"打成一片",一起讨论。

家长的倾心付出感动了孩子们。他们小结中写道:"看着爸妈周末为我们忙碌着,心里就暖暖的,怎么能辜负他们的期待呢?我们只有更努力了。"

中考前的一次班会,我建议家长给孩子写加油信,很多孩子在拆开信的时候就哭了,那是感动的泪水,是感恩的泪水。家长将浓浓的爱化为明灯,点亮了孩子艰苦的备考之路。

这是不寻常的一年。

这一年,通过一次又一次的活动,师生、父母、同伴的心紧紧地"系"在了一起,实现了班级从原来"不信任""缺乏内动力"到"热爱班集体""凝聚力强"的转变;这一年,孩子们收获了友谊,收获了勇气,也收获了面对挫折的信心;班级也渐渐成长为一个团结、上进、坚强的集体,虽不至于所向披靡,但足以乘风破浪。一次又一次的活动是一次又一次爱的叠加,他们在活动中蜕变,在活动中升华,终展开双翼,振翅高飞。

正如他们在毕业班会中讲到的:

我们同室学习、备战中考已是一年,在这一年里,使我们坚持拼搏的动力来源于我们的老师、同学、父母和我们自己,还有一种动力的源头,就是我们的集体——"新四军",这个神圣的称呼赋予我们自信、坚强的精神,我们将要毕业了,我们要传递这种精神,使之在我们心中更加深刻,并成为我们雨季成长的动力。

这一年,见证了孩子的成长,也让我的班主任工作在读懂学生的过程中学会了唤醒学生。这种对教育、对学生的真爱,如春风化雨,"润物无声",这便是我的无痕教育。

在合作中共生

——我的教研组成长之路

佛山市第三中学初中部　罗礼勇

反思让我觉醒、研究让我丰满、探索让我坚定、成长让我幸福。2016 年 12 月 22 日至 25 日，我带领科组骨干组员一行五人，带着对初中物理教学本质及其规律的探索实践和历时三年的科组建设资料与成果，作为佛山市初中物理的两个优秀教研组之一来到广东中山火炬开发区第一中学，接受全省初中物理示范教研组专家团的评审和各地物理教学精英的检阅。两天紧张的资料展示和成果答辩，在与全省各地同行和专家的交流互动中，面对扑面而来的赞誉，我们如沐春风；当评审结果宣布的那一刻，我们的激动与欣喜难以言表，深深感受到了成长的滋味和收获的幸福。三年的坚定和执着至今让我难以忘怀。

记得 2009 年我刚调入学校，曾怀揣着一颗大干一番事业的心，曾想在科组内开展“基于导学案教学的实践变革”，但却遭遇队友的质疑，学校没有变革的大环境培植，终因单枪匹马，孤军作战，最终黯然退出。2012 年起，为创设优质而适性的初中教育，学校在全国名校长谢先刚同志的带领下，开启了创办具有“三雅”教育特色的可持续发展现代城市示范初中的变革与创生之旅。学校秉承“卓如红棉、雅如白兰”的校训，响亮提出了“办典雅之校、行博雅之教、育儒雅之人”的办学理念，实施了“日常工作以年级组为管理单元，课程教学以学科组为业务主体”的内部管理体制改革。为提高学科教研组在课程教学实施中的专业指导和组织引领作用，学校以教研组团队建设、教研机制建设为抓手，为科组建设搭台，给学科发展引路，给科组内练真功、外树形象注入了源源动力。在这块炽热的教改沃土中，我的变革思路得到了学校的关注和支持，得到了绝大部分组员的认同和配合，从此，物理科组发展步入了合作共生的良性征程与快速发展轨道。

一、在活动中凝练团队

教研组建设最根本是团队的建设，是人的变化。多年的科组管理工作告诉我，科组建设必须坚持可持续发展教育理念。从制度建设到资源开发，从教研重建到教学改革，都必须把培育学习共同体作为科组建设的内核，将促进教师和学生的主动发展作为科组建设的根本任务。为此，我们从团队合作文化、集体研训制度、两方面开始了成长型教研组建设的实践探索。

首先是在教研组内部营造和谐亲密的"家"文化。教研组是学科教师专业生活的"家"，大家学习在这里、工作在这里、成长在这里，相处时间胜过家人。同伴之间的相互关心、相互帮助、相互尊重，直接影响着科组教师职业生活的生命质量。为此，我们建立教研组QQ工作群、微信交流群，制定了内部"两共享、三参与、四祝福"制度，即教学资源共享、教改经验共享；集体备课必参与、科组教研必参与、资源开发必参与；青年教师结婚送祝福、老教师退休送祝福、同伴生日送祝福、同事工作受到学校表彰送祝福。这些做法无不让组员感受到家的温暖和专业的尊重。合作进取的科组文化悄然而生。

其次是建立基于日常工作变革实践的研训制度。为实现科组"大家好才是真的好"的发展理念，我重视科组教师的理论培训，在科组内先后举行《学科"学习导纲"开发和小组合作》、《如何进行听评课》、《如何开展课型研究》、《基于幸福课堂的构建与实践思考》等培训。通过走进新教师课堂，一对一听、评课指导，以及新教师教学自我评价基础上的导师会诊，给新教师搭台压担子等方式，助力新教师的业务快速成长。为提升科组教研力，我们以学科典型课例为抓手，组织科组教师集体打磨科组对外公开课或比赛课。每一次公开课，从说课到设计，从试教到重建，从授课到反思，大家有分工有合作，精心落实每一个环节，既让执教教师得到磨砺，又让科组同伴共同受益。2012年至今，科组团队先后培训刘平、雷丹、梁嘉乐、罗满喜、曹金娇、冯芝兰、吕小品等七位本学科青年教师。他们有的成为学科教学骨干，有的成为区学科教学新秀。

二、在研究中提升智慧

课程开发能力和课堂教学水平是科组发展的核心竞争力。从2013年2月起，为推进国家课程的校本化实施，我校停止使用各种外来教辅资料，要求教师依据学生发展实际自主开发校本的“学习导纲”。这一重大变革，让我这个有着15年备课组长工作经验和积淀的教研组长，更加坚定了通过集体备课开发校本课程资源的策略。为此，我带领团队围绕教材的“二次开发”，统筹学科教学资源建设，引导教师变“教”教材为用教材“教”，以夯实集体备课为抓手，营造浓厚的研讨气氛。我们立足实际，突围模式，用历时三年的时间，精心编写了全套科本课程——“学习导纲”；并形成了基于“学习导纲”的单元整体结构教学机制。从单元双向细目表的编制出发，让每一课教学都能站在单元整体育人价值的高度，来设定学习目标、预设教学全过程（课前自学、课中探究、课后拓展）、梳理知识内部联系、组织探究实验材料、研制课堂训练习题等，力求结构合理、紧密联系、形成体系。经过两年的试用和修订，“学习导纲”2.0版受到师生的喜爱。在“学习导纲”的编审过程中，我们经历了三个阶段：首先是遵循单元整体循序渐进的教学原则，分单元定“学习导纲”主备人，定修改讨论的中心发言人，定试用意见收集人；其次是备课组成立核心编审组，在教学处统一培训的基础上，对“学习导纲”初版即1.0版，进行审核修订，最后由编审组长核查，形成2.0版；第三，是记录使用过程中发现的错漏，收集师生使用意见，结合学校“探究/对话/体验”式教学体系实践策略，编审组审修升级为3.0版。

与此同时，为实现组内教师教学相长，真正做到资源共享。我带领组员构建学科配套资源库，这些资料包括：周练、各章检测卷、期末复习题、专项训练、培优训练、中考各轮复习题等。资料在使用中优化，在使用中调整。经过四年的使用与修改，各项资料实用性强，能很好地为科组教学服务。在实践中，我们不断优化学科资源，优化学科作业设计，在全校首创开发了科组高效课外作业“每日一题”，注重基础与提升相结合，选题情景创新，渗透一题多点，分层递进，很好地满足不同层次学生的需求，真正做到减量又保质。

三、在实践中积聚力量

让物理教学变得简单有趣,这是我一直坚守的教学风格和教学理念。在物理教学管理中,我认为学科教学不只是教学科知识,更要渗透学科的育人价值,以丰富多样的物理实践活动,提升学生的学科核心素养。

(一) 奇思妙想的科技发明大赛

为培养学生的动手实践能力,更好地通过活动启迪学生的科学思维。科技发明作为市区科技创新大赛项目,物理科组承担了这一项目的组织、培训、参赛工作。在工作中坚持走"取材简单,与学科深度融合","奇思妙想,发明创意无限"之路,在科组教师的积极配合下,每年都有组员辅导的学生作品获奖。如表6-1学生作品获奖

年度	作品名称	获奖等级(市级)	辅导老师
2014	新型环保油漆手套	3	雷丹
2015	自由落体破壳器	2	雷丹
	便携式讲台除尘器	3	雷丹
2016	自动提醒信箱	2	罗礼勇
	手机万能遥控器	2	罗礼勇
	静电吸尘黑板刷	3	雷丹
	花盆自动滴灌装置	3	罗礼勇

(二) 丰富多彩的校内学科竞赛

以赛激趣,以赛促优。为进一步营造浓厚的学科学习氛围,激发学生的学科学习兴趣,让学生在学习中张扬个性、体会乐趣、加深体验、获得成长,从而全面提高教育教学质量.物理科组根据学科特点,本着为增强学科兴趣,提升学科素养,为学科教学服务的原则,每学年开展一次校内学科竞赛。校内学科竞赛能围绕物理教学小专题,服务于突破难点知识教学,尽量兼顾与学科教学匹配。近年初二物理备课组开展的学科竞赛有《鸡蛋撞地球》、

《光学教具制作》等，初三物理备课组开展的学科竞赛有《家庭电路设计与安装》、《家庭用电节电调查》等。

“雄关漫道真如铁，而今迈步从头越。”在变革中转型，在合作中共生，三中初中部物理科组在不断地成长，硕果累累，得到上级肯定和好评。我们深信：只要我们秉承为学生终身发展、为教师终身发展服务的理念，将可持续发展教育理念贯彻到教学实践中，在探索中反思，在反思中改进，我们的教研组定会在课改中不断成长，绽放异彩！

二、学生心语，在活动中实现自主成长

在“三雅”教育的辞典里，学生一直站在教育的正中央。这既是我们变革的出发点和落脚点，也是我们推进变革的重要战略和具体战术。校长常说，初中学生“无事就生非”、“给点阳光就灿烂”的成长特点，其背后表达的是他们渴望被关注、希望有舞台的成长需求，与学校“以丰富多样的资源构筑学生丰富多彩的当下与未来”的课程理念高度契合。“以学生成长需求为关注焦点”的转型性变革，让跳动的青春如红棉遇艳阳，白兰沐春雨，生机勃发。在他们笔下，校园的祠堂连廊、名木古树、园林落叶，点点滴滴、一花一草总关情；丰富多彩的校园生活：班级生活小组合作、课堂研习“学习导纲”、军训拓展、校园达人秀、青春成人礼、墨韵轩值岗、校园志愿者、社团活动……一节课，一次活动，一个岗位，一段经历……无一不是初中生活中最美好的印记；他们以自己的成长，书写了“苟日新，日日新，又日新”的当代校园生活画卷，成为他们终身回味的甜蜜。

她和他们——一道美丽的风景

2015 届 305　曾泽云

她，美丽；美丽在那红棉枝头的花开叶绿，在那教学楼里的琅琅书声，在那图书馆的静谧与安详，在那校园流淌着的欢歌和笑语……

她，丰富，丰富在那多姿多彩的生命活力。那小小的春晖园，生机勃勃，春华秋实，生长的是“自然”，绽放的是“科学”；那宽大的运动场，穿梭如流，欢歌如潮，奔腾的是青春，追求的是梦想；那庄严的小舞台，捷报频传，异彩纷呈，彰显的是卓异，弘扬的是奋进……

他们，善良；善良在那一举一动都是为了我们的健康，那一言一笑，都是为了我们孩子的快乐；我们，是这里最受关注的对象，也是这里最快乐的主人。

他们，勤劳；犹如辛勤的园丁，默默地为了那一亩花田能够成功绽放，如期芬芳，而挥汗锄禾，恭耕细耘。为了我们的自然舒展，更为了我们的体魄茁壮。

他们，博爱；像父母爱孩子一样，不分伶俐与木讷，不分顽劣与乖巧，个个关爱，时时呵护。保安叔叔紧张威严的神情是对我们的真诚守护，食堂阿姨细致忙碌的辛劳是对我们的贴心疼爱，班主任的唠叨、批评是对我们的细心养育，校医姐姐的测查询问是对我们的温暖体贴。我们哭也好，闹也罢，都有笑脸相待。

当花儿吐出第一缕芳香，当太阳洒下第一道晨晖，当清风吹起第一声号角，她悄无声息地为我们敞开大门，准备好又一天的竭力的服务。而他们也早早地来到自己的岗位上，准备工作，即使再疲惫再辛苦也坚持陪伴我们到夜色苍茫之时，他们在我们的身边比在自己的孩子身边还久。

悄然而逝的时光，仿佛凝结的昙花，又悄然带走了一切。但是她和他们始终坚持如一，不论寒冬还是酷暑，不论是痛苦还是愁苦，她和他们依旧用自己伟岸的身躯为我们遮风挡雨，用自己的哲思和睿智为我们导向领航，呵护我们一路前行。——她，用一个个富有哲理的成长故事，安抚我们躁动的心绪；她，用一个个创造幸福生活、成功人生的精彩案例，唤醒我们成长的智慧；用严厉的唠叨和贴心的鼓励，一次次点燃我们奋斗的激情。

她，不断完善着自己——厕所一次次翻新，书库一次次扩充，车场一次次改造，设备一次次升级。他们，不断提高着自己——知识不断补充，脾气不断收敛，思维不断进化。她——就是佛山三中初中部；他们——便是我们可爱可敬的老师。

走着走着，我们与她和他们即将走到三年的终点。铃声一次次响起，国旗一次次更换，板报一次次更新，三年以来，她每天都在变化着；他们，也不停地忙碌着。此时，我想对她和他们说：

“美丽的她啊，是我人生转折的地方，也是一个温暖的家，更是一个助我拔节展穗的田园！愿在岁月的长河中，继续开枝散叶，根深叶茂！”

“善良的他们啊，是我永远的怀念，也是我永不褪色的美好。愿他们桃李满天下，在播种智慧引领成长的幸福中尽情欢笑。”

三初的那些事，真美！

2016 届毕业生 312　潘　靖

还记得在那黄昏的校道，几个欢快说笑着的少年，踏着轻快但又带有些疲惫的步伐，一边打闹着，一起离开校园。

初中三年，我改变了很多。母校的一花一草一树一木都见证着我的成长，以及这美丽的校园在课程改革后的蜕变。

在小组合作的氛围下，我第一次发现语文还可以这样学，课文的每个句子都是有着色彩的，都有值得我们学习的亮点。在激烈的讨论声中，我们渐渐投入，渐渐爱上这些充满趣味的语句。

记得那时沉迷于尺规作图，经常一下课便和组员一起画图。什么三等分角，作外接圆，研究得不亦乐乎。放学常常因讨论几何拖了时间被老师赶回家，我们倒也无所谓，后来甚至拉着老师帮忙解题，然后一行人在难题解答后才会踏上黄昏的校道，满足地回家。

这是一个很奇妙的过程，大家在争论的过程中变得更团结了，因为解答的每一道题都关系着小组的分数。讨论声中，大家在改变了，我也一样，我发现我越来越敢于发言了，曾经的羞涩已经在我的神色中消失了，我变得自信了，因为组员们需要我，我也希望看见他们笑得明媚如阳。

我的初一是在趣味中学习,而我的初二是在实践中学习的。初二调班后来到了新的环境,不同的老师,不同的教学方式,让我不得不从其他同学身上学习,自己琢磨调整着方法,自身再慢慢实践。分层班的开设,因材施教的方法,我渐渐跟上节奏,也在不断向他人学习的过程中建立了深厚的"革命"友谊。

老师们更多要求我们学会预习,懵懂的我们这才发现"学习导纲"强大的作用,老师也经常让我们上讲台展示,一首诗,一道题,三两个单词,在制作演讲稿的同时,就是很好的实践过程,小组的分工合作,大家都发挥所长,集合群智。在相互学习和交流中,知识也就记住了。

课改,是母校、老师与我们共同改变的课堂。初中三年,我由拖欠作业到主动找题,发现找题做的感觉真好;我由一个人学习到主动与同伴分享,每一次的掌声让我激动无比;最让我幸福的是,课堂上常常与老师同台辩论的感觉和探索一题多解的快感。记得来到这所学校的第一次开学典礼,校长说他要送给我们两个大朋友,一个叫图书馆,一个叫运动场。不知不觉,伴随着每天的晨读、暮跑,每学期的读书节、体育节、诗歌会、足球联赛……我一天天走近了这两个朋友,也逐渐爱上他们,他们让我改变了很多,也母校的模样改变了很多,更有活力,更加书香。这样的改革在我看来它是成功的,因为我喜欢。它让母校和我们一起成长,一起丰富,一起灿烂。我将离开母校,但我期待它让我的母校更加灿烂辉煌,正所谓"校兴我荣"!

我经历的课堂变革

2016 届 301 班　唐静雯

对于课改这个东西,也许有些人真的接受不了,但对于高一的我来说,现在感觉三中初中部当时的课改真的很不错。辛亏有它,我的高中学习才赢得了主动。

其实对于课堂教学方式的改变,我自己曾经也不解过,也讨厌过。因为小学的教学模式还是老师讲学生听,一到三初的课堂就变了,一时间让我难以接受,还曾为课改中的课堂展示和课程的前置学习特别气。老师不讲就要我们先学,习题都由学生来讲解,那么要老师干什么?我一度感到疑惑甚至厌烦,还生出过“干脆退学回家自己学算了”的念头。

但是一个月多的时间过去了,我也逐渐适应了这种新模式,从不接受不承认到喜爱,有很大的原因是来自三初老师的学习方式培训和与新同学的合作交流。

回想起来,三初的学习模式真的让我很受益。每节内容一般是先自主预习做学案(三初应该叫“学习导纲”),课堂小组合作讨论交流,分享自己的理解和困惑,懂了的就分享,不懂得互相帮,每个人都为让小组赢得更多的评分而努力着。大家都不懂的问题老师再引导大家一起探究研讨。这些都在一定程度上帮助我在初中三年的学习。因为从小升初刚进三初时就已经开始了课改的培训,所以适应还是较快的,不像二中下半学期才开始课改,我还问自己:高中的学习方式怎么跟小学一样?致使前一个月情绪波动还挺大的。再者,因为三初原本就有小组学习模式的培训,对于那时候刚升上初中的我,通过小组合作学习,倒是提供了一个适应新环境新同学新老师的方式。那时候,我真的很需要同学的帮助。总的来说,三初的教学模式是有帮助到我现今适应二中课改的。

上了高中后真的十分注重自学能力,先前的老师讲学生听的模式会让我懒于课前自习,因为课改后的模式,提供了时间自学反而使我更好地预习学习新的内容。其次是课堂的展示分享,我很在意,因为同龄人之间的课堂交流,效果总会比“跨时代”的沟通要好得多,不仅没有批评,还常常会有掌声。例题也是在我们先预习、后同学讲解的基础上,老师从旁展开,能让我更好地针对难点疑点来听讲。

所以对于我来说,课改是利大于弊的吧,因为课改从某种程度上提高了我的学习兴趣,增强了我的学习规划意识和自主学习能力。母校的学弟学妹们,积极拥抱课改吧,她会让你成长更快,快速长大!

让我受益一生的经历

2015 届 314 班　朱王翘楚

谈起初中的学习,我最不能够忘记的,是当年的小组合作。如果把人比喻成各种必要元素,那么一个组,就是其组合成的焕发着青春骄傲的光芒的生命。我们班几乎是最早开始小组合作这种学习方法的。初一,探索阶段,我们尝试过 4、6 人的小组,尝试过不同的座位安排方式,尝试过许多的计分奖惩制度。初二,各种事项都开始发展、稳定、逐步成熟。初三,则是其优势最大发挥之时。我们最终获益良多,除了优秀的成绩,更有人生中最美丽的,友谊。这种友谊,是这一辈子都不能够忘怀的。回想起那些个妙趣横生的小组名字:“ICU”、“魑魅魍魉”,我仿佛又回到了当年的美好时光,耳畔又是那一片欢声笑语……

除了小组合作,另一让我受益终身的,是初三时极力提倡的思维导图。思维逻辑之于学习,无异于灵魂之于生命。没有思维逻辑的学习,就像是行尸走肉,没有生命的气息。学习是有趣的,然而陷入混沌的学习却是叫人难受的。做思维导图的方法很好地帮我理清楚自己的思绪,直到现在,都在学习与生活上给我很大的帮助。

听老师们讲,学校现在开始尝试电子教学。我感到惊喜、自豪。这是一个相当具有领先意义的教学模式。我们走在了变革与创新的前沿,也就将走在进步与发展的前列。

无论是小组合作、思维导图抑或是后来的诸多变革,都是有从不成熟走向成熟继而发挥强大力量的过程。事物皆有其发展的规律,都应循序渐进,而这一切的前提,是敢于迈出第一步。时代在不断地变迁,固步自封唯有死路一条。汤之《盘铭》曰:“苟日新,日日新,又日新。”唯有敢于尝试新事物,敢于挑战传统、追求创新,才能日臻完美,走向更美丽的明天。而这,正是我的母校——三中初中部的性格。

我当团学联干部的这三年

2015级212　刘琬筠

不知不觉，我已经加入三中初中部已经两年了，在这两年里，我收获了很多，从初一时平凡的学生，变成了现在人人熟知的学生干部。

在初一时，我只是例会干部，主要负责自己班级的一些任务。到了初二，我在团委刘老师的推荐下，当了联席干部，主要负责初一级10班到12班。

开始担任联席干部时，我非常担忧自己不能够胜任这个工作。因为，我还没有清楚评分规则，常常做事都很迷茫。最后，在团委刘老师和其他学生干部的认可和帮助下，我重拾了信心，做工作也做得有条理了，不再像之前那么迷茫，犯的错误也越来越少了。

在2016年11月的中旬，学校团委举行了师徒结对的活动，我也收了2个徒弟，分别是：109班的张宝予和107班的徐楚翘。

在举行“师徒结对”的活动之前，我觉得带徒弟这件事，肯定会遇到更多问题。例如：她们会不听我的话、跟她们相处不来、我该教她们些什么呢等等。可相处久了之后，我认为我之前的想法是错误的，带徒弟也没有我想象中那么难。相反她们的性格跟我差不多，挺活泼的，也有许多共同语言。

在教她们检查任务的时候，在一些细节上我也犯了一些错误，例如：每个星期一升旗仪式检查完同学们的校卡、红领巾、校服时，没能够提醒徒弟们要立正站好，不可以说话，导致了被老师批评。通过这一件事情，我以后做事非常认真仔细。

我觉得学校团委举行“师徒结对”这个活动挺不错的，这个活动，能让我把我所学到的东西或者一些常犯的错误分享给我徒弟听，让她们以后做事能更好，也更好地发现自己所犯的错误。

在这两年中，我在学校团委里，收获了许多东西，学校团委是一个可以锻炼我们的地方，团委提供非常多样的实践活动，让我们在实践活动中，提出自己的见解,从而塑造我们成为有创新精神的学生干部。今后,我会继续做好联席干部的职责,尽到一位学校主人的义务,不断完善自我,不断历练我的能力。

我在三初这半年

2018级101班　谢亦君

我是初一1班的学生谢亦君。很荣幸今天能和大家欢聚一堂,共同分享我在三中初中部这半年的生活体验。

一年前的我和在座的你们一样,都为小升初而努力奔忙着。对毕业、对初中多少感到些未知和迷茫,选择怎样的中学始终是挥之不去的烦恼,我向往名校却害怕自己的成绩达不到标准,但时间告诉我只有奋笔疾书才可以考上理想的中学。终于我跨入了三初的大门。三中初中部是一个有梦想的大家庭,她为每一个有梦想的少年提供了广阔的发展空间,在这里我用努力收获了爱心和感动,用探索磨炼了品格和毅力,用恒心攀登上知识的灯塔和高峰,用兴趣丰富了心灵和素养……三初丰富多样的课程资源和社团活动,为我打开了一片学习天地,让我尽情施展自己的个性,继续发展我的特长、扩展我的能力。

学校的“三雅”教学一直在初中学习中深深感染着我,作为一名三初学子,儒雅是学校对我们的期待,是内在品质和外在气质的融合,是德才兼备、内外兼修、知行合一的人格特征;在学习生活中我常用“敏行好学,正己达人”来要求自己。学习上必须刻苦勤奋。课前认真预习,课上专心听讲,课后仔细操练,努力以丰富多元知识充实自己。“安其学而亲其师”,我喜欢我的每一位老师,于我而言,老师是组织者,亦是倾听者,更是陪伴者。初中生活的丰富,源于学校为我们提供的平台。无论是艺术节、校运会还是班级建设、义卖活动,老师全权把发展空间留给我们,在三初,我们就是主人!

这样的精彩,不仅仅局限于班级,更升华于年级。不久初三学子将告别母校,因而全校师生为初三举行百日誓师大会。在会上,我们由衷地为他们加油打气,看着我们为彼此而欢呼,听着台下给予我们的掌声,我有一种说不出的感动。三初是那样团结而有爱啊!

在这所古今贯通、中西融汇、文武兼备、科学与技术融通的百年名校中,在这所红棉盛放、白兰飘香的典雅校园,我不断有迈向新高度的梦想。两百多年的历史,使这所名校桃李芬芳。是三初的灿烂光辉让我有幸能够站在今天的舞台这与您分享“三雅”教育!若要言三初,怕是千言万语也道不尽!“少年志则国志,少年强则国强”,校友梁启超的《少年中国说》激励千百三初学子“为中华之崛起而读书!”“今天我以三中为荣,明天三中以我为傲”是这里不绝的赞歌。

一年前我懵懂到来,一年后我褪去稚气,站在这里,我想说:“三初,是我永远不后悔的选择!”

三、家长心得,在参与中共建教育生活

在三中初中部校园,你会时常看都一些似曾相识的面孔:课堂、操场、会场、舞台、厨房、宿舍……到处都有他们的足迹;开放日、家长会、体育节、校庆日……经常出现他们的身影;他们不仅有校园出入证,还有校园服务岗;有时是客人,有时当主人;有时当学生,有时做教练;有时作监督,有时当同伴。他们,是三中初中部最忠实的合作者、同盟军——高度认同学校办学理念的学生家长。他们以自己的努力,和学校师生一起积极践行着“三雅”教育,生动演绎着合作互动、共育共生的家校合作理念。

“思妈”的心里话

——我在家谊会活动中的成长

2015 届　杨逸思妈妈

我的女儿是三中初中部 2015 届 11 班的学生,因为经常以家长委员会委员(简称“家委”)的身份参与学校管理,出席学校大型活动,老师、家长朋

友、学生们都喜欢叫我"思妈"。三年的家委工作,我这个"思妈"几乎成了学校无人不知的编外职工,使我有机会感受到了不一样的学校教育,也体会到了做家长不一样的责任和荣光。在三初,家长有多种不同的角色:孩子的监护人、教育的合作者、校园的自愿者、办学的同盟军。每当我和新一届的家长委员会成员分享我做家委的工作和心得时,那种难以言表的使命感和成就感,总让我十分享受做名校家长的幸福。这种幸福,不仅来自孩子们的健康成长,更来自家长们的同心同行、共育共生。

三年前我女儿上初中时我是压根没有听过家谊会这个名词的,所以在班主任提出让我担任11班的家委会委员时,确实让我受宠若惊和惶恐不安。但是,一位非常有经验的家长的一句话让我猛醒,至今记忆犹新,那就是:"一切为了孩子!"对,这可能就是我们家谊会一群家长们当初最大的初衷和动力。我们大部分家长都是第一次成为初中生的父母,我们没有经验,而初中生的教育特别需要智慧。家谊会就是一个提供给各位家长互相交流和教育帮助的一个平台,是一所让家长和孩子共同成长的学校。

家谊会成立以来,在各个家长积极主动配合下,取得了丰硕的成果:1.我们举办家长沙龙,推荐优秀家长当家长学校的教员。通过小聚会的形式交流各自教育上的一些问题和妙招,共享一些教育上的资讯,并且让家长参与到孩子的教育中去,成为学校与学生、家长之间沟通的重要桥梁。2.我们参与学校有关改革的决策与咨询,推动学校治理的现代化。一般来讲,凡事涉及学生校内外管理、校园生活服务、重大社会实践活动的事项,学校一般都会征求我们意见。家委一般都会想学生之所想、急学生之所急,积极为学校排忧解难。例如学校的饭堂开始由社会企业进行运作,因此产生了各种不同的声音,家长们通过家谊会的平台,及时与学校领导协同解决实际问题和困难。在这个过程中学校领导、家长代表、企业高层进行了数次的开会沟通协调,并出台了各项的管理措施,如:建立家长长期轮流试餐、开办阳光厨房、每日菜谱网络公开、定期意见反馈等一系列措施。3.组织丰富多样的户外亲子活动,在体验中密切亲子关系、家校关系。在三初,每学期各班家委都要动用自身的社会资源,在节假日组织一次家长和学生共同参与的社会实践活动。或走进现代企业,或走进田园农户,或走访名胜古迹,或感知高等学府。这样的活动从立项策划、线路考察,到组织实施、活动分享,食宿、交通、联络、安保全由家委负责。每一次活动,都是一次教育总动员、家教大课堂,深受学生欢迎,深得家长拥护,同学之间、父母子女之间、老师学生之间、家长老师之间从相互沟通,到积极合作;从相互尊重到互相启迪,合作互动,其乐融融,仿佛一个成长共同体。4. 积极参与配合和组织学校的相关活动,当好校园自愿者。每年的校园义卖、外来参接待、体育节、开放日、文艺表演、百日誓师,学校学工处都会分给我们一定的岗位,或参与、或组织、或服务,家委都是学校的一分子,我们参与在其中,享受在其中,也成长在其中。

2015 届的家长都是非常棒的家长,只要是要搞什么活动,大家都会主动的出谋划策,各尽所能,作为家委会委员,对于如何推动、建好家长委员会,推动学校教育和家庭教育的良性互动,我有以下几点感想:

一是真诚沟通是前提。家谊会是一座桥梁,是为了让学校、老师、家长和学生四方受益的一个组织,在互相理解,相互尊重的基础上,建立学校、家长、孩子之间真诚的信息渠道。多参与,多了解,把家长们的普遍意见和看法及时反馈给学校,同时,老师也将学校的教育近况反映给家长。真诚沟通让我们成了“一家人”。

二是委员选配是关键。家长委会委员都以“自愿报名、家长互相推荐、班主任推荐”相结合的形式产生,所推选的委员首要的是热心教育有爱心,有服务意识;其次是工作背景、文化背景、性格特点的多元化。以便从多角度、全方位观察理解支持学校的教育教学。第三是委员之间要建立简单有效的分工机制,如:活动策划、财务管理、后勤保障等负责人。大家从不同的角度,参与学校管理,服务师生成长、促进家长成长。

三是整合资源保障。我们的家长都是来自于各行各业,通过家委会交流的平台,我们可以充分挖掘所有家长自身的特长、资源。比如我们班就是从以下几方面着手:我们邀请了我们班同学的家长做法律知识专题讲座;我们到了同学父母经营的小店里举行比赛、家长沙龙;几位从事教育工作的家长为我们分享、解析一些教育孩子上的真实案例;心灵手巧的家长策划同学生日聚会,让孩子们在生日会、迎新年的班会上共享成长的快乐。

在这里,我和大家分享一个我和女儿的故事:女儿入学后不久,学校在他们班试行小组合作教学方式,孩子回来跟我说她很不适应,他觉得只要搞好自己就行了,照顾其他人,那岂不自己更吃亏。因为在家长沙龙,我们对小组合作这个概念也有一定的理解,所以,我对女儿说:让他相信老师,还要相信奉献和分享精神是一种伟大的神奇的力量。毕业的时候,女儿跟我说:她最愉快的事,竟然不是自己的成绩进步,而是他们的小组获得表扬,这让她有了前所未有的光荣感和使命感。

其实,参与家谊会工作也需要这种奉献精神和分享精神,可能家谊会做的事不会有金钱和物质上的回报,但我们在孩子成长的道路上,播撒了包含爱心、陪伴和负责的汗水,在孩子的心灵里播种了合作、分享和担当的种子,收获了孩子们合作交流、共同进步的人格品质。作为父母,这是最好的回报,也是最大的幸福!

我们的追梦团队

2014 届 317 班　家长:柯胜兰

在三中初中部,每逢学校大型活动,家长都有作为自愿者参与活动的习惯。我们 2014 届 317 班追梦团队的家长对孩子们在初中阶段的最后一次运动会,早已翘首以盼,摩拳擦掌,因为我们是追梦者,我们是三初人!

9 月 28 日,金秋送爽,佛山市三中初中部的校运会在锣鼓喧天、彩旗飘飘中姗姗走来了。我们 317 追梦团队为了迎接这一天的到来已经做好了充分的准备!朝阳才缓缓升起,317 追梦团队就在晨曦中精神抖擞地第一个抵达操场做好入场准备。“我变态,我存在”这是 317 追梦团队的口号。这一搞笑的口号竟然被 318 班进行改造后成为他们的班号。我们的班服设计别具一格,黑色的上衣后面是一个篆体的“秦”,这将代表我们这个团队将会像战国年代秦国横扫中原一样横扫在他们追梦道路上的一切障碍;黑色的上衣前面男生是龙的图腾,女生是凤的图腾,代表我们长大以后都会成为人中龙凤。这一别具匠心的设计还被别的班作为模板进行模仿。让人不得不佩服这群孩子的想象力,看来这是一群思维非常活跃的孩子,长大后不管从事哪个行业都会成为佼佼者。

7:30 开幕式正式开始了,首先是进场的是 301 班,然后按班级序号依次进场。前面的 16 个班级都走过场了,轮到我们 317 追梦团队隆重出场了。筑梦人麦老师带着 317 追梦团队斗志昂扬地朝着主席台走来。体育委员举着班牌领头,同学挥舞着班旗随后,其他同学迈着整齐划一的步伐昂首阔步地朝主席台走来了。他们在主席台前站定,英姿飒爽地表演了一段精彩的拳术,顿时掌声如雷,赢得了满堂的喝彩。让人不由地想起“自古英雄出少年”这句话。317 追梦团队的入场式赢得了禅城区教育局及校领导的高度评价。

校运会正式开始了,我们 317 追梦团队不仅学习成绩好,体育运动也顶呱呱!捷报频频传来,黄钧涛同学获得 1500 米亚军,100 米季军;林楚斌同学获得 1500 米第七名,韩乐睿同学获得 800 米第五名,李智欣同学获得推铅球亚军,800 米第五名;邝殷欣,杨颖琳同学获得跳高第八名。

激动人心的 50 米迎面接力开始了,第一棒结束我们 317 追梦团队领先 318 班 30 米,可是第二棒交棒时脱手了,我们让对手追上来了;两支队伍势均力敌,你追我干,紧紧咬住不放。不幸的事情发生了,我们交棒时又脱手了,一下子就被对手赶超了 30 米。这时对手的接力棒交到了石昊东的手里,这个飞毛腿简直就是我们的噩梦;本来我们 317 追梦团队的黄钧涛可以跟石昊东一比高低,但黄钧涛受伤了不能参加比赛。这下我们的心都提到嗓子眼上,对手已经超越我们 50 米了,我们都快要绝望了!石昊东正全力冲刺的时候传来了何校长大喊“石昊东加油!”的声音,石昊东一激动跑得更欢了,连接力棒都忘记交给下一位选手,直接冲向终点,这时我们班都欢呼起来,大喊“石昊东,我们爱你,石昊东加油!”我们的对手318班的同学鼻子都气歪了,何校长更是惊讶得连眼珠子都快要掉下来了!结果我们非常幸运地取得了胜利。胜利来得如此突然,如此意外,看来幸运女神是非常眷顾我们317追梦团队的!

校运会圆满落下了帷幕,我们317追梦团队获得了全校总分第四名的好成绩,并得到了校领导的一致表扬。全班30多位校运会家长自愿者在主席台与追梦团队合影留念。那一刻,我们家长作为追梦团队的重要成员,与孩子们一起欢呼、一起分享、一起激动、相互拥抱,仿佛又回到了中学时代。追梦团队运动会上团结、奋进的情境令老师欣慰,让孩子激动,让家长幸福。共同成长的喜悦,汇聚成一股强大的动力,激励着我们在追梦的道路上不断的向前,向前!

红棉树下的成长

2015级203班　吕溢华家长

“卓如红棉,雅如白兰”是佛山三中初中部的校训,它勉励学生要象红棉树一样,卓然而立,蓬勃向上,像白兰花一样纯洁儒雅。2015年9月,我的孩子荣幸地进入三初学习,现在是初二(3)班的学生,回顾他在三初将近两年的学习,我感觉他变化很大,懂事了许多,性格也活泼开朗了,独立能力强了,学习积极了。这都得益于三初的儒雅教学之风,和老师们的辛勤付出。

孩子入读三初的前几个星期,我还像以往那样接送他放学上学,后来有一天,他提出:“爸爸,我长大了,从今天开始,不用你送我上学了。”我一时间呆住了:难道他真的长大了?我最终答应了让他自己上学去。我内心安慰自己:应该是放手的时候了。也许他真的受到红棉树的鼓舞,独立、坚强了。

三初很注重“学校—家庭—社会”三位一体的教育。经常召开家长会,加强学校与家庭的沟通,及时反映学生在校的学习和生活情况,以及听取家长对学校的教学意见和建议。而且每次家长会都是那么的及时，讨论的问题又是那么的切合实际。记得有一次家长会的主题是“如何与孩子进行有效的沟通”，当时正是我们的孩子进入青春期，开始产生叛逆情绪的时候，许多家长都不知道该怎样和孩子沟通。这次家长会召开得太及时了。通过这次家长会，我收获很多，感触很深，一改以往摆架子，讲权威的强硬说教方法，学会尊重孩子，理解他，赞扬他，鼓励他，给他自尊自信，抓住合适时机和孩子进行交心谈心。慢慢地，我们的隔阂打破了，他对我的说话听得进去了。

三初很注重学生的思想品德教育和社会实践教育。例如组织慰问特困户，组织校园公益义卖活动，组织参观水厂，教育学生珍惜生活用水资源，组织学生走进大学校园，激发孩子们的学习热情等等活动。我的孩子也从这些集体活动中受到了良好的教育，懂得孝敬父母，尊重他人，勤俭节约。有一次他的生日，我提议在外面吃饭庆祝，他却反对，说在外面吃饭花费大，不如买个小蛋糕在家里庆祝算了。

三初的学科教学水平更是得到社会的认可，每年的中考成绩都喜人。学校自主开发的“学习导纲”是三初老师集体智慧的结晶，是三初教学改革的研究成果，对孩子们的学习起到很大的帮助。

红棉之卓，不但体现在花开之美，还体现在体魄之强健。三初不仅重视对学生德育、智育的培养，还对学生的身体素质、体育运动有高标准要求，每学期的体育考试都以中考的标准去评分，我孩子也因此得到很好的锻炼和提高。每学期的体育成绩都在进步，而且连续两届获得校运会奖牌。

又到红棉盛放的季节，希望我的孩子在三初优美的校园环境，优质的教学资源，优良的学习气氛中，在红棉树下健康快乐成长。

女儿的成长故事

2015 级 211 班　陈静仪妈妈

不知不觉我的女儿从小学毕业踏进了佛山三中初中部就读，孩子从一身幼稚的身心,到现在就读初二的她显得是多么的懂事,乖巧,成熟。成长的过程就是破茧为蝶,挣扎着褪掉所有的青涩和丑陋,在阳光下抖动轻盈美丽的翅膀,闪闪的、微微的、幸福的颤抖。当然成长的过程都饱含了我们三初学校老师们的汗水。

孩子的成长是锁在抽屉里那带锁的日记本,里面记录了喜怒哀乐,苦辣酸甜,记录了青春的烦恼。我陪着孩子成长,我感到了快乐与满足,让我分享着孩子的喜怒哀乐。

记得有一段时间,我感觉到女儿在生活上有一种困惑,这种困惑多少源于我没能给她一个完美的家,以及育儿理念不成熟。幸运的是,我的女儿在学校里得到了老师们的悉心关心,终于从困惑中走出来。她经常跟我聊天,班主任陈老师以及与其他科老师都经常和她聊天,非常注重她的情绪疏导。我问她:“聊到什么”,她说除了探讨学习,很多时候还会探讨生活。

“探讨”?对孩子来说基本上以“学习“为标题,但她居然用“探讨”来形容,这证明了老师们的教育教学方式很有效,很容易让学生来接受。虽然这词用在学生口中是有点狂妄自大了,但是让孩子的心中充满了自信,充满了好奇心去学习老师的一切。所以我是很放心地把孩子交给了学校,交给了老师。正是因为老师们的耐心细心,对这么多孩子的情绪都能及时关注,孩子的情绪才能得到及时的疏导。我在家默默地观察着孩子的转变,看着她那一段时间从困惑中走出,变成了现在充满了阳光,充满了爱心的孩子。

说到爱心让我心存感激,有一天女儿告诉我,她要报名。

参加青少年的爱心活动,这让我看到了充满爱心的孩子,让我感动万分,好像我做妈妈的还挺愧疚的,她提过后,我还忘了她的后续结果,她的爱心活动是否有参与我居然混然不知,不了了之,对不起女儿。当然她的爱心是受到了在校的风气与榜样而形成的,虽然她的成绩在班上还是属于前十名的,但是成绩与做人的道理是并存的,我的首要不是只看成绩,我看重的是以爱心、孝心、责任心为前提。当你做到这一切,你就是棒棒的孩子,至于成绩,你尽到了最大的努力我就满足,当然你若然能拿到更好的成绩,我更开心了，嘻嘻！

孩子的爱心与否，当然少不了三初的爱心活动，例如义卖，往困难家庭送温暖，等等爱心活动。孩子的爱心离不开这些传播呀，三初再接再厉，做为家长的我，支持开展更多这样的活动，将来让社会充满更多的爱。

说起孝心，有一天早上我5:30分起床，打算洗个头才送女儿上学，女儿看到了说妈妈我帮你洗头冲水了，我虽然没有对女儿说，那一刻我的心是甜滋滋的。

亲爱的女儿：在初中学习后，你越来越懂事了。在家你的一举一动妈妈都是看在心里呀，曾经记得你的稚气，我装好的食物，太烫，你都会发脾气的哦，呵呵，当然现在你不再有这种稚气了。哈哈！在人生的长河中，成长常常伴随着你，记住成长是你永久的纪念和喜悦。

记得那一次，学校开展校运会，班主任陈老师让你负责带领同学排练，你说看到一些同学的不配合，你很无奈，你感到很无助，当时我安慰你说，女儿你一定能胜任的，老师也是相信你才让你担此重任呢，我说同学们不配合，那是因为你们班的同学都很优秀，或许你用讨论的方法也让他们给一些意见你，去让同学配合。那一刻由于你的责任心过重，看得出你的紧张，你的顾虑，你的伤心，那一晚上我接你放学，让我万分的担心呀，你的压力让我感到十分的沉重，那一刻让我心痛的，我当时还劝你说要我跟老师说你放弃带领，但是你还是坚决坚持了下来。你说没事的，事隔一周，我去接你放学，看到你幸福的笑容，你说妈妈，我的脚受伤了，我说怎么受伤了？你还这么开心，还笑得那么幸福，你说我跑步时摔倒了，但是班主任陈老师及时观察到了，尽管你想坚持跑下去，但陈老师毅然让你终止比赛。你为自己无法为班争取荣誉而伤心痛哭，自责万分，但经过陈老师和同学的开解后，你才渐渐释怀。同时体会到别人对自己的关心和帮忙是极大的鼓励和动力。你说你很感动，很开心，孩子呀，你在摔一跤后尝到了幸福的滋味。尽管伤口留了个疤，但爱美的你并不介意，因为这一伤疤让你记得那时候对你关心的老师和同学们，让你记住美与不美不在于外在，是内在的美才是最重要的，让你学会了:痛过了,便坚强了;跨过了,便成熟了;傻过了,便懂得了适时的珍惜。成长是无尽的阶梯。一步一步的攀登,回望来时路,会心一笑;转过头,面对前方,无言而努力地继续攀登。你就会更快乐。

上周的家长会,班主任陈老师用特别的方式召开,有家长,有老师,有孩子,而且陈老师组织安排得非常好,对于家长和孩子来说,都是难忘的自我教育,很有效。家长与孩子在尊敬的老师面前都能敞开心扉把心底话出来,老师面前家长孩子说话的权力是平等的,家长说出孩子的不足,老师都很有耐心地给孩子引导,孩子也能当着老师的面前指出家长的不足。事实呀,我们都不要小看比我们小的孩子,其实,孩子们都说的很在理,不要说是给孩子上课,我觉得老师们给我们做家长也上了一堂非常重要的一课。例如:我的孩子在会上能大胆地直言说妈妈天天是工作,晚上还是拿着手机工作,她说得很对,我们要孩子做得好,必须以身作侧,孩子就是我们做家长的影子,孩子的好与坏,跟做家长的是脱离不了关系的。

感谢三初给我上了一堂非常宝贵的一课,在此我代表我的孩子感谢老师们,感谢三初,有你们我们更幸福,有你们的存在,相信将来的社会充满更多的爱,一定会给社会带出更多的国家栋梁。谢谢你们!

限于篇幅,这里记录的仅仅是三中初中部大家庭中部分教师、学生、家长的声音,随着时间的沉淀和他们的远行,红棉树下的成长故事和终身受益的美好记忆,慢慢演变成了一系列校友文化,这种文化已成为佛山教育的一道风景。

——每一届学生的毕业典礼,学生都要自发地推选本届校友的理事会,理事会将绵延“学生”的人脉和文化,成为本届校友联系母校、关照彼此的纽带;

——每年的元旦、教师节、春节等重要时刻和寒暑假、高考后,那些继续在高一级学校学习的三中初中部毕业生,都会成群结队相约回到母校,寻找他们的足迹和曾经的老师,第一时间与母校分享他们成长的快乐;

——每年的十一月，更是众多校友翘首期待的时间，因为那是三中初中部的校庆月。这个月的每一个周末都会有成百上千的历届校友，相约学校的红棉树下、傅公祠前、图书馆旁，分享合影；有的还要请来当年的老师一起回到曾经的教室，分享过去的故事；

——最让人激动的就是每年十一月开幕的“红棉杯”校友足球联赛，近20支校友足球队相约周末校园足球场，尽情诠释“友谊第一、比赛第二”深刻内涵，持续两个月，直至新年元旦落下帷幕；

——每逢整五、整十年的校庆，那便成为海内外三中校友的盛事，十一月的每一个周末，探母校、访恩师、找校友、叙过去、话将来、搞捐赠，络绎不绝，直至校友午餐会将活动推向高潮；

……

是相聚，更是重逢；是回味，更是分享；是传承，更是演绎。重逢的是红棉精神，分享的白兰雅韵，演绎的是“三雅”教育。

主要参考资料

著作类

叶澜,“新基础教育”论——关于当代中国学校变革的探索与认识[M]北京:教育科学出版社,2006

叶澜等,“新基础教育”成形性研究报告集[M]桂林:广西师范大学出版社,2009

杨小微,转型与变革[M]武汉:湖北教育出版社,2004

杨小微,“新基础教育”学校领导与管理改革指导纲要[M].桂林:广西师范大学出版社,2009

杨小微,全球化进程中的学校变革[M],上海:华东师范大学出版社,2004

杨小微,整体转型:当代学校变革“新走向”[M],南京:江苏教育出版社,2012

王绪君,管理学基础[M]北京:.中央广播电视大学出版社,2003.6

张立新,组织变革:重建学校管理“新关系”[M],南京:江苏教育出版社,2011

易丽,文化生成:营造学校发展“新生态”[M].南京:江苏教育出版社,2011

张济正,学校管理学导论(修订本)[M].华东师范大学出版社,1990.6

张爽,学校变革中的校长领导力[M],北京:教育科学出版社,2010,10

朱乃楣,互动与共生[M]北京:教育科学出版社,2014,3

俞可平,治理与善治[M]北京:社会科学文献出版社,2000 年 9 月

[日]佐藤学,李季湄译,静悄悄的革命——课堂改变,学校就会改变[M],北京:教育科学出版社,2014

联合国教科文组织国际教育发展委员会,学会生存——教育世界的今天和明天[M],北京:教育科学出版社,1996

联合国教科文组织总部中文科译,教育——财富蕴含其中[M]北京:教育科学出版社,1996

论文类:

叶澜,“新基础教育”内生力的深度解读,《人民教育》,2016 第 03-04 期

叶澜,千舟险过万重山——改革开放30年中国基础教育发展研究概述[J].基础教育,2009(1)
叶澜,让课堂焕发生命活力——论中小学教学改革深化[J],教育研究,1997(9)
叶澜,世纪之交中国学校教育的文化使命[J],教育参考,1996(5)
叶澜,吴亚萍:改革课堂教学与课堂教学评价改革[J],教育研究,2003(8)
叶澜,21世纪社会发展与中国基础教育改革[J],中国教育学刊,2005(1)
叶澜,重建课堂教学过程观——"新基础教育"课堂教学改革的理论与实践探究之二[J],教育研究,2002(10)
叶澜,重建课堂教学价值观——"新基础教育"课堂教学改革的理论与实践探究之一[J],教育研究,2002(5)
杨小微,转型性变革中的学校领导[J],教育研究与实验,2005(4)
杨小微,当代学校变革中运行机制的探寻[J],教育研究与实验,2008(2)
石中英,学校文化的核心:价值观建设[J]教育科学研究,2005(8)
李镇涛,基础教育改革的关键词应是"文化变革"[J],人民教育,2008(1)
谢先刚,不要让"中考"绑架了初中教育[J],人民教育,20015(8)
谢先刚,以教研统整和优化课程[J],人民教育,2018(6)
谢先刚,唤醒教师文化自觉,构建优质课堂文化[J],中小学管理,2012(9)
谢先刚,追寻理想初中教育发展之"道"[J],中小学管理,2018(7)
谢先刚,创造具有精神感召力的课堂文化[J]基础教育参考,2016(3)
杨孝如,困境突围型初中品质追求的嬗变及其启示[J].教育科学研究,2015,(8)
宋茂盛,转变校长思维方式让管理"目中有人",中小学管理,2016年08期
杨孝如,初中教育的困境与突围[J].江苏教育研究,2010,(9C)
上海市闵行区HP小学,"新基础教育基地学校建设中期评估报告",2006(10)
李来昌,初中学校管理的实践与思考,高平市教育网,2015,4
孙联荣,非行政性组织的创建——学校组织变革的实践探索,来自网页
陈玉国,通辽实验中学"导案自学五环节"教学模式[J],读写算(教育教学研究),2015,35(26)
申道明,"导学互动"教学模式在初中数学教学中应用的研究[J],中学生数理化(学研版),2015(14)
邱能妹,先学后导教学模式"导学提纲"设计的视角[J].读与写(上,下旬),2014(31)

后　　记

经过历时三年的资料收集与选编，本书终于到了可以付梓的时候。无论是本书的编写过程，还是全书所记录的教育实践，都真实反映了我和我的团队为探寻理想的初中教育精诚合作、孜孜以求的努力。我十分庆幸，在我的教育人生中，能遇上这么一群为了共同的教育理想，排除万难，执着追寻的教育同仁。此时，我最想说的就是"谢谢他（她）们——佛山三中初中部的各位同行者！"

在本书的编撰过程中，我作为主编所做的工作集中在两方面。

一方面是组织带领学校行政团队对五年的办学实践进行回顾、梳理、归结、提升。何清亮、谢雪梅、伍杰豪三位副校长发挥了很重要的作用。这方面的工作，与其说是为了撰稿写作，不如说是培训分享总结。我高兴地看到，在这个过程中，学校行政团队中的许多同志，对初中教育的性质和特点有了更深刻、更清晰的理解，也更清醒地认识了学校正在进行的转型变革的意义和价值。

另一方面是书稿的整体策划、统稿和部分章节（前言、第一章、后记）的撰稿。全书记录了以"办典雅之校、行博雅之教、育儒雅之人"的办学理念引领一所城市公办初中实施转型性变革的思想和实践，旨在通过变革，创生出一种能真正促进每一位师生自主发展的初中办学模式，以改变当下初中教育围绕"中考"转的被动局面。何清亮副校长以及课程教学处伦礼蓉、伍杰豪、罗礼勇三位同志承担了第二章"博雅之教，课程重构与教学重建"的撰写工作；学生工作处狄丽、简展晖、岑素芹、刘海萍四位同志以及麦艳贤老师承担了第三章"儒雅之人，学生工作与学生发展"的撰写工作；谢雪梅副校长独立撰写了第四章"运筹之策，治理优化与动力内化"。学校党政办公室关颖仪、邓绮妍两位同志分别参与了第五章“红棉之卓，绽放百年名校的蓬勃生机”、第六章“白兰之雅，诉说文脉三中的成长故事”的资料收集和编撰工作。此外，梁加昀、陈云英、肖玉琳、刘平、罗卫好、谭润嫦等20多位老师、家长和学生，以他们亲身参与的实践体悟为本书贡献了他们在变革中创生的成长故事。在此，深表谢意！

尤其让我感到庆幸的是，我们的学校转型性变革实践，得到华东师范大学教育学系教授、博士生导师、教育部人文社会科学研究重点基地华东师范大学基础教育改革与发展研究所所长杨小微先生及其专家团队徐冬青研究员、李家成教授的跟踪指导。他们为我们的改革实践提供了强有力的理论支撑和实践指导。特别是杨小微先生，不仅深度参与学校转型的顶层设计，还为学校管理团队提供了众多学习交流的机会，对我们的改革实践一直给予极大地关注和关切。无论他来与不来，杨先生关于学校转型性变革的思想和理论始终是我们行动的指南。在我们的五年规划即将完成的时候，杨先生及时提醒我们，要对学校五年改革实践进行系统的总结反思，用实践更好地揭示初中教育的本质和规律。并指导学校领导班子，研究确定本书的立意和编写思路，亲自将本书命名为“变革与创生”。旨在表达：初中教育要走出当前的困境，应该通过系统的主动变革，创生出与处于成长关键期学生的成长特点和发展需求相适应的高品质教育。在本书初稿形成以后，杨老师亲自对全部书稿再次进行审阅并作序。专门安排其学生李学良博士为本书的完善进行全面指导。

回望走过的历程，我们深刻体会到，初中教育要走出办学困境，必须走主动变革的整体性转型之路，这是一个需要付出持续努力的系统工程。要走好这条路，校长既要有对初中教育办学功能的准确认识，有对初中教育目标的准确定位，还要有达成初中教育愿景的实践策略和执着追求。学校变革路径和策略的选择对于校长而言，既需要有强烈的教育情怀，还需要有坚定的责任担当，更需要有推动学校发展的领导力、团队工作效能的提升力、内外教育资源的整合力。特别是在整个教育生态还不太和谐、地方教育政策不够公平的生境里，校长整合校内外资源的能力显得十分重要。

正是由于本人办学领导力的某些不足，或者说是所处教育生境的某些不利因素影响，使得“三雅”教育的实践研究还不够深入。特别是博雅教育的常态化实施和儒雅之人的工作体系都需要进一步创生。同时，本书作为2015年广东省教育科学规划课题《岭南文化背景下初中生“三雅”教育育人模式的研究与实践》的最终成果，“三雅”教育的办学实践还需要在今后的教育改革中不断完善，使之更具有理论的指导性、实践的借鉴性、效果的稳定性。相信随着教育治理现代化和教育发展信息化水平的提升，假以时日，“三雅”教育一定会推动城市初中在转型性变革中创生出更加优质而公平的现代初中教育，提供更有力的办学实践和更有益的教育启示。

本书是我和我的团队针对当前初中办学的发展困境所进行的探索实践，不避浅薄，籍以成书。在统稿中发现，限于本人的水平和能力，还有很多“点”值得深入探讨和持续研究，深感心有余而力不足。书中所记录的认识与实践也难免有错漏和不妥之处，诚请各位读者、教育同仁予以指正！

谢先刚

2019.6

图书在版编目(CIP)数据

变革与创生：城市初中“三雅”教育的实践探索/
谢先刚等著. —上海：上海三联书店,2020.
ISBN 978－7－5426－7059－5

Ⅰ.①变…　Ⅱ.①谢…　Ⅲ.①初中－中学教育－研究
Ⅳ.①G63

中国版本图书馆 CIP 数据核字(2020)第 090892 号

变革与创生
——城市初中“三雅”教育的实践探索

著　　者　谢先刚 等

责任编辑　钱震华
装帧设计　陈益平

出版发行　上海三联书店
(200030)中国上海市漕溪北路 331 号
印　　刷　上海昌鑫龙印务有限公司

版　　次　2020 年 8 月第 1 版
印　　次　2020 年 8 月第 1 次印刷
开　　本　700×1000　1/16
字　　数　450 千字
印　　张　28.75
书　　号　ISBN 978－7－5426－7059－5/G·1560
定　　价　88.00 元